大学赤本シリーズ

528

同志社大学

法学部、
グローバル・コミュニケーション学部
－学部個別日程

教学社

はしがき

おかげさまで，大学入試の「赤本」は，今年で創刊70周年を迎えました。

これまで，入試問題や資料をご提供いただいた大学関係者各位，掲載許可をいただいた著作権者の皆様，各科目の解答や対策の執筆にあたられた先生方，そして，赤本を使用してくださったすべての読者の皆様に，厚く御礼を申し上げます。

以下に，創刊初期の「赤本」のはしがきを引用します。これからも引き続き，受験生の目標の達成や，夢の実現を応援してまいります。

本書を活用して，入試本番では持てる力を存分に発揮されることを心より願っています。

編者しるす

＊　＊　＊

学問の塔にあこがれのまなざしをもって，それぞれの志望する大学の門をたたかんとしている受験生諸君！　人間として生まれてきた私たちは，自己の欲するままに，美しく，強く，そして何よりも人間らしく生きることをねがっている。しかし，一朝一夕にして，この純粋なのぞみが達せられることはない。私たちの行く手には，絶えずさまざまな試練がまちかまえている。この試練を克服していくところに，私たちのねがう真に人間的な世界がはじめて開かれてくるのである。

人生最初の最大の試練として，諸君の眼前に大学入試がある。この大学入試は，精神的にも身体的にも，大きな苦痛を感ぜしめるであろう。あるスポーツに熟達するには，たゆみなき，はげしい練習を積み重ねることが必要であるように，私たちは，計画的・持続的な努力を払うことによって，この試練を克服し，次の一歩を踏みだすことができる。厳しい試練を経たのちに，はじめて満足すべき成果を獲得できるのである。

本書は最近の入学試験の問題に，それぞれ解答を付し，さらに問題をふかく分析することによって，その大学独特の傾向や対策をさぐろうとした。本書を一般の参考書とあわせて使用し，まとはずれのない，効果的な受験勉強をされるよう期待したい。

（昭和35年版「赤本」はしがきより）

挑む人の、いちばんの味方

赤本創刊70周年

1954年に大学入試の過去問題集を刊行してから70年。赤本は大学に入りたいと思う受験生を応援しつづけてきました。これからも，苦しいとき落ち込むときにそばで支える存在でいたいと思います。

そして，勉強をすること，自分で道を決めること，努力が実ること，これらの喜びを読者の皆さんが感じることができるよう，伴走をつづけます。

そもそも赤本とは…

受験生のための大学入試の過去問題集！

70年の歴史を誇る赤本は，500点を超える刊行点数で全都道府県の370大学以上を網羅しており，過去問の代名詞として受験生の必須アイテムとなっています。

…………… なぜ受験に過去問が必要なのか？ ……………

大学入試は大学によって問題形式や頻出分野が大きく異なるからです。

赤本の掲載内容

傾向と対策

これまでの出題内容から，問題の「**傾向**」を分析し，来年度の入試に向けて具体的な「**対策**」の方法を紹介しています。

問題編・解答編

- 年度ごとに問題とその解答を掲載しています。
- 「**問題編**」ではその年度の試験概要を確認したうえで，実際に出題された過去問に取り組むことができます。
- 「**解答編**」には高校・予備校の先生方による解答が載っています。

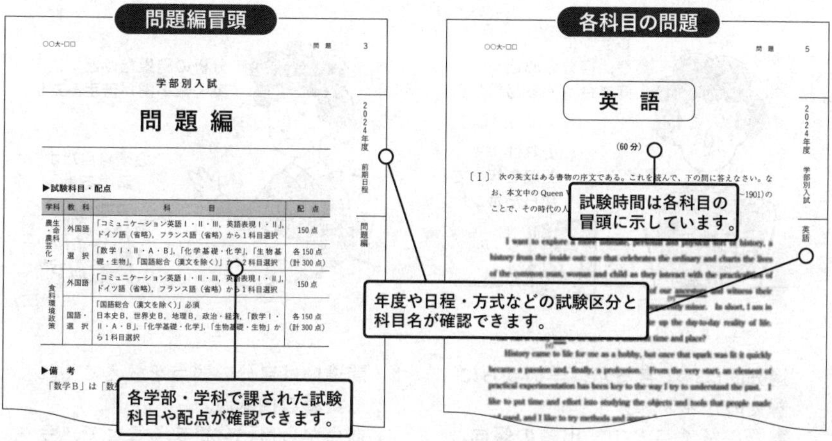

他にも，大学の基本情報や，先輩受験生の合格体験記，在学生からのメッセージなどが載っていることがあります。

掲載内容について

著作権上の理由やその他編集上の都合により問題や解答の一部を割愛している場合があります。
なお，指定校推薦入試，社会人入試，編入学試験，帰国生入試などの特別入試，英語以外の外国語科目，商業・工業科目は，原則として掲載しておりません。また試験科目は変更される場合がありますので，あらかじめご了承ください。

受験勉強は

過去問に始まり，

STEP 1　なにはともあれ

まずは解いてみる

過去問は，**できるだけ早いうちに解く**のがオススメ！
実際に解くことで，**出題の傾向，問題のレベル，今の自分の実力**がつかめます。

STEP 2　じっくり具体的に

弱点を分析する

間違いは自分の弱点を教えてくれる**貴重な情報源。**
弱点から自己分析することで，**今の自分に足りない力や苦手な分野**が見えてくるはず！

合格者があかす赤本の使い方

傾向と対策を熟読
（Fさん／国立大合格）
大学の出題傾向を調べるために，赤本に載っている「傾向と対策」を熟読しました。

繰り返し解く
（Tさん／国立大合格）
1周目は問題のレベル確認，2周目は苦手や頻出分野の確認に，3周目は合格点を目指して，と過去問は繰り返し解くことが大切です。

過去問に終わる。

STEP 3

志望校にあわせて

苦手分野の重点対策

明日からはみんなで頑張るよ！
参考書も！ 問題集も！
よろしくね！
呼んだ？
なにを!?
どこから!?
グッ
グッ

参考書や問題集を活用して，苦手分野の**重点対策**をしていきます。**過去問を指針**に，合格へ向けた具体的な学習計画を立てましょう！

STEP 1▶2▶3

サイクルが大事！

実践を繰り返す

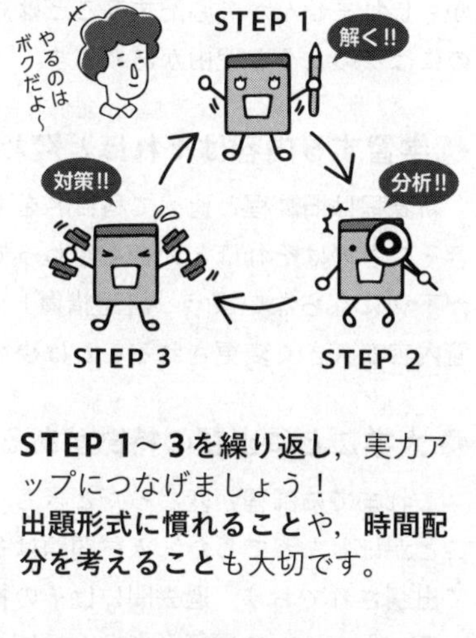
やるのはボクだよ～
STEP 1
解く!!
分析!!
STEP 2
対策!!
STEP 3

STEP 1～3を繰り返し，実力アップにつなげましょう！
出題形式に慣れることや，**時間配分を考えること**も大切です。

目標点を決める
（Yさん／私立大合格）
赤本によっては合格者最低点が載っているので，それを見て目標点を決めるのもよいです。

時間配分を確認
（Kさん／私立大学合格）
赤本は時間配分や解く順番を決めるために使いました。

添削してもらう
（Sさん／私立大学合格）
記述式の問題は先生に添削してもらうことで自分の弱点に気づけると思います。

新課程入試 Q&A

2022 年度から新しい学習指導要領（新課程）での授業が始まり，2025 年度の入試は，新課程に基づいて行われる最初の入試となります。ここでは，赤本での新課程入試の対策について，よくある疑問にお答えします。

Q1. 赤本は新課程入試の対策に使えますか？

A. もちろん使えます！

旧課程入試の過去問が新課程入試の対策に役に立つのか疑問に思う人もいるかもしれませんが，心配することはありません。旧課程入試の過去問が役立つのには次のような理由があります。

● 学習する内容はそれほど変わらない

新課程は旧課程と比べて科目名を中心とした変更はありますが，学習する内容そのものはそれほど大きく変わっていません。また，多くの大学で，既卒生が不利にならないよう「経過措置」がとられます（Ｑ３参照）。したがって，出題内容が大きく変更されることは少ないとみられます。

● 大学ごとに出題の特徴がある

これまでに課程が変わったときも，各大学の出題の特徴は大きく変わらないことがほとんどでした。入試問題は各大学のアドミッション・ポリシーに沿って出題されており，過去問にはその特徴がよく表れています。過去問を研究してその大学に特有の傾向をつかめば，最適な対策をとることができます。

出題の特徴の例	・英作文問題の出題の有無 ・論述問題の出題（字数制限の有無や長さ） ・計算過程の記述の有無

新課程入試の対策も，赤本で過去問に取り組むところから始めましょう。

Q2. 赤本を使う上での注意点はありますか？

A. 志望大学の入試科目を確認しましょう。

過去問を解く前に，過去の出題科目（問題編冒頭の表）と 2025 年度の募集要項とを比べて，課される内容に変更がないかを確認しましょう。ポイントは以下のとおりです。科目名が変わっていても，実際は旧課程の内容とほとんど同様のものもあります。

英語・国語	科目名は変更されているが，実質的には変更なし。 ▶▶ **ただし，リスニングや古文・漢文の有無は要確認。**
地歴	科目名が変更され，「歴史総合」「地理総合」が新設。 ▶▶ **新設科目の有無に注意。ただし，「経過措置」(Q3参照) により内容は大きく変わらないことも多い。**
公民	「現代社会」が廃止され，「公共」が新設。 ▶▶ **「公共」は実質的には「現代社会」と大きく変わらない。**
数学	科目が再編され，「数学 C」が新設。 ▶▶ **「数学」全体としての内容は大きく変わらないが，出題科目と単元の変更に注意。**
理科	科目名も学習内容も大きな変更なし。

数学については，科目名だけでなく，どの単元が含まれているかも確認が必要です。例えば，出題科目が次のように変わったとします。

旧課程	「数学Ⅰ・数学Ⅱ・数学 A・数学 B（数列・ベクトル）」
新課程	「数学Ⅰ・数学Ⅱ・数学 A・**数学 B（数列）・数学 C（ベクトル）**」

この場合，新課程では「数学C」が増えていますが，単元は「ベクトル」のみのため，実質的には旧課程とほぼ同じであり，過去問をそのまま役立てることができます。

Q3. 「経過措置」とは何ですか?

A. 既卒の旧課程履修者への対応です。

多くの大学では，既卒の旧課程履修者が不利にならないように，出題において「経過措置」が実施されます。措置の有無や内容は大学によって異なるので，募集要項や大学のウェブサイトなどで確認しておきましょう。

○旧課程履修者への経過措置の例

- 旧課程履修者にも配慮した出題を行う。
- 新・旧課程の共通の範囲から出題する。
- 新課程と旧課程の共通の内容を出題し，共通範囲のみでの出題が困難な場合は，旧課程の範囲からの問題を用意し，選択解答とする。

例えば，地歴の出題科目が次のように変わったとします。

旧課程	「日本史 B」「世界史 B」から 1 科目選択
新課程	「**歴史総合**，日本史探究」「**歴史総合**，世界史探究」から 1 科目選択※ ※旧課程履修者に不利益が生じることのないように配慮する。

「歴史総合」は新課程で新設された科目で，旧課程履修者には見慣れないものですが，上記のような経過措置がとられた場合，新課程入試でも旧課程と同様の学習内容で受験することができます。

新課程の情報は WEB もチェック！
より詳しい解説が赤本ウェブサイトで見られます。
https://akahon.net/shinkatei/

科目名が変更される教科・科目

	旧課程	新課程
国語	国語総合 国語表現 現代文A 現代文B 古典A 古典B	現代の国語 言語文化 論理国語 文学国語 国語表現 古典探究
地歴	日本史A 日本史B 世界史A 世界史B 地理A 地理B	歴史総合 日本史探究 世界史探究 地理総合 地理探究
公民	現代社会 倫理 政治・経済	公共 倫理 政治・経済
数学	数学Ⅰ 数学Ⅱ 数学Ⅲ 数学A 数学B 数学活用	数学Ⅰ 数学Ⅱ 数学Ⅲ 数学A 数学B 数学C
外国語	コミュニケーション英語基礎 コミュニケーション英語Ⅰ コミュニケーション英語Ⅱ コミュニケーション英語Ⅲ 英語表現Ⅰ 英語表現Ⅱ 英語会話	英語コミュニケーションⅠ 英語コミュニケーションⅡ 英語コミュニケーションⅢ 論理・表現Ⅰ 論理・表現Ⅱ 論理・表現Ⅲ
情報	社会と情報 情報の科学	情報Ⅰ 情報Ⅱ

目　次

2022年度
問題と解答

●学部個別日程（法，グローバル・コミュニケーション学部）

解答用紙は，赤本オンラインに掲載しています。

https://akahon.net/kkm/dsh/index.html

※掲載内容は，予告なしに変更･中止する場合があります。

掲載内容についてのお断り

- 推薦選抜入試は掲載していません。

・UNIVERSITY GUIDE・

大学情報

基本情報

沿革

1875（明治 8） 官許同志社英学校開校

- 1884（明治 17）彰栄館（同志社最初の煉瓦建築）竣工
- 1886（明治 19）礼拝堂（チャペル）竣工
- 1887（明治 20）書籍館（現・有終館）開館
- 1894（明治 27）クラーク神学館（現・クラーク記念館）開館

1912（明治 45） 専門学校令による同志社大学開校

1920（大正 9） 大学令による同志社大学の開校。文学部，法学部を設置

1944（昭和 19） 文，法の 2 学部を法文学部 1 学部に縮小

1946（昭和 21） 学部を復旧し元の 2 学部に

1947（昭和 22） 文学部神学科が神学部となる

1948（昭和 23） 新制大学開校。神，文，法，経済学部を設置

1949（昭和 24） 商学部，工学部を設置

1950（昭和 25） 短期大学部（夜間 2 年制）を設置

1954（昭和 29） 短期大学部を発展的に解消，2 部（4 年制）を設置（文，法，経済，商，工各学部）

1975（昭和 50）	創立 100 周年
2004（平成 16）	政策学部を設置
2005（平成 17）	社会学部，文化情報学部を設置
2008（平成 20）	生命医科学部，スポーツ健康科学部を設置。工学部を理工学部に改組再編・名称変更
2009（平成 21）	心理学部を設置
2011（平成 23）	グローバル・コミュニケーション学部を新設。国際教育インスティテュートを開設
2013（平成 25）	グローバル地域文化学部を設置

校章

正三角形を 3 つ寄せたこのマークは，国あるいは土を意味するアッシリア文字『ムツウ』を図案化したものです。考案者の湯浅半月は，同志社が生んだ詩人（代表作『十二の石塚』）であり古代オリエント学者でもありました。制定された当時，半月は同志社神学校教授でした。制定以来，知・徳・体の三位一体あるいは調和をめざす同志社の教育理念をあらわすものと解釈されています。

学部・学科の構成

（注）学部・学科および大学院に関する情報は 2024 年 4 月現在のものです。

大　学

●**神学部**　今出川校地

神学科

●**文学部**　今出川校地

英文学科

哲学科

美学芸術学科

文化史学科

国文学科

●**社会学部**　今出川校地

社会学科

社会福祉学科

メディア学科

産業関係学科

教育文化学科

●**法学部**　今出川校地

法律学科

政治学科（現代政治コース，歴史・思想コース，国際関係コース）

●**経済学部**　今出川校地

経済学科

●**商学部**　今出川校地

商学科（商学総合コース，フレックス複合コース）

●**政策学部**　今出川校地

政策学科

●**グローバル地域文化学部**　今出川校地

グローバル地域文化学科（ヨーロッパコース，アジア・太平洋コース，アメリカコース）

●文化情報学部 京田辺校地

文化情報学科

●理工学部 京田辺校地

インテリジェント情報工学科

情報システムデザイン学科

電気工学科

電子工学科

機械システム工学科

機械理工学科

機能分子・生命化学科

化学システム創成工学科

環境システム学科

数理システム学科

●生命医科学部 京田辺校地

医工学科

医情報学科

医生命システム学科

●スポーツ健康科学部 京田辺校地

スポーツ健康科学科

●心理学部 京田辺校地

心理学科

●グローバル・コミュニケーション学部 京田辺校地

グローバル・コミュニケーション学科（英語コース，中国語コース，日本語コース） ※日本語コースは外国人留学生を対象としたコース

大学院

神学研究科／文学研究科／社会学研究科／法学研究科／経済学研究科／商学研究科／総合政策科学研究科／文化情報学研究科／理工学研究科／生命医科学研究科／スポーツ健康科学研究科／心理学研究科／グローバル・スタディーズ研究科／脳科学研究科／司法研究科（法科大学院）／ビジネス研究科（ビジネススクール）

大学所在地

今出川校地

京田辺校地

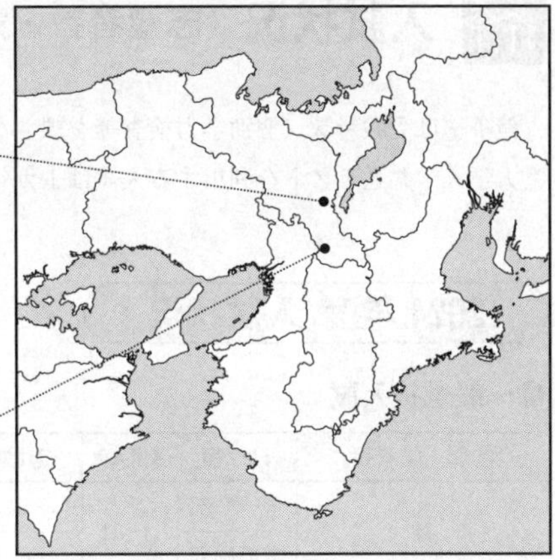

今出川校地　〒602-8580　京都市上京区今出川通烏丸東入

京田辺校地　〒610-0394　京田辺市多々羅都谷 1 - 3

入試データ

入試状況（志願者数・競争率など）

○競争率は受験者数（個別学力検査等を課さない場合は志願者数）÷合格者数で算出。

○大学入学共通テストを利用する入試は１カ年のみ掲載。

2024年度 入試状況

●一般選抜入試

学部・学科等		日程	募集人員	志願者数	受験者数	合格者数	競争率
神		全学部	31	64	62	16	3.9
		学部個別		220	209	63	3.3
文	英文	全学部	185	520	507	212	2.4
		学部個別		784	764	331	2.3
	哲	全学部	48	239	229	78	2.9
		学部個別		310	298	102	2.9
	美学芸術	全学部	49	213	208	64	3.3
		学部個別		248	236	78	3.0
	文化史	全学部	76	380	373	164	2.3
		学部個別		451	435	161	2.7
	国文	全学部	79	327	316	104	3.0
		学部個別		396	378	149	2.5
社会	社会	全学部	51	206	199	46	4.3
		学部個別		728	690	161	4.3
	社会福祉	全学部	54	149	143	27	5.3
		学部個別		663	635	144	4.4
	メディア	全学部	53	178	173	33	5.2
		学部個別		499	482	91	5.3
	産業関係	全学部	47	36	35	12	2.9
		学部個別		446	436	201	2.2

（表つづく）

学部・学科等		日　程	募集人員	志願者数	受験者数	合格者数	競争率
社　会	教育文化	全学部	42	128	125	49	2.6
		学部個別		310	297	121	2.5
法	法　律	全学部	380	1,343	1,286	481	2.7
		学部個別		2,177	2,070	801	2.6
	政　治	全学部	104	212	207	81	2.6
		学部個別		579	546	226	2.4
経　済		全学部	510	2,135	2,045	655	3.1
		学部個別		3,679	3,524	1,087	3.2
商	商学総合	全学部	344	919	885	257	3.4
		学部個別		2,126	2,032	586	3.5
	フレックス複合	全学部	75	180	176	43	4.1
		学部個別		467	441	127	3.5
政　策		全学部	204	737	709	145	4.9
		学部個別		1,820	1,729	377	4.6
文化情報		全学部(文系)	130	309	289	72	4.0
		全学部(理系)		282	266	88	3.0
		学部個別(文系型)		488	465	159	2.9
		学部個別(理系型)		304	285	126	2.3
理　工	インテリジェント情報工	全学部	23	519	498	172	2.9
		学部個別	23	464	427	138	3.1
	情報システムデザイン	全学部	23	546	524	170	3.1
		学部個別	23	526	475	163	2.9
	電気工	全学部	27	324	311	167〈26〉	1.9
		学部個別	27	321	301	148	2.0
	電子工	全学部	29	512	494	260	1.9
		学部個別	29	376	353	173	2.0
	機械システム工	全学部	37	745	725	412	1.8
		学部個別	32	649	614	277	2.2
	機械理工	全学部	27	489	467	266	1.8
		学部個別	23	426	399	181	2.2
	機能分子・生命化	全学部	26	595	581	274	2.1
		学部個別	27	616	575	268	2.1

（表つづく）

学部・学科等		日　程	募集人員	志願者数	受験者数	合格者数	競争率
理　　工	化学システム創成工	全学部	26	527	512	261	2.0
		学部個別	27	516	485	232	2.1
	環境システム	全学部	16	430	413	192 〈 9〉	2.2
		学部個別	17	399	377	166	2.3
	数理システム	全学部	11	237	223	89	2.5
		学部個別	13	297	279	121	2.3
生命医科	医　工	全学部	30	288	271	144	1.9
		学部個別	36	380	358	192	1.9
	医情報	全学部	30	199	191	106	1.8
		学部個別	36	179	165	88	1.9
	医生命システム	全学部	17	520	503	196	2.6
		学部個別	24	534	509	198	2.6
スポーツ健康科		全学部（文系）	90	320	303	94	3.2
		全学部（理系）		134	130	52	2.5
		学部個別（文系型）		403	386	105	3.7
		学部個別（理系型）		138	130	53	2.5
心　　理		全学部（文系）	79	377	368	109	3.4
		全学部（理系）		100	93	25	3.7
		学部個別		512	483	149	3.2
グローバル・コミュニケーション	英語コース	全学部	50	210	202	46	4.4
		学部個別		381	366	103	3.6
	中国語コース	全学部	26	56	55	21	2.6
		学部個別		146	138	54	2.6
グローバル地域文化	ヨーロッパコース	全学部	46	175	172	67	2.6
		学部個別		268	256	93	2.8
	アジア・太平洋コース	全学部	37	114	109	40	2.7
		学部個別		187	179	62	2.9
	アメリカコース	全学部	31	109	107	25	4.3
		学部個別		235	231	59	3.9
合　　計			3,480	40,731	38,923	13,964	—

（備考）理工学部電気工・環境システム学科においては，全学部日程において第２志望合格を実施した。合格者数の〈　〉内は第２志望合格者で外数。競争率は第１志望合格者数より算出している。

●大学入学共通テストを利用する入試

学部・学科等			募集人員	志願者数	合格者数	競争率
神			2	42	7	6.0
文	英文	A方式	25	141	42	3.4
		B方式	10	414	215	1.9
	哲		3	117	40	2.9
	美学芸術		3	125	35	3.6
	文化史		5	200	49	4.1
	国文		4	244	63	3.9
社会	社会		5	144	27	5.3
	社会福祉		5	78	8	9.8
	メディア		5	69	23	3.0
	産業関係		5	23	1	23.0
	教育文化		5	255	60	4.3
法	法律		20	964	426	2.3
	政治		10	170	76	2.2
経済			27	1,673	543	3.1
商	商学総合		25	754	202	3.7
政策	3科目方式		30	399	72	5.5
	4科目方式		5	163	60	2.7
文化情報	A方式		20	187	34	5.5
	B方式		10	676	220	3.1
理工	インテリジェント情報工		5	209	40	5.2
	情報システムデザイン		5	245	59	4.2
	電気工		5	106	36	2.9
	電子工		5	215	73	2.9
	機械システム工		2	155	15	10.3
	機械理工		2	175	19	9.2
	機能分子・生命化		5	202	40	5.1
	化学システム創成工		5	201	40	5.0
	環境システム		2	243	41	5.9
	数理システム		2	116	27	4.3
生命医科	医工		5	135	39	3.5
	医情報		3	51	13	3.9
	医生命システム		2	181	30	6.0

（表つづく）

学部・学科等		募集人員	志願者数	合格者数	競争率
スポーツ健康科	3 科 目 方 式	5	250	67	3.7
	5 科 目 方 式	10	276	100	2.8
	スポーツ競技力加点方式	15	185	88	2.1
心理		5	300	69	4.3
グローバル地域文化	ヨーロッパコース	2	68	14	4.9
	アジア・太平洋コース	2	47	10	4.7
	アメリカコース	2	45	10	4.5
合計		313	10,243	3,033	—

2023 年度 入試状況

●一般選抜入試

（ ）内は女子内数

学部・学科等		日 程	募集人員	志願者数	受験者数	合格者数	競争率
神		全学部	31	86(45)	85(45)	23(10)	3.7
		学部個別		210(99)	206(97)	61(26)	3.4
文	英 文	全学部	185	543(309)	530(299)	216(122)	2.5
		学部個別		843(487)	822(476)	348(198)	2.4
	哲	全学部	48	177(69)	171(67)	77(34)	2.2
		学部個別		264(108)	256(104)	107(43)	2.4
	美学芸術	全学部	49	161(122)	154(116)	52(41)	3.0
		学部個別		242(188)	231(181)	71(51)	3.3
	文化史	全学部	76	449(208)	437(204)	131(57)	3.3
		学部個別		583(262)	569(260)	165(69)	3.4
	国 文	全学部	79	302(190)	295(188)	101(61)	2.9
		学部個別		377(237)	365(230)	129(87)	2.8
社 会	社 会	全学部	51	256(151)	250(149)	52(35)	4.8
		学部個別		890(387)	853(375)	164(83)	5.2
	社会福祉	全学部	54	81(60)	78(57)	22(18)	3.5
		学部個別		356(175)	350(171)	141(61)	2.5
	メディア	全学部	53	162(110)	160(108)	33(21)	4.8
		学部個別		442(278)	433(272)	114(65)	3.8
	産業関係	全学部	47	77(38)	72(36)	10(4)	7.2
		学部個別		839(283)	809(279)	174(59)	4.6
	教育文化	全学部	42	124(76)	120(73)	39(25)	3.1
		学部個別		385(216)	362(205)	99(62)	3.7
法	法 律	全学部	380	1,300(533)	1,256(513)	462(195)	2.7
		学部個別		2,122(829)	2,014(790)	744(309)	2.7
	政 治	全学部	104	209(82)	197(78)	77(29)	2.6
		学部個別		582(193)	550(181)	204(75)	2.7
経 済		全学部	510	2,094(477)	2,006(460)	692(177)	2.9
		学部個別		3,581(941)	3,423(899)	1,158(316)	3.0

（表つづく）

学部・学科等		日程	募集人員	志願者数	受験者数	合格者数	競争率
商	商学総合	全学部	344	1,026(399)	991(386)	219(92)	4.5
		学部個別		2,626(868)	2,513(836)	547(191)	4.6
	フレックス複合	全学部	75	196(60)	187(57)	42(15)	4.5
		学部個別		424(136)	408(127)	111(38)	3.7
政策		全学部	204	421(141)	411(137)	188(56)	2.2
		学部個別		1,176(462)	1,140(446)	514(198)	2.2
文化情報		全学部(文系)	130	261(133)	252(129)	75(32)	3.4
		全学部(理系)		181(58)	175(57)	75(29)	2.3
		学部個別(文系型)		433(211)	404(195)	148(79)	2.7
		学部個別(理系型)		291(72)	275(71)	139(36)	2.0
理工	インテリジェント情報工	全学部	23	612(45)	593(44)	227(10)	2.6
		学部個別	23	508(35)	482(32)	178(10)	2.7
	情報システムデザイン	全学部	23	541(66)	526(61)	155(19)	3.4
		学部個別	23	617(64)	583(56)	191(13)	3.1
	電気工	全学部	27	307(16)	300(13)	178(7) 〈 8(0)〉	1.7
		学部個別	27	202(7)	196(5)	103(1)	1.9
	電子工	全学部	29	506(24)	492(22)	261(10)	1.9
		学部個別	29	403(12)	389(11)	191(4)	2.0
	機械システム工	全学部	37	874(65)	845(62)	430(30)	2.0
		学部個別	32	764(43)	721(39)	302(14)	2.4
	機械理工	全学部	27	465(26)	453(24)	251(15) 〈 16(1)〉	1.8
		学部個別	23	372(20)	346(17)	184(7)	1.9
	機能分子・生命化	全学部	26	460(165)	446(160)	268(103)	1.7
		学部個別	27	489(143)	459(134)	248(78)	1.9
	化学システム創成工	全学部	26	505(144)	494(143)	299(89)	1.7
		学部個別	27	460(115)	441(110)	252(68)	1.8
	環境システム	全学部	16	410(84)	396(84)	183(38) 〈 9(0)〉	2.2
		学部個別	17	390(70)	369(67)	164(27)	2.3
	数理システム	全学部	11	216(18)	205(15)	87(6)	2.4
		学部個別	13	237(21)	218(19)	113(10)	1.9

(表つづく)

学部・学科等		日程	募集人員	志願者数	受験者数	合格者数	競争率
生命医科	医工	全学部	30	281(84)	274(84)	157(55)	1.7
		学部個別	36	305(83)	286(78)	160(45)	1.8
	医情報	全学部	30	263(85)	256(82)	108(35)	2.4
		学部個別	36	257(53)	237(48)	100(14)	2.4
	医生命システム	全学部	17	499(297)	476(277)	184(103)	2.6
		学部個別	24	386(224)	366(213)	148(78)	2.5
スポーツ健康科		全学部(文系)	90	274(96)	259(90)	72(30)	3.6
		全学部(理系)		145(32)	138(30)	54(19)	2.6
		学部個別(文系型)		371(123)	348(116)	97(37)	3.6
		学部個別(理系型)		145(31)	140(30)	54(16)	2.6
心理		全学部(文系)	79	431(267)	410(257)	114(80)	3.6
		全学部(理系)		93(39)	85(35)	23(9)	3.7
		学部個別		607(372)	576(356)	164(103)	3.5
グローバル・コミュニケーション	英語コース	全学部	50	178(94)	174(92)	42(25)	4.1
		学部個別		338(179)	321(173)	88(47)	3.6
	中国語コース	全学部	26	58(46)	58(46)	27(20)	2.1
		学部個別		143(94)	142(94)	65(42)	2.2
グローバル地域文化	ヨーロッパコース	全学部	46	243(164)	241(163)	66(45)	3.7
		学部個別		391(250)	384(248)	88(64)	4.4
	アジア・太平洋コース	全学部	37	133(104)	131(102)	33(25)	4.0
		学部個別		262(197)	258(195)	73(51)	3.5
	アメリカコース	全学部	31	82(40)	81(40)	25(14)	3.2
		学部個別		162(84)	160(84)	62(31)	2.6
合計			3,480	40,157 (13,914)	38,565 (13,405)	14,026 (4,647)	—

（備考）理工学部電気工・機械理工・環境システム学科においては，全学部日程において第２志望合格を実施した。合格者数の〈　〉内は第２志望合格者で外数。競争率は第１志望合格者数より算出している。

2022 年度 入試状況

●一般選抜入試

（　）内は女子内数

学部・学科等		日程	募集人員	志願者数	受験者数	合格者数	競争率
神		全学部	31	58(28)	56(27)	18(10)	3.1
		学部個別		172(65)	160(60)	50(19)	3.2
文	英文	全学部	185	513(295)	499(286)	209(126)	2.4
		学部個別		801(477)	776(466)	351(216)	2.2
	哲	全学部	48	190(62)	186(60)	60(16)	3.1
		学部個別		275(109)	265(105)	91(37)	2.9
	美学芸術	全学部	49	186(148)	184(147)	52(43)	3.5
		学部個別		236(190)	231(185)	80(63)	2.9
	文化史	全学部	76	330(152)	321(149)	145(72)	2.2
		学部個別		470(222)	457(217)	200(102)	2.3
	国文	全学部	79	389(240)	371(229)	106(61)	3.5
		学部個別		525(321)	510(313)	135(90)	3.8
社会	社会	全学部	51	211(127)	207(123)	55(28)	3.8
		学部個別		702(300)	679(293)	177(96)	3.8
	社会福祉	全学部	54	125(87)	123(85)	26(19)	4.7
		学部個別		564(275)	548(269)	143(76)	3.8
	メディア	全学部	53	163(117)	162(117)	31(25)	5.2
		学部個別		460(279)	453(276)	101(64)	4.5
	産業関係	全学部	47	46(22)	45(21)	7(3)	6.4
		学部個別		606(196)	598(194)	211(60)	2.8
	教育文化	全学部	42	118(77)	111(72)	52(35)	2.1
		学部個別		268(150)	252(140)	111(69)	2.3
法	法律	全学部	380	1,376(510)	1,329(492)	411(153)	3.2
		学部個別		2,370(851)	2,251(811)	705(253)	3.2
	政治	全学部	104	199(65)	192(65)	67(29)	2.9
		学部個別		669(209)	633(203)	203(78)	3.1
経済		全学部	510	1,957(394)	1,880(382)	663(144)	2.8
		学部個別		3,529(798)	3,390(768)	1,187(251)	2.9

（表つづく）

学部・学科等		日程	募集人員	志願者数	受験者数	合格者数	競争率
商	商学総合	全学部	344	836(299)	802(288)	250(90)	3.2
		学部個別		2,146(703)	2,049(673)	633(197)	3.2
	フレックス複合	全学部	75	102(42)	94(39)	35(12)	2.7
		学部個別		242(81)	232(77)	78(31)	3.0
政策		全学部	204	509(191)	495(188)	158(52)	3.1
		学部個別		1,319(544)	1,278(530)	397(174)	3.2
文化情報		全学部(文系)	130	194(74)	188(69)	76(30)	2.5
		全学部(理系)		142(38)	134(33)	61(16)	2.2
		学部個別(文系型)		320(152)	303(147)	102(52)	3.0
		学部個別(理系型)		211(46)	200(43)	108(26)	1.9
理工	インテリジェント情報工	全学部	23	705(57)	680(55)	243(14)	2.8
		学部個別	23	572(43)	529(41)	185(14)	2.9
	情報システムデザイン	全学部	23	559(70)	540(66)	194(17)	2.8
		学部個別	23	489(60)	452(56)	202(15)	2.2
	電気工	全学部	27	286(12)	274(11)	158(7) 〈 12(1)〉	1.7
		学部個別	27	228(9)	213(9)	104(5)	2.0
	電子工	全学部	29	404(18)	384(17)	225(12)	1.7
		学部個別	29	343(6)	329(6)	155(3)	2.1
	機械システム工	全学部	37	775(56)	746(54)	426(37)	1.8
		学部個別	32	673(39)	636(36)	301(13)	2.1
	機械理工	全学部	27	405(21)	394(20)	237(14)	1.7
		学部個別	23	299(12)	278(11)	168(5)	1.7
	機能分子・生命化	全学部	26	446(152)	438(151)	247(74)	1.8
		学部個別	27	388(131)	366(127)	185(57)	2.0
	化学システム創成工	全学部	26	515(142)	508(141)	290(68)	1.8
		学部個別	27	461(110)	439(108)	248(59)	1.8
	環境システム	全学部	16	409(98)	394(93)	172(42) 〈 9(3)〉	2.3
		学部個別	17	339(66)	313(56)	137(24)	2.3
	数理システム	全学部	11	242(33)	227(30)	97(11)	2.3
		学部個別	13	227(22)	210(19)	107(5)	2.0

(表つづく)

学部・学科等		日程	募集人員	志願者数	受験者数	合格者数	競争率
生命医科	医工	全学部	30	276(82)	262(75)	138(45)	1.9
		学部個別	36	349(79)	322(70)	177(42)	1.8
	医情報	全学部	30	224(90)	215(85)	113(40)	1.9
		学部個別	36	216(68)	207(64)	104(33)	2.0
	医生命システム	全学部	17	388(240)	372(234)	153(93)	2.4
		学部個別	24	338(199)	311(185)	134(80)	2.3
スポーツ健康科		全学部(文系)	90	252(89)	245(87)	68(27)	3.6
		全学部(理系)		104(19)	99(17)	36(9)	2.8
		学部個別(文系型)		371(117)	355(112)	104(35)	3.4
		学部個別(理系型)		100(17)	94(16)	39(8)	2.4
心理		全学部(文系)	79	411(257)	402(252)	111(72)	3.6
		全学部(理系)		74(31)	69(28)	22(8)	3.1
		学部個別		571(353)	550(345)	163(102)	3.4
グローバル・コミュニケーション	英語コース	全学部	50	172(95)	166(92)	37(24)	4.5
		学部個別		366(206)	358(202)	88(41)	4.1
	中国語コース	全学部	26	46(39)	46(39)	20(16)	2.3
		学部個別		85(57)	83(55)	45(30)	1.8
グローバル地域文化	ヨーロッパコース	全学部	46	172(112)	170(110)	59(40)	2.9
		学部個別		293(173)	286(168)	101(54)	2.8
	アジア・太平洋コース	全学部	37	121(104)	117(100)	43(33)	2.7
		学部個別		203(165)	198(161)	79(65)	2.5
	アメリカコース	全学部	31	88(52)	83(50)	26(17)	3.2
		学部個別		212(123)	199(118)	63(36)	3.2
合計			3,480	37,726 (12,860)	36,203 (12,414)	13,570 (4,368)	—

（備考）理工学部電気工・環境システム学科においては，全学部日程において第2志望合格を実施した。合格者数の〈　〉内は第2志望合格者で外数。競争率は第1志望合格者数より算出している。

合格最低点（一般選抜入試）

●合否の目安

合否の判定は3教科の合計得点により行われる。

合格最低点は以下に示すとおりであるが，**法・経済学部の英語については基準点(80点)** が設けられており，英語が79点以下の場合，3教科の総得点が合格最低点を上回っていても不合格となる。

●選択科目間の得点調整について

両日程・全学部において，選択科目間の得点調整が実施されている。計算式は以下のとおり。

150点満点の場合

$$\text{調整点}=\frac{\text{得点}-\text{当該科目の平均点}}{\text{当該科目の標準偏差}}\times 15+\text{選択科目全ての平均点}$$

200点満点の場合

$$\text{調整点}=\left[\frac{\text{得点}-\text{当該科目の平均点}}{\text{当該科目の標準偏差}}\times 15+\text{選択科目全ての平均点}\right]\times\frac{200}{150}$$

ただし，調整点＜0の場合，調整点は0点。また，調整点＞150（200）の場合，調整点は150点（200点）。なお，当該科目の得点が0点または満点の場合，得点調整は行われない。

●全学部日程

学部・学科等		満点	2024	2023	2022
神		500	347	365	365
文	英文	500	338	357	358
	哲		348	355	367
	美学芸術		348	365	364
	文化史		353	372	367
	国文		353	361	373
社会	社会	500	373	387	384
	社会福祉		350	358	361
	メディア		371	374	382
	産業関係		339	373	363
	教育文化		353	369	364
法	法律	500	351	371	374
	政治		348	375	374
経済		500	345	368	359
商	商学総合	500	353	379	368
	フレックス複合		353	379	368
政策		500*	355	383	406
文化情報		文系500	344	354	354
		理系550	309	296	300
理工	インテリジェント情報工	550	350	332	335
	情報システムデザイン		350	334	329
	電気工		①301 ②308	①300 ②301	①305 ②310
	電子工		317	304	313
	機械システム工		301	305	295
	機械理工		304	①300 ②303	301
	機能分子・生命化		318	297	297
	化学システム創成工		320	296	303
	環境システム		①321 ②337	①315 ②330	①322 ②339
	数理システム		352	342	347

（表つづく）

学部・学科等		満点	2024	2023	2022
生命医科	医工	600	316	311	314
	医情報		308	320	301
	医生命システム		358	350	350
スポーツ健康科		文系 500	319	344	345
		理系 550	260	279	273
心理		文系 500	356	375	372
		理系 500	314	312	319
グローバル・コミュニケーション	英語コース	550	407	425	424
	中国語コース	500	340	359	358
グローバル地域文化	ヨーロッパコース	500	358	391	376
	アジア・太平洋コース		357	377	370
	アメリカコース		364	370	374

（備考）理工学部の①は第1志望合格者の最低点，②は第2志望合格者の最低点を示す。
＊2023・2022年度は550点満点。

●学部個別日程

学部・学科等		満点	2024	2023	2022
神		500	351	376	338
文	英文	500	327	367	360
	哲		337	365	369
	美学芸術		340	372	364
	文化史		343	381	370
	国文		342	370	376
社会	社会	500	372	395	377
	社会福祉		347	359	352
	メディア		369	380	374
	産業関係		335	378	349
	教育文化		349	375	354
法	法律	500	340	357	371
	政治		337	360	371
経済		500	334	357	359
商	商学総合	500	366	394	344
	フレックス複合		366	394	344
政策		500	371	356	373
文化情報		文系型 500	353	360	367
		理系型 550	328	324	303
理工	インテリジェント情報工	450	267	273	253
	情報システムデザイン		263	272	240
	電気工		235	240	236
	電子工		248	257	246
	機械システム工		244	258	235
	機械理工		244	250	229
	機能分子・生命化		233	241	223
	化学システム創成工		235	248	228
	環境システム		246	259	231
	数理システム		257	260	248
生命医科	医工	500	303	276	268
	医情報		290	288	259
	医生命システム		334	308	298

（表つづく）

学部・学科等		満点	2024	2023	2022
スポーツ健康科		文系型 500	339	349	349
		理系型 550	307	302	288
心理		500	369	393	351
グローバル・コミュニケーション	英語コース	550	396	414	425
	中国語コース	500	325	339	354
グローバル地域文化	ヨーロッパコース	500	370	405	360
	アジア・太平洋コース		369	392	352
	アメリカコース		375	384	357

募集要項（願書）の入手方法

大学案内・入試ガイドは6月に発行される予定です。一般選抜・大学入学共通テスト利用入試の入試要項の発行時期については大学ホームページ等でご確認ください。郵送をご希望の方は，大学ホームページよりお申し込みください。テレメールでも請求できます。

問い合わせ先

同志社大学　入学センター入学課

〒602-8580　京都市上京区今出川通烏丸東入

TEL　075-251-3210〔直通〕

FAX　075-251-3082

ホームページ　https://www.doshisha.ac.jp

E-mail　ji-nyugk@mail.doshisha.ac.jp

同志社大学のテレメールによる資料請求方法

スマホ・ケータイから	QRコードからアクセスしガイダンスに従ってご請求ください。
パソコンから	教学社 赤本ウェブサイト(akahon.net)から請求できます。

合格体験記
募集

2025 年春に入学される方を対象に，本大学の「合格体験記」を募集します。お寄せいただいた合格体験記は，編集部で選考の上，小社刊行物やウェブサイト等に掲載いたします。お寄せいただいた方には小社規定の謝礼を進呈いたしますので，ふるってご応募ください。

応募方法

下記 URL または QR コードより応募サイトにアクセスできます。
ウェブフォームに必要事項をご記入の上，ご応募ください。
折り返し執筆要領をメールにてお送りします。

※入学が決まっている一大学のみ応募できます。

☞ http://akahon.net/exp/

応募の締め切り

総合型選抜・学校推薦型選抜 ………… 2025年 2 月 23日
私立大学の一般選抜 ………… 2025年 3 月 10日
国公立大学の一般選抜 ………… 2025年 3 月 24日

受験にまつわる川柳を募集します。
入選者には賞品を進呈！
ふるってご応募ください。

応募方法　http://akahon.net/senryu/　にアクセス！ ☞

気になること、聞いてみました！

在学生メッセージ

大学ってどんなところ？　大学生活ってどんな感じ？
ちょっと気になることを，在学生に聞いてみました。

以下の内容は 2020〜2022 年度入学生のアンケート回答に基づくものです。ここで触れられている内容は今後変更となる場合もありますのでご注意ください。

メッセージを書いてくれた先輩　［文学部］R.O. さん　［法学部］小野倫敬さん　安東賢信さん

大学生になったと実感！

大学からは自分で時間割を作成することができます。また，科目は自分の興味があることに応じて選ぶことができます。アルバイトやサークルをするのも自由です。しかし，高校までとは違い，進路などを考えるときには自分から説明会やインターンシップに足を運ばねばなりません。受け身ではいつまでも貴重な情報を得ることができないのが大学という場所だと思います。ですが，あらゆる面で，束縛されずにアクティブに活動できるのは大学生のいいところだと思います。（安東さん／法）

大学生活に必要なもの

大学生として必要なものはパソコンです。パソコンは授業中に調べものをしたり，レポートを作成したり，さらには履修登録をするために使用したりと必須アイテムです。大学にもパソコンがありますが，自分のパソコンを持っていないと自宅や授業で使用する際に困る場合があるので，自分のパソコンを用意することをおすすめします。また，Wi-Fi などのインターネットが使える環境の準備も必要です。（小野さん／法）

この授業がおもしろい！

文化史学科日本史コースの必修科目である日本文化史演習。少人数で行われる漢文講読の授業で，学生それぞれに漢文史料が割り振られて，それについて調査して発表を行うことを主としている。他の人の発表を聞くと，自分の力ではわからなかった新たな発見があってとてもおもしろい。（R.O. さん／文）

おもしろい授業は外交論についての授業です。歴代日本首相のアメリカとの外交について学ぶことができる授業です。この授業では，メディアに多数出演されている有名教授の話を聞くことができ，日米関係についての理解を深めることができます。戦後公開された映画「ゴジラ」のゴジラは何を表しているのか，亡くなった日本兵なのか，アメリカ人なのか，など身近な題材を基にした話もあり，教授の研究に引き込まれました。（小野さん／法）

部活・サークル活動

演劇のサークルに入っている。年に4回ほど新町キャンパスにある小ホールで公演を行っており，それに向けた稽古が主な活動内容となっている。同志社大学には演劇のサークルが複数あり，他にも多種多様なサークルがあるので，自分に合ったサークルを選択することができる。(R.O. さん／文)

私は2つのサークルに所属しています。1つ目は野球のサークルで，週に1回程度，集まって野球をしています。私は野球初心者ですが楽しく活動しています。2つ目はキャンプのサークルで，子供たちが夏休みにキャンプをする際にボランティアをするサークルです。子供たちと川遊びをしたりご飯を作ったり，かけがえのない思い出をつくることができます。(小野さん／法)

交友関係は？

入学式で話しかけてくれた人と仲良くさせてもらっている。また，少人数クラスで席が隣の人に話しかけると仲良くなれると思う。積極的に話しかけることが大切。先輩とはやはりサークルを通じて交流することがメインだと思う。交友関係を広げるためには積極性は不可欠だと感じている。(R.O. さん／文)

いま「これ」を頑張っています

現在，高校からやっているギターを猛練習しています。軽音サークルにも入っているので1曲でも多くの曲を上手に弾けるようになれたらと思っています！ サークルの中では，自分の知らないバンドや曲のことを共有できるのでいい刺激になっています。(安東さん／法)

おススメ・お気に入りスポット

大学の図書館。蔵書数も多く，落ち着いた雰囲気で勉強や読書に集中できる。また，古書特有の独特な香りが漂っている書庫も気に入っている。中には史料がたくさんあり，レポートや発表資料の作成に非常に役立つ。(R.O. さん／文)

大学周辺のお気に入りスポットは鴨川です。鴨川周辺は夏でも涼しいので散歩をするのに快適です。その他にも自転車で 20 分くらいの場所に河原町があるので買い物ができますし，地下鉄に乗れば 10 分程度で京都駅に行けるので，学校の立地がとてもいいです。(小野さん／法)

入学してよかった！

同志社大学に入学してよかったと思うことは，自分に刺激を与えてくれる友人が多いことです。中国語検定 1 級を持っている友人や，弁護士を目指して必死に勉強している友人など，尊敬できる友人は多岐にわたります。そのような友人たちとの出会いを通して自分の世界観を広げることができました。(小野さん／法)

高校生のときに「これ」をやっておけばよかった

受験英語だけでなく，英会話など実践的な英語にもっと触れておけばよかったと痛感している。同志社大学は外国人留学生も多く，また英語教育にも力を入れているため，英語が苦手で受験英語の勉強しかしてこなかった自分にとって，ついていくのが難しいという状況になってしまっている。(R.O. さん／文)

合格体験記

みごと合格を手にした先輩に，入試突破のためのカギを伺いました。
入試までの限られた時間を有効に活用するために，ぜひ役立ててください。

（注）ここでの内容は，先輩方が受験された当時のものです。2025 年度入試では当てはまらないこともありますのでご注意ください。

・アドバイスをお寄せいただいた先輩・

Message

N.M. さん 文学部（美学芸術学科）
全学部日程 2024 年度合格，愛媛県出身

試験前日は新しい問題に取り組んでわからないと焦ってしまうかもしれないので，今まで取り組んできたインプットを繰り返しました。自信にもつながりますし，基礎が大切な同志社大学では最後まで戦力を高められました。

Message

T.Y. さん 法学部（法律学科）
全学部日程・学部個別日程 2024 年度合格，茨城県出身

周りに流されるのではなく，自分のレベルや現状に合わせて，試験日までに淡々とこなしていくことです。

Message

M.Y. さん　政策学部
全学部日程 2024 年度合格，三重県出身

私は浪人生でした。毎朝同じ時間に起きて同じ時間に予備校に行って勉強するというサイクルを習慣化させました。早寝早起き朝ごはんを徹底していたので風邪をひくこともなかったです。人より早く予備校や学校に行って勉強するなどのちょっとした差が後々大きな差を生むことになると思います。受験期間は自分のやりたいことを我慢して勉強漬けの毎日になるとは思いますが，勉強だけの生活で自分が壊れてしまわないように，日々の中にちょっとした娯楽を入れることも大切です。

その他の合格大学　立教大（観光），國學院大（観光まちづくり），名城大（法），愛知大（地域政策〈共通テスト利用〉）

Message

S.K. さん　理工学部（インテリジェント情報工学科）
学部個別日程 2024 年度合格，神奈川県出身

最後まで諦めないことです。わからなくても，わかることを最後まで諦めずに書き続けることが肝心です。私はそれで合格最低点＋ 8 点で滑り込みました。

その他の合格大学　明治大（理工〈情報科〉），立命館大（情報理工〈共通テスト利用〉）

Message

T.U. さん スポーツ健康科学部
全学部日程（文系）2024 年度合格，滋賀県出身

とても基本的なことですが，睡眠時間をしっかりと確保して，栄養バランスのよい食事をし，適度にランニングなどの運動をしたりして，健康的な生活を続けたうえで，勉強していました。特に適度に運動することはとてもよかったと思っていて，ちょっと体を動かすだけでむしろその 1 日の自分の調子がよくなって，勉強により集中して取り組めました。

その他の合格大学 近畿大（経営〈経営〉），京都産業大（経営）

Message

A.N. さん 社会学部（教育文化学科）
全学部日程・学部個別日程 2023 年度合格，兵庫県出身

合格のポイントは，正確に，確実に問題を解けるように練習したことです。同志社大学は標準レベルの問題が出題されますが，標準的な問題だからこそ他の受験生が取れるような問題を落としてはいけません。特に，英語や国語では 1 問の配点が高い問題が多くあり，その問題の出来で合否が変わる可能性が十分にあります。練習すれば必ず高得点を狙える実力を手に入れることができます。また，記述問題の対策も合格するために必要です。しっかりと自分の答案を解答用紙に表現できるように頑張ってください。

その他の合格大学 立命館大（経済〈共通テスト利用〉），関西大（経済，社会）

Message

H.S. さん　生命医科学部（医生命システム学科）
全学部日程 2023 年度合格，広島県出身

合格するために最も大切なのは，本番の精神力だと思います。私は，本番では物理と数学で苦戦し，過去問と比べても全然できませんでした。絶望的でしたが，得意の英語で持ち直し，英語では 8 割を取ることができました。本番ではいかに気持ちをコントロールして，最後まで粘れるかが重要だと思います。また私は，本番に弱いタイプだとわかっていたので，どんなに緊張してもある程度の力は出せるよう，たくさん演習しました。本番で精神を安定させるための準備も大切だと思います。受験勉強や本番の試験で，つらいこと，焦ることはたくさんあると思います。それでも，私のように絶対に不合格だと思っても受かることはあるので，最後まで諦めないで頑張ってほしいです。

その他の合格大学　立命館大（薬〈共通テスト利用〉）

Message

N.I. さん　商学部
学部個別日程 2021 年度合格，兵庫県出身

英単語を 2 年生の間にある程度覚えておいたことが，後々とても役に立ったと思います。英文を読んだときに知っている単語があると，スラスラ読めてモチベーションも上がるからです。なので，受験生の方は早めに英単語を覚えておくことをおすすめします。

その他の合格大学　同志社大（法，経済，政策）

入試なんでもQ&A

受験生のみなさんからよく寄せられる，
入試に関する疑問・質問に答えていただきました。

Q 「赤本」の効果的な使い方を教えてください。

A 志望校を決定した高3の4月に赤本で一通り問題形式を確認しました。1年の学習の指針を立てるためにも早めに一度目を通しておくべきです。本格的に取り組み始めたのは10月頃でした。周りは8月頃から取り組んでいたので焦りはありましたが，きちんと基礎ができてから取り組めたので，結果としては正解でした。同志社大学の英語は問題形式が同じなので，英語は志望学部にかかわらず全部解きました。

（N.M. さん／文）

A 最新年度の問題は，自分のレベルや志望校との距離を測るために，すぐに解きました。解き終わったら，何が足りなくてどうすればよいのかといった分析，次につなげる対策，そして解いた年度の過去問の復習をしっかりしました。その後に第一志望の学部以外の赤本も解くことで，形式に慣れたり，問題集として利用したりしました。最後に，時間配分の確認や本番当日と同じ時間割で解くといった仕上げとして残りの年度の問題を解きました。

（T.Y. さん／法）

Q　1年間のスケジュールはどのようなものでしたか？

A　高2の12月くらいから英文法や古典文法，単語などの基礎をやり始めて，文法事項に関しては夏休みまでにはほぼ完璧にしました。単語に関しては受験直前まで1個でも多く覚えようと継続してやりました。理想としては単語も夏休みまでに完璧にできれば強いと思います。僕は3科目受験だったので，とにかく配点の高い英語に一番勉強時間を割きました。現代文は，毎日継続して文章を読むように努力すれば感覚が染みついてきます。社会は，僕は始めるのが少し遅くて本格的には夏休みから始めたのですが，もう少し早く取りかかっておけば受験直前での仕上がりがよかったんだろうなぁと少し後悔しています。けれど，社会は最後の最後まで粘れば成績は伸びます！　受験直前に自分の思う完成度じゃなかったとしても，諦めずに最後まであがき続けてください。

（T.U. さん／スポーツ健康科）

Q　どのように学習計画を立て，受験勉強を進めていましたか？

A　1カ月の目標や終わらせたい参考書から逆算して1週間の計画を立てていました。計画はある程度の余裕をもたせて立てました。また，2カ月に一度，共通テスト模試を受けていたので，それで基礎が不足している苦手科目や分野を特定し，3科目の勉強時間を調節していました。

（N.M. さん／文）

A　英文法が苦手だったので，予備校の授業で習ったことをしっかり復習しました。全然身についていないなと思ったら毎日連続で復習し，定着してきたなと思ったら3日置きに復習するなど間隔を空けていきました。前日に次の日にすることをメモして，次の日にすぐ勉強に取りかかれるようにしました。うまく進まない日もあるので，そんな日のために何も予定を入れない予備日も作っておきました。日本史は最後のほうに近現代史が残ってしまわないように，10月くらいまでには一通り終わらせました。

（M.Y. さん／政策）

Q 学校外での学習はどのようにしていましたか？

A 家ではあまり勉強に集中できなかったので，休日や長期休暇は1日中塾にこもっていました。朝は10時からの開校でしたが，それまでは家ではあえて勉強しませんでした。塾に行くまでの時間は，軽くランニングをしたりニュースを見たりなど，なるべく遊び過ぎずに勉強以外のことをするように意識していました。電車で塾に通っていたので，電車に乗った瞬間にその日の勉強はスタートです。電車に乗っているときは，ひたすら単語を覚えまくりました。正直なところ，僕の受験勉強のなかで一番頑張ったなと思うのは，この時間です。座ってしまうとどうしても眠くなって全く頭に入っていないことに気づいてからは，意地でも立って単語帳を開いていました（笑）。往路は英単語，復路は古文単語などとすることを分けると，より集中力が上がった気がします。これを毎日，受験本番まで続けました。 （T.U. さん／スポーツ健康科）

Q 時間をうまく使うためにしていた工夫があれば，教えてください。

A キッチンタイマーを使って時間を計り，45分勉強したら15分休憩（スマホも漫画もOK）ということをしていました。これならモチベーションも保てるし，かなり効率よく勉強することができます。また，英語などの暗記科目は電車やバスの中で取り組みました。家から高校まではバス・電車で片道1時間半程度で，往復しっかりと勉強すれば約3時間近くの勉強時間を手に入れることができました。 （S.K. さん／理工）

Q 同志社大学を攻略するうえで，特に重要な科目は何ですか？

A 英語です。配点が高いのと，得点調整がなくそのまま反映されるので，重要です。同志社大学は語彙力が大切なので，単語帳は『英単語ターゲット 1400』と『同 1900』（旺文社），『速読英単語 上級編』（Z会），『システム英単語』（駿台文庫）の 4 冊を使いました。また，文法力も重要なので『Next Stage 英文法・語法問題』（桐原書店）で強化しました。そして何よりも長文に慣れる必要があるので，『やっておきたい英語長文』シリーズ（河合出版）や他大学の過去問を解きました。英作文は，実際に第三者に見てもらい添削してもらうことが大切です。日本語の微妙なニュアンスが英語に訳せていなかったりするのは自分ではなかなか気づけないので，私の場合は家庭教師の先生に添削してもらいました。

（N.M. さん／文）

A 数学です。理系であれば配点も高いですが，高難度のため「途中点をガッツリ取る」ということを心がけなければなりません。私は，赤本でわからなかった問題の解答例と自分の解答を見比べながら，考え方の違いを整理したり，赤本の解答例通りに自分で解答を作成してみたりということを繰り返しました。このようにすると自ずと合格につながる解答の書き方のコツが見えてくるのではないかと思います。他の同傾向の過去問を解いてみるのもよいでしょう。（S.K. さん／理工）

Q 苦手な科目はどのように克服しましたか？

A 私は国語がとても苦手でした。特に現代文のできるときとできないときの波が激しかったです。しかし，予備校の授業を受けて，教えてもらったことを徹底的に身につけたおかげで，本番でも緊張することなく力を発揮できました。同志社大学の国語には記述問題がありますが，現代文の解き方がしっかり身についていれば何も怖くありません。また，古文は単語が重要だと思います。早いうちに覚えてしまいましょう。助動詞などの古文文法もしっかりとやるべきです。（M.Y. さん／政策）

**Q 併願をするうえで重視したことは何ですか？
また，注意すべき点があれば教えてください。**

A 私は後悔しないように，受けるか迷った大学は基本受けました。ただし，3日連続受験することは避けました。自分でも気づかないうちに精神的にも体力的にも疲れます。また，大学の出題形式によって向き不向きが多少あります。過去問を見ていて，自分と相性が悪すぎると思うなら，併願校を変えてみてもいいかもしれません。たまに本命しか受けない人がいますが，それはあまりおすすめしません。1校だけでも練習として受けておくと本命大学の受験のときに，あまり緊張せず，力を発揮できると思います。 （M.Y. さん／政策）

**Q 試験当日の試験場の雰囲気はどのようなものでしたか？
緊張のほぐし方，交通事情，注意点等があれば教えてください。**

A 試験当日は，ほぼ確実に緊張します。僕は，なるべく気持ちを落ち着かせるために，受験勉強を始めたときからずっと続けてきて一番長い時間一緒にいたであろう単語帳を静かに見返していました。あれこれ見るのではなく，何か1つだけ自分のお気に入りの参考書などを試験会場に持って行って，じっくりとそれを読むのが一番緊張がほぐれるような気がします。また，僕は試験会場に着く時間を意識しました。8時半から試験会場に入室可能だったので，なるべく早めに自分の席についてイメトレをしていました。よい結果を出すには，もちろんそれまでの勉強の頑張りも必要だけれど，当日の自分のコンディションをよくして最大限のパフォーマンスをすることも必要です。当日に自分でできるあらゆる準備をしたうえで試験に臨むとよいと思います。あとは，周りには賢そうな受験生がたくさんいますが，あまり気にしてはいけません。あくまで自分との戦いです。試験中に自分のできることにだけ集中すればよい結果は望めるはずです。 （T.U. さん／スポーツ健康科）

Q 受験生へアドバイスをお願いします。

A 失敗したと思った科目があっても最後まで諦めず，とりあえず力を出し切って答案は全部埋めましょう。私は当日，英語の試験の手応えがなくて絶対ダメだと思い，すぐに帰りたい気持ちにさえなりましたが，なんとか残りの国語や日本史の試験も終えました。正直言って合格発表まで合格している自信はありませんでしたが，得点開示を見てみると国語や日本史だけでなく，英語も英作文や和訳を諦めずに書いたことで得点がもらえていました。あなたが一生懸命に書いた答案はきちんと採点者に見てもらえます。最後まで頑張ってきた全力を出し切りましょう。

(N.M. さん／文)

科目別攻略アドバイス

みごと入試を突破された先輩に，独自の攻略法や
おすすめの参考書・問題集を，科目ごとに紹介していただきました。

英　語

とにかく語彙力を強化しましょう。同志社大学の英語は単語単体で問われることもあるなど，何かと語彙が必要です。(N.M. さん／文)

おすすめ参考書 『速読英単語 上級編』（Z会）

同志社大学の英語はさまざまな分野の専門的話題から出題されることが多いですが，多くが選択式の問題ですから，単語さえわかれば雰囲気はつかめるのではないでしょうか。私は『リンガメタリカ』の文章と単語・熟語を何周も口に出して大きな声で音読し，頭に叩き込んでいきました。

(S.K. さん／理工)

おすすめ参考書 『話題別英単語リンガメタリカ』（Z会）

日本史

日本史は時代の流れをしっかり攻略することが大切です。「いつ，どこで，どうしてそのような戦いが起こったのか？」「なぜ〇〇の輸出が増えたのか？」など，教科書に書かれている前後関係をしっかり把握しておきましょう。同志社大学の日本史は記述問題もあります。日頃から漢字を書く練習をして本番で頭が真っ白にならないように気をつけてください。

（M.Y. さん／政策）

おすすめ参考書　『実力をつける日本史 100 題』（Z 会）
『詳説日本史』（山川出版社）

世界史

年号は必ず覚えておいてください。語呂をつかって覚えると速く覚えられると思います。また，用語だけではなくて背景も知っておくと，正誤判定問題で役に立つと思います。（N.I. さん／商）

数　学

同志社大学の文系数学はとても難しい問題が出題されることがありますが，それにくじけないことです。また，記述式の問題が 2 題あり，その問題では解答のプロセスをわかりやすく，また理にかなったものを書くことを心がけて解答を作成することです。（A.N. さん／社会）

おすすめ参考書　『理系数学の良問プラチカ』（河合出版）

物　理

いかにも基本をきちんとおさえて応用問題につなげられるかがポイントです。

（H.S. さん／生命医科）

おすすめ参考書　『実戦 物理重要問題集 物理基礎・物理』（数研出版）

国　語

設問の趣旨をしっかり把握することです。問われていることに答えないと，せっかく書いた答案も点数がつかなくなります。　（T.Y. さん／法）

現代文の正確な解き方を身につけることがポイント。古文単語，古文助動詞は早いうちに覚えましょう。　（M.Y. さん／政策）

おすすめ参考書　『つながる・まとまる古文単語 500PLUS』（いいずな書店）

『望月光　古典文法講義の実況中継①・②』（語学春秋社）

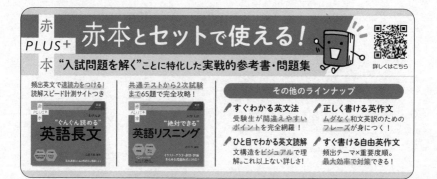

TREND & STEPS

傾向 と 対策

科目ごとに問題の「傾向」を分析し，具体的にどのような「対策」をすればよいか紹介しています。まずは出題内容をまとめた分析表を見て，試験の概要を把握しましょう。

注　意

「傾向と対策」で示している，出題科目・出題範囲・試験時間等については，2024 年度までに実施された入試の内容に基づいています。2025 年度入試の選抜方法については，各大学が発表する学生募集要項を必ずご確認ください。

英　語

年度	番号	項　目	内　容
2024	〔1〕	読　解	空所補充，同意表現，内容説明，語句整序，主題，内容真偽
	〔2〕	読　解	空所補充，同意表現，内容説明，語句整序，内容真偽，英文和訳
	〔3〕	会話文，英作文	空所補充，和文英訳
2023	〔1〕	読　解	空所補充，同意表現，内容説明，語句整序，内容真偽，英文和訳
	〔2〕	読　解	空所補充，同意表現，内容説明，語句整序，内容真偽
	〔3〕	会話文，英作文	空所補充，和文英訳
2022	〔1〕	読　解	空所補充，同意表現，内容説明，語句整序，内容真偽
	〔2〕	読　解	空所補充，同意表現，内容説明，語句整序，内容真偽，英文和訳
	〔3〕	会話文，英作文	空所補充，和文英訳

読解英文の主題

年度	番号	主　題
2024	〔1〕	アムステルダムの実験
	〔2〕	過去の暑さを記憶するサンゴ
2023	〔1〕	演奏中のピアニストの脳の内部
	〔2〕	健康食品運動の歴史
2022	〔1〕	レターロッキングのヴァーチャル開封
	〔2〕	科学の進歩のきっかけはミルクとお茶に関する言い争い

傾向

速読・精読の両面で長文読解力を鍛えよう
必出の会話文は，話の流れの把握がポイント

01 出題形式は？

例年，試験時間 100 分，長文読解問題 2 題に会話文・英作文問題が 1 題の計 3 題の出題となっている。長文読解問題で英文和訳が 1 問，会話文・英作文問題で和文英訳が 1 問，それぞれ記述式で問われるほかは，すべて選択式という形式が定着している。

02 出題内容はどうか？

〈読解問題〉 **長文**は 2 題ともしっかりした内容の標準以上のレベルのものが出題されることが多い。取り上げられるテーマは，歴史，科学，文化など多岐にわたっている。比較的平易な話題を扱った，論理展開の明快な読みやすい英文も出題されているが，専門的なものや抽象的で難度の高いものが出題されることもある。とはいえ，難度の高い語彙や表現であっても文脈からおおよその意味が推測できるようになっているものも多い。また，同意表現の問題における選択肢にある語句がヒントになることもある。2024 年度は整序問題で用いることになるイディオムが他のパラグラフで複数回使用されていた。それでも読解問題の英文は選択肢も含めるとかなりの分量になるので，標準以上のレベルの英文を，ある程度の速さで，しかも設問に対応できるよう内容をしっかり押さえながら読むという，**速読力と精読力とをあわせたバランスのとれた読解力**が求められる。

設問はおおむね素直な問題が多い。同意表現，空所補充，内容説明，語句整序，内容真偽，記述式の英文和訳はこれまでのところほぼ必出。そのほか，過去には段落にタイトルをつける設問と欠文挿入箇所を問うものが，2023 年度は複数の空所に共通して入る語を選ぶという問題が，2024 年度は文章の題名としてふさわしいものを選ぶ問題が出題されている。

同意表現は解答個数が多く，これに素早く正確に答えるためには，標準レベルの単語や熟語を，それらの意味だけでなく使い方も含めて熟知していることが必要なことはもちろん，長文全体の論旨と文脈を正確に押さえながら読み進めることも大切である。未知の単語や表現であっても前後の文脈をきちんと読み込めば選択肢を絞り込めることもあるので，粘り強く取り組みたい。空所補充はイディオムや前置詞の知識を問う出題が中心となっているが，基本的に長文の内容をどれだけ正確に理解できているかがポイントになることが多い。内容説明や内容真偽については，いたずらに難解であったり紛らわしかったりといった選択肢は少なく，文章全体の論旨を押さえて論理的に考えれば答えが出る良質の問題が多い。記述式の英文和訳は，分量も少なめで内容も標準的である。ポイントとなる構文や文法事項を押さえた答案を書くこと。

〈会話文・英作文〉 例年，ボリュームのある会話文が出題されている。設問では英作文の力も問われる。

会話文は，特殊な口語表現などはあまり出てこないが，分量が多めで，内容的にも平易な日常会話にとどまらず，少し高度な内容の話が展開されることもある。

設問は，会話文の空所補充と記述式の和文英訳が出題されている。空所補充は，平易というわけではないものの，選択肢はそれほど紛らわしくなく，**会話の流れを把握して状況を的確にイメージ**できれば正解が得られる問題が多い。記述式の和文英訳は，短い文で，会話文中の語彙や表現を参考にできることも多い。基本的な表現をしっかりと身につけ，それらを正確に使うことができるかどうかが問われる。なお，会話文中の英訳であるため，前後の文脈を把握するための英文読解力・語彙力や，課題の和文を英語にしやすい表現に置き換えるための日本語力も必要となる。

03 難易度は？

英文は標準レベルから難易度の高いものまで出題されているが，設問は標準的なレベルのものが多い。ただし，読解問題に使われている英文は選択肢の英文も含めると，試験時間 100 分のわりに分量が多い。文脈をしっかり押さえる必要のある設問も多いことを考えると，普段から大量の英文を読み，その中で実戦的な読解力を身につけておくことが，合格への必須の条件である。

対策

01 長文読解力の養成

合否のカギとなるのはやはり長文読解力であり，精読力と速読力の両方が必要である。精読力をつけるためには学校の授業の予習・復習に加え，『大学入試 ぐんぐん読める英語長文』（教学社）などの問題集を利用して，教科書よりやや難しい入試問題の英文が，文法や構文，指示語，接続詞などの連結語句に注意しながら完全に理解できるまで取り組むような学習が必要である。また，英文の分量が比較的多い同志社大学の入試突破のためには速読力の養成も不可欠である。教科書レベルの英文を大量に，最初は辞書を引かずに読む練習を続けることが効果的である。教科書１課分の英文（1000 語前後）を入試問題に見立て，予習の際にはまず，未知の単語の意味を文脈から類推しながら読むような練習をするとよい。**精読と速読の練習を並行**して進めていくことは，精読で身につけた知識や読解技術を速読で定着させることとなり，読解力の向上に有効である。

また，読解作業の助けとなる背景知識の獲得にも努めておく必要がある。トピック・ジャンル別に編まれた長文問題集は，「環境問題」「異文化理解」といった頻出ジャンルに関して最低限必要な知識をまとめたものが多いので，１冊は仕上げておくことを勧める。

02 文法力と語彙力の充実

独立した文法問題こそ出題されていないが，読解力の基礎となるのは文法力と語彙力であり，英文法の参考書と単語集をできるだけ早い時期に仕上げておくことが望ましい。受験生が間違えやすいポイントを完全網羅した総合英文法書『大学入試 すぐわかる英文法』（教学社）などを手元に置いて，調べながら学習すると効果アップにつながるだろう。文法力・語彙力ともに，参考書や単語集を用いた学習と，実際に英文を読む中でそれを定着させていく学習を並行して行うことが読解力の向上にもつながる。**幅広い語彙力の養成は同志社大学の入試を突破する上で特に大切**である。難しい内容の英文も単語の力と背景知識があればなんとか大意をつかむことができることは，だれもが経験していることだろう。また，読解問題の中で出題されている空所補充や同意表現には，文法力・語彙力があればすぐに正解できるものもあり，限られた試験時間の有効利用にもつながる。語彙・熟語・文法力の一層の増強が急務である。

03 和文英訳への対応

同志社大学の出題の特徴ともいえるのが毎年出題されている和文英訳であり，この出来具合が合否を分けることにもなりかねないので，できるかぎりの対策は立てておきたい。分量は１文のみの出題が多く，構文もそれほど複雑なものは要求されていないが，普段から書き慣れていないと意外と苦労する。当たり前のことだが，英語が書けるようになるためには，練習が必要である。教科書，問題集，過去問などの和文英訳の問題は，まず自分で解答を書いてみよう。それを模範解答と比べ，「こう書けばよいのか！」という経験を積み重ねることで力がつく。

また和文英訳においても，基本的な文法・語彙・熟語の力は必須である。これらを学習する際に，意味だけ覚えるのではなく，基本例文で使い方も覚えるようにすると，和文英訳力の養成にもつながる。

04 過去問の研究

出題パターンがほぼ一定であることもあり，過去問は最良の教材である。特に同志社大学では読み手の知的好奇心を満足させるような良質の英文が数多く出題されているので，読解練習にも最適である。出題傾向や問題の分量も身をもって感じることができるので，早い時期に一度過去問に当たってみることを勧めたい。仕上げの段階では，時間を計って挑戦し，時間配分を考えながら解く練習もしてみるとよいだろう。『同志社大の英語』（教学社）なども演習に活用したい。また，同志社大学では各学部の出題形式・分量が類似しているので，他学部を含めて過去問をできるだけ多く解いておくことは実戦力向上のためにも非常に有効である。

日本史

年度	番号	内　容	形　式
2024	〔1〕	旧石器時代～弥生時代の文化・社会　✓**グラフ**	選択・記述・配列
	〔2〕	室町時代の外交	記述・選択
	〔3〕	明治前半期の政治・外交・文化	選択・記述・配列
2023	〔1〕	「後漢書」「宋書」「日本書紀」ほか―弥生時代～奈良時代の外交　✓**史料**	選択・記述
	〔2〕	室町時代の産業の構造	記述・選択
	〔3〕	江戸時代～明治時代の政治史　✓**史料**	記述・選択
2022	〔1〕	平安時代の貴族の生活文化	記述・選択
	〔2〕	戦国時代の争乱と戦国大名	記述・選択
	〔3〕	明治～昭和戦前期の思想・教育・学問・文学	記述・選択

傾向　用語集・図説集を併用しつつ教科書細部までの熟読を

01　出題形式は？

例年，大問3題構成で，解答個数は60個程度であり，記述法と選択法の割合はほぼ半々である。記述法は歴史用語や人名・地名・書名の記述がほとんどであるが，史料中の語句や歴史用語の読み方・年代の記述が求められることもある。選択法も歴史用語・人名・地名・年代の選択が多いが，2024年度には年代配列2問，正文選択問題5問の出題もあった。そのうち1問は，初出の形式で，新学習指導要領に沿ったグラフの読み取りに基づく正文選択問題であった。試験時間は75分。

なお，2025年度は出題科目が「日本史探究」となる予定である（本書編集時点）。

02 出題内容はどうか？

時代別にみると，2022年度は〔1〕古代，〔2〕中世，〔3〕近代と，例年になく近世の出題が皆無であり，時代幅が古代～近代（昭和戦前）に集中して，特に近代のみで4割を占めた。2023年度は〔1〕原始・古代，〔2〕中世，〔3〕近世・近代と，原始からの出題が4年ぶりにあった。出題の時代がバラつかず，室町時代・江戸時代・明治中期に集中するといったパターンとなった。2024年度は〔1〕原始，〔2〕中世，〔3〕近代であり，古代・近世と大正～戦後史は皆無であった。

分野別にみると，2022年度は文化史が全体の3分の2を占め，残り3分の1が政治史という極端に文化史が多い構成となった。2023年度は，政治史が4割，次いで経済史3割，外交史2割程度，文化史は1割程度であった。2024年度は，文化史が4割，外交史が4割弱，政治史が2割程度，経済史は1割未満である。この3年間だけでも，文化史・経済史の増減は激しいが，政治史は2～4割と安定して出題されている。つまり，同志社大学の日本史はテーマ史からの出題が特徴であり，今後もテーマによって，出題分野・時代の配分は変化するだろうが，政治史分野が出題の中核であることは大きく変わらないだろう。

史料問題は，同志社大学全学部で近年出題が増加傾向を示している。法，グローバル・コミュニケーション学部では2022・2024年度はなかったものの，2023年度は原始・古代で6点，近世・近代で各1点ずつ史料が出題された。それらのうち大部分は教科書収載の基本史料で，初見史料も特段の読解力は要しなかったが，史料中の語句を記述・選択する問題が多く，頻出史料対策がなされていることを前提とした出題となっている。なお，2024年度には帯グラフ3点の読み取り問題が出題された。これは新学習指導要領に沿った新傾向の問題である。また，例年，旧国名・都市名などを問う地理的出題があり，過去には五街道の地図を用いた出題もあった。

03 難易度は？

全般的には教科書に即した標準レベルの出題が大半を占める。しかし，2024年度の『老松堂日本行録』など，用語集や図説の記載に拠った詳細な知識を要する設問や，2022 年度の「日本浪曼派」，過去には「鴻臚館」「黎明会」といった難しい漢字記述を求める設問もみられた。その一方で易化して平均点が大幅に上昇したため，他科目との得点調整が行われた年度もあるので，易化したからといって必ずしも合格点に達しやすくなるとは限らない点に留意しておきたい。用語集や教科書の脚注に加え，必要に応じて史料集や図説を用いた細やかな学習が必要である。試験本番では史料問題などに十分な時間を割けるよう，時間配分を意識しながら手早く解答していこう。

対策

01 教科書中心に，用語集も併用し，知識を整理する

教科書は受験に必要な知識を盛り込んだ最良の受験参考書の１つである。まずは教科書を基本とした学習が重要で，教科書を十分読み込み，内容をきちんと整理して徹底的にマスターしよう。教科書からの出題が中心とはいえ，問われる歴史用語は本文中で太字になっている重要用語とは限らず，太字以外の語句も当然出題されている。本文の熟読はもちろん，欄外の注・図版とその説明文・史料・コラムにまで目を通しておきたい。さらに，2022 年度〔１〕で藤原道長の本邸となった邸宅の名称を選択する設問，2023 年度〔１〕で帯方郡を新設し支配した氏族名を記述する設問，〔３〕で徳川和子が受けた院号の正誤を判断する設問，2024 年度〔１〕で旧石器時代の竪穴の住居跡がある大阪府の遺跡名を答えさせる設問など，一部に教科書だけでは対応できない難問もみられるため，『日本史用語集』（山川出版社）などの用語集も併用したい。

02 時代別・テーマ別のまとめ

同志社大学では，全般的に原始～古代通史や，古代～中世通史といった長いタイムスパンのテーマ史が例年出題され，また近世の中で分野を絞った出題，近現代の分野別人物史の出題が多い。こうした傾向からみて，テ

ーマ史を意識した学習は必須である。その場合，まず本シリーズで過去問研究を行い，過去に出題されたテーマ史問題の理解を深めることから始めるのがよい。同志社大学が要求する知識の「量と質」が確認でき，効果的である。次に過去問で扱われていないテーマ史を，図説などを利用して整理し，独自に年表やまとめを作成するとよい。また，近現代を中心とした人物史の出題に備えて，まずは人名を漢字記述し，その上で政党や文化各部門の師弟関係などの人脈を整理しておこう。さらに，全時代において，外交史・文化史・経済史も徹底的に学習しておきたい。

03 歴史用語の正確な記述

記述問題が全体の半分を占め，漢字での記述が求められるので，教科書掲載の歴史用語は正確な読み・書きができるようにしておきたい。誤字は得点にならないものと覚悟しておくこと。その学習の際には，初めて知る人名・用語などは『日本史用語集』（山川出版社）を辞書代わりに使って調べ，収録されている他の細かい用語や周辺知識にも注意しながら学習することで，知識量を増やしていくとよい。漢字での記述が要求される人名・語句の多くが『日本史用語集』の中で赤字で記載されている教科書掲載頻度の高い用語であるから，用語集で調べた際には「覚えるべき用語」としてマーカーをつけるとよい。過去問演習の際に，初めて知った人名・用語が黒字で記載されている掲載頻度の低い用語の場合は，それも「覚えるべき用語」に加えていく。こうすることで，自分なりの「覚えるべき用語」リストがマーカーで一目瞭然となり，必要な用語を繰り返し書いて覚える手助けとなるはずだ。

04 史料問題対策

史料文をもとに関連史実が問われる問題のほか，史料中の語句の空所補充，史料名・出典名や著者名などが出題されている。史料問題の出題を想定してしっかり準備しておく必要があるだろう。普段の学習で，教科書に収録されている史料に加えて，『詳説 日本史史料集』（山川出版社）などを併用して，広く目配りしたい。時には受験生初見の史料が出題されることもあるが，そういった場合は，解説文がつけられていたり，選択肢が工夫されているなど無理なく答えられるようになっている。教科書収録の基本史料をしっかりマスターしておけば初見史料への対応力もついてくるので，普段から史料に親しむことが重要である。

05 図説の徹底活用

頻出の通史的出題や，年代配列，時期特定，西暦年・和年号などに関する出題に対応するために，図説などの年表を活用し，年代を意識した学習を心がけたい。2022 年度には平安貴族の衣服，2024 年度には縄文時代の石材と産地，過去には古代の絵画，古代～中世の建築といった出題もあり，日頃から図説収載の視覚資料を活用して具体的イメージや地図を想起できることが必要不可欠である。旧国名や地名を問う出題もあるので，地図にもしっかりと目を通し，重要な地名は地図上の位置も押さえておくこと。新学習指導要領に沿って，史料のみならずグラフやデータ・図版などの資料を用いた出題は増加すると予想されるため，図説を活用して教科書学習の深化に努めたい。

06 過去問研究をしっかりと

重複して出題された設問や類題は例年相当数にのぼるだけに，過去問演習の有無が大きな得点差となりうる。したがって過去問を解く際には，正解はもちろん，選ばなかった選択肢の内容まで確認・整理して応用力をつけていくようにしたい。また，同志社大学では各学部の出題形式が似通っている。内容的にも共通する面があるので，他学部も含めて過去問をしっかり研究しておこう。

世界史

年度	番号	内　容	形　式
2024	〔1〕	近代以前のアフリカ史	正誤・選択・記述
	〔2〕	16～17世紀の西欧キリスト教世界	選択・正誤・記述
	〔3〕	20世紀のアメリカ合衆国	選択・正誤・配列・記述
2023	〔1〕	ローマ＝カトリック教会の発展	選択・記述
	〔2〕	東南アジア史	選択・記述・正誤
	〔3〕	アメリカ合衆国の発展と社会問題	選択・正誤・記述
2022	〔1〕	ローマ帝国とビザンツ帝国	選択・正誤・記述
	〔2〕	ムスリムの諸政権	選択・記述・正誤・配列
	〔3〕	近世・近代ヨーロッパの歴史	選択・記述・正誤

傾向　正誤判定問題と文化史に注意

01　出題形式は？

例年，大問3題で，各大問の配点は50点ずつの合計150点，試験時間は75分。解答個数は60個前後となっている。

選択法中心で，記述法は全体の2～3割程度。選択法には語群から用語を選ぶ空所補充問題と文章の選択問題がある。同志社大学で特徴的な「複数の短文の正誤判定」を求める正誤法は，法，グローバル・コミュニケーション学部では頻出である。2022年度は2つの短文の正誤判定が10問，2023年度は2つの短文の正誤判定が7問出題されたが，2024年度は2つの短文の正誤判定が 16 問と増加，さらに 4 つの短文中の正文の個数を答える問題が 2 問出された。また，年代や地理的知識について問う問題もみられるので注意したい。年代関連問題は，年代配列法が 2022 年度と 2024 年度に出題されている。

なお，2025 年度は出題科目が「世界史探究」となる予定である（本書編集時点)。

02 出題内容はどうか？

地域別では，欧米史 2 題・アジア史 1 題の割合で出題されることが多いが，多地域混合問題も出題されている。**欧米史**では，イギリス・フランス・ドイツ・アメリカを中心に，ヨーロッパ全体や世界全体（西欧諸国の海外進出）に及ぶ**広い地域を対象**とした大問が出題される傾向がみられる。**アジア史**では，例年中国からの出題が多かったが，2022 年度はイスラーム史全般，2023 年度は東南アジアから大問が出題されており，中国以外の地域にも目配りが欠かせない。2024 年度は大問単位でのアジア史出題がみられなかった。新しい傾向といえる。

時代別では，古代から現代まで比較的偏らずに出題されることが多い。大問が 3 題と少ないが，比較的短い時代を問う大問と，比較的長期を包含する通史的な大問が組み合わされている。中世ヨーロッパや 16〜19 世紀の近世・近代の西ヨーロッパ諸国史は例年頻出している。一方，アジア史は，2022 年度は 7 〜19 世紀のイスラーム史，2023 年度は古代〜13 世紀の東南アジア史，というように数百年以上のスパンを通史的に問うことが多い。20 世紀の現代史はアジア・欧米とも対策を講じておきたい。

分野別では，政治・外交史が中心となっているが，社会・経済史や文化史の分野にも注意しておこう。文化史は例年小問レベルで必ず出題されており，大問で出題された年度もある。また，**年代**を問う設問や国家・都市・地域などの**地理的知識**に関する設問も出題されているので，年表や地図を確認する学習を怠ってはならない。

03 難易度は？

おおむね教科書の記述に準拠して作問されているが，年度によっては難問が数個出題されることがある。記述法が出題されているため，特にアジア地域における漢字表記には十分な対策が必要となっている。また，必出の文化史を丁寧に学習しておくことで失点を防ぎたい。

対策

01 教科書の徹底理解を

まず，古代から現代まで教科書を通読し，歴史の流れをしっかり把握することが基本となる。過去の問題もおおむね教科書レベルの知識が中心であり，高校世界史の学習で対応できる基準で作問されている。同志社大学の正誤法は各教科書の記述をもとに作成されているので，十分な読み込みが必要である。教科書学習をある程度終えたら，用語集などを用いて重要事項に付随する内容を確認していくようにしよう。『世界史用語集』（山川出版社）は必ず利用したい。

02 各国別・地域別の重要事項の整理

問題の多くが教科書に準ずるとはいえ，同じ国・地域での長いスパンの歴史となると教科書では記述が分割されているため，それぞれの国別（イギリス・フランス・ドイツ・アメリカの通史など），地域別（中国・朝鮮・東南アジア・西アジア通史など）に重要事項を年代順に整理しておこう。また，ヨーロッパや中国以外の地域から大問が構成されることもあるので，未学習の地域を残しておかないことが肝要である。教科書と並行して『各国別世界史ノート』（山川出版社）などのサブノートや『体系世界史』（教学社）などの問題集を使用するのも効果的である。

03 文化史の重点学習

文化史は例年出題されており，対策を講じておきたい。教科書レベルを超えた難問はあまりみられないが，用語集なども活用して重点的に取り組んでおく必要がある。学習の際には，単に人名と代表的な作品を押さえるだけでなく，時代背景や政治的事件との関わり，文化と文化のつながり，そして人物の出身地や作品が成立した年代などにも目配りして掘り下げた学習をしておこう。

04 年代と地理に強くなろう

年代関連問題が出題されており，諸王朝の存続期間や年代を記述する問題や，年代配列問題もみられる。特に近現代史の学習では年代学習が効果的なので，ノートや年表などを利用して詳しく年代を整理し，把握しておきたい。また，地理的知識に関する設問もみられるので，教科書や図説などに掲載されている歴史地図をみて，地域や都市の位置関係，時代による国家の領域の変遷や国境となった河川名などを確認しておく必要がある。学習の際には地名・領域などについて必ず確認する姿勢を身につけたい。

05 現代史の対策

対策が後回しになりがちな現代史であるが，決して手を抜かず第二次世界大戦後まで学習しておく必要がある。現代史は教科書どおりに学習すると非常にまとめにくい時代であるが，地域史・テーマ史としてまとめ直すとわかりやすくなる。特に，第一次世界大戦と第二次世界大戦前後の国際政治は要注意分野である。また，アメリカやロシア（ソ連）の歩み，東西冷戦，第三世界の動向などのテーマ史を整理しておきたい。その際，サブノートなどを活用すると能率が上がる。

06 過去問の研究を

同志社大学では各学部における問題の出題形式・傾向が似通っている。

他学部の問題も含めて過去問を研究し，その傾向を自分で確かめておこう。傾向が確認できれば，何をどのように学習すればいいのかという今後の学習の指針を得ることができるはずである。短文の正誤判定問題についても，基本事項の徹底学習が最も効果的であることを納得できるだろう。また，難問といえるものも，過去に出題されたり，文系の他の学部で出題されたものと一部重複していたりする場合もあるので，過去問の研究の際に疑問点を残さないように努めたい。

政治・経済

年度	番号	内容	形式
2024	〔1〕	国家と国際社会・国際連合	記述･正誤･選択
	〔2〕	日本銀行と金融政策	記述･選択･正誤・計算
	〔3〕	社会保障制度	記述・選択
2023	〔1〕	基本的人権	記述･選択･正誤
	〔2〕	現代の日本経済	記述･選択･正誤
	〔3〕	日本の少子高齢化　✓グラフ・表	記述･選択･計算
2022	〔1〕	消費者問題・企業の社会的責任	記述･選択･正誤
	〔2〕	国際経済・日本の産業	記述･選択･正誤
	〔3〕	農業問題	記述･選択･正誤

傾向　基本事項を確実に　時事問題の動向に関心を

01　出題形式は？

例年，大問数は3題で，試験時間は75分。

リード文の空所補充や内容に関連する事項について選択法・記述法で解答する設問が中心で，正誤問題もよく出題されている。2023年度〔3〕ではジニ係数，2024年度〔2〕では信用創造についての計算問題も出題された。記述法では，解答にあたって「漢字」「カタカナ」や字数が指定されることもあるので，注意が必要である。解答欄の大きさから解答が判断できる場合もある。

02 出題内容はどうか？

例年，大問２題程度が経済分野のテーマから出題されるなど，経済分野のウエートが比較的大きい。

政治分野では，従来は応用的な分野の出題が目立ったが，近年は 2023 年度の基本的人権，2024 年度の国際連合のように政治分野の王道のような出題もみられるので，偏った学習は禁物である。また，年度によっては，時事的な関心をもって学習に臨む姿勢が求められる出題もある。

経済分野では，従来は，経済史や環境，農業といった応用的な分野の出題が目立ったが，近年は，ミクロ・マクロ経済の理論的な分野に出題のウエートがかかってきている。応用的な分野に対しても幅広く準備をしておく必要がある。

内容的には，多くは教科書や資料集の範囲からの出題であるが，2022 年度の内部統制システムやサプライチェーン，2023 年度の IoT，ソーシャルレンディング，クラウドファンディング，暗号資産，ブロックチェーン，2024 年度の無害通航など，一部に詳細な知識を問う問題や時事的な設問もみられる。また，歴史的な知識や，2024 年度〔２〕のように金融政策の実施時期および内容を問うなど，事項の正確な知識を要求する問題が多いことも特徴である。

03 難易度は？

一部に教科書の内容を超えた設問が出されているが，多くは基本的な知識で対応できる。教科書，資料集をしっかり学習して準備しておくとともに，解答にあたってはまず全体をひと通り確認し，取り組みやすい設問から確実に答えていくことが肝要である。

対策

01 基礎知識を確実にしよう

出題される内容は，教科書の範囲内のものが多くを占めているので，基礎知識を確実に押さえておくことが大切である。そのためには，教科書をきちんと読み込むことから学習を始めたい。本文はもちろん，脚注，図版の解説などをおろそかにしないで熟読することが必要である。問われる用語は，やや細かい知識を必要とするものが多いが，そのほとんどは資料集に掲載されている。したがって，学習の際には資料集を併用して，教科書ではあまり扱われていない歴史的背景や，日本国憲法・明治憲法や労働三法など基本的な法律の原文などにも目を通しておくことを勧める。

さらに，教科書の用語に加えて最新の用語まで網羅している『用語集 公共＋政治・経済』（清水書院）や，『政治・経済用語集』（山川出版社）などの用語集を活用するとよいであろう。

02 時事問題への関心を

まずは毎日のニュースに関心をもつことが肝心である。重大事件や日々のニュースに関連した教科書の事項を振り返る習慣をつけておくと，受験だけでなく，大学入学後も専門的な勉強に役立つはずである。たとえば，2023年度〔2〕の情報通信技術，2024年度〔2〕の金融政策に関する用語などは新聞などではよく出てくる事項である。

余力があれば，『現代用語の基礎知識』（自由国民社）などの時事用語集を利用するほか，インターネットで新聞各紙の社説の比較をしてみるなど，日頃から社会問題へのセンスを身につけておきたい。

03 問題演習を

出題形式も内容も比較的オーソドックスなので，標準的な問題集を1冊用意してそれを教科書の学習と並行して活用することで，基本的な知識をまずマスターしておきたい。その際，記述問題では用語を正確な漢字で書くなど細かい注意を払いながら問題演習を行い知識を定着させよう。

日本経済の歴史，社会保障，企業に関する問題，三位一体の改革など繰り返し出題されている事項があり，本シリーズで他学部や全学部日程の問題にも当たっておくとよい。

数　学

年度	番号	項　目	内　容
2024	〔１〕	小 問 3 問	(1)正四面体 (2)３次関数のグラフと接線 (3)三角関数
	〔２〕	図形と方程式	三角形の外心と垂心
	〔３〕	数　列	図形と漸化式
2023	〔１〕	小 問 3 問	(1)さいころの確率 (2)平面ベクトル (3)数列の和と一般項
	〔２〕	図形と計量	円に内接する四角形
	〔３〕	図形と方程式	直線の通過領域　⊘図示
2022	〔１〕	小 問 3 問	(1)倍数と約数 (2)反復試行の確率 (3)空間図形の計量
	〔２〕	数　列	数列の漸化式と常用対数
	〔３〕	三角関数	三角関数の方程式

出題範囲の変更

2025 年度入試より，数学は新教育課程での実施となります。詳細については，大学から発表される募集要項等で必ずご確認ください（以下は本書編集時点の情報）。

2024 年度（旧教育課程）	2025 年度（新教育課程）
数学Ⅰ・Ⅱ・Ａ・Ｂ（数列，ベクトル）	数学Ⅰ・Ⅱ・Ａ・Ｂ（数列）・Ｃ（ベクトル）

傾向　計算・記述量が多く高度な出題　図形的処理能力を高める訓練が大切

01　出題形式は？

例年，大問３題の出題で，試験時間は 75 分。〔１〕が空所補充形式の問題，〔２〕〔３〕が記述式という出題形式が定着している。解答用紙の解答スペースはＡ４判程度で，表に〔１〕〔２〕，裏に〔３〕を解答するようになっている。

02 出題内容はどうか？

例年，図形に関連した出題が目立ち，続いて方程式・不等式，微・積分法に関する出題が多い。すなわち，図形やグラフを用いて考えさせる問題が多いのが特徴である。

2024 年度は図形の性質，微分法，三角関数が空所補充問題で，三角形の外心と重心の座標，円の分割問題が記述式で出題された。計算量が多く，素早く処理する力が試されている。

03 難易度は？

記述式は，教科書の章末問題レベルの発展的な問題よりも難しい傾向が続いている。全体的にかなり計算量が多く，記述量も多い。基本事項を確実に押さえ，迅速かつ正確な計算力をつけておきたい。空所補充形式の〔1〕は，2024 年度も 2022・2023 年度と同じく 3 問の基本・標準問題であった。

記述式の大問は出題分野や難度が年度によってまちまちなので，予め時間配分を決めておくのは難しい。まずすべての問題に目を通し，確実に得点できるところから手をつけていくとよいだろう。

対策

01 基礎学力の充実

問題の多くは教科書の章末問題レベルか，それより少し難しい程度であるが，まず教科書に載っている基本公式や定理を整理して，基本事項の徹底理解を図ること。次に，教科書や参考書の例題を繰り返し解いて基礎学力を確実にすること。その際，頻出項目のみを学習するなどの偏った学習は避けたい。

02　記述式答案の作成練習

記述式答案を書くスペースはそれほど広くない。計算式や場合分けの列挙をうまくまとめなければスペースが足りなくなってしまう。普段から表や図を利用し，解答の要点を手際よくまとめて，答案を作成する練習をしておきたい。

03　計算力をつける

少々面倒な計算にも対処できるように，解答の方針や方程式を立てるだけでなく，普段から必ず最後の結果まで出すようにしよう。筋道を立てた記述と合わせて確かな計算力をつけておくことが大切である。

04　柔軟な思考力をつける

試験場で問題集などにない新しいタイプの問題に出合っても，問題の本質を見抜き，的確な解法が見つけられるよう柔軟さと根気を養っておきたい。また，一見標準的に思える問題でも数学的な考察がしっかりできているかどうかを試すように設問が工夫されている。つまり，自分の力で考えることが要求されているので，日常の問題演習では，解法が見つからない場合であってもすぐにヒントや解答を見ずに，さまざまな角度から粘り強く考える習慣をつけて数学的な思考力を高めておくことが大切である。

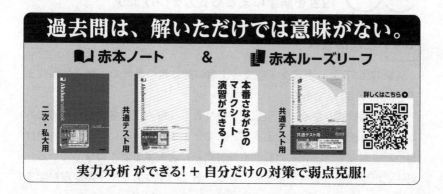

国　語

年度	番号	種　類	類別	内　容	出　典
2024	〔1〕	現代文	評論	空所補充，内容説明，内容真偽 **記述**：内容説明（40字）	「歴史学の作法」 池上俊一 引用：「歴史について」 小林秀雄
	〔2〕	古　文	説話	語意，口語訳，内容説明，文法，内容真偽 **記述**：内容説明（30字）	「因縁抄 六難九易」
2023	〔1〕	現代文	評論	空所補充，内容説明，内容真偽 **記述**：主旨（40字）	「くらしのアナキズム」 松村圭一郎
	〔2〕	古　文	説話	語意，口語訳，文法，内容真偽 **記述**：内容説明（30字）	「十訓抄」
2022	〔1〕	現代文	評論	空所補充，内容説明，内容真偽 **記述**：主旨（40字）	「はじめてのニュース・リテラシー」白戸圭一
	〔2〕	古　文	雅楽書	語意，内容説明，口語訳，文法，内容真偽 **記述**：指示内容（30字）	「文机談」　隆円

傾向　現代文・古文ともに内容把握が中心
内容を簡潔にまとめる力をつけよう

01　出題形式は？

試験時間75分，現代文・古文各1題の計2題の出題で，配点は現代文90点・古文60点である。

設問は**選択式が中心**で，現代文・古文とも読解の正確さを問うものである。解答用紙は選択式と記述式が一枚にまとまっている。マークシートは使われておらず，選択式の設問も解答用紙に記入するようになっている。記述式が現代文（40字）・古文（30字）各1問ずつあり，主題が理解できているかどうかをみようとしている。

02 出題内容はどうか？

〈現代文〉 **幅広い知識が求められる高水準の評論**が出題されており，現代社会が抱える問題を扱った文章が多い。例年，かなりの長文が出題されるので，慣れていないとまずその量感に圧倒される。また，**長文の場合**，当然，論点も重層的・多角的となる。それを整理しつつ**核心をとらえる読解力**と，**集中を絶やさない持久力**が要求される。設問は内容説明が中心で，空所補充なども出題される。傍線部に関する内容説明の設問のあとに，全体を振り返る形の内容真偽の設問が例年出されている。傍線箇所について問うといった部分的にみえる設問でも，問題文全体を視野に入れて解答する必要のあるものが多い。しかも選択肢はよく練られており，読解力が十分反映するように考えられているから，落ち着いて解答することが大切である。さらに，2023 年度には出典と同じ本の別のところにある文章について，2024 年度には本文に関連して設問で引用された文章について，それぞれその内容を問う設問が出題された。このほかに記述式 1 問（40 字）が必出で，主題の読み取りと，指定字数の生かし方が問われている。なお，例年，書き取り・読み・文学史など知識系の設問は出されていない。

〈古　文〉 中世の作品を中心に，中古・近世と幅広い時代の文章が出題されている。設問は，口語訳・内容説明などで細部の読解を確かめ，内容真偽と記述（30 字）で全体の理解をみるというオーソドックスな構成である。2021 年度は，本文にこそ和歌は含まれていなかったものの，設問や注の中に和歌があり，和歌解釈の力も問われた。例年，30 字の記述は難問で，本文全体に目を配ったうえで，簡潔で要を得た解答をすることが求められる。現代文と同様に知識系の設問は少ないが，文法では助詞・助動詞に関する問いが頻出なので注意したい。なお，過去には漢文の書き下し文をもとの形に戻すという内容の設問が選択式で問われ，漢文の基礎的な力が試されたことがある。

03 難易度は？

現代文は特に難解な文章ではないが，かなりの長文であり，試験時間と読解の労力を考えると標準を超える難度である。古文は記述式なども含めて標準～やや難のレベルである。75 分しか時間が与えられていないので，現代文 45 分，古文 30 分を目安に解いていこう。

対策

01 現代文

① **読解の基礎体力を養成する**……長文評論対策が最大の課題となるが，まず必要なのは，問題文の長さに圧倒されない自信と気力，そして集中力である。これはいわば読解の基礎体力といえよう。その体力は平生の学習を通して自然と養われるものとはいえ，意識的に長文克服の力を鍛えることも考えよう。現代文の受験対策は授業だけでは決定的に不足することになるので，『現代評論 20』（桐原書店）などの問題集に積極的に取り組んだり，新書などを章節を中断せず読み通したりして，**持久力をつけることを目標に，自分に合った方法を工夫**すべきである。その中に要約の練習も加えれば，読みの正確さとともに記述力も身につく。

② **長文読解のコツ**……長文に慣れていないと内容の重層性・多様性に気をとられて，全体の論旨を見失いやすい。常に文章全体を統合する視点から見通す読みが必要である。これはもちろん細部の読みを軽視することではない。長文だからこそ，各部分の読みを積み上げてテーマの全体像に迫る必要があり，同時に全体との関連から部分の理解を深めるという，循環的な読解が不可欠なのである。**常に部分と全体に目を配り，そのつながりを確かめる**訓練を徹底的にやっておこう。この点を意識して，現代文明の性格や問題点などをテーマとする新書類の読書に積極的に取り組むとよい。全問記述式ではあるが，同じような長文を出題する神戸大学の問題について，『神戸大の国語 15 カ年』（教学社）などを活用して読解練習をするのもよいだろう。

③　**解答の心構え**……問題を解く際には，選択式・記述式を問わず，解答の前提として設問の意図を十分に確認し，それに焦点を合わせて解答の方向性をまず決めていき，そのうえで，選択式では選択肢の細部の違いにまで敏感になること，記述式では焦点を絞って簡潔にまとめることに注意しよう。過去問から良問を厳選し，標準レベルからハイレベルまで対応している『体系現代文』（教学社）などの問題集を利用するとよい。

02　古　文

①　**授業を中心とする学習を**……学習機会として，最も重要でかつ効率的なのは授業であり，古文は授業だけでも入試レベルの実力をつけることができる。もちろん受験準備としてはさらに上の段階をめざすべきだが，**基礎的な知識は授業を通じて固める**のが効率的である。授業を最大限に活用するためには，**予習**（古語辞典を引き，文法を調べ，自分で口語訳をつけるなど）をして授業に臨み，授業の内容を十分理解するとともに，必ずその内容を**復習**して，関連する文法・重要古語などの知識も整理しておくこと。さらに，和歌が出題の中で重要な位置を占めることもある。句切れ・掛詞などの技法的な事柄を含め，和歌の学習にも十分時間をかけておきたい。『大学入試 知らなきゃ解けない古文常識・和歌』（教学社）などが参考になるだろう。

②　**応用的学習**……授業で基本を作り，そのうえでより応用的・発展的な学習を考える。授業で培った基礎力があってこそ，伸びる力も大きい。問題集は解法・解説のしっかりしたものを選んで，計画的に勉強を進めること。それによって，教科書以外の作品にふれ，古人の思想や感情とその表現をより深く理解することをめざしたい。国語便覧などを活用して，各作品の文学史的な位置づけやあらすじ，作者などにも目を通しておくと，読解の助けになることが多いので，周辺の知識も積極的に身につけるようにするとよい。2022 年度には，雅楽に関する文章が出題された。当時の生活習慣などの古典常識にも目を配っておきたい。ここでも，『大学入試 知らなきゃ解けない古文常識・和歌』などの「古文常識」について解説した参考書が役に立つだろう。

③　**記述問題対策**……古文の場合は，例年 30 字と現代文よりもさらに短

いので，より凝縮した表現が必要となる。あらゆる機会を生かして言語感覚を磨き，平明で簡潔な表現力を身につけよう。

03 漢　文

過去には，書き下し文をもとの漢文に正しく戻したものを選ぶ設問が，古文の大問の中で出題されたことがある。募集要項に「漢文を除く」という記載がない以上，今後も同様の設問が出題される可能性があると考えておく必要がある。授業等を通して漢文訓読の基礎的な知識の確認をしておくようにしよう。

04 複数テキストを用いた設問

現代文で，2023 年度は問題文の出典と同じ本の別のところにある文章を引用して筆者の考えを問う設問が，2024 年度は設問で引用された文章の内容と関連づけて本文の内容を問う設問が，それぞれ出題された。共通テストをはじめとして近年頻出している複数テキストを用いた設問が，同志社大学でも出題されたということである。2023 年度は新たに引用された文章の内容を正しく読み取っていけば正解にたどりつけるものだったが，2024 年度は本文の内容と関係づけるタイプの設問であった。今後は古文でも複数テキストを用いた設問が出題されることも考えられる。『共通テスト過去問研究 国語』（教学社）などを利用して，共通テストの過去問や予想問題などを解くことで，こうした設問に慣れておくことが大切である。

05 過去問の活用

現代文・古文ともに，本シリーズで他学部も含めた過去問に当たり，形式・内容に慣れ，解き方に習熟しておきたい。各学部とも出題傾向は類似しているから演習材料は十分にある。さらに，余裕があれば，早稲田大学・関西大学など，選択肢の作り方の似ている他大学の過去問に挑戦してみるのもよい。

同志社大「国語」におすすめの参考書

Check!

- ✓『現代評論 20』（桐原書店）
- ✓『神戸大の国語 15 カ年』（教学社）
- ✓『体系現代文』（教学社）
- ✓『大学入試 知らなきゃ解けない古文常識・和歌』（教学社）
- ✓『共通テスト過去問研究 国語』（教学社）

赤本チャンネル
&
赤本ブログ
YouTubeや
TikTokで
受験対策
赤本ブログ
詳しくはこちら
受験のメンタルケア、
合格者の声など、
受験に役立つ記事が充実。
赤本チャンネル
YouTube
人気講師の大学別講座や
共通テスト対策など、
役立つ動画を公開中！
TikTok

2024年度

問題と解答

学部個別日程（法学部，グローバル・コミュニケーション学部）

問題編

▶試験科目・配点

●法学部，グローバル・コミュニケーション学部中国語コース

教　科	科　　　　目	配　点
外国語	コミュニケーション英語Ⅰ・Ⅱ・Ⅲ，英語表現Ⅰ・Ⅱ	200 点
選　択	日本史Ｂ，世界史Ｂ，政治・経済，「数学Ⅰ・Ⅱ・Ａ・Ｂ」から1科目選択	150 点
国　語	国語総合，現代文Ｂ，古典Ｂ	150 点

●グローバル・コミュニケーション学部英語コース（英語重視型）

教　科	科　　　　目	配　点
外国語	コミュニケーション英語Ⅰ・Ⅱ・Ⅲ，英語表現Ⅰ・Ⅱ	250 点*
選　択	日本史Ｂ，世界史Ｂ，政治・経済，「数学Ⅰ・Ⅱ・Ａ・Ｂ」から1科目選択	150 点
国　語	国語総合，現代文Ｂ，古典Ｂ	150 点

▶備　考

- 法学部は英語について基準点（80 点）を設けている。したがって英語が 79 点以下の場合，３教科の総得点が合格最低点を上回っていても不合格となる。
- 「数学Ｂ」は「数列」および「ベクトル」から出題する。

＊　「外国語」は同日実施の共通問題（100 分，200 点満点）を使用し，配点を 250 点満点に換算する。

英 語

(100分)

〔Ⅰ〕 次の文章を読んで設問に答えなさい。[＊印のついた語句は注を参照しなさい。](70点)

It's hard to imagine Amsterdam, with its road-and-canal network that was originally designed for horses and boats, as a pioneer of urban mobility. Yet a vehicular revolution is taking place in this 750-year-old city. In one of Europe's most ambitious plans, Amsterdam aims to be free of all carbon-emitting vehicles by 2030.

The Dutch capital has more than 6,000 public EV* recharging points, making it one of Europe's top-three cities for charging infrastructure, alongside Oslo and London. Under Amsterdam's plan, there will be 18,000 points by 2030, as well as tens of thousands more semi-public and private points, all powered by renewable sources.

Amsterdam was an early adopter of EVs, launching (a) its first policy to tackle air pollution in 2009. "Today public charging is a no-brainer* for cities but in 2009 there was just a handful of electric cars," says Tom Groot, a sustainable-mobility adviser to the city's government. "Amsterdam started to break the chicken-egg dilemma." In 2020 the city's updated Clean Air Action Plan came into force, banning some diesel cars from the center. The next step, in 2025, bans all carbon-emitting taxis, delivery vehicles, public buses and coaches, (W) a complete ban on all carbon-emitting vehicles across the city in 2030. But Amsterdam faces logistical*, social and economic challenges, especially when it comes to convincing its motorists to make the switch to electric when the technology is far from perfect and the costs are prohibitive* for many.

Groot is keen (b) to stress that the policy isn't aimed at getting everyone to switch to EVs but (X) moving the city towards a car-free future and encouraging greater use of public transport, bicycles and vehicle-sharing solutions. In 2022, three years after Amsterdam launched its clean-air policy, 6 per cent of all passenger cars in the city were all-electric — a figure higher than the national average. The city doesn't track that figure on a yearly basis but sales of new EVs are continuing to soar; about 25 per cent of all new cars sold in the Netherlands last year were electric and city hall says that the figure is probably higher in Amsterdam.

The Dutch government also offers tax incentives and subsidies of as much as €2,950 for buying or leasing EVs. However, these incentives ebb and flow. Last year national subsidies had (Y) by May. And while Amsterdam once offered free parking permits to EV owners, that policy was phased out as growing demand made it unsustainable. Today, EV owners get priority (c) on the parking-permit waiting list. If an EV owner doesn't have a private parking space, the city will install a public charging point near their home.

Amsterdam's aggressive approach could become a template* for other cities but Groot concedes (d) that huge challenges remain in reaching the 2030 target. "We are dependent on external factors," he says. "For example, when will there be an affordable electric car for the masses and an affordable secondhand market?"

At Alphabet Occasions, a secondhand car dealership, sales officer Gert Kool says that just 3 per cent of the cars he sold last year were electric. There are practical and financial reasons (あ)(い)(う)(え)(お)(か) the switch. Amsterdam's plan comes at a difficult time, with the high cost of living and the war in Ukraine sending energy prices soaring. And while the Netherlands — home to the highest number of charging points in Europe, flat landscapes and short distances between urban centers — is well suited to EVs, (ア) anyone who wants to drive outside the country faces challenges. "For many people, it's not functional," says Kool. "The cars usually have a range of about 180km or 200km. And at the moment electricity is expensive." However, he estimates that by 2030, half of the vehicles in his showroom will be electric, as the EV-lease cars now on the roads find their way to the secondhand market.

But that doesn't help people like Dennis, a self-employed Uber driver. Since carbon-emitting taxis will be banned from the city center in less than two years, he decided to go electric now. But when he applied for a subsidy, he was told that the pot was empty. "Nobody is happy about it because it's a big investment," says Dennis, who (e) declined to supply his surname. Yet, for every reluctant adopter, (イ) there are enthusiastic cheerleaders for EVs. Entrepreneur Said Bentarcha bought the Amsterdam-based company Travel Electric in 2021. It began life as Taxi Electric in 2011, one of the world's first fully electric taxi firms. For all its green credentials*, however, it was a case study in what can happen when ambition isn't matched by infrastructure and technology. "When it started, there were few cars available and only one model, the Nissan Leaf, which had a range of 120km," says Bentarcha. "Drivers had to switch cars during their shift. That took a lot of time — and a lot of time costs a lot of money." The company has gone bankrupt twice but today it has a growing roster* of corporate clients hiring its immaculately* suited drivers to meet sustainability goals.

Amsterdam's ambition for an emission-free future should be (f) applauded and (ウ) the carrot-and-stick approach of incentives and enforced deadlines appears to be pushing businesses and taxi drivers to make the switch ahead of the next deadline in 2025. But, to clear the final hurdle and get all carbon-emitting cars off the roads by 2030, Amsterdam is betting on factors that are (Z) its control, including innovation in the car industry and a resolution to global energy issues. Elise Moeskops, an

Amsterdam city council member with the D66 party* who works on transport policy, insists that the target can be met. “Setting a clear date drives innovation,” she says. “Though 2030 is already too late, that’s the soonest year that is feasible (g). We know that we’re pushing it but we need to push.”

(From *Monocle*, March 2023)

［注］ EV　Electric Vehicle

no-brainer　容易なこと

logistical　物流に関する

prohibitive　とても手が届かないほど高い

template　ひな型

green credentials　緑化に対する確かな実績

roster　名簿、登録簿

immaculately　染みひとつないほど完璧に

the D66 party　「民主主義者66」党（1966年に結成されたオランダの社会自由主義政党）

I－A　空所(W)～(Z)に入るもっとも適切なものを次の1～4の中からそれぞれ一つ選び、その番号を解答欄に記入しなさい。

(W)　1　carried on　　2　followed by
　　　3　preceded by　　4　returned to

(X)　1　at　　2　in　　3　of　　4　on

(Y)　1　blown out　　2　come out
　　　3　run out　　4　swelled out

(Z)　1　behind　　2　beyond　　3　on　　4　without

I－B　下線部(a)～(g)の意味・内容にもっとも近いものを次の1～4の中からそれぞれ一つ選び、その番号を解答欄に記入しなさい。

(a) launching

1 advertising　2 improving　3 initiating　4 proclaiming

(b) keen

1 eager　2 prompt　3 uneasy　4 unwilling

(c) priority

1 assurance　2 dependence

3 insurance　4 precedence

(d) concedes

1 admits　2 approves　3 refutes　4 terminates

(e) declined

1 accepted　2 considered　3 refused　4 regretted

(f) applauded

1 claimed　2 ignored　3 praised　4 rejected

(g) feasible

1 flexible　2 possible　3 provisional　4 typical

I－C　波線部 (ア)～(ウ) の意味・内容をもっとも的確に示すものを次の１～４の中からそれぞれ一つ選び、その番号を解答欄に記入しなさい。

(ア) anyone who wants to drive outside the country faces challenges

1 anyone who has a Dutch car is allowed to drive within the country, but not on foreign roads without a permit, which violates foreign laws

2 anyone who tries to drive a Dutch car outside the country should be careful because charging a Dutch car at a foreign electric supply base may result in a breakdown due to the issue of voltage differences between the Netherlands and foreign countries

3 anyone who tries to drive outside the country will find that while people in the Netherlands understand the widespread use of electric vehicles, people in other countries are not necessarily in favor of them

4 anyone who tries to drive outside the country will find that while the Netherlands has large flat regions, relatively short distances between cities, and many electricity supply bases, this is not always the case in other countries

(イ) there are enthusiastic cheerleaders for EVs

1 there are some people who are passionate supporters of electric vehicles

2 there are some people who loudly oppose the popularization of electric vehicles

3 there is a group of cheerleaders that was formed for the mass media to promote electric vehicles

4 there is a group of cheerleaders that was formed to march in the streets to spread awareness of the use of electric vehicles

(ウ) the carrot-and-stick approach of incentives and enforced deadlines

1 the strategy of limiting EV production and raising prices while forcing consumers to purchase EVs by setting deadlines for their purchase to increase government tax revenue

2 the tactic to induce consumers to purchase EVs by setting a deadline, falsely advertising that they will be rewarded, and then punishing them by raising the tax rate if they do not purchase an EV

3 the strategy that encourages consumers to purchase EVs by offering financial rewards, but also forces them to purchase EVs by setting a time limit for driving carbon-emitting vehicles

4 the tactic to encourage consumers to purchase EVs by publicizing their benefits, and then taxing EVs, once they have purchased them, to increase government revenue

I－D　二重下線部の空所(あ)～(か)に次の１～８から選んだ語を入れて文を完成させたとき、(あ)と(え)と(か)に入る語の番号を解答欄に記入しなさい。同じ語を二度使ってはいけません。選択肢の中には使われないものが二つ含まれています。

There are practical and financial reasons (あ)(い)(う)(え)(お)(か) the switch.

1 make	2 people	3 is	4 to
5 reluctant	6 why	7 are	8 which

I－E　この文章にもっとも適切な題名を次の１～４の中から一つ選び、その番号を解答欄に記入しなさい。

1 The Tax Incentives and Subsidies in Amsterdam

2 The Amsterdam Experiment

3 The Grief of a Self-Employed Uber Driver in Amsterdam

4 The Entrepreneurial Ambition in Amsterdam

I－F　本文の意味・内容に合致するものを次の１～６の中から二つ選び、その番号を解答欄に記入しなさい。

1 Amsterdam boasts more than 6,000 public energy supply bases for electricity-powered vehicles, far exceeding the number of bases in Oslo and London.

2 Amsterdam has decided to ban all carbon-emitting vehicles by 2030, but there are several hurdles to overcome to convince car drivers to switch to electric vehicles.

3 The Dutch government's proposal to offer tax incentives and subsidies to encourage people to switch to electric cars has led to affordable electric cars and an affordable secondhand market.

4 One Uber driver said that even though he had switched to an electric car, he could not increase his income because many Uber drivers started to work in electric cars and competition was too fierce.

5 The electric taxi company acquired by Said Bentarcha had experienced two bankruptcies in the past but is now in a much more stable situation and sales are increasing.

6 Even with technological innovations in the automobile industry and improvements in the global energy situation, the proposal to phase out all carbon-emitting vehicles in Amsterdam is unfortunately not viable.

〔Ⅱ〕 次の文章を読んで設問に答えなさい。［＊印のついた語句は注を参照しなさい。］(80点)

Although Tracy Ainsworth had visited Australia's Great Barrier Reef* many times over the past decade, when she arrived in January 2020 it quickly became clear that something was different. During that trip, the massive reef system experienced its worst bleaching* on record, the third such record-setting event in five years. Being there, she recalls, was a "whole-body experience." Mucus* fanning out from stressed corals has a distinctive odor, she notes, and spending so much time in the water, which was pushing 30℃, was causing Ainsworth and her visiting students great anxiety. "I've spent a lot of time there, and [I've] never seen anyone have a panic attack because the water is so hot."

The corals, too, seemed stressed by the balmy* waters. As the summer wore on, many grew pale or bone-white, a sign that they were losing their algal symbionts*. "Normally there's parts of the reef that aren't badly affected," particularly those living in deeper water, (X) typically provides some refuge from the heat, Ainsworth, a coral biologist at the University of New South Wales, tells *The Scientist*. But that year, she says, she saw the bleaching extend miles offshore, "The scale becomes quite confronting(a)."

But Ainsworth knew better than to count the corals out(ア). During consecutive bleaching events in 2016 and 2017, she (あ)(い) colonies (う)(え)(お) first event (か) and fare better in the second. And she's not the only one to have noticed that corals seem to "remember" past heat exposure and acclimate* to subsequent warming.

The historical use of satellites to study corals has given researchers some sense of how this "environmental memory" manifests (b) at a broad level — with some reefs, or individual coral colonies on a reef, appearing to become more resilient (c) than others from one event to the next. Lab studies have confirmed that sublethal* levels of stress can indeed render corals more likely to survive high heat. It's not clear, (Y), how long memory might last. An early study detailing work done in the 1990s suggests that corals might remember past exposures for a decade or more, but the timescale can also be quite short, limited to just a few weeks, supporting the argument that these changes reflect relatively rapid acclimation by long-lived coral colonies and not adaptation of corals over generations.

(Z), researchers are paying attention to the winners and losers of repetitive hardships (イ) to unpack the individual- and species-level differences in memory. "You see that variability across the reef, where some [corals] are totally pale and bleached and others look fully pigmented (d)," says Hollie Putnam, a molecular ecophysiologist* at the University of Rhode Island. "I think that kind of natural variability sets up (e) a really nice context to ask . . . mechanistic questions" about environmental memory. In recent years a panoply of* new molecular tools has helped scientists determine how heat elicits* changes in corals, and how exposures affect their algal symbionts, potentially preparing the animals for future harsh conditions.

Already, scientists are hoping to use coral memory to improve conservation and restoration strategies before corals tip irreparably* toward extinction. Coral biologists are exposing corals in the lab to mild thermal stress to "harden" the corals, or fortify (f) them against future heat waves and bleaching events. Teams are also breeding corals to have a higher capacity for memory, or inoculating* corals with heat-resistant symbionts thought to play a role in memory. The ultimate aim is to one day outplant* these corals to rebuild reefs that are losing the battle against climate change.

Agencies including the National Oceanic and Atmospheric Administration (NOAA) and the National Academy of Sciences have recently produced reports touting* the promise of these memory-based approaches for improving coral resilience, while the National Science Foundation (NSF) and restoration groups are awarding grants to probe (g) the genetic and epigenetic* drivers of coral memory. Florida International University environmental epigeneticist Jose Maria Eirin-Lopez, a recipient of several NSF grants, says that this support underscores the relevance of this field of inquiry (h).

"Stress hardening has been highlighted as an intervention that can be incorporated into restoration, but we really don't know quite enough to know how to do that efficiently," he tells *The Scientist*. "It's a glimmer* of hope, and now we need to figure out how it's working so we can actually implement this."

The first evidence of environmental memory in corals came in 1994, when Barbara Brown, then a marine biologist at Newcastle University in the UK, noted that only the eastern sides of stony coral colonies (*Coelastrea aspera**, previously *Goniastrea aspera*) bleached during a high heat event at her field site in Phuket, Thailand. In a study published in *Nature* a few years later, she hypothesized that the western sides were more tolerant due to previous exposure to more sunlight, a suspicion she backed up in the lab using coral samples that she exposed to varying temperature and irradiance regimens*.

In 2000, Brown returned to Thailand and rotated several corals so that the stress-tolerant west-facing sides now faced east, and vice versa (ウ). It would be a decade before the reef experienced another severe bleaching, but when it did, Brown found that the now-eastern sides of those corals, with their history of high sun exposure, fared better than the eastern sides of controls that had not been rotated, retaining four times as many symbionts. She and colleagues interpreted this as evidence that the corals had "retained a 'memory' of their previous high irradiance history despite living under lower irradiance for 10 years," they wrote in the 2015 paper reporting the findings.

(By Amanda Heidt, writing for *The Scientist*, February 14, 2022)

［注］ Great Barrier Reef　グレートバリアリーフ（オーストラリア大陸北東岸に広がるサンゴ礁地帯）
bleaching　(bleach　色があせる)
Mucus　粘液
balmy　温暖な
algal symbionts　藻類の共生生物
acclimate　適応する
sublethal　致死量以下の
molecular ecophysiologist　分子環境生理学者（生物が持つ環境に対応する能力を分子レベルで研究する学者）
a panoply of　多数の
elicits　(elicit　引き出す)
irreparably　修復できないほど
inoculating　(inoculate　接種する)
outplant　移植する
touting　(tout　賞賛する)
epigenetic　後天的な
glimmer　かすかな光
Coelastrea aspera　パリカメノコキクイシ（サンゴ礁を形成するサンゴ）
irradiance regimens　光を照射する処置

Ⅱ－A　空所(X)～(Z)に入るもっとも適切なものを次の1～4の中からそれぞれ一つ選び、その番号を解答欄に記入しなさい。

(X)　1　what　　2　when　　3　where　　4　which

(Y)　1　however　2　moreover　3　since　4　thus

(Z)　1　Conversely　2　Disappointingly
3　Hesitantly　4　Increasingly

Ⅱ－B　下線部 (a)～(h) の意味・内容にもっとも近いものを次の1～4の中からそれぞれ一つ選び、その番号を解答欄に記入しなさい。

(a)　confronting
1　challenging　2　confusing
3　fascinating　4　stimulating

(b)　manifests
1　lingers　2　occurs　3　passes　4　unites

(c)　resilient
1　comfortable　2　contradictory
3　resistant　4　unreliable

(d)　pigmented
1　bothered　2　colored　3　neglected　4　touched

(e)　sets up
1　alters　2　disturbs　3　establishes　4　fixes

(f)　fortify
1　boil　2　radiate　3　reinforce　4　terminate

(g)　probe
1　celebrate　2　fund　3　recommend　4　research

(h)　inquiry
1　information　2　installation
3　investigation　4　invitation

Ⅱ－C　波線部 (ア)～(ウ) の意味・内容をもっとも適切に示すものを次の1～4の中からそれぞれ一つ選び、その番号を解答欄に記入しなさい。

(ア)　knew better than to count the corals out
1　found something more useful than calculating the number of corals

2 was quick to conclude that all corals she saw were no longer alive

3 thought the heat had nothing to do with the corals' change of color

4 was sensible enough to realize that some corals adjusted to the heat

(イ) the winners and losers of repetitive hardships

1 how corals are categorized according to their hardness

2 how some corals survive constant stress while others fail to do so

3 how there is a strong degree of hierarchy among corals

4 how corals have a tendency to regularly fight for natural resources

(ウ) vice versa

1 other corals were moved to Brown's lab for further examination

2 some corals fully transformed their organism to adjust to the heat

3 the corals that previously faced east were exposed to more stress

4 Brown was unable to move some corals because of their location

Ⅱ－D 二重下線部の空所(あ)～(か)に次の１～７から選んだ語を入れて文を完成させたとき、(い)と(え)と(か)に入る語の番号を解答欄に記入しなさい。同じ語を二度使ってはいけません。選択肢の中には使われないものが一つ含まれています。

she (あ)(い) colonies (う)(え)(お) first event (か) and fare better in the second

1 recover	2 seen	3 the	4 sees
5 had	6 by	7 wrecked	

Ⅱ－E 本文の意味・内容に合致するものを次の１～８の中から三つ選び、その番号を解答欄に記入しなさい。

1 The author states that corals that live close to the surface of the sea are likely to be less influenced by the heat compared to those in deeper areas.

2 In January 2020, Ainsworth discovered that a limited area of coral

reefs had become white, which surprised her because she had never seen it before.

3 Some corals endure stress more effectively than others, which has helped researchers gain insight into how corals' "environmental memory" functions.

4 Corals' ability to survive the heat appears to be the result of a somewhat quick transformation, not something that happens over generations.

5 Hollie Putnam was the first scientist to find that corals adjust to warmer environments and suggested the concept of "environmental memory."

6 Scientists are growing corals that have greater ability to remember past heat exposures with the hope of conserving and restoring coral reefs.

7 At the moment, research into corals' "environmental memory" receives little attention by institutions around the world, despite its importance.

8 Brown's research revealed that the more exposed corals are to the heat, the less capable they become in dealing with their changing situations.

Ⅱ－F　本文中の太い下線部を日本語に訳しなさい。

An early study detailing work done in the 1990s suggests that corals might remember past exposures for a decade or more

〔Ⅲ〕 次の会話を読んで設問に答えなさい。(50点)

(*Bob and Jane are talking about their shared dislike for social media.*)

Bob: You see the people over there taking photos? I bet that's going to go on Instagram.

Jane: Most likely. Do you post a lot yourself?

Bob: I am not a huge fan of social media.

Jane: Oh, you don't like to be on social media?

Bob: I don't mind using social media. In fact, I browse through media posts quite regularly. I just don't post much myself.

Jane: ＿＿＿(a)＿＿＿ But I can understand your feeling. I also don't like the idea of social media very much. I don't even have an Instagram account. I thought I was the only one left in the world who dislikes it.

Bob: Why is it that you don't like it?

Jane: I don't think my life is that important that I need to share it with the rest of the world. I sometimes really can't understand why people share some of the things they post online. ＿＿＿(b)＿＿＿

Bob: It's not all gold, that's for sure. I would even say the majority of it does not really interest me.

Jane: I couldn't agree more. But quite apart from that, I also don't have many photos of myself that I could post. So I couldn't put anything online even if I wanted to.

Bob: You don't like having your photo taken?

Jane: I am the kind of person who goes out of their way to avoid photos. Whenever people call everyone together for a group photo, which seems quite common here, I go hide in some corner.

Bob: ＿＿＿(c)＿＿＿ Especially when they do wedding photos.

Jane: But you do voice messages. I am not a fan, but you don't seem uncomfortable with them.

Bob: Because they don't get posted. ＿＿＿＿(d)＿＿＿＿ I will send selfies and voice messages to individual people. I don't mind sending them privately. I just don't like to post things on social media for everyone to see.

Jane: I am quite a private person as well.

Bob: ＿＿＿＿(e)＿＿＿＿ The recordings are private. It's just two people talking, like we are talking now. The only difference is that it's online.

Jane: I guess it's because I don't really like the sound of my voice. ［録音を聞くと、自分のしゃべっている声が私にはとても奇妙に聞こえるんです。］ It sounds like a completely different person talking.

Bob: Different in what way?

Jane: I can't describe it. It's just a very strange sensation. ＿＿＿＿(f)＿＿＿＿

Bob: Really?

Jane: You never felt that way listening to your own voice?

Bob: I never actually thought about that.

Jane: I guess I just don't feel like myself when I hear a recording of my voice.

Bob: ＿＿＿＿(g)＿＿＿＿ Or maybe there isn't such a big difference in my voice between how I hear myself and how I actually sound.

Jane: What is it for you then that you dislike about social media posts?

Bob: For me it's only the public aspect that I resent. I often have friends say to me, "This is a beautiful picture, you should post it!" But I don't like to post things where a lot of different pairs of eyes can see it and you get a lot of different opinions or comments back. For some reason I don't like it. ＿＿＿＿(h)＿＿＿＿

Jane: Yeah, that makes sense. I only post things on Facebook occasionally, but only for my friends to see. To me, it is a form of keeping in touch. But it's a rare occasion.

Bob: I'm the same. I will do it, but only rarely. And certainly not publicly.

Ⅲ－A　空所 (a)～(h) に入るもっとも適切なものを次の1～10の中からそれぞれ一つ選び、その番号を解答欄に記入しなさい。同じ選択肢を二度使ってはいけません。選択肢の中には使われないものが二つ含まれています。

1　A lack of online presence is rare these days.
2　So even when they are exchanged privately, they make me feel uncomfortable.
3　Do you like voice messages?
4　That's me as well.
5　Some of it is really boring and dull.
6　I can't say that I am bothered by that.
7　But why do you not like voice messages then?
8　You shouldn't listen to your own voice in that case.
9　I just don't think it is anybody else's business.
10　That's the key difference.

Ⅲ－B　本文中の［　　　］内の日本語を英語で表現しなさい。

録音を聞くと、自分のしゃべっている声が私にはとても奇妙に聞こえるんです。

日本史

（75分）

〔Ⅰ〕 次の文章を読んで、下記の【設問ア】〜【設問ト】に答えよ。なお同一記号の空欄には同一の語句が入る。 (50点)

日本列島域の旧石器時代の人々は、（　ア　）やナウマンゾウ（イ）など大型哺乳類の狩猟場や植物質食糧の採取場や石器の原材料となる石材原産地などを、簡単な小屋（ウ）やテントを携えて移動しながら生活をしていた。土器がないこの時代には、（　エ　）のような遺構から、簡単な石焼（蒸）調理などの存在が推定されている。発見される多くの石器は打製石器（オ）であるが、その原材料である黒曜石などの分析から、旧石器時代の社会の特徴の一端（カ）を垣間見ることができる。

縄文時代の人々は、狩猟採集や漁労により生活をしていた。海浜部では（　キ　）遺跡のような貝塚も形成された。多くの集落では土器作り（ク）や石器作り（ケ）の痕跡も認められる。この時代の集落は季節移動が想定される場合もあるが、一般的には、湧き水を利用しやすい台地の縁辺にいくつかの竪穴住居が集まって営まれた（コ）。狩猟採集や漁労については、例えば、福井県の鳥浜貝塚から出土した食物残滓からは、縄文時代の食物摂取の特徴（サ）が明らかにされている。他にも、植物性食料については（　シ　）遺跡のような管理栽培を想定できる事例もあり、ドングリやクルミのような堅果類などは（　ス　）を用いて加工もされた。集落の周りでは、シカやイノシシなどの捕獲を狩猟具や（　セ　）などの罠を使って行い、解体後の角や骨、牙などは漁労用の骨角器に加工（ソ）された。このように自然と共に暮らした縄文時代の人々は、自然全体に対する畏怖や信仰（タ）を持っていたとされ、そのことは、土偶や（　チ　）のような呪術や祭祀の痕跡からも、うかがい知ることができる。

縄文時代の終わり頃になると気候が寒冷化し、食料となる動植物が減少、一部では乱獲もあり食糧資源が枯渇するようになった。そうした中で大陸や朝鮮半島から（　ツ　）の技術が移入され日本列島に水田（テ）が拡がり、社会は

（　ツ　）を中心とした弥生時代社会へと大きく変化していった。水田経営は、初夏の種籾の直播きや田植えから秋の収穫ト、その後の貯蔵のように、一年を通じて段階的で集団的な作業を必要とした。

【設問ア】空欄（　ア　）には、当時の大陸域で南方系の特徴をもつ大型動物の名称が入る。この名称の番号を選んで、解答欄Ⅰ－Bに記入せよ。

1．ヘラジカ　　2．マンモス
3．オオツノジカ　　4．野牛（ハナイズミモリウシ）

【設問イ】下線部イの化石とともに、石器や骨で作った道具（骨器）が発見されている場所の番号を選んで、解答欄Ⅰ－Bに記入せよ。

1．明　石　　2．野尻湖
3．岩　宿　　4．港川フィッシャー

【設問ウ】下線部ウについて、その例として大阪府で発見された竪穴の住居跡のある遺跡名を、解答欄Ⅰ－Aに記せ。

【設問エ】空欄（　エ　）には、後期旧石器時代に特徴的で、こぶし大の石が10～数十個まとまって検出される遺構の名称が入る。この名称を、解答欄Ⅰ－Aに漢字2字で記せ。

【設問オ】下線部オについて、より古い時代から年代順に並んでいる正しい配列の番号を選んで、解答欄Ⅰ－Bに記入せよ。

1．細石器 → 尖頭器 → ナイフ形石器 → 楕円形石器
2．尖頭器 → ナイフ形石器 → 細石器 → 楕円形石器
3．楕円形石器 → ナイフ形石器 → 尖頭器 → 細石器
4．ナイフ形石器 → 楕円形石器 → 細石器 → 尖頭器

【設問カ】下線部カについて、最も適切な説明の番号を選んで、解答欄Ⅰ－Bに記入せよ。

1．北海道美利河遺跡では、黒曜石製の玉が副葬された墓も検出された。
2．柱状片刃石斧が広範に製作され、移動生活に適した技術改良がなされた。
3．酸性土壌で人骨が残りやすく、浜北人では10人程度の集団と判明した。
4．遠隔地から石材が運び込まれるような、交換や分配の仕組みがあった。

【設問キ】空欄（　キ　）には、千葉県にある馬蹄型の大規模な貝塚遺跡の名称が入る。この遺跡名の番号を選んで、解答欄Ｉ－Ｂに記入せよ。

1．板　付　　2．大　森　　3．吉　胡　　4．貝の花

【設問ク】下線部クについて、最も適切な説明の番号を選んで、解答欄Ｉ－Ｂに記入せよ。

1．基本的には深鉢形で、縄文時代中期には火炎の形を模した装飾も施された。

2．基本的には壺形で、縄文時代早期には底の尖った尖底土器も作られた。

3．縄文時代草創期には土器はなく、早期から土器作りが始まった。

4．関東ローム層の広がる地域は土器出現が遅れ、中期に土器作りが始まった。

【設問ケ】下線部ケについて、東京湾沿岸の貝塚遺跡の場合、最も適切な石材と産地の組み合わせの番号を選んで、解答欄Ｉ－Ｂに記入せよ。

1．神津島と和田峠の黒曜石

2．白滝と十勝岳の黒曜石

3．五色台と二上山のサヌカイト

4．姫川と姫島の硬玉（ひすい）

【設問コ】下線部コについて、中央に広場を持つような集落形態が認められる。その名称を、解答欄Ｉ－Ａに漢字４字で記せ。

【設問サ】下線部サについて、下のグラフを見て最も適切な説明の番号を選んで、解答欄Ｉ－Ｂに記入せよ。

このグラフは、福井県鳥浜貝塚の食物残渣の量的比率を示したものである。W、X、Y、Zは貝塚から検出される食物の種類（植物類、貝類、魚類、哺乳類のいずれか）を示している。縄文時代の人々が一年を通して自然と共に暮らすこと、最終的には動物性食料（貝類、魚類、哺乳類）と植物性食料のカロリーの比率がほぼ等しくなること、などを前提とすること。

福井県鳥浜貝塚から出土した主な食料の種類とカロリー

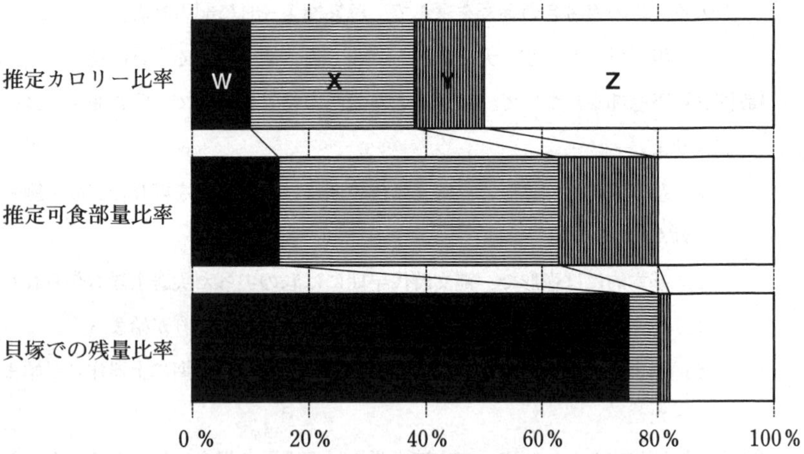

（出典：東京書籍『新選日本史B』を参考に作成）

1．Xは植物類を示す。堅果類などでは効率よい可食部量を確保できた。

2．Yは魚類を示す。貝塚では微細な魚骨は残りにくく、検出されにくい。

3．Zは哺乳類を示す。豊富な肉量が高いカロリー獲得資源として利用された。

4．Wは貝類を示す。多量に出土するがカロリーとしての栄養価は低い。

【設問シ】空欄（　シ　）には、青森県にある縄文時代の集落遺跡の名称が入る。この遺跡ではクリ塚が発見され、そのサンプルの遺伝子配列からクリの栽培が想定されている。この遺跡名を、解答欄Ⅰ－Aに漢字4字で記せ。

【設問ス】空欄（　ス　）には、主に堅果類などをすりつぶす用途が想定される石器の名称が入る。すり石と組み合わせてすり鉢の役割を果たしていたと想定される石器の名称を、解答欄Ⅰ－Aに漢字2字で記せ。

【設問セ】空欄（　セ　）には、石鏃などの打製石器や簡易な木工具などで作られた動物捕獲用の設備の名称が入る。この名称を、解答欄Ⅰ－Aに記せ。

【設問ソ】下線部ソについて、その例として最も適切な道具の番号を2つ選んで、それらの番号を解答欄Ⅰ－Bに記入せよ。

1．釣　針　　2．えぶり　　3．弓　矢　　4．や　す

【設問タ】下線部タについて、そうした自然物や自然現象に霊威があると考えることを何というか。その名称を解答欄Ⅰ－Aにカタカナで記せ。

【設問チ】空欄（　チ　）には、男性性を示唆すると想定されている道具の名称が入る。その名称の番号を、解答欄Ⅰ－Bに記入せよ。

1．石　棒　　2．環状列石　　3．石　匙　　4．磨製石斧

【設問ツ】空欄（　ツ　）には、水田を利用した米の栽培技術の名称が入る。この名称を、解答欄Ⅰ－Aに漢字4字で記せ。

【設問テ】下線部テについて、弥生時代の水田の特徴の説明として、最も適切な説明の番号を選んで、解答欄Ⅰ－Bに記入せよ。

1．弥生時代後期になると灌漑設備が充実し徐々に湿田が増加した。

2．初期には低湿地を木製の鍬や鋤で耕作した湿田が多かった。

3．木製農耕具を作成するため青銅製の斧や刀子が多くの遺跡で利用された。

4．初期には山間部に乾田が、弥生時代後期には低湿地に湿田が増加した。

【設問ト】下線部トについて、最も適切な説明の番号を選んで、解答欄Ⅰ－Bに記入せよ。

1．石包丁で穂首刈りをし、竪杵と木臼で脱穀した。

2．銅戈で穂首刈りをし、竪杵と木臼で脱穀した。

3．石包丁で根刈りをし、又鍬と竪杵で脱穀した。

4．鉄鎌で根刈りをし、又鍬と竪杵で脱穀した。

〔Ⅱ〕　南北朝～室町時代の外交に関する文章を読んで各設問に答えよ。なお、同一記号の空欄には同一語句が入る。　(50点)

室町幕府がその権力を確立していく14世紀後半から15世紀にかけて、東アジア世界の情勢は大きく変わりつつあった。

足利尊氏・直義らは、後醍醐天皇と戦っていたが、その戦いの最中に亡くなった天皇の冥福を祈るため、京都臨川寺で弟子の育成にあたっていた臨済宗の禅僧（　ア　）の勧めで、（　a　）を建立しようとした。その造営費用調達のため、直義は博多商人を船主に任命し、商人は直義から銭5000貫の納入を請け負い、1342年（康永元）元に向かった。寺は開創とともに京都五山の位次で第２位となり、その後第１位に叙せられた。この資金調達の方法は、鎌倉幕府が1325年（正中２）から翌年にかけて、鎌倉の五山寺院（　b　）の修造の資金を得ようと船を元に派遣した事例にならったものである。その他同様の事例として、1970年代に韓国全羅南道の新安郡の沖合で発見された沈没船（新安沈船）が挙げられる。この船は当時の地名である（　イ　）〈後に寧波と名称が変わる〉から日本へと向かう途中、航路が逸れて遭難した14世紀前半の貿易船で、出土木簡から、京都の五山寺院（　ウ　）の修造費用調達を一つの目的とした船であったことが明らかとなっている。

中国では、1368年、朱元璋（太祖洪武帝）が宋以来の漢民族王朝である明を建国した。明は伝統的な国際秩序の回復をめざした。当時中国との国交が断絶していたが、足利義満は明との正式な国交を求めた。洪武帝の時代には交渉は失敗したが、1401年（応永８）、明の３代皇帝永楽帝の時についに中国との国交を樹立させた。第１回遣明船の派遣では、正使に義満の側近の（　エ　）を、副使は博多商人の肥富を任命して明へ国書を持たせた。

明は中華思想に基づき、皇帝と国王の冊封関係を前提とし、従属国が貢物を伴った使者を送って皇帝に朝見し、皇帝が莫大な返礼の品を与える朝貢の形式でのみ貿易を認めていた。義満は国交を開くにあたり、使者に国書を持たせて明に派遣し、明の皇帝永楽帝から「日本国王（　c　）道義」あての返書と明が使用する大統暦を与えられた。道義は義満の法号であり、返書は天皇ではなく義満宛ての返書となっている。明は倭寇への対策として国王以外には貿易を認めない（　オ　）政策をとっており、明の皇帝から「国王」の称号を得ることは明との貿易を行う上で必要であった。遣明船は、明国公認の貿易の証として発行した勘合を持参することを義務づけられており、日明貿易は勘合貿易とも呼ばれる。

義満の死後、4代将軍足利義持は朝貢貿易を停止したが、6代将軍（　d　）になって再開された。日本からの明への主な輸出品は、火薬の材料に使用する（　e　）を始めとし、（　f　）・蒔絵などであり、また主な輸入品は（　g　）・（　h　）・生糸・書籍・書画などであった。朝貢形式の貿易は、従属国側の利益が大きく、日本では大量にもたらされた（　h　）が貨幣流通に大きな影響をもたらした。

応仁の乱後の15世紀後半になると、幕府権威の失墜や政策の失敗などとも絡んで、しだいにこの貿易の実権は各地の有力商人と結んだ細川氏や大内氏の両者が握っていくこととなった。細川氏と大内氏は外交の実権を優位に進めるために争い、1523年（大永3）には中国の古くからの海港である寧波で武力衝突にまで発展した。これは、寧波の乱と呼ばれる。争いに勝利した大内氏がこのち明との貿易を独占したが、16世紀半ばに大内氏が滅亡すると、勘合貿易も断絶することとなった。

1470年（文明2）、幕府の外交文書をあつかう相国寺鹿苑院主の禅僧瑞溪周鳳が室町中期までの外交文書をまとめた『（　カ　）』という書物を編纂した。これは当時の外交をうかがい知る貴重な史料であり、外交文書作成にかかわる後の臨済僧に大きな影響を与えた。

朝鮮半島では、1392年（明徳3）、倭寇制圧に功績のあった高麗の武将李成桂が高麗を倒し、朝鮮（李朝）を建国した。朝鮮は通交と倭寇の禁止を日本に求め、足利義満もこれに呼応し、両国間に国交が開かれた。しかし倭寇の禁止や日朝貿易に積極的であった対馬の宗貞茂が死去し、倭寇の活動が再び活発になったため、1419年（応永26）、朝鮮軍は倭寇の本拠地と考えていた対馬を軍船200隻で襲撃した。元号をとって応永の外寇と呼ぶ。この外寇にかかわる日朝交渉において、回礼使として朝鮮の文官宋希璟が来日した。彼は対馬から京都への道行の見聞を紀行文としてまとめた。この紀行文は彼の号が（　キ　）

であることから、その号をとって『(キ) 日本行録』といい、当時の日本社会を知る上で貴重な史料となっている。その後、日朝貿易では朝鮮側が窓口の一元化を目的に、1443年（嘉吉３)、朝鮮と対馬島主宗氏が通交制度である（ i ）約条を締結し、貿易統制を行った。宗氏からの歳遣船は年間50隻に制限、朝鮮から宗氏への歳賜米・豆は200石に制限した。朝鮮は宗氏の発行した文引を持つ船だけに貿易を認めたため、宗氏はこのシステムによって大きな利益を得た。日朝貿易は一時中断した時期があったが、16世紀まで活発に行われた。朝鮮は日朝貿易のため富山浦・乃而浦・（ ク ）〈現在の蔚山〉の３港（三浦）を開き、これらの三浦と首都の漢城（漢陽）に日本人使節の接待と貿易のために倭館をおき、ここでは貿易の管理も行われた。朝鮮からの主な輸入品は織物類で、とくに木綿は大量に輸入された。輸入品の中には仏教経典を網羅的に集成した大蔵経（一切経）もみられた。日本からの主な輸出品は、日本産物に加え、琉球王国との貿易で手に入れた東南アジア産出の（ j ）・蘇木などであった。

琉球では、鎌倉時代の頃から北山・中山・南山の３地方勢力（三山）が成立して争っていたが、1429年（永享元)、中山王（ ケ ）が三山を統一し、琉球王国を建国した。琉球王国は明や日本などと国交を結ぶとともに、海外貿易を盛んに行った。琉球王国の船は、南方のジャワ島・スマトラ島・インドシナ半島などにまでその行動範囲を広げ、明の外交政策のもと、東アジア諸国間の中継貿易に活躍した。王府の外港である（ コ ）は重要な国際港となり、琉球王国は繁栄した。

【設問ア～コ】空欄（ ア ）～（ コ ）に入る最も適切な語句を解答欄Ⅱ－Aに漢字で記せ。

【設問ａ～ｊ】文中の空欄（ a ）～（ j ）に入る最も適切な語句を次の［語群］から一つずつ選び、その番号を解答欄Ⅱ－Bに記入せよ。

［語群］

1．藤　原	2．円覚寺	3．俵　物	4．義　詮
5．功山寺	6．銅　銭	7．青蓮院	8．刀　剣
9．橘	10．辛　亥	11．相国寺	12．南禅寺

13. 義　教	14. 菅　原	15. 紅　花	16. 源
17. 天龍寺	18. 万寿寺	19. 癸　亥	20. 浄智寺
21. 義　勝	22. 硫　黄	23. 寿福寺	24. 鰊
25. 壬　申	26. 浄妙寺	27. 義　量	28. 陶磁器
29. 平	30. 建長寺	31. 香　木	32. 妙心寺

〔Ⅲ〕　次の文章を読み、【設問１】〜【設問16】に答えよ。　(50点)

1871年、廃藩置県を断行することによって国内を統一した明治政府は、条約改正交渉と西洋諸国の視察のため政府首脳の岩倉具視率いる使節団ⓐを欧米に派遣した。この間にも（　i　）が主導する留守政府は、大規模な内政改革ⓑを推し進めた。

他方で、明治政府は成立早々の1869年、対馬藩主に命じて王政復古を朝鮮政府に通告させた。しかし朝鮮が国書の受取を拒否したため政府内では次第に強硬論が台頭し、1873年、留守政府の参議らは征韓策を決定した。だが外遊を終えて帰国した岩倉らは内治優先を強く主張してこれに反対し、征韓派は挫折したⓒ。論争に敗れた参議は辞職し、これ以後、政府内では大久保利通ⓓの影響力が強まり、薩摩・長州両藩出身の政治家ⓔが要職を占めるようになった。

政府を辞職した参議やその腹心たちは、同様に政権に不平を抱く旧士族勢力と結びついて急進化し、各地で武装反乱を起こしたⓕ。当時、明治政府が幕藩体制を一掃し中央集権体制を築くために行った改革において、旧来の武士の多くは士族の族称を与えられただけで支配者としての特権的身分を奪われた。さらに秩禄処分ⓖによってそれまで与えられていた秩禄も廃止され、同年、武士の象徴であった（　ii　）も禁止された。戊辰戦争ⓗの際に政府軍に加わった士族の中には、こうした特権剥奪政策に対し、不満を抱くものが少なくなかった。

また同じく論争に敗れて下野した板垣退助ⓘらは、1874年、愛国公党を結成して反政府運動に乗り出した。彼らは藩閥政治を（　iii　）として批判し、民撰議院設立の建白書を提出し、国会の開設を主張した。政府は時期尚早としてこれに反対したが、明六社の知識人ⓙの間でも論争が交わされ、新聞ⓚや演説会という新しいメディアをつうじて国民の間に国会開設への気運が急速に高まっていった。

自由民権運動ⓛの高揚をうけて、政府は1875年、（　iv　）を出し、国会開設に向けて準備を開始するとともに、1881年には1890年の国会開設を公約した。その後、国民には極秘裏に憲法草案の作成ⓜを進め、（　v　）における審議を経て、1889年、大日本帝国憲法を発布した。憲法の発布直後、黒田清隆ⓝ首相は政府の政策は政党の意向に左右されるべきではないという立場ⓞを声明していたが、翌年に実施された第１回衆議院議員総選挙の結果は、民権運動の流れをくむ勢力の大勝となった。

【設問１】空欄（　i　）～（　v　）に当てはまる語句として最も適当なものを、下の〔語群〕から選んでその番号を解答欄Ⅲ－Ｂに記入せよ。

〔語群〕

1．関所手形	2．苗　字	3．戸　籍
4．帯　刀	5．万世一系	6．有司専制
7．臥薪嘗胆	8．西郷隆盛	9．高杉晋作
10．坂本龍馬	11．大隈重信	12．元老院
13．枢密院	14．貴族院	15．大審院
16．政体書	17．日本国憲按	18．国会開設の勅諭
19．漸次立憲政体樹立の詔		

【設問２】下線部ⓐに同行して日本を出発し、アメリカ留学を終えて帰国後、英語教育とキリスト教精神に基づく女子教育の学校を設立した人物の名前を解答欄Ⅲ－Ａに漢字で記せ。

【設問３】下線部ⓑについて、岩倉使節団の外遊中に実施された政策として誤っているものを、下から選んでその番号を解答欄Ⅲ－Ｂに記入せよ。

1．地租改正　　2．徴兵制

3．市制・町村制　　4．学　制

【設問４】下線部ⓒの後、日本の軍艦が1875年に首都近くの漢江河口付近で朝鮮を挑発して戦闘に発展した事件で、翌年の日朝修好条規の締結により朝鮮の開国を迫るきっかけとなった出来事を何というか。解答欄Ⅲ－Ａに漢字５字で記せ。

【設問５】下線部ⓓに関連して、この人物が初代内務卿に就任し、殖産興業政策の一環として1877年に上野で開催した機械・美術工芸品の博覧会の正式名称を解答欄Ⅲ－Ａに漢字７字で記せ。

【設問６】下線部ⓔに関して、この派閥に属する人物として誤っているものを、下から選んでその番号を解答欄Ⅲ－Ｂに記入せよ。

１．木戸孝允　　２．伊藤博文　　３．山県有朋　　４．副島種臣

【設問７】下線部ⓕに関して、各地の反乱が起きた順に正しく並んでいるものを、下から選んでその番号を解答欄Ⅲ－Ｂに記入せよ。

１．佐賀の乱 － 西南戦争 － 萩の乱

２．佐賀の乱 － 萩の乱　 － 西南戦争

３．萩の乱　 － 佐賀の乱 － 西南戦争

４．萩の乱　 － 西南戦争 － 佐賀の乱

【設問８】下線部ⓖに関連して、1876年の条例にもとづいて秩禄を強制的に廃止するにあたり、その代償として30年以内の償還を定めて発行された証書の名称を解答欄Ⅲ－Ａに漢字で記せ。

【設問９】下線部ⓗに関連して、草莽の相楽総三らが関東・東北の脱藩士や豪農商を組織し、年貢半減を掲げて旧幕府側を追討する政府軍に参加した義勇軍の名称を解答欄Ⅲ－Ａに漢字３字で記せ。

【設問10】下線部ⓘの人物が愛国公党の結成と同年の1874年に故郷の高知で有志を集めて結成し、国会期成同盟の中心的役割を果たした政治団体の名称を解答欄Ⅲ－Ａに漢字で記せ。

【設問11】下線部ⓙの知識人、加藤弘之は国会開設を時期尚早であると主張した。彼は社会進化論を摂取して優勝劣敗、適者生存の立場に立ち、天賦人権論を批判する著作を1882年に発表した。その著作のタイトルとして正しいものを、下から選んでその番号を解答欄Ⅲ－Ｂに記入せよ。

1．『文明論之概略』　　2．『日本開化小史』

3．『人権新説』　　4．『武士道』

【設問12】下線部ⓚに関連して、イギリス人ブラックが創刊し、1874年1月、愛国公党が政府に提出した民撰議院設立建白を掲載して反響を呼んだ新聞名を解答欄Ⅲ－Aに漢字で記せ。

【設問13】下線部ⓛに関連して、ルソーの『社会契約論』を漢訳した『民約訳解』を刊行するなど、この運動の理論的な指導者として活躍した思想家の名前を解答欄Ⅲ－Aに漢字で記せ。

【設問14】下線部ⓜに関連して、憲法草案作成に政府顧問として関わったドイツ人法学者の名前を解答欄Ⅲ－Aに記せ。

【設問15】下線部ⓝに関連して、この人物の建議により1875年に日本とロシアの国境を画定する条約が結ばれた。その際、日本が放棄しロシア領に編入された島として正しいものを、下から選んでその番号を解答欄Ⅲ－Bに記入せよ。

1．樺太島　　2．竹　島　　3．尖閣諸島　　4．千島列島

【設問16】下線部ⓞに関して、政府は政党の動向に左右されることなく公正な政策を行う、とする政治姿勢を一般に何と呼ぶか。その名称を解答欄Ⅲ－Aに漢字4字で記せ。

世界史

（75分）

〔Ⅰ〕　以下の文を読み、設問１～５に答えなさい。　（50点）

かつて，ヨーロッパ人はアフリカのことを「暗黒大陸」とよんだ。そこには，人跡未踏の未開の世界という意味合いがある。しかし，広大なアフリカ大陸には，多様な民族・言語・文化が存在してきた。

（　**A**　）川上流ではクシュ王国が成立し，一時はエジプトを支配した。しかし，アッシリアがエジプトに侵入したため，（　**A**　）川のさらに上流部に勢力を移し，クシュ王国は（**a**：1．ガオ　2．ギザ　3．テーベ　4．メロエ）に都をおいた。この地は製鉄業と商業によって繁栄したが，インド洋から紅海を経由する海上交易路をおさえて繁栄したアクスム王国によって滅ぼされた。アクスム王国は後に(1)キリスト教信仰を受容した。

西アフリカ産の金や象牙と地中海の物資やサハラ産の岩塩が取引されるようになり，ガーナ王国が栄えた。この国は地中海岸に勢力を持っていたムスリムの王朝である（**b**：1．ナスル　2．ファーティマ　3．ムラービト　4．ムワッヒド）朝によって征服されて衰退した。これ以降，アフリカ内陸部でイスラームが広がっていった。

その後，（　**B**　）川上流域にある金の産地を支配したマリ王国やソンガイ王国はムスリム商人と交易して，イスラームを受容した。（　**B**　）川中流域の（**c**：1．ソファラ　2．トンブクトゥ　3．ブハラ　4．マラケシュ）は交易によって栄えた。旅行家の（　**あ**　）もこの地を訪れ，その様子を著書『三大陸周遊記（大旅行記）』に記している。全盛期のマリ王国の王（　**い**　）はメッカ巡礼を行った。しかし，マリ王国は，隣国のソンガイ王国が勢力を拡大するなかで衰退した。ソンガイ王国はマリ王国の版図の大半を勢力下におき，この地域の覇権を握った。この時代，上記の（**c**）はモスクやマドラサが立ち並ぶ宗教・学術都市としても発展した。しかし，（**d**：1．オスマン帝国　2．ブガンダ　3．モザンビーク　4．モロッコ）の遠征軍によってこの王国は滅ぼされた。

東アフリカのインド洋岸には，マリンディ，（**e**：1．アレクサンドリア　2．クダ　3．ザンジバル　4．フェス）など，金や象牙の交易のためにムスリム商人が居留する港市が栄えた。（　**C**　）川とリンポポ川に挟まれた地域では石造建築群が築かれた。その後，この地域には（**f**：1．カネム＝ボルヌー　2．ジブチ　3．ダホメ　4．モノモタパ）王国が成立し，インド洋交易によって利益をあげた。

多くの国々は交易によって利益をあげて栄えたが，外部からの侵入者によって衰退した。ソンガイ王国も侵略されて姿を消した。その後，アフリカ西部にはいくつかの国家が生まれたが，そのうちの（**g**：1．ウガンダ　2．ケニア　3．タンザニア　4．ベニン）はこの地に進出してきたヨーロッパの勢力と手を組んで，奴隷貿易を経済基盤として栄えるようになった。東アフリカでもインド洋交易の拠点であった港市がヨーロッパ勢力によって破壊されたあとに，内陸部で新たな国家がおこったが，やはり奴隷貿易に依存していた。奴隷狩りが行われたアフリカの各地では，伝統社会が破壊され，これ以降，自立した発展を遂げることができなくなった。

アフリカの奴隷は(ア)アメリカ大陸やカリブ海諸島へ輸出された。ヨーロッパ勢力による征服以前のアメリカでは，独自の文明が栄えていたが，ここでもヨーロッパ勢力の武力によって次々と滅ぼされた。スペインは征服した領土において，（　**う**　）制を導入して先住民を大農園や鉱山で酷使した。こうした過酷な労働や，植民者が持ち込んだ感染症などのために，先住民人口が激減し，その労働力不足を補うために，アフリカから連れてこられた奴隷を利用したのである。

19世紀になると，ヨーロッパ人は，アフリカにより積極的に関わるようになった。例えば，探検家スタンリーが（　**D**　）川流域を探検して，その経済的重要性を指摘すると，ベルギーがこの地に進出した。

設問1　波線部(ア)に関連して，ヨーロッパ勢力によって征服されたアメリカ大陸に関連する次の(1)～(4)のそれぞれに(a)(b)の二つの文を挙げる。(a)(b)ともに正しい場合は数字**1**，(a)のみ正しい場合は数字**2**，(b)のみ正しい場合は数字**3**，(a)(b)ともに正しくない場合は数字**4**を，解答欄Ⅰ－Aに記入しなさい。

(1)

(a)　現在のメキシコにあたる地域では，聖獣としてジャガーを信仰するチャビン文明が形成され，石像彫刻やピラミッド型の神殿がつくられた。

(b)　14世紀頃に建造されたテノチティトランを都とするアステカ王国は，16世紀にヨーロッパ勢力によって征服された。

(2)

(a)　アンデス山中には高度な石造建築技術をもち，文字で記録を残し，太陽を崇拝するインカ文明が現れた。

(b)　インカ帝国の都であったクスコはヨーロッパ人に破壊され，新しい首都としてサンティアゴがたてられた。

(3)

(a)　西アフリカに拠点をもたないスペインは外国商人とアシエントを結び，アメリカ大陸での奴隷を確保した。

(b)　アメリゴ＝ヴェスプッチの探検によって，アメリカ大陸が「新大陸」であることが明らかになった。

(4)

(a)　南アメリカ原産のジャガイモはヨーロッパに伝わって重要な栄養源となったが，19世紀のアイルランドではジャガイモ飢饉が起こった。

(b)　南アメリカ大陸では，ヨーロッパ人征服以前から，トウモロコシを栽培する農耕が確立していた。

設問2　文中の（**a**）～（**g**）に入る最も適切な語句を，それぞれ1～4より一つ選び，番号を解答欄Ⅰ－Bに記入しなさい。

設問 3　文中の（　**A**　）～（　**D**　）に入る最も適切な川を次の語群から選び，番号を解答欄Ⅰ－Cに記入しなさい。

1．アム	2．アルグン	3．オレンジ	4．コンゴ
5．ザンベジ	6．シル	7．セネガル	8．ドン
9．ナイル	10．ニジェール	11．ポー	12．ラプラタ

設問 4　下線部(1)に関連して，アクスム王国で受容された，イエス＝キリストに神性のみを認める説の名称を，解答欄Ⅰ－Dに漢字で記入しなさい。

設問 5　文中の（　**あ**　）～（　**う**　）に入る最も適切な語句を，解答欄Ⅰ－Dに記入しなさい。

〔Ⅱ〕　次の文章を読み，設問１～３に答えなさい。　（50点）

十六世紀から十七世紀にかけて西方キリスト教世界は内憂外患の時代であった。パウルス三世は(あ)トリエント公会議開催の三番目の目的にオスマン帝国の脅威を防ぐことをあげている。オスマン帝国はキリスト教国であった東ローマ（ビザンツ）帝国を滅ぼしたのちに，領土を西方に向かって拡大し，地中海の制海権を握った。しばしば，聖地エルサレム巡礼は行く手を阻まれ，ハンガリーや(ア)バルカン諸国は席巻され，その軍隊はウィーンの防壁にまで達した。一五二九年(イ)カール五世の弟フェルディナンドは堅固な城壁によってその西方への侵入を食い止めたが，この中東全土を支配下におさめ，スラヴ世界におよぶ広大な地域を手にしたイスラーム帝国は，西ヨーロッパ・キリスト教世界にとって最大の脅威であった。

陸上ではこれ以上の侵入を食い止め，反撃に転じることができたが，海上ではヴェネツィアの海軍力の衰退にともなってオスマン帝国が唯一の海洋帝国となり，地中海の西の（　**a**　）を手中におさめ，カール五世の神聖ローマ帝国と覇権を競うことになった。ピウス五世はヴェネツィアからの救済要請を受け，急遽スペイン，ヴェネツィアとともに「神聖同盟」を結成，基金を拠出して，艦隊を集め，スペインの(い)フェリペ二世の弟ドン・ファンの指揮下でイスラーム艦隊との海戦に向かわせ，(ウ)一五七一年，アドリア海のギリシア側のレパント湾沖ではるかに優勢であった敵艦隊を破り，決定的勝利をおさめた。〔……中略……〕時代の趨勢は「大航海時代」となっており，(う)喜望峰をまわる新しい交易ルートによる東方貿易や「新世界」を植民地として獲得したポルトガルとスペインが海洋帝国として勢いを増し，地中海貿易の重要度はかつてほどでなくなり，衰退し，神聖同盟へのイニシアティヴをとったカトリック教会のローマ中央集権化策が一段と進んだ。

十六世紀後半から十七世紀前半まで，イタリア半島はめだった戦乱に巻き込まれず，比較的に平穏であったが，アルプスを越えた地域はカトリックとプロテスタントの争いに巻き込まれた。「宗教戦争」のフランスでは勢力を伸ばしつつある(え)カルヴァン派勢力とカトリック領主の一連の戦いがあり，休戦や和解をはさんで(エ)一五六二年から九八年まで続けられた。宗教的性格の背後にあったのは封建的君主の理念と近代的絶対君主の理念とのあいだの争いであり，外国からの介入が事態を悪化させた。一五九八年（　**b**　）のナント王令によってフランスのカトリック人口のなかでプロテスタント共同体の存在の条件が明文化され，スペインとの和平が確立された。しかし長引いた戦乱によってフランス国内のカトリック教会の改革は後回しになった。

〔……中略……〕

三十年戦争は（　**c**　）に端を発し，ヨーロッパ大陸の主要国が加わり，主として神聖ローマ帝国の領土でおこなわれた。当初は宗教的な要因も含まれていたが，しだいに，その主要な要因は信仰の大義をめぐる対立というよりも，大陸における政治的覇権をめぐる争いが色濃くなった。フランスは(お)ルター派のスウェーデンを援助し，カトリックの神聖ローマ軍と戦った。いずれの側も勝利を宣言したが，つまるところは双方が長期の戦争に疲弊しきって，戦いを続行するよりは平和と国土の再建を選ぶ実利的選択に到達したというのが事実のようである。（　**d**　）の和平条件に教皇は不満であったが，これによって(か)「領主の宗教は領民の宗教」の原則による西ヨーロッパ大陸におけるカトリックとプロテスタントの信仰圏（さらにルター派圏とカルヴァン派圏）の境界が固定化した。これまで中世において東方キリスト教とは異なる一つの信仰告白を共有してきた西ヨーロッパは，同じキリスト教であっても，大きくいって，(き)ルター派，カルヴァン派を含むプロテスタントと，カトリックの二つの領域に分裂し，それぞれが独自の文化圏を構成するようになった。

〔……中略……〕

また，プロテスタント改革諸派の影響力の強い(く)ネーデルラント連邦共和国（オランダ）とスイス盟約者団（スイス）はカトリックのハプスブルク家支配から独立を達成した。しかしヨーロッパ全域を視野に入れた場合，白山の戦い以降，プロテスタント勢力圏は明らかに縮小していた。

十七世紀半ばの時点でプロテスタントが保持していた領域はヨーロッパ北部および北西部に限定されていた。すなわち，西から(け)グレートブリテン島，ネーデルラント連邦共和国を経て，ドイツ北部の諸領邦およびバルト海沿岸諸国がプロテスタント勢力圏としてあげられる。これに対して，カトリック勢力はイベリア半島とイタリア地域を掌握していた。さらにフランスからポーランド=リトアニアとトランシルヴァニアに至る広大な中間地帯は，十六世紀には教派混在地域であったが，カトリックの(こ)対抗宗教改革が勝利をおさめつつあったのである。

（高柳俊一・松本宣郎（編）西川杉子他（著）『宗教の世界史９　キリスト教の歴史２　宗教改革以降』山川出版社，2009年による）

設問１　文中の空欄（　**a**　）～（　**d**　）に入る最も適切な語句を次の選択肢１～４のうちから一つ選び，解答欄Ⅱ－Ａに記入しなさい。

(a)　１．アルジェリア　　２．サルデーニャ
　　３．シチリア　　４．スーダン

(b)　１．アンリ４世　　２．シャルル７世
　　３．フィリップ４世　　４．ルイ９世

(c)　１．バイエルン　　２．プロイセン
　　３．ボヘミア（ベーメン）　　４．ポンメルン

(d)　１．ウェストファリア　　２．パリ
　　３．ラパロ　　４．ワルシャワ

設問2　下線部(あ)～(こ)に関連する次の記述(a)(b)について，(a)(b)ともに正しい場合は数字**1**，(a)のみ正しい場合は数字**2**，(b)のみ正しい場合は数字**3**，(a)(b)ともに正しくない場合は数字**4**を，解答欄Ⅱ－Bに記入しなさい。

(あ)　トリエント公会議について。

(a)　教皇の至上権とカトリックの教義を再確認した。

(b)　禁書目録をつくり，宗教裁判を強化した。

(い)　フェリペ2世について。

(a)　1553年に即位したイングランドのメアリ1世と結婚していた時期があった。

(b)　1559年にフランスとカトー＝カンブレジ条約を結んだ。

(う)　喜望峰について。

(a)　1498年，エンリケ航海王子の命を受けたヴァスコ＝ダ＝ガマが喜望峰を回り，カリカットに達した。

(b)　西回りのアジア航路を進んだマゼランの部下は，喜望峰を回って，1522年にスペインに帰還した。

(え)　カルヴァンについて。

(a)　ツヴィングリがジュネーヴで宗教改革を開始した後，カルヴァンはチューリヒで宗教改革をおこなった。

(b)　カルヴァンは，長老が牧師を監督する教会運営制度を導入した。

(お)　ルター派およびスウェーデンについて。

(a)　ルター派は，スウェーデンの他，デンマークおよびノルウェーにも広まった。

(b)　国王グスタフ＝アドルフは，ルイ14世に援助されて三十年戦争に加わった。

(か)　「領主の宗教は領民の宗教」の原則について。

(a)　領邦君主が，その領内の教会の首長となり監督する体制を，領邦教会制と呼ぶ。

(b)　1555年のアウクスブルクの和議で，諸侯および領民の信仰の自由が認められた。

(き)　ルターについて。

(a)　1521年，ヴォルムスの帝国議会に呼び出されたが，自説を撤回しなかった。

(b)　ファルツ選帝侯の保護下で『新約聖書』のドイツ語訳を完成させた。

(く)　ネーデルラント連邦共和国（オランダ）について。

(a)　北部７州は，オラニエ公ウィレムの下で，1581年に独立を宣言した。

(b)　オランダ独立戦争で衰退したアムステルダムに代って，アントウェルペン（アントワープ）が国際商業と金融で繁栄した。

(け)　グレートブリテン島について。

(a)　テューダー朝のヘンリ８世は，1559年に統一法（信仰統一法）を制定して，イギリス国教会を確立した。

(b)　ステュアート朝のチャールズ１世の治世に，王党派と議会派との間で内戦が起こった。

(こ)　対抗宗教改革について。

(a)　イグナティウス＝ロヨラは，同志とともにイエズス会を設立した。

(b)　マテオ＝リッチは，中国で布教し，『坤輿万国全図』を作成した。

設問３　下線部(ア)〜(エ)に関連する以下の問いに対する答えを，解答欄Ⅱ－Ｃに記入しなさい。

(ア)　バルカン半島に進出したオスマン朝が，14世紀後半から首都を置いた都市の名称を答えなさい。

(イ)　神聖ローマ皇帝カール５世のスペイン王としての呼び名を答えなさい。

(ウ)　レパントの海戦で両軍が用いた，両舷に多数の漕ぎ手が配置された船の種類名を答えなさい。

(エ)　この時期のフランスにおける内乱は何と呼ばれたか。名称を答えなさい。

〔Ⅲ〕 次の文章を読み，設問１～12に答えなさい。 (50点)

アメリカ合衆国は(あ)第一次世界大戦の戦場となることもなく，参戦していた期間も１年半余りに過ぎなかった。その間，戦争特需によって工業生産と農業生産が拡大した。アメリカは債務国から債権国となり，ニューヨークのウォール街が世界金融市場の中心地となった。1920年代，アメリカは大量生産・大量消費に基づく(い)アメリカ的生活様式を生み出した。その中心は，なんといっても自動車であった。（　**a**　）は，ベルトコンベアによる組み立てライン方式で，それまで上流階級用であった自動車を，大衆車として安く大量に提供した。

しかし，繁栄の中アメリカ社会には不寛容な傾向も表面化した。白人優越主義の秘密結社クー＝クラックス＝クランが復活し，一時影響力を強めた。(A)伝統的な白人社会の価値観の強調は，（　**ア**　）の制定にもつながった。移民に対する風当たりも強くなり，1924年に成立した移民法では，東欧系や南欧系の移民の流入が制限され，アジア系移民の流入が事実上禁止された。

1929年10月，ニューヨーク株式取引所において株価が大暴落した。株価はその後も下がり続け，1930年終わり頃からは銀行が連鎖倒産する金融危機にまで発展した。世界経済・金融の中心であった(う)アメリカの恐慌は全世界に波及し，資本主義諸国は恐慌からの脱出策を模索した。

アメリカでは，1933年に大統領に就任した民主党の（　**b**　）が，（　**イ**　）と呼ばれる大規模な経済復興政策を推進した。農業調整法で主要農産物の生産削減を図り，（　**ウ**　）で価格協定を容認して企業間の競争を制限する一方，労働者に団結権や団体交渉権を認めた。また，テネシー川流域開発公社に代表されるような公共事業によって，失業者を減らそうとした。しかし，（　**ウ**　）が違憲判決を受けたため，その中の労働者の団結権・団体交渉権を中心に，労働者の権利拡張を積極的に保護する（　**エ**　）が1935年に制定された。また同年に制定された社会保障法は，年金・失業保険・生活保護の制度を導入した。外交面では，ラテンアメリカ諸国との関係改善に重点が置かれた。（　**b**　）大統領は，(B)内政干渉政策を緩和する善隣外交を開始し，1934年に［　①　］の完全な独立を認めた。

(え)第二次世界大戦後，ソ連との対立が激しくなるにつれて，アメリカでは平時でも大規模な軍隊を維持するとともに，国内の共産主義者などの活動を規制する動きが強まった。1950年頃から，(C)政府に批判的な知識人や文化人などを共産主義者と決めつけて社会的に排除する「赤狩り」が盛んになった。しかし，アメリカの掲げる民主主義に逆行するこの運動は，1950年代半ばには勢いを失っていった。

その後1961年に大統領に就任した民主党の（　**c**　）は（　**オ**　）政策を掲げ，ソ連と対決しつつ，国内の人種・貧困問題にも取り組もうとした。しかし，核ミサイルと通常兵器を同時に増強しようとしたため，軍事費は急増した。国内では，人種差別の撤廃と法の下の平等を求める公民権運動が，キング牧師たちの指導のもとで支持者を増やしていた。（　**c**　）は公民権運動に理解を示し，公民権法の立法化を決断したが，その審議途中に暗殺された。公民権法は，（　**c**　）の後を継いだ（　**d**　）大統領のもとで，1964年に制定された。

（　**d**　）は「偉大な社会」の建設を目標にして，「貧困との闘い」を宣言し，高齢者や低所得者に対する医療制度などを整備した。この時期には，女性解放運動，学生運動，そして(お)ベトナム戦争に反対する反戦運動などが展開された。1960年代に好調であったアメリカ経済も，福祉の拡大とベトナム戦費が重なり，財政悪化に直面した。1968年の選挙で民主党は敗北し，共和党の（　**e**　）政権が誕生した。西ヨーロッパ諸国や日本の経済復興が進み，アメリカの貿易収支が赤字に転落すると，（　**e**　）大統領は1971年に，金とドルの兌換停止を発表した。これにより，(D)ドルを基軸通貨とする固定相場制という国際金融体制は動揺し，主要国の通貨は1973年に変動相場制に移行した。

設問1　文中の（　**a**　）～（　**e**　）に入る人名を次の語群から選び，番号を解答欄Ⅲ－Aに記入しなさい。なお，同じ記号には同じ人名が入る。

【語群】

1．アイゼンハワー　　2．エディソン
3．カーネギー　　4．クーリッジ
5．ケネディ　　6．ジョンソン
7．チャーチル　　8．トルーマン

9．ニクソン
10．ハーディング
11．フォード
12．ヘイ
13．マクドナルド
14．マッカーサー
15．マッキンリー
16．モンロー
17．レーガン
18．ロックフェラー
19．セオドア＝ローズヴェルト
20．フランクリン＝ローズヴェルト

設問2　文中の（　**ア**　）～（　**オ**　）に入る最も適切な語句を次の語群から選び，番号を解答欄Ⅲ－Bに記入しなさい。なお，同じ記号には同じ語句が入る。

【語群】

1．革新主義
2．議会法
3．救貧法
4．禁酒法
5．工場法
6．国民保険法
7．穀物法
8．孤立主義
9．産業別組織会議
10．自由放任
11．シャーマン反トラスト法
12．全国産業復興法
13．団結禁止法
14．ニューディール
15．ニューフロンティア
16．農奴解放令
17．文化大革命
18．北米自由貿易協定
19．門戸開放
20．ワグナー法

設問3　下線部(あ)に関連する次の記述(a)(b)について，(a)(b)ともに正しい場合は数字**1**，(a)のみ正しい場合は数字**2**，(b)のみ正しい場合は数字**3**，(a)(b)ともに正しくない場合は数字**4**を，解答欄Ⅲ－Cに記入しなさい。

(a)　アメリカはユダヤ人の協力を得るため，アラブ人が住むパレスチナ（パレスティナ）にユダヤ人国家をつくることを認め，それが後のパレスチナ問題の原因となった。

(b)　アメリカのウィルソン大統領は14か条の平和原則を発表し，その中で海洋の自由，関税障壁の廃止，軍備縮小などを訴えた。

設問4　下線部(い)に関連して，1920年代のアメリカ的生活様式について，以下のア～エのうち，内容の正しい文はいくつあるか。正しい文の数を解答欄Ⅲ－Cに数字**1**～**4**で記入しなさい。正しい文がない場合は数字**5**を記入しなさい。

ア．冷蔵庫や洗濯機などの家庭電化製品が普及した。

イ．ラジオ放送局が開設され，ラジオが普及した。

ウ．野球やボクシングなどのプロスポーツが盛んになった。

エ．映画やジャズなどの大衆文化が広まった。

設問5　下線部(う)に関連する次の記述(a)(b)について，(a)(b)ともに正しい場合は数字**1**，(a)のみ正しい場合は数字**2**，(b)のみ正しい場合は数字**3**，(a)(b)ともに正しくない場合は数字**4**を，解答欄Ⅲ－Cに記入しなさい。

(a)　資本主義列強は，イギリスのスターリング（ポンド）経済圏，フランスのフラン経済圏，アメリカのドル経済圏など，通貨ごとのブロック経済政策を採用した。

(b)　アメリカのフーヴァー大統領は，第一次世界大戦で発生した賠償・戦債支払いを1年間延期した。

設問6　下線部(え)に関連して，以下のア～エの文のうち，内容の正しい文はいくつあるか。正しい文の数を解答欄Ⅲ－Cに数字**1**～**4**で答えなさい。正しい文がない場合は数字**5**を記入しなさい。

ア．トルーマン大統領は，共産主義勢力の拡大を封じ込める政策を提唱した。

イ．アメリカが最初の水爆実験を行った時，日本の漁船第五福竜丸が被爆し，船員が死亡した。

ウ．ナセル大統領がスエズ運河の国有化を宣言すると，これに反発したアメリカがエジプトに侵攻した。

エ．バティスタたちが，カストロ独裁政権を打倒した。

設問 7　下線部(お)に関連して，ベトナムについて述べた次の出来事①～③について，古いものから年代順に正しく配列したものを，次の選択肢 1 ～ 6 のうちから一つ選び，番号を解答欄Ⅲ－Cに記入しなさい。

①北爆開始

②南ベトナム解放民族戦線結成

③ジュネーヴ休戦協定

1．①→②→③　　2．①→③→②
3．②→③→①　　4．②→①→③
5．③→①→②　　6．③→②→①

設問 8　下線部(A)について，当時のアメリカ社会の支配層を形成していたプロテスタントの人々を何と呼ぶか。解答欄Ⅲ－Dにアルファベット大文字 4 文字で記入しなさい。

設問 9　下線部(B)について，善隣外交以前の，武力行使も辞さず内政に干渉する，アメリカのカリブ海地域に対する外交政策は何と呼ばれるか。解答欄Ⅲ－Dに漢字 4 文字で記入しなさい。

設問10　下線部(C)について，この運動は，その先頭に立った共和党上院議員の名前にちなんで何と呼ばれるか。解答欄Ⅲ－Dにカタカナ 7 文字で記入しなさい。

設問11　下線部(D)について，この第二次世界大戦後の国際金融・経済体制を何と言うか，解答欄Ⅲ－Dに記入しなさい。

設問12　空欄①に当てはまる国名を，解答欄Ⅲ－Dに記入しなさい。

政治・経済

（75 分）

〔Ｉ〕　次の文章を読み、下の設問（設問１～設問９）に答えよ。　（50点）

「国家が『主権』をもつ」とは、国家が、ⓐ自らの領域をもち、他の国家などからの干渉を受けず、自主・独立・平等であることを意味する。国際社会は、このような意味の主権国家を基本単位として構成されている。そして、国家間の利益の衝突を平和裏に解決するために、国家の行動を規律する法規範である国際法が整備されるとともに、国際法の遵守を確保し、国家利益の主張が衝突することを回避したり、国家間の調整をおこなったりする組織が、ⓑ国際連合を中心に整備されている。

【設問１】下線部ⓐに関連して、次の文章の（　ア　）～（　ウ　）に入る最も適切な語句を、解答欄Ｉ－甲のア～ウに記入せよ。

国家の領域は、陸地・海洋・空において存在する。国連海洋法条約によれば、海洋における沿岸国の権利が認められる範囲は、その海岸線（基線）からの距離に応じて、領海と排他的経済水域に区分される。これら領域に含まれない（　ア　）では、船舶の航行の自由などが認められている。

空に関しては、領土と領海の上空が国家主権の及ぶ領空であり、その外側は、（　イ　）という。

また、地球上には、どの国の領域にも属さない地域があり、国際慣習法によって、このような地域については、領有の意思をもって支配することによる取得が認められており、これを（　ウ　）という。

【設問２】下線部ⓐに関連して、次の文章の（　エ　）・（　オ　）に入る最も適切な数字を、解答欄Ⅰ－甲のエ・オに記入せよ。

国連海洋法条約に基づいて、沿岸国が主権を行使できるのは、領海については、基線から最大で（　エ　）海里、排他的経済水域については、（　オ　）海里である。

【設問3】下線部ⓐに関連して、次のa～dの記述について、**正しいものには数字の1**を、**正しくないものには数字の2**を、解答欄Ⅰ－乙のa～dに記入せよ。

a．沿岸国は、排他的経済水域では、水産資源や鉱物資源の管理・利用については権限をもつが、それ以外の権限を行使することはできない。

b．複数の国の領海が重なっている場合、必ず、その中間地点を境界線としなければならない。

c．他国の領土および領海の上空に航空機等を飛行させることは、その高度とは関係なく、主権の侵害となる。

d．他国の領海内であっても無害通航は認められているので、他国の領海内の海中に潜水艦を運航させても、それだけでは、主権侵害の問題は発生しない。

【設問4】下線部ⓑに関連して、次の文章の（　A　）～（　E　）に入る最も適切な語句や数字を、下の語群から1つ選び、その番号を、解答欄Ⅰ－乙のA～Eに記入せよ。

国際連合における意思決定方法をみると、総会については単純多数決を原則としつつ、一定の重要事項の可決のためには、特別多数決により、（　A　）のうち、（　B　）以上が賛成することを要する方法が採用されている。また、安全保障理事会は、5カ国の常任理事国と、（　C　）年間の任期を有する（　D　）カ国の非常任理事国から構成されるが、一定の事項の決定には、常任理事国すべてを含む（　E　）カ国以上の理事国の賛成が必要である。

［語群］

1．4分の3　2．構成国　3．3分の2
4．5分の4　5．7分の4　6．出席国
7．1　8．出席し、投票した国　9．2
10．3　11．4　12．5
13．6　14．9　15．10

【設問5】下線部ⓑに関連して、大多数の国際機構では、その票決について、構成国に平等の議決権を与えているが、一部の国際機構やその機関では、構成国や構成員の貢献度などによって、票数に差を設けるものがある。後者の仕組みを採っている国際機構の意思決定機関の名称を、次の1～4のうちから1つ選び、その番号を、解答欄Ⅰ－乙に記入せよ。

1．国際通貨基金総会　2．国連食糧農業機関理事会
3．万国郵便連合大会議　4．世界貿易機関閣僚会議

【設問6】下線部ⓑに関連して、国際機構によっては、意思決定の円滑化を図るため、採決をせずに、議長提案に対して反対が表明されなければ可決する方式がある。この方式を何というか、解答欄Ⅰ－甲に記入せよ。

【設問7】下線部ⓑに関連して、国際連合の機関のうち、専門機関に当たるものを、次の語群の中から3つ選んで、その番号を、解答欄Ⅰ－乙に記入せよ。

［語群］

1．世界保健機関　2．国連人口基金　3．国連大学
4．国際原子力機関　5．国連貿易開発会議　6．国際金融公社

7．化学兵器禁止機関　　8．経済社会理事会　　9．世界気象機関

【設問8】下線部ⓑに関連して、国家間の法律的紛争を裁く司法機関の名称を、解答欄Ⅰ－甲に、漢字で記入せよ。

【設問9】下線部ⓑに関連して、重大な国際的犯罪を犯した個人を裁く司法機関の名称を、解答欄Ⅰ－甲に、漢字で記入せよ。

〔Ⅱ〕　次の文章を読み、下の設問（設問1～設問7）に答えよ。　（50点）

日本の中央銀行であるⓐ日本銀行は、金融システムの安定やⓑ物価の安定を目的とした、政府から独立した機関であり、金融政策決定会合を経て金融政策を実施する。金融政策の手段のうち、1996年以降は原則として、ⓒ公開市場操作が中心となっている。これにより、インターバンク市場における（　A　）レートの誘導が試みられている。

バブル経済崩壊後、日本の金融機関において、回収困難な債権である（　ア　）をかかえることによる経営破綻が相次いだ。これにより、政府は公的資金を投入し、破綻処理を進めるとともに、金融機関の検査・監督や金融制度の策定をおこなう部門として、旧大蔵省から移管した（　イ　）を2000年に設立することで、監督機能の強化に努めた。さらに、ペイオフは1996年に凍結され、破綻した金融機関の預金は税金等により全額保護されるようになったが、（　ア　）処理が一段落した2005年にⓓペイオフは全面解禁された。また、1996年の橋本内閣の際に、2001年までに日本の市場を国際市場として強化させるため、「フリー・フェア・（　ウ　）」を原則とした「日本版（　エ　）」を実施した。

一方で、日本銀行は、1990年代後半より政策金利を低めに誘導し、1999年には政策金利をさらに引き下げる（　オ　）政策をとったが、十分な効果を得ることができず、景気の悪化とデフレが続いた。そのため、2001年に政策金利の引下げではなく、市中銀行が保有する日本銀行の当座預金残高量を増やすことで、市中

ⓔのマネーストックを増やそうとする（　カ　）政策を打ち出した。これにより、民間の保有する現金である現金通貨と、民間の金融機関が日本銀行に預けている当座預金残高の合計であり、日本銀行が供給する通貨の総額である（　Ｂ　）は大きく伸びたが、マネーストックの伸びは低迷したままであった。

また、国際業務をおこなう銀行については、自己資本比率を８％以上にする基準である（　Ｃ　）規制が設けられており、世界的な金融危機の再発を防ぐことを目的として、2010年に設けられたバーゼル３が、段階的に実施されている。

日本国内において、デフレからの脱却は進まず、日本銀行は2013年に（　キ　）政策に踏み切ることになった。この政策では、インフレ率の目標を２年間で２％と設定し、操作目標が（　Ａ　）レートから（　Ｂ　）に変更され、長期国債の保有残高を増やすことで（　Ｂ　）を増加させるものとした。また、買い入れる債券の平均残存期間がのばされ、さらに、リスク資産の買い増しにより、異次元の金融緩和が実施された。加えて、2016年には（　ク　）政策も導入され、（　ク　）が金融機関の保有する日本銀行当座預金の一部に適用された。

【設問１】文中の（　ア　）～（　ク　）に入る最も適切な語句を、解答欄Ⅱ－甲のア～クに記入せよ。ただし、ウはカタカナで、エ・オ・クは漢字とカタカナを組み合わせて記入せよ。

【設問２】文中の（　Ａ　）～（　Ｃ　）に入る最も適切な語句を、次の語群から１つ選び、その番号を、解答欄Ⅱ－乙のＡ～Ｃに記入せよ。

［語群］

1．ベース	2．コール	3．プット
4．ペイアウト	5．マネタリー・ベース	
6．クラウディングアウト		7．マネタリズム
8．ポリシー・ミックス		9．ＢＩＳ
10．ＳＤＧｓ	11．ＥＳＧ	12．ＩＭＦ

【設問３】下線部ⓐに関連して、日本銀行の機能に関する次のａ～ｃの記述について、**正しいものには数字の１を、正しくないものには数字の２を**、解答欄Ⅱ－乙のａ～ｃに記入せよ。

ａ．銀行の銀行として、個人や一般の企業との取引はおこなっていないが、各金融機関名義の当座預金口座の受払事務をおこなっている。

ｂ．証券市場の安定化のため、不正取引について監督をする役割をはたす。

ｃ．発券銀行として、紙幣や硬貨を発行する権限が認められている。

【設問４】下線部ⓑに関連して、次の文章の（　Ｄ　）・（　Ｅ　）に入る最も適切な語句を、下の語群から１つ選び、その番号を、解答欄Ⅱ－乙のＤ・Ｅに記入せよ。

1973年に発生した第一次石油危機による原油価格の上昇は、日本では狂乱物価とよばれ、（　Ｄ　）・インフレーションがみられた。また、それ以降に、不況下において物価高となる（　Ｅ　）とよばれる現象がみられた。

［語群］

１．ハイパー
２．コスト・プッシュ
３．デマンド・プル
４．デフレーション
５．スタグフレーション
６．デフレスパイラル

【設問５】下線部ⓒに関連して、次の文章の（　ｉ　）～（　iii　）に入る最も適切な語句の組み合わせを、下の１～４のうちから１つ選び、その番号を、解答欄Ⅱ－乙に記入せよ。

公開市場操作には売りオペレーションと買いオペレーションがあり、景気が過熱しインフレ傾向にある場合、日本銀行は有価証券を（　i　）ことで、金融市場の資金量が（　ii　）ため、景気の過熱が抑制される。さらにこれにより、金利が（　iii　）ことが期待される。

1．（　i　）市中金融機関に売却する
（　ii　）増加する
（　iii　）下落する
2．（　i　）市中金融機関に売却する
（　ii　）減少する
（　iii　）上昇する
3．（　i　）市中金融機関から買い付ける
（　ii　）増加する
（　iii　）上昇する
4．（　i　）市中金融機関から買い付ける
（　ii　）減少する
（　iii　）下落する

【設問6】下線部ⓓに関連して、ペイオフ解禁の払い戻しの保証額として、最も適切なものを、次の1～4のうちから1つ選び、その番号を、解答欄Ⅱ－乙に記入せよ。

1．1つの金融機関につき、元本とその利息を合わせて1000万円まで。
2．1つの金融機関につき、元本1000万円とその利息まで。
3．すべての金融機関をあわせて、元本とその利息を合わせて1000万円まで。
4．すべての金融機関をあわせて、元本1000万円とその利息まで。

【設問7】下線部ⓔに関連して、次の文章の（　ケ　）・（　コ　）に入る最も適切な語句や数字を、解答欄Ⅱ－甲のケ・コに記入せよ。

マネーストックは主に、金融部門から経済全体に供給されている通貨の総量を表している。そのなかで、現在流通している現金通貨に比べ、預金通貨はその額が大きい。これは、市中銀行が集めた預金の一部を、支払準備として中央銀行の当座預金に預け、残りを融資に回すためである。この融資された資金も直ちに使われることなく、多くの場合はいったん銀行に預けられる。このように預金の受け入れと融資を繰り返すことで、当初の預金の何倍もの預金を作り出すことができる。これを銀行の（　ケ　）とよび、社会全体のマネーストックを増やす働きがある。預金準備率が10％であるとき、当初の預金が50億円であったとすると、この（　ケ　）額は（　コ　）億円となる。

〔Ⅲ〕　次の文章を読み、下の設問（設問１～設問７）に答えよ。　（50点）

ⓐ社会保障制度は、人々が疾病・負傷・災害・老齢・障害などに陥った場合に、政府が一定の保障をおこなって、人々の生活を安定させることを目的とし、日本国憲法第25条に基づいて、社会保険、公的扶助、社会福祉、および（　ア　）の４つで構成されている。

社会保障のさきがけとなったのは、1601年にイギリスで制定された（　イ　）であり、日本では1874年の（　ウ　）が始まりである。救済の対象者やその方法は国によって異なるものの、慈善的な性格を有する点が共通している。その後、第一次世界大戦の戦後処理にかかるベルサイユ平和条約により、国際労働機関（ＩＬＯ）が設立された。1944年に（　Ａ　）で採択されたＩＬＯの目的に関する宣言を受けて、社会保障制度はこれまでの慈善的な性格から（　Ｂ　）の考え方に変わり、第二次世界大戦後には多くの国で社会保障制度の整備が重要な政策として位置づけられるようになった。（　Ｂ　）の考え方は、日本国憲法第25条に反映されている。

日本の社会保障給付は、どのような分野にどれほど振り分けられているだろうか。2020年度の社会保障給付費は国民所得の約（　Ｃ　）を占め、部門別にみた社会保障給付費の額では（　Ｄ　）が最も多い。社会保障制度を運用するために必要な社会保障給付費の財源は保険料による支え合いを基本とするも、税や公債にも依存している。スウェーデン、フランス、ドイツ、アメリカ合衆国、日本の5カ国について、2017年時点において租税負担率が最も高い国は（　E　）であるが、ⓑ国民所得に占める、租税負担額と公的年金や公的医療保険の保険料などの負担額の合計の割合では必ずしもそうではない。

社会保障制度が保険料と税・公債によって運営されている限り、本制度を支える国民がどのような構成になっているかに着目することは重要である。具体的にいえば、少子高齢化・ⓒ働き方の多様化・家族構成の変化があげられる。日本が2007年に65歳以上の高齢者が人口の（　F　）を占める超高齢社会に突入したことは重要な問題として、政府は対処に取り組んでいる。ⓓ1960年代にイギリスが抱えた問題にかんがみても、ⓔ経済と社会保障のバランスは重要といえる。

【設問1】文中の（　ア　）～（　ウ　）に入る最も適切な語句を、解答欄Ⅲ－甲のア～ウに記入せよ。ただし、アは憲法上の語句とする。

【設問2】文中の（　A　）～（　F　）に入る最も適切な語句を、次の語群から1つ選び、その番号を、解答欄Ⅲ－乙のA～Fに記入せよ。

［語群］

1．スウェーデン　2．フランス　3．ドイツ
4．日本　5．アメリカ　6．14%
7．21%　8．28%　9．35%
10．リオ　11．フィラデルフィア　12．ストックホルム
13．ナショナル・ミニマム　14．相互扶助
15．自助・共助・公助　16．年金　17．医療
18．生活保護

【設問3】下線部ⓐに関連して、次の文章の（　G　）～（　K　）に入る最も適切な語句を、下の語群から1つ選び、その番号を、解答欄Ⅲ－乙のG～K

に記入せよ。また、（　エ　）に入る最も適切な語句を、漢字4文字で解答欄Ⅲ－甲のエに記入せよ。

社会保障制度のうち、年金制度には、老齢年金、障害年金、（　G　）年金の3種類がある。すべての国民が年金だけでなく医療保険を受けられるようになったのは、（　H　）年のことである。その後、1973年に「活力ある福祉社会の実現」が掲げられ、社会保障や社会資本の充実を目標とするようになったため、この年は（　エ　）といわれた。この時、高齢者の医療費の窓口負担割合が（　I　）と定められた。また、来るべき将来に備え、1973年には、年金について（　J　）が導入された。その後、2004年におこなわれた年金制度改革で、年金の支給金額を経済情勢や物価動向に基づいて変更する（　K　）に移行した。

［語群］

1．遺族	2．介護	3．企業	4．医療
5．1944	6．1961	7．1971	8．財政方式
9．物価スライド制		10．修正賦課方式	
11．消費者物価指数		12．マクロ経済スライド制	
13．2割	14．1割	15．0割	

【設問4】下線部ⓑを何というか、解答欄Ⅲ－甲に記入せよ。

【設問5】下線部ⓒに関連して、次の文章の（　オ　）・（　カ　）に入る最も適切な語句を、解答欄Ⅲ－甲のオ・カに記入せよ。

第二次世界大戦後の日本では、右肩上がりの経済成長と労働力不足による低失業率を背景として、企業がその従業員に対して長期の安定した雇用を保障するシステムがとられていた。日本的経営の3つの特徴である「終身雇用」、「（　オ　）序列型賃金」、「企業別労働組合」を、ジェームズ＝アベグレンは1958年に著書『日本の経営』の中で「三種の神器」とよんだ。企業は従業員の引退後の生活保障もおこなっており、常時５人以上を雇用する個人事業所または常時１人以上を雇用する法人事業所などの従業員や公務員には国民年金（基礎年金）に加えて、（　カ　）が支給される。

【設問６】下線部ⓓに関連して、次の文章の（　Ｌ　）・（　Ｍ　）に入る最も適切な語句を、下の語群から１つ選び、その番号を、解答欄Ⅲ－乙のＬ・Ｍに記入せよ。

1960年代のイギリスは、長引く経済停滞に悩まされていた。1979年からこれに対峙したサッチャー首相と同時期、新自由主義的・新保守主義的な政策を推進したアメリカの大統領は（　Ｌ　）で、日本では、当時の（　Ｍ　）首相が日本国有鉄道民営化を実現させた。

［語群］

１．ロナルド＝レーガン　　２．ジョージ＝ブッシュ
３．ジョン＝ケネディ　　４．大平正芳
５．中曽根康弘　　６．竹下登

【設問７】下線部ⓔに関連して、2012年に日本で成立した関連法に基づいて、社会保障の基盤整備をおこなった政策を何というか、最も適切な語句を、解答欄Ⅲ－甲に記入せよ。

数　学

（75 分）

〔Ⅰ〕次の［　　］に適する数または式を，解答用紙の同じ記号の付いた［　　］の中に記入せよ。

(1) 空間内のへこみのない多面体について，辺の数を e，面の数を f，頂点の数を v とすると，e, f, v の 1 次式［ア］は，多面体の種類によらず一定の値 2 をとる。これをオイラーの多面体定理とよぶ。1 辺の長さが 1 である正四面体の体積は［イ］である。またこの正四面体に内接する球の体積は［ウ］である。

(2) xy 平面上の曲線 $C : y = 2x^3 - 4x^2$ を考える。t, k を実数とする。点 $\mathrm{P}(t, 2t^3 - 4t^2)$ における曲線 C の接線 ℓ の方程式は $y =$［エ］である。この接線 ℓ が点 $\mathrm{Q}(2, k)$ を通るとき，k を t で表すと $k =$［オ］である。したがって，点 $\mathrm{Q}(2, k)$ を通り，曲線 C に接する直線が 2 本以上引けるような k の値の範囲は［カ］である。

(3) すべての実数 x に対して $\sin(3x + T) = \sin(3x)$ をみたす正の定数 T のうち，最小のものは［キ］である。$0 < x < \dfrac{\pi}{2}$ で定義された関数 $y = \dfrac{\sin(4x)}{\cos x \sin x} - \dfrac{\sin(3x)}{\sin x} - \dfrac{\sin(2x)}{\sin x}$ を考える。$t = \cos x$ として y を t の 2 次式で表すと $y =$［ク］となる。これを用いると，y の最小値は［ケ］であり，最小値を与える x の値を x_0 とおくと，$\sin x_0 =$［コ］である。

〔 II 〕 p，q を $0<p<2$，$q>0$ をみたす実数とする。xy 平面上において，3点 $\mathrm{O}(0,0)$，$\mathrm{A}(2,0)$，$\mathrm{P}(p,q)$ で作られる $\triangle\mathrm{OAP}$ の外接円の中心，つまり外心をCとし，$\triangle\mathrm{OAP}$ の垂心をHとする。さらに，点Cと点Hの y 座標をそれぞれ c，h とする。このとき，次の問いに答えよ。

(1) 点Cの x 座標の値を求めよ。また c の値を p，q を用いて表せ。

(2) 点Hの座標を p，q を用いて表せ。

(3) $c \fallingdotseq 0$ とする。x 軸に関して点Hと対称な点をKとおき，点Kの y 座標を k とおく。$\dfrac{q+k}{c}$ の値が，p，q の値によらず一定となることを示し，その値を求めよ。

(4) 3点O，A，Kを通る円の中心の座標を p，q を用いて表せ。

〔 III 〕 n を2以上の自然数とする。平面上において，円周上に相異なる n 個の点 P_1，P_2，P_3，$\cdots$，P_n をとり，すべての2点間を結び $\dfrac{1}{2}n(n-1)$ 本の線分を作る。ただし，円周を除いた円の内部で，どの3本以上の線分も1点で交わることはないとする。これら $\dfrac{1}{2}n(n-1)$ 本の線分が，円の内部を a_n 個の部分に分けるとする。例えば $n=2$ のときは，P_1，P_2 を結んだ線分によって，円の内部が2つの部分に分割されるので，$a_2=2$ である。このとき，次の問いに答えよ。

(1) a_3 と a_4 の値を求めよ。

(2) 4点 P_1，P_2，P_3，P_4 に新たな点 P_5 を加えることによりいくつの部分が増えるかを考えることで，a_5-a_4 の値を求めよ。

(3) $n \geqq 4$ のとき，$a_{n+1}-a_n$ を n を用いて表せ。

(4) $n \geqq 2$ のとき，a_n を n を用いて表せ。

4　磯影の見ゆる池水照るまでに咲けるあしびの散らまく惜しも

5　なき名のみ高尾の山といひ立つる君は愛宕の峰にやあるらん

㈥　本文の内容に合致するものを、次のうちから二つ選び、その番号を記せ。

1　仏法好きの商人は、寺で仏の教えを学ぶために各地を訪ね歩いていた。

2　海で鬼神に遭遇した仏法好きの商人は、天竺に住んでいた。

3　船頭は「南無三宝」と唱えて船底に逃げ、仏法好きの商人は談義の内容を思い出した。

4　仏法好きの商人は現れた天人を見て、その美しさに扇で自分の胸をたたいて感嘆した。

5　鬼神は商人たちを食べられなかった悔しい気持ちを言い残して去っていった。

6　作者は浄土も地獄も存在しないと考えている。

㈦　傍線――について、船の人々はなぜ害難をのがれられたのか、説明せよ（三十字以内、句読点を含む）。

（以上・六十点）

恐ろしいのだと述べている。

3　自分が食べられることが恐ろしいのではなく、自分を殺すことで、鬼神が地獄に落ちることを考えると心苦しく、恐ろしいのだと述べている。

4　鬼神が人を取って食うことはできても、人の心までは取ることができないように、人の心には鬼神にも勝るほどの恐ろしさがあるのだと述べている。

5　鬼神に心を惑わされて餓鬼道や畜生道におち、外見だけでなく、心まで鬼神のように成りはてることが恐ろしいのだと述べている。

㈣　傍線――ウ「手の水も少なきにあらず」の説明として適当なものを、次のうちから一つ選び、その番号を記せ。

1　手の中のわずかな水であっても仏に供え祈ることで、大きな御利益を得ることができる。

2　手の中の少しの水も仏に飲んでいただければ、仏の偉大な力によって悪人をこらしめることができる。

3　悪人であっても手の中の水を仏に祈りながら飲めば、悪行を許してもらうことができる。

4　手の中の水はわずかであっても仏の恵みであり、命を保つうえで大いに役に立つ。

5　手の中の少しの水であっても仏を信じて祈れば、水が尽きることなくあふれ続ける。

㈤　傍線――「現るる」の「る」と文法的意味・用法および活用の種類が同じものを、次のうちから一つ選び、その番号を記せ。

1　難波がた入江をめぐるあしがもの玉藻の船にうきねすらしも

2　いかに寝て起くるあしたにいふことぞきのふをこぞとけふをことしと

3　いまは来じと思ふものから忘れつつ待たるることのまだもやまぬか

設問

㈠ 傍線――a・bの意味として適当なものを、次のうちからそれぞれ一つ選び、その番号を記せ。

a まもる
1 看破する
2 包囲する
3 救出する
4 警護する
5 凝視する

b かへすがへすに
1 念入りに
2 恐る恐る
3 返す刀で
4 あちらこちらに
5 ほどほどに

㈡ 傍線――ア「ここにてをさめずは、来世もその身を受くべし。急ぎて後悔せよ」の解釈として適当なものを、次のうちから一つ選び、その番号を記せ。

1 今、この舟を通さなければ、来世は鬼神の生まれ変わりになるだろう。人々の行く手をさえぎった愚行をすぐ悔い改めよ
2 今、怒りをしずめなければ、来世も鬼神のような姿は変わらないであろう。怒りをあらわにしたことをすぐ悔い改めよ
3 今、邪魔するのを止めなければ、来世も同じ地位にとどまるだろう。人々を難儀させたことをすぐ悔い改めよ
4 今、仏に帰依しなければ、来世も鬼神として生まれるであろう。今までの悪行をすぐ悔い改めよ
5 今、仏道修行しなければ、来世も同じ愚かな身に陥るだろう。これまで談義ばかりしてきた怠慢をすぐ悔い改めよ

㈢ 傍線――イ「この胸の間の心にあり」の説明として適当なものを、次のうちから一つ選び、その番号を記せ。

1 外見が恐ろしいことが問題なのではなく、懐の中に隠した剣で人を殺そうとするような人の心が恐ろしいのだと述べている。
2 外見の恐ろしさは問題ではなく、悪念がわずかでも生じると地獄へ引きずり込まれることがあるように、心というものが

は我よりいつくしき者ばし見るか」と云々。その時、扇を取り出だして、また、胸をほとほと打ちて候ふ。「汝よりもいつくしきものあり。この心にてあり。その故は、この邪見の心といふも、一念仏法を聴聞して、あらたふとやと思へば、この心法が釈迦如来とも現るるなり。汝は天人の形なり。三十二相等の相好をば備へられず。この心法は仏となりて、三十二相の相好を備へ、八十種好を具足して、三界第一の美人となる」と云々。また、鬼神、大海の水を手にむすび、「この水と大海の水とは、いづれが多いぞ」といふ。商人のいはく、ウ「手の水も少なきにあらず。大海の水も多きにあらず。その故は、八万由旬の大海の水、多しといふとも、三災劫末の時は、ことごとく滅すべしといふ。これによりて多からず。手の水は少なしといへども、三宝に奉り願はば、この功徳によりて、我等悪業の者なりとも、仏果を証せしめたまへと祈らば、少しの水なれども、返して広大の善根となる。これによりて少なからず」といふ。その時、鬼神がいはく、「この船の諸人を、一口に食はんと思ふところに、汝の教化ありがたし」とて、礼をなして去りければ、船の諸人、たちまちに害難をまぬがるる。

これは、かの商人がよくよく仏法を聴聞して、功徳を積みたる故によりて、この教化をなして難をのがると、一論の中に宣ひたり。しかる間、同じ心なれども、恐ろしくもなり、いつくしくもなる。浄土も余所になし。地獄も外になしと云々。

（『因縁抄』）

注　三毒　　人の善心を害する三つの煩悩。

無間　　無間地獄。

三十二相の相好を備へ、八十種好を具足して　　仏が備えるすぐれた身体的特徴を持つこと。

三災劫末　　水災・火災・兵災などが起こる世界の終末。

二　次の文章を読んで、後の設問に答えよ。

天竺に、ある一人の商人の候ふが、その身は賤者なれども、仏法好きの者にして、日々に売買の間には、かなたこなたに走り行きて、仏を拝み、談義聴聞して、不思議に仏法聴聞の功を積みたる人に候ふ。

ある時、五百人の商人引き連れて、船に乗り、他国に赴き候ふ時、海中にして、この船、前へも後へも、左右へもすすまず、ひしと居て、難儀千万なり。船頭、楫《かぢ》を直し、年月船わたす曲を尽くせども叶はず。諸人迷惑、この事なり。船頭「こは何事ぞ」とて、船のせがいに立ち上がりて、海上を見れば、十間ばかりあなたから、鬼神、百千の家の灯の立つごとく気をつき、大海の中よりさつと出でてこの船を[a]まもる。船頭これを見て「南無三宝」と唱へて、船底に隠れ入る。五百人の商人もこれを見て、船底に飛び入る。ここに、かの談義好きの商人これを見て、この間、かなたこなたの談義を思ひ出だして、功は重ねたり、この鬼神を教化する様は、「汝、過去の報いによりて、かかる鬼神と成るのみならず、今のこの船に障碍をなす。[ア]ここにてをさめずは、来世もその身を受くべし。急ぎて後悔せよ」と、[b]かへすがへすに教化しければ、その時、鬼神「これが智恵の程をこころみん」とて、商人に対して、鬼神いふ様は、「汝は我より恐ろしき者ばし見るか」と云々。商人「もつともなり」。鬼神いはく、「その恐ろしき人はいかなるところにあるや」。その時、商人、扇を取り出だして、我と我が胸をほとほとと打ちて、[イ]「この胸の間の心にあり」と云々。鬼いはく、「その故いかん」。商人のいはく、「汝は、外相は恐ろしき様なれども、たとひ人を取りて食ふとも、心をば取られず。これによりて恐ろしくもなし。この心といふものは、一念の悪念によりて、地獄の底へ身をも心をも引き入れ、餓鬼道へも畜生道へも引き入れて、善根仏果の種まで奪ひ取る。恐ろしきものは心法なり。外相はいつくしき様なれども、胸の間に三毒の剣を磨き立てて、人を殺し、我が身を無間に堕とす間、これが恐ろしき」と云々。その時、鬼神、道理につめられて、形を返して、三十二相を備ふる女の端厳美麗の天人と現れ、月花のごときの人となりて見え候ふが、また、「汝

3　遅塚忠躬は『史学概論』において、歴史学の営みを文学作品の制作や物語り行為と同一のものとして位置づけた。

4　歴史家は、失われた可能性・実現しなかった可能性を考慮に入れるような洞察をするべきではない。

5　技術や自然科学のもたらす恩恵は進歩と解することができ、それは歴史全体の進歩を表している。

6　中国とドイツにおける印刷術の発明は、口頭伝承から書記伝達への移行を一筋の糸で繋ぐ現象である。

(六)　傍線――――について、筆者は「公的な歴史」を描くために「歴史家」にはどのようなことが必要だと考えているか、説明せよ（四十字以内、句読点を含む）。

（以上・九十点）

4　歴史の客観性は、まずはじめに歴史的存在である人間の主観性を通して存立するという面が避けられないのであり、科学的な手続きを厳密に踏んだとしても、史料を解読する人によって結果は変わってくる。

5　歴史的出来事の了解の枠組みの中にいる歴史家は、研究対象となる時代・地域の人たちに感情移入することが重要であり、情愛を込めて歴史を描くにしても、客観的な価値判断が示されるものである。

㈣　傍線——C「現在の大方の歴史学者の態度」の例として適当なものを、次のうちから一つ選び、その番号を記せ。

1　近年まで世界の歴史学を率いてきた進歩史観を批判し、客観性と公平性を重んじる精緻な専門研究によって未来や目標を予見する態度。

2　歴史的事象の個々を分別する規則として凝固・定式化した「歴史法則」を批判し、社会人類学や象徴人類学の手法を歴史社会に適用して時間の直線的流れを否定する態度。

3　マルクス主義の唯物史観など教条的な「歴史法則」を批判し、限定された範囲での数量の増減を跡づけることによって資本主義の発展を主題に据える態度。

4　指導的政治家や思想家やエリート層をテーマとする発展史を批判し、国民国家から無視された人々の生活・習慣を不変の静態的な基層として実体化する態度。

5　「発展段階説」のようなあらかじめ決まっている法則の非歴史性を批判し、生産者と消費者のあいだの集団的対話を通じて経済状態や交換形式について分析する態度。

㈤　本文の内容に合致するものを、次のうちから二つ選び、その番号を記せ。

1　歴史的事実には、瞬間的に生起するもののほかに、より長期に継続し複雑な展開を見せるものも含まれる。

2　亀井勝一郎は、史上の人物の迷える気持ちへの追体験のない歴史を人間性喪失の歴史として非難した。

き、影によって実物が類推されるのだ。この無邪気な類推が歴史的存在という概念を生む。

1　客観的歴史の世界という異様な世界から距離を取る小林は、科学的なることを御旗に歌や物語を無視する歴史学者たちを痛烈に批判し、歴史という生き物を無邪気に類推する人間の理智を擁護した。

2　史料とは自然を人間化するわれわれの能力が自ら感ずる自然の抵抗であると述べる小林は、客観的な自然というものに衝突せずに現れる歴史に注目し、自然から引き離された歴史的存在という概念を提起した。

3　日常経験のうちにある歴史に関する智慧を重視した小林は、愛児を失った母親の心から、歴史的事実を創る際の最小限度必要な根本の技術を読み取り、歴史上の客観的事実という言葉の濫用を批判した。

4　事実がどのように感じられていたか、という歴史の因果関係を解明するのが主眼だと考える小林は、客観的なものでもなければ主観的なものでもないような、認識論的には曖昧な事実の確実さを強調した。

5　生きた歴史を甦らせるのは、歴史家が対話する過去の人々の思考や感性だと主張する小林は、死んだ子供の顔を生きていた時よりも明らかに思い出す母親の悲しみに、疑いようもなく客観的な世界の明瞭さを発見した。

㈢　傍線――B「学問としての歴史学の特異性」の説明として適当なものを、次のうちから一つ選び、その番号を記せ。

1　ある出来事の追体験は、心的存在としての歴史家自身が手に入れた生活意識を基盤とするのであり、歴史家が機械的に事実を確定するにしても、人生の生活体験が叙述に取り入れられるものである。

2　事実そのものの定式化には、因果関係の確定やレッテル貼りといった主観的な判断が関わっているのであり、適切な問題設定をして分析・総合するのだとしても、出来事の当事者でなければ歴史は描けない。

3　私の目から見た、私の心情が捉えた歴史を起点に置くことは、史料を批判的に解読する際の前提条件なのであり、取り出された「事実」が客観的には不完全でも、歴史家の思いは人々に把握されるものである。

(二) 傍線――Aについて、小林秀雄は「歴史について」の中で以下のように述べている。これをふまえたうえで、「科学的な歴史の理論を信じない小林」の説明として適当なものを、後の1～5から一つ選び、その番号を記せ。

子供が死んだという歴史上の一事件の掛替えの無さを、母親に保証するものは、彼女の悲しみの他はあるまい。どの様な場合でも、人間の理智は、物事の掛替えの無さというものに就いては、為《な》す処を知らないからである。悲しみが深まれば深まるほど、子供の顔は明らかに見えて来る、恐らく生きていた時よりも明らかに。愛児のささやかな遺品を前にして、母親の心に、この時何事が起るかを仔細《しさい》に考えれば、そういう日常の経験の裡《うち》に、歴史に関する僕等の根本の智慧《ちえ》を読み取るだろう。それは歴史事実に関する根本の認識というよりも寧《むし》ろ根本の技術だ。其処《そこ》で、僕等は与えられた歴史事実を見ているのではなく、与えられた史料をきっかけとして、歴史事実を創っているのだから。この様な智慧にとって、歴史事実とは客観的なものでもなければ、主観的なものでもない。この様な智慧は、認識論的には曖昧だが、行為として、僕等が生きているのと同様に確実である。

歴史上の客観的事実という言葉の濫用は、僕等の日常経験のうちにある歴史に関する智慧から、知らず識《し》らずのうちに、僕等を引離し、客観的歴史の世界という一種異様な世界を徘徊《はいかい》させる。だが一見何も彼《か》も明瞭なこの世界は、実は客観的という言葉の軽信或《あるい》は過信の上に築かれているに過ぎない。客観的という言葉が、極めて簡単な歴史事実も覆うに足りない事を、僕等は日常経験によってよく知ってい乍《なが》ら、どうして、限りない歴史事実の集り流れる客観的な歴史世界という様なものを信ずるに至るのであろうか。きっかけは恐らく、疑いようもなく客観的な自然というものに衝突せずに、そこに何等《なんら》かの刻印を遺さずに、歴史は現れる事も出来ず、進行する事も出来ないという事情が与えるのである。言わば歴史という河が、自然の上に彫らざるを得ない河床に、歴史という生き物が、自然の上に投げざるを得ない影に、客観的という言葉が纏《まと》い附さらに、進歩史観を全体としては否認する人でも、技術や自然科学のもたらす恩恵については、進歩を承認せざるをえないだろう。むろんそれは歴史全体の進歩ではなく、部分的なものではあるが。

むしろ歴史家の「道筋」を見通す能力、「パースペクティブ」の考え方によりふさわしいのは、「進歩」ではなく「発展」という概念・カテゴリーだろう。それは一筋の糸ではなく、もろもろの糸が諸段階を経て進むときの相互関係、その繋がりを見失わずにパースペクティブの中で出来事の意味と価値を吟味する、ということである。一見同様な現象や事態、たとえば中国で発明された印刷術とドイツで発明された印刷術、別々の民族における狩猟採集から農耕経済への移行、これらはそれだけを取り上げるのではなく、それらと関連するもろもろの事象とともにパースペクティブの中で勘案せねば正しい歴史的な位置づけ・意味づけはできない。歴史の道筋についてのしっかりした見通しによってのみ、それがいかなる「発展」なのか、その意味・価値が明らかにされるのだから。

（池上俊一『歴史学の作法』）

設　問

㈠　空欄〔　　〕a・bに入る語句として適当なものを、次のうちから一つ選び、その番号を記せ。

a
1　芸術的
2　計画的
3　象徴的
4　絶対的
5　恒常的

b
1　臨機応変
2　曖昧模糊
3　虚心坦懐
4　軽妙洒脱
5　明朗闊達

み解き評価していくしかない。

　客観性、公平性が重んじられますます精緻な実証的専門研究が主流となっている現代歴史学において、歴史法則はもとより歴史観という言葉にも、歴史の対象に向き合うのに予断を持たせるような語弊があるのなら、歴史の「道筋」と言い換えてもよいだろう。

　そもそも方向性の感覚を持たない歴史（家）は歴史（家）ともいえないのであろう。どこから来てどこに向かっていくのか、そうした「パースペクティブ」がなければ、どんな歴史も意味がない。前工業化から工業化へ、農村主体の世界から都市化された世界へ、絶対王政から民主政へ、口頭伝承から書記伝達へ、これらをかならずしも「進歩」と見る必要はないかもしれないが、各地域・時代におけるそうした「道筋」の様態および意味するところを、共通性と差異を勘案しながら解明する必要があるからである。

　こうした歴史の「パースペクティブ的特質」を深く哲学的に考察してきたのが、現代ドイツの哲学者J・リューゼンである。彼は次のように述べる。すなわち、歴史はいつの時点を取っても偶然性に満ちていて、もしかしてまったく別様にも展開しえたのに、偶然のいたずらで、ある一つの方向に進む、ということを繰り返してきただけなのかもしれない。しかしそうしたものを、歴史家は固有の歴史叙述によって、時間的パースペクティブの中で方向性と関連性を認識できるように、また特定の出来事や要素を互いに結びつけられるよう叙述し、過去が現在と未来へと意味深く結ばれるよう、その叙述によって組織化しなければならない。そうすれば、その時々の出来事の発展の様が、さまざまな――失われた可能性・実現しなかった可能性も考慮に入れた――可能性の背景の前で歴史的に明瞭に洞察されるものになる、と。

　「進歩」というのも一種のパースペクティブだとすれば、それを採用しても悪いことはない。これを時間の経過とともに価値が向上するとの見方と解すれば、これはある意味、日常的に根づいている感覚で、たとえば学校教育の基本的考え方でもある。

歴史が皆の歴史になるため、多くの同時代人に共有されうる装置が「歴史観」にほかならない。それは必ずしも固定したものではなく、時間の経過とともに過去との個人的・集団的対話を介して変容していくだろう。

歴史観は、しばしば歴史的事象の個々を分別し意味づける規則として凝固・定式化されて「歴史法則」となるが、あらかじめ決まっている法則など、それこそ非歴史的だし、実際の歴史にあるわけがないと、そのイデオロギー性を批判するのが現在の大方の歴史学者の態度である。今や、マルクス主義の唯物史観など教条的な歴史法則はもとより、経済状態や交換形式、生産者と消費者の距離などに着目したドイツ歴史学派の発展段階説も信用を失っている。

また、近年まで世界の歴史学を率いてきたアナール派では、発展段階説や進歩史観に則った法則はまったく容認されない。それどころか、歴史人類学や系（セリー）の歴史学は、それぞれ違った方向からそれを断ち切っている。前者は、社会人類学や象徴人類学の手法を歴史社会に適用して時間の直線的流れを否定するところから出発しており、後者は、そもそも限定された範囲での数量の増減を跡づけるのみで、全体の方向については何も語らないからである。また女性史や民衆史もそうである。というのも、国民国家や資本主義への発展を担いそれに貢献した指導的政治家や思想家やエリート層、そしてその発展の段階を画する政治的事件や制度をテーマとする発展史において、無視されたり阻害要因と位置づけられたりした人々、彼ら／彼女らの文化や日常の生活・習慣、それらを主題にするのが、そもそも女性史や民衆史の目標だったからだ。進歩史観やそれにもとづく「歴史法則」「発展段階説」などは、女性史とも民衆史とも、まったく相容れないのである。

しかしながら、社会史といえども、その研究対象が前代から何を受け継ぎ、あるいは改変し、後代へと伝えたのか、その結びつきの関係を確定し引き出さなければ、歴史として理解可能にならない。民衆の生活や文化が、不変の静態的な基層として実体化されてはならない。歴史は予見できる未来や目標に向かっているとはもはやいえなくなったとしても、それでもその変化の仕組みや方向性や意味を見つけるのが歴史家の仕事なのであれば、歴史の変化・発展についての視野を持ち、その上で出来事を読が歴史学の対象としてふさわしい。そこには、私的領域を越えたインパーソナルな次元がいつも包み込まれている。そうした次元・領域とは、たとえばもろもろの社会集団であり、村や都市であり、地域であり、国家であり、ヨーロッパのような文化圏であり、最終的には、世界の人類、ということになろう。

こうして空間的にも時間的にも、物語の構成は、一人の歴史家が行うにしても、実際は間主観的行為なのである。野家啓一によると、この「想起の共同体」に支えられて個人的記憶の欠落や記憶違いは補塡・修正され、またこうした共同作業を通じて構成された歴史的事実は、個人的思い出のレベルを超えて「間主観的妥当性」を獲得する。つまり過去というのは、複数の人間の多様な想起的射映の「志向的統一」だ、ということになる。それぞれの人間が想い起こすのは過去の一面的な相にとどまるが、同一過去には多様な相・現れがあると皆が意識してそれらが調和的に統一されるとき、歴史的事実が確定するのだろう。おなじく野家によると、小林秀雄の「思い出」論は、そのままでは「歴史」に転成せず、甘美な個人的感懐であっても間主観的な歴史ではない。歴史に転成するためには何より「物語り行為」による媒介が不可欠であり、それによってはじめて断片的思い出は構造化され、また共同化される。その過程で母親の感懐の微妙な私秘的彩りは言葉の砥石でそぎ落とされるが、逆に普遍性と抽象性を獲得し、独立した作品となって「記憶の共同体」へと登録される。それが歴史的事実の成立条件だというのである。

では歴史家は、どんなふうに公的な歴史を描けばよいのだろうか。そのときに問題になるのが、いわゆる「歴史観」である。

「歴史観」とは、歴史の変化ないし展開は何のために、何に向かって、いかなる軌道を描いて進行していくのか、そしてまた、その変化ないし展開は、どんな要因によってもたらされるのか、という点をめぐる基本的考え方・解釈原理である。この歴史観にもとづいて、歴史家は無数の事実を取捨選択することになる。史料に相対するその当初の姿勢もこの歴史観が決めていこう。

しかし、歴史の見方を歴史観と呼びうるのは、ある一人の歴史家のあまりに独創的で奇矯な歴史の見方ではなく、それがそのテーマに関連する領域についての、多くの歴史家、そして教養人に共通する見方になっている場合のみである。すなわち、私の手続きを厳密に踏み史料を批判的に解読し、適切な問題設定をして分析・総合するのだとしても、やる人によって結果は変わってくる。愛児を亡くした母親が、情愛を込めて掛け替えのない子供との時間を歴史として描く、といったケースではないにせよ――小林も当事者でないと歴史は描けないとするのではない――、他人がその任を引き受けるにしても、科学実験のように誰がやっても機械的におなじ結果が出る、ということはありえない。そんなことなら歴史家は不要だろう。

史料批判の方法が同一で、結果取り出された「事実」がおなじでも、それらをいかに組み合わせるか、また何が原因で何が結果かを判断するのも、人によって変わってこよう。事実の組み合わせや因果関係の確定の前に、そもそも事実そのものの定式化――わかりやすい例は、「迫害」とか「凶行」とのレッテル貼り――にも価値判断が関わっている。史料を通しておのずと「事実」が確定できるというわけではないのである。

言い換えれば、歴史とはまずはじめに、私の目から見た、私の心情が捉えた歴史になる、という面が避けられないのである。歴史的存在である人間の主観性を通してしか、客観性も存立しえない、というのが歴史（学）の他の学問にはない特徴なのではあるまいか。それは不完全さの要因でなく、むしろ理解の前提条件、歴史的出来事の了解の枠組みと解するべきであろう。その了解の枠組みの中にいる歴史家は、そこを離れることなく、しかし研究対象の、その時代・地域の価値体系や意味構造を十分把握した上で、その中の人々の思いを追体験し、あるいは感情移入してその当時の人たちの出来事に向かっていかねばなるまい。その追体験の基盤、言い換えればある出来事が重要かどうか価値判断し、その意味形象を叙述に取り入れるべきか否かを決めるのは、心的存在としての歴史家自身がそれまでの人生における生活体験を通じて手に入れた問題意識あるいは生活意識である、というところが、B学問としての歴史学の特異性であろう。

ところで、先に述べたところからも推定できるように、「歴史」というのは、個々人の思い出、記憶と違って、公的な出来事である。おなじ出来事でも公的な意味を帯びたものである。共同的・社会的関心に照らして意義のあるもの、その意味形象だけ蛻《もぬけ》の殻にすぎない。そうした蛻の殻をきっかけとして歴史的事実を創る際には、愛児を失った母親がそのささやかな遺品を前に感ずる深い悲しみが、死児の顔を蘇らせまざまざと描かせるのだということを忘れてはならない。彼女が使用しているのが、最小限度必要な根本の技術だ……と。

そして哲学者田中美知太郎との対談「現代に生きる歴史」では、客観的事実自体には歴史的意味はない。その事実が、どういうふうに感じられ、どういうふうに考えられていたかということが、歴史的事実であり、それが歌や物語になっている。しかし歴史学者はそれを無視し、科学的なることを御旗に「貝殻も万葉も同じこと」としている、と痛烈に批判している。

史料を［　b　］に読むだけで歴史的事実が客観的に捉えうるとか、因果関係を解明するのが主眼だ、といったA科学的な歴史の理論を信じない小林は、むしろ歴史家の主観、およびそれが対話すべき過去の人々の思考や感性こそが生きた歴史を甦らせるというのである。「昭和史論争」において、史上の人物の迷える気持ちへの追体験のない、概念の一統計的人物しか出てこない歴史を人間性喪失の歴史と非難する亀井勝一郎も、同様な立場だろう。

ところが、歴史研究者は一般に、こうした主観性に彩られた歴史をあるべき客観的な歴史から区別して、前者を避け後者を実現しようとしてきた。近年におけるそうした言明の代表は、たとえば遅塚忠躬のものである。遅塚が『史学概論』を書かねばならぬと決意したのは、「そういう歴史学の主観性をつきつめて行けば、歴史学の営みは、文学作品の制作や物語り行為と同一視されることになろう。私は、言語論的転回以後の現代歴史学がそういう方向にとめどなく流れている状況に対して、どこかで歯止めをかけることが必要だと考えている。歯止めはどこにあるのか。その一つは、主観的解釈から独立した客観的事実の実在を認めることであり、もう一つは、事実によって裏付けられない事象を、経験科学のあずかり知らない真実の世界に属するものとして、歴史学の対象から外すことである」。

しかし、ちょっと考えればわかることだが、そして遅塚もべつに否定しているわけではないにせよ、歴史は、いくら科学的な

国語

（七五分）

一　次の文章を読んで、後の設問に答えよ。

歴史家の任務というのは、まず何より埋もれていた歴史的事実の究明にあろう。歴史的事実というのは、実際に起きた過去の無数の出来事のすべてではなく、そのうち歴史家が意味があると考えるもののみである。それらには、瞬間的に生起するもの（ある殺人事件）、より長期に継続し複雑な展開を見せるもの（戦争や革命）、さらには信仰、観念、統計的事実などがある。いずれも単独で〔　a　〕に評価するのではなく、関連するコンテクストに据え直し、多数の因果の鎖が一つの歴史的事実の背後に浮き上がる様を見届けなければならない。

それでは、今日の歴史家はそれぞれが研究対象とする問題を定位し、そこに意味と価値を認めるために、どんな歴史的ビジョンを持っていなくてはならないのだろうか。全体のシステムや歴史の進路についてのビジョンが何もないままでは、過去の出来事の意味づけはできないし、評価もできないだろう。まず最初にそうした問題を考えていこう。

批評家の小林秀雄は、『ドストエフスキイの生活』（一九三九年）の序文に付された「歴史について」において、次のように述べる。すなわち彼は、史料というのは自然を人間化するわれわれの能力が自ら感ずる自然の抵抗であり、また生きていた人物の

解答編

英語

I 解答　**I－A.** (W)－2　(X)－1　(Y)－3　(Z)－2

I－B. (a)－3　(b)－1　(c)－4　(d)－1　(e)－3
(f)－3　(g)－2

I－C. (ア)－4　(イ)－1　(ウ)－3

I－D. (あ)－6　(え)－5　(か)－1

I－E. 2

I－F. 2，5（順不同）

……………………………… 全訳 ………………………………

《アムステルダムの実験》

1 もともとは馬と船舶のために設計された道路と運河のネットワークを持つアムステルダムを，都市的移動性のパイオニアであると想像することは難しい。しかし自動車革命がこの750年の歴史を持つ街で起こっている。ヨーロッパで最も意欲的な計画の1つにおいて，アムステルダムは2030年までに二酸化炭素を排出する車両をなくすという目標を設定している。

2 オランダの首都には6,000以上の公共の電気自動車の充電ポイントがあり，オスロとロンドンと並び，充電のためのインフラが充実しているトップ3のヨーロッパの都市となっている。アムステルダムの計画においては，何万もの半公共および民間のポイントに加え，2030年までに18,000の充電ポイントが設置される予定であり，それらのすべてが再生可能資源によって供給される。

3 アムステルダムは電気自動車を早い時期に導入しており，2009年に大気汚染に取り組むための最初の政策に着手している。「今日では公共の充電施設は都市にとっては簡単なことですが，2009 年においては，ほんの一握りの電気自動車しか存在していませんでした」とアムステルダム政府の持続可能な移動性のアドバイザーであるトム＝グルートは述べている。「アムステルダムは卵が先か，鶏が先かというジレンマを打ち破り始めたのです」 2020 年，改定されたアムステルダムの大気清浄化行動計画が施行され，数種類のディーゼル車の市内中心部での走行を禁止した。次のステップでは 2025 年にすべての二酸化炭素排出車のタクシー，運搬車両，公共のバスおよび長距離バスが禁止され，2030 年，市内におけるすべての二酸化炭素排出車両の全面禁止がそれに続く。しかし，とりわけ科学技術が完璧には程遠く，それにかかる費用が多くの人々にとって手の届かないほど高い状況において，運転者に電気自動車に切り替えるよう説得するということに関し，アムステルダムは，物流面や社会的そして経済的な課題に直面している。

[4]　グルートは，その政策がすべての者に電気自動車へ切り替えさせるのではなく，アムステルダムを自動車のない未来へと向かわせ，公共交通機関，自転車，そしてカーシェアという解決策のより多くの利用を奨励することを目的としているとしきりに強調している。2022 年，アムステルダムが空気浄化政策を開始してから 3 年後，街のすべての乗用車のうちの 6 %が完全な電気自動車となった。この数値は国の平均よりも高いものである。アムステルダムはこの数値を年単位で追跡してはいないが，新車の電気自動車販売数は上昇し続けている。昨年オランダで販売されたすべての新車のうち，約 25%が電気自動車であるが，市当局はこの数値はアムステルダムではおそらくより高いだろうと述べている。

[5]　オランダ政府は，電気自動車の購入やリースに対する税制優遇措置や最大 2,950 ユーロの助成金も提供している。しかしながら，これらの優遇措置には波がある。昨年，国の補助金は 5 月までに枯渇した。そしてアムステルダム市はかつては電気自動車の所有者に無料の駐車許可証を配布していたが，需要が増加して維持していくことが困難になったため，この政策は段階的に廃止された。今日，電気自動車の所有者は駐車許可証の順番待ちにおいて優先権がある。もしも電気自動車の所有者が個人の駐車スペースを持っていなければ，アムステルダム市が所有者の家の近くに公共の充電ポイントを設置する予定である。

6 アムステルダムの積極的なアプローチは他の都市のひな型になり得るが，グルートは2030年の目標に到達するうえで非常に大きな課題が残されていることを認めている。「私たちは外的な要因に頼っています」と彼は述べている。「例えば，一般大衆に手の届く電気自動車や手ごろな価格の中古車市場が生まれるのはいつになるのでしょう？」

7 中古車ディーラーであるアルファベット・オケイジョンにおいて，セールス担当者であるガート＝クールは彼が前年に販売した車のうち，電気自動車は3％だけだったと述べている。「人々が電気自動車に乗り換えることをためらうのには実用上の理由と金銭的な理由があるのです」 高額な生活費およびウクライナでの戦争のためにエネルギー価格が高騰しており，アムステルダムの計画は困難な時期を迎えている。そして，オランダはヨーロッパで最も充電ポイントが多く存在しており，地形は平坦，そして都市中心部間の距離が短いため電気自動車に非常に適しているが，国外へと運転したい者は皆，課題に直面することになる。「多くの人にとって，機能的であると言えないのです」とクールは述べている。「電気自動車の航続距離は通常，およそ180kmから200kmです。そして現在，電気は高額なのです」 しかしながら，2030年までには，現在公道を走っているリース中の電気自動車が中古市場に出回るため，展示されている自動車の半数が電気自動車になると彼は予測している。

8 しかし，そのようなことは自営でウーバーの運転手をしているデニスのような人々の役には立たない。2年もしないうちに市の中心部で二酸化炭素を排出するタクシーの走行が禁止されるため，彼は電気自動車への切り替えを決めた。しかし，彼が助成金を申請すると，財源がないことを告げられた。「大きな投資になるから，嬉しいと思う人はいないよ」とデニスは自身の名字を教えることは拒んだが，こう語っている。しかし，電気自動車への乗り換えに気が進まない人たちの一方で，熱烈な支援者が存在する。起業家であるサイド＝ベンターチャがアムステルダムに拠点を置くトラベル・エレクトリックを2021年に買収した。トラベル・エレクトリックは2011年にタクシー・エレクトリックとして創業しており，世界で最初の完全電気自動車のタクシー会社の1つであった。しかしながら，緑化に対する確かな実績があるにもかかわらず，それは大志がインフラと科学技術に釣り合わなかった場合に何が起こりうるかについてのケース・スタディとなった。「創業したとき，利用できる車はほとんどなく，車種は日産リーフのみ，その航続距離は120kmでした」とベンターチャは語っている。「運転手はシフトの間に車を交換しなければなりませんでした。それには非常に時間がかかりました。そして多くの時間を費やすということは非常にお金がかかるのです」 この会社は2度にわたって破産したが，今日，法人顧客の名簿は増加しつつあり，持続可能性の目標を達成するため，染みひとつないほど完璧にスーツを着用した運転手を雇用している。

9　アムステルダムの排出ガスを出さない未来という大志は称賛されるべきであり，優遇措置と強制的な期限というアメとムチ的なアプローチは，産業界とタクシー運転手たちに次なる期限である2025年よりも前の切り替えを後押ししているように見える。しかし最終的なハードルをクリアし，2030年までにすべての二酸化炭素排出車を公道からなくすためには，制御することができない要素に賭けねばならない。例えば自動車産業のイノベーションや地球規模でのエネルギー問題の解決といったことである。「民主主義者66」党でアムステルダム市議会の一員であり，輸送政策に取り組んでいるエリス＝ムースコップスは，目標は達成され得ると主張している。「明確な期日を定めることがイノベーションを推進するのです」と彼女は述べている。「2030年はすでに遅すぎるものの，実現可能な最も近い年なのです。私たちが無茶をしていることはわかっています。しかし私たちはそうする必要があるのです」

解説

Ｉ－Ａ. (W)　直前に2025年の規制，直後に2030年の規制が説明されている。この前後関係から2の followed by ～「後に～が続いて」が適切である。3の preceded by ～は「～が先立って」という意味であり，前後の記述が逆であれば正解となり得る。

(X)　not *A* but *B*「*A* ではなく *B*」という構文になっている。*A* の部分が aimed at getting … となっていることから1の at を選び，at moving と形を揃えればよい。

(Y)　直前に「これらの優遇措置は潮の満ち引きのようなもの（波がある）」とあり，直後に「需要の増加のためにアムステルダムの政策は持続不可能なものとなった」とあることから判断する。3の run out を選び，「国の補助金が尽きた」とすればよい。第8段第3文（But when he applied

…）に「デニスが助成金を申請するとポット（資金）が空であると言われた」とあることもヒントになるだろう。

(Z)　アムステルダムが2030年までに設定した目標に到達するための要素についての記述である。「自動車産業のイノベーション」,「グローバルなエネルギー問題の解決」といったことはアムステルダムがコントロールできる範疇を2のbeyond「超えている」と考えればよい。

Ⅰ－B. **(a)**　launchは「(ロケットを）打ち上げる」という意味もあるが，ここでは「(事業などを）始める」という意味で用いられている。「大気汚染に取り組むための最初の政策」と続いていることからおおよその意味がイメージできるだろう。同様に「始める」という意味を持つ3のinitiatingが正解となる。

(b)　be動詞＋keen to *do* で「熱心に～する」といった意味になる。keen on＋名詞相当語句という形もよく使われる。ここでは1のeagerが同様の意味を持つ。

(c)　priorityは「優先させること」といった意味であり，「プライオリティ」として日本語としてもほぼ通じる語となっている。「優先順位，先行」といった意味を持つ4のprecedenceが正解として適切である。

(d)　concedeは「認める」という意味の動詞である。直後に「多くの課題が残っている」とあり，次文に「手ごろな価格の電気自動車はいつになるのか」といった課題の例が続くことから意味が判断できるだろう。同じく「認める」という意味を持つ1のadmitsが正解となる。

(e)　declineは「断る」という意味の動詞である。3のrefusedが正解となる。refuseに比べてdeclineのほうが穏やかに断るという印象を与える。

(f)　applaudは「拍手をする，称賛する」という意味の動詞である。この文章の後に逆接のbutがあり，「ハードルをクリアするためには制御できない要素に頼る必要がある」と続くことから，ポジティブな意味の語であることが想像できるだろう。同じく「称賛する」という意味を持つ3のpraisedが正解となる。

(g)　feasibleは「実現可能な」といった意味である。目標についての文章であることもヒントになるだろう。「可能である」という意味の2のpossibleが正解として適切である。

Ⅰ－C. **(ア)**　波線部を直訳すると「その国の外を運転しようと思う者は誰

でも課題に直面する」となる。波線部は「オランダはヨーロッパで最も充電箇所が多く，平坦であり，都市中心部間の距離が短いので電気自動車に適している」という文の続きである。よってオランダの事情を列挙した上で，「他国は必ずしもそうではない」と述べている4が正解となる。

(イ)　波線部を直訳すると「電気自動車に対する熱心なチアリーダーがいる」となる。次に起業家が電気自動車のタクシー会社を買収し，苦労の末，現在は成功を収めているという内容が続いていることから，ここでの「チアリーダー」は選択肢3や4のような文字通りのチアリーダーではなく，「支援者」といった意味であることがわかる。また支援をしていることから「電気自動車の普及に反対する」という記述がある2も不可である。「チアリーダー」を「熱心な支援者」と言い換えた1が正解となる。

(ウ)　波線部を直訳すると「優遇措置と強制的な締切というアメとムチ的なアプローチ」となる。ここでのアメに当たる優遇措置は第5段第1文（The Dutch government also offers …）などに記述のある電気自動車購入に対する税制優遇や助成金を指し，ムチである強制的な締切とは，第1段最終文（In one of Europe's most ambitious plans, …）などにある「2030年までに二酸化炭素の排出車をなくす」ことである。これを「消費者に財政的な恩恵を与えることによって電気自動車の購入を促す一方，二酸化炭素排出車の運転を制限する期限を設けて電気自動車の購入を強制する」と言い換えた3が正解となる。1や4のように「税収を増やす」という目的は本文になく，2のように「誤った広告を用いて電気自動車の購入に導く」といった記述もない。

I－D.　全文は（There are practical and financial reasons）why people are reluctant to make（the switch.）となる。reasons を先行詞と考え関係副詞 why を続ける。関係副詞の後には SV が続くので主語になることができるのは people，動詞になることができるのは make もしくは are となる。be 動詞＋reluctant to *do*「～することをためらう」という表現を用いると to 不定詞の後に make が続く。「切り替える」という意味の make the switch は第3段最終文（But Amsterdam faces …），最終段第1文（Amsterdam's ambition for …）でも用いられている。

I－E.　第1段最終文（In one of Europe's most ambitious plans, …）で「2030年までに二酸化炭素排出車をなくす」という目標が説明され，第3

段第3文（“Amsterdam started to …）から第5文（The next step, …）で具体的な道筋が述べられている。第5段では第1文（The Dutch government also offers …）には政府の支援の記述もあるが，続く文で財源不足の問題なども説明されている。これらをまとめているのは2の「アムステルダムの実験」である。1の「アムステルダムの税制優遇と助成金」は，第5段（The Dutch government … near their home.）にあるが，二酸化炭素排出車をなくす1つの要素でしかなく，3の「アムステルダムの自営のウーバーのドライバーの嘆き」は，第8段第1～4文（But that doesn’t help … supply his surname.）にあるが，電気自動車導入の困難さの一例でしかない。4の「アムステルダムにおける起業的な野心」は第8段第6～最終文（Entrepreneur Said Bentarcha … meet sustainability goals.）に電気自動車のタクシー会社を買収した人物が紹介されたのみである。

Ⅰ－F. 1.「アムステルダムは電気自動車のための6,000以上の公共エネルギー供給拠点を誇っており，オスロやロンドンの拠点数をはるかに超えている」は第2段第1文（The Dutch capital has …）と前半部分は一致するが，後半部分が矛盾する。本文には「オスロやロンドンと並んで」とあり，「はるかに超えている」という記述はない。

2.「アムステルダムは2030年までにすべての二酸化炭素排出車を禁止することを決定したが，自動車を運転する人々が電気自動車に切り替えるよう説得するにはいくつか乗り越えるべきハードルがある」は第1段最終文（In one of Europe’s most ambitious plans, …），第6段第1文（Amsterdam’s aggressive approach could become …）などと一致する。

3.「人々が電気自動車に切り替えるように促すためにオランダ政府が税制優遇や助成金を提供するという提案は，手ごろな価格の電気自動車と中古市場へとつながっている」は第6段（Amsterdam’s aggressive approach … affordable secondhand market?”）と矛盾する。税制優遇や助成金では解決できない課題として「手ごろな価格の電気自動車や中古車市場が存在するのはいつのことになるのか」と述べられている。

4.「あるウーバーのドライバーは，電気自動車に切り替えたとしても，多くのウーバーのドライバーが電気自動車で働き始め，競争があまりにも激しいので収入を増加させることができないと語った」は本文に記述がない。第8段にウーバーのドライバーの発言が紹介されているが，同段第3文（But, when he applied …），第4文（“Nobody is happy …）に電気自動車への投資に関する記述があるのみである。

5．「サイド＝ベンターチャが獲得した電気自動車のタクシー会社は，過去2度の倒産を経験しているが，現在ははるかに安定した状態であり，売上も増加している」は第8段最終文（The company has gone bankrupt …）と一致する。

6．「自動車産業における科学技術的なイノベーションやグローバルなエネルギー状況の改善をもってしても，アムステルダムにおいてすべての二酸化炭素排出車を段階的に廃止するという提案は残念なことに実行可能ではない」は最終段第2文（But, to clear the final hurdle …）と矛盾する。「自動車産業におけるイノベーション」，「グローバルなエネルギー問題の解決」は目標を達成するための外的な要因として挙げられている。

Ⅱ 解答

Ⅱ－A． (X)－4 (Y)－1 (Z)－4

Ⅱ－B． (a)－1 (b)－2 (c)－3 (d)－2 (e)－3 (f)－3 (g)－4 (h)－3

Ⅱ－C． (ア)－4 (イ)－2 (ウ)－3

Ⅱ－D． (い)－2 (え)－6 (か)－1

Ⅱ－E． 3，4，6（順不同）

Ⅱ－F． 全訳下線部参照。

全 訳

《過去の暑さを記憶するサンゴ》

1 トレイシー＝エインズワースはオーストラリアのグレート・バリア・リーフを過去10年にわたって何度も訪れていたにもかかわらず，2020年1月にそこに到着した際，何かしら違っているということがすぐに明らかになった。その旅行中，巨大なサンゴ礁群は記録に残っている最悪の色褪せを経験しており，それは5年間で3度目のそのような記録的な出来事であった。そこにいるということは「全身で感じる経験」なのです，と彼女は回想する。ストレスのかかったサンゴから散開する粘液は独特な匂いがします，と彼女は述べている。そして30度を超える水中で非常に多くの時間を過ごすことは，エインズワースと留学生たちに大きな懸念となってい

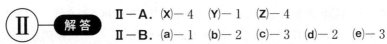

た。「私はそこで多くの時間を過ごしてきました。そして私は水が非常に熱いためにパニック発作を起こしたという人を見たことはありません」

[2] サンゴもまた，温暖な海水によってストレスを受けているように見える。夏がゆっくりと過ぎていくにつれ，多くのサンゴが色褪せ，白くなった。それは藻類の共生生物を失いつつあるという兆候である。「通常は，悪影響を受けないサンゴ礁の部分があるのです」，とりわけ深海で生息している部分で，通常は熱からの避難場所を提供しています，とニュー・サウス・ウェールズ大学のサンゴの生物学者であるエインズワースはサイエンティスト誌に語っている。しかし，その年は色褪せが沖合何マイルにもわたっているのを目撃したと彼女は述べている。「その規模は完全に対峙すべきものになっているのです」

[3] しかしエインズワースにはサンゴを考慮から外さないだけの分別があった。2016 年と 2017 年に続けて起こった色褪せの間に，彼女は最初の出来事で破壊されたサンゴのコロニーが回復し，2 度目の出来事ではよりうまくやっていくことを目撃していた。そして彼女はサンゴたちが過去に熱にさらされたことを「記憶しており」，それに続く温暖化に適応しているように見えるということに気づいた唯一の人間ではなかった。

[4] サンゴを研究するため，衛星を歴史的に用いることにより，どのようにこの「環境的な記憶」が広範なレベルで現れるのかについて，研究者たちに何らかの感覚を与えている。いくつかのサンゴ礁，あるいはある礁上の単一のサンゴのコロニーが，ある出来事から次の出来事へと他よりも回復力があるように思えるのである。致死量レベル以下のストレスが，実際のところ，サンゴが高温であってもより生存できそうな状態にしていることが，研究室での調査により確認されている。しかしながら，記憶がどのくらいの間持続するかははっきりしていない。1990 年代に実施された初期の細部にまでわたる研究によれば，サンゴは過去に高温にさらされたことを 10 年かそれ以上記憶しているかもしれないということが示唆されている。しかし，その期間は極めて短く，ほんの数週間に限定されている可能性もあり，それは，これらの変化が，長命のサンゴのコロニーが比較的速く順応したことを反映しており，何世代にもわたってサンゴが適応してきたわけではない，という主張を裏付けるものである。

[5] ますます研究者たちは，記憶における個体，そして種レベルでの差異を

明らかにするため，繰り返される困難における勝者と敗者に注意を向けている。「サンゴ礁の各所における差異が見て取れます。つまり完全に青白くなり，色褪せてしまったものもあれば，完全に色がついているものもあるのです」とロード・アイランド大学の分子環境生理学者であるホリー＝プットナムは述べている。環境的な記憶について，「私が思うに，この種の自然の差異は，…力学的な問題を問う素晴らしい背景を設定しています」。近年，多数の新しい分子のツールが，どのように熱がサンゴにおける変化を引き出しているのか，そしてどのように熱にさらされることが藻類の共生生物に影響を与えるのかを科学者たちが究明するのに役立っており，動物に将来の厳しい環境に対して備えさせる可能性を秘めている。

6　すでに科学者たちは，修復できないほど絶滅へと向かう前に，サンゴの記憶を用いて保護と回復の戦略を改善することを望んでいる。サンゴの生物学者たちはサンゴを「固める」つまり将来の酷暑や色褪せを起こすような出来事に対して強化するため，研究室のサンゴを穏やかな熱のストレスにさらしている。研究チームはまた，より高い記憶容量を持つサンゴを品種改良したり，記憶において役割を果たすと思われている熱に耐性のある共生生物をサンゴに接種している。最終的な目標は，いつか，気候変動との戦いに敗れつつあるサンゴ礁を再建するため，これらのサンゴを移植することである。

7　アメリカ海洋大気庁（NOAA）や米国科学アカデミーを含む諸機関が，最近，サンゴの回復力を向上させるこれらの記憶に基づいたアプローチの有望さを称賛する報告書を作成し，その一方でアメリカ国立科学財団（NSF）と修復を行っている団体は，サンゴの記憶の遺伝的および後天的な推進力を探るための助成金を交付している。フロリダ国際大学の環境後成遺伝学者であり，数種の NSF の助成金を受けているホセ＝マリア＝アーリン＝ロペスは，この支援はこの分野における研究の適用可能性を明確に示すものだと語っている。

8　「ストレスによって鍛えることは修復に組み込まれ得る介在として強調されていますが，それをどのように効率的に行うかについての知識は実際のところ十分ではありません」と彼はサイエンティスト誌に語っている。「それは希望の光であり，現在のところ，私たちはこれを実行できるようにするため，それがどのように機能しているのかを解明する必要があるのです」

9　サンゴの環境的な記憶の最初の証拠は 1994 年に現れた。当時，英国のニューカッスル大学の海洋生物学者であったバーバラ＝ブラウンが，タイのプーケットにおける彼女の調査現場において，高温事象が生じた際，石灰質の骨格の集合体を持つサンゴのコロニー（パリカメノコキクイシ，以前は Goniastrea aspera という名であった）の東側のみが色褪せしているということに気づいた。数年後，ネイチャー誌に発表した研究において，彼女はサンゴの西側は以前により強い日光にさらされたため，より耐性があるのではないかという仮説を立てた。彼女は研究室で様々な温度と光を照射する処置にさらしたサンゴのサンプルを用いてその疑念の裏付けを行った。

10　2000 年，ブラウンはタイに戻り，ストレス耐性のある西側を東に向け，逆に東側が西に向くようにいくつかのサンゴを回転させた。サンゴ礁が再び深刻な色褪せを経験するまでには 10 年を要したが，色褪せが起こった際，ブラウンは高温の太陽にさらされた歴史を持つそれらのサンゴの現在は東側を向いているほうが，回転させなかった東側の対照群よりもより良い状態であり，4 倍もの数の共生生物を保っているということを発見した。彼女と同僚たちはこのことをサンゴが「10 年間低照度の光の下で過ごしていたにもかかわらず，過去に高照度の光を受けた歴史があるという『記憶』を保持していた」証拠であると解釈し，彼らは 2015 年にこの発見を報告する論文を記した。

解説

Ⅱ－A. **(X)**　空所の直後に動詞が続いていることから SV を続ける必要がある関係副詞 when や where は不可。先行詞があることから関係代名詞 what も使うことができない。関係代名詞 which が正解となる。

(Y)　直前の第 4 段第 2 文（Lab studies have …）に「研究室での研究で確認された」という肯定的な内容があり，直後に「明らかにはなっていない」とあることから，「しかしながら」と逆接を表す however を選べばよい。

(Z)　前段の第 4 段（The historical use … corals over generations.）で熱に耐性のあるように思えるサンゴとないように思われるサンゴの存在を示唆する調査が述べられ，空所の後に，さらに「研究者たちは注意を向けている」とそれについての研究の文章が続いている。このことから Increasingly「ますます」が適切である。

Ⅱ－B. (a)　confronting は「直面する，立ちはだかる」といった意味である。1 の challenging「能力が試される，挑戦的な」を選べばよい。「色褪せが何マイルにも及ぶ」という表現が直前にあることから「魅惑的な」という意味の 3 や「刺激的な」という意味を持つ 4 は除外できるだろう。

(b)　ここでの manifest は「現れる」といった意味で用いられている。「起こる」といった意味を持つ 2 の occurs が正解となる。

(c)　ここでの resilient は「回復力がある，立ち直りが早い」といった意味である。熱の影響を受けたサンゴと受けていないサンゴを比較した文章なのでおおよその意味がイメージできるだろう。「抵抗力のある」といった意味の 3 の resistant が正解となる。

(d)　pigmented は「色のついた」といった意味である。「青白く色褪せした」サンゴと対照的に用いられていることから意味が判断できるだろう。2 の colored が同意となる。

(e)　ここでの set up は「設定する，設置する」といった意味である。同じく「設置する」という意味を持つのは 3 の establishes である。

(f)　fortify は「強化する」といった意味である。直後に「将来の暑さに対して」とあることからおおよその意味が推測できるだろう。同じく「強化する」という意味を持つ 3 の reinforce が正解となる。

(g)　probe は「調査する」という意味の動詞である。直後に「サンゴの記憶の遺伝的，後天的な推進力」とあることもヒントになる。4 の research が正解として適切である。

(h)　inquiry は「問い合わせ，調査」といった意味である。同段第 1 文（Agencies including…）にある「サンゴの記憶に基づいたアプローチの有望性を称賛する報告書」や，inquiry を修飾している「この分野における」といった語句もヒントになるだろう。3 の investigation「調査」が正解となる。

Ⅱ－C. (ア)　波線部を直訳すると「サンゴを除外しないだけの分別があった」となる。波線部を含む文章は段の冒頭であり，パラグラフが展開されるにつれて具体的な説明となっている。同第 3 段最終文（And she's not the only one…）に「彼女はサンゴが過去に熱にさらされたことを記憶しており，それに続く温暖化に適応しているように見えることに気づいた」とあることから4の「サンゴの中には熱に適応したものがあることに賢明にも気づいた」が正解となる。

(イ)　波線部を直訳すると「繰り返される困難の勝者と敗者」となる。直後の第5段第2文（“You see that…）に「完全に色褪せしたものもあれば色がついたままのものもある」とあることから，2の「そうすることができないものもある一方で，どのようにいくつかのサンゴは絶え間ないストレスを生きのびるのか」が正解となる。「繰り返される困難」とは第1段第2文（During that trip, …）などで述べられている色褪せを引き起こす温度上昇が繰り返されたことを指している。

(ウ)　vice versa は「逆もまた同じ」という意味の表現である。直前に「ストレス耐性のある西側を東に回転させた」とあるので，東側のものを西側に回したということだが，第9段第2文（In a study…）から，西側のほうがより強い日光にさらされているので，3の「以前は東側を向いていたサンゴがより多くのストレスにさらされた」が正解となる。

Ⅱ－D.　全文は（she）had seen（colonies）wrecked by the（first event）recover（and fare better in the second）となる。知覚動詞＋OC「O が C の状態であるのを見る」の形になっていることに気づけるかどうかがポイントになる。修飾語を取ってシンプルな形にすると she had seen colonies recover「彼女はコロニーが回復するのを目撃した」である。この colonies を wrecked by the first event「最初の出来事で破壊された」が後ろから修飾している。前後の時制から動詞は現在形 sees ではなく had seen と判断し，fare better の前の等位接続詞 and から動詞の原形である recover が空所(か)に入るといったヒントを手がかりに文章を組み立てていけばよいだろう。

Ⅱ－E.　1.「著者は海の表面近くに生息するサンゴは，深い地域で生息するサンゴと比較して，熱による影響をあまり受けないようだと記している」は第2段第3文（“Normally, there’s parts of the reef…）と矛盾する。深海で生息するサンゴのほうが影響が少ない。

2.「2020年1月，エインズワースはサンゴ礁のある限定された区域が白くなっていることを発見し，以前にそのような状態を見たことがなかったため，驚いた」は第1段第2文（During that trip, …）や，第2段最終文

(But that year, …)，第3段第2文（During consecutive bleaching events…）などと矛盾する。「5年間で3度目」，「(通常は悪影響を受けないサンゴ礁の部分があるが）色褪せが沖合何マイルにもわたっているのを目撃した」，「2016年と2017年の色褪せ」といった記述がある。

3.「サンゴの中には他のサンゴよりも効率的にストレスに耐えるものがあり，そのことが研究者たちがどのようにサンゴの『環境的な記憶』が機能するのかについての洞察を得ることに役立った」は第4段第1文（The historical use of satellites…）および第2文（Lab studies have confirmed…）と一致する。

4.「サンゴの熱を生き抜く能力は即時的な変質の結果で，何世代も越えて起こるものではないように思われる」は第4段最終文（An early study detailing work done…）の後半部分と一致する。

5.「ホリー＝プットナムはサンゴが温暖な環境に適応することを発見した最初の科学者であり，『環境的な記憶』という概念を提唱した」は第9段第1文（The first evidence…）と矛盾する。最初の証拠を提供したのはバーバラ＝ブラウンである。ホリー＝プットナムについては第5段第2・3文（“You see that … about environmental memory.）に記述があるが，ここでは研究についての意見を述べているだけである。

6.「科学者たちは，サンゴ礁を保護し，回復させることを願って，過去に熱にさらされたことを記憶するより優れた能力を持つサンゴを育てている」は第6段第3文（Teams are also breeding…）および第4文（The ultimate aim is to…）と一致する。

7.「今のところ，サンゴの『環境的な記憶』についての調査は，その重要性にもかかわらず，世界中の機関からほとんど注意を払われていない」は第7段第1文（Agencies including…）などと矛盾する。将来性が認められており，助成金なども交付されている。

8.「ブラウンの調査は，サンゴが熱にさらされればさらされるほど，状況の変化に対処できなくなるということを明らかにした」は第9段第2文（In a study published in *Nature*…）と矛盾する。バーバラ＝ブラウンは「より熱にさらされたサンゴがより耐性がある」という仮説を立てており，研究室での実験においてその裏付けをしている。また最終段第1文（In 2000, …）から第3文（She and colleagues interpreted…）においてもサンゴの熱への耐性について同様の内容が述べられている。

Ⅱ－F． 主語に当たるのは 1990s までであり，detailing は「細部にまでわたる」といった意味である。past exposures は「過去にさらされたこと」という意であるが，「高い温度に」といった語句を補うとよい。a decade or more は「10 年間かそれ以上」，might remember は「記憶しているかもしれない」，「記憶している可能性がある」などと訳せばよいだろう。

Ⅲ　解答　**Ⅲ－A．** (a)－1　(b)－5　(c)－4　(d)－10　(e)－7　(f)－2　(g)－6　(h)－9

Ⅲ－B．〈解答例〉When I listen to the recording, my voice sounds very strange.

全訳

《ソーシャルメディアの嫌いなところ》

（ボブとジェーンがソーシャルメディアの共通して嫌いな点について話している）

ボブ：向こうで写真を撮ってる人が見えるよね？　間違いなくインスタにあげるはずだよ。

ジェーン：おそらくそうね。あなたもたくさんアップするの？

ボブ：僕はあまりソーシャルメディアが好きではないんだ。

ジェーン：へえ，あなたはあまりソーシャルメディア上にいるのが好きじゃないってこと？

ボブ：ソーシャルメディアを使うことは何とも思わないよ。実際のところ，僕は定期的にソーシャルメディアの投稿は見てるよ。ただ，自分ではあまり投稿しないんだ。

ジェーン：オンラインプレゼンスがないっていうのはこの頃では珍しいわね。でもあなたの気持ちはわかるわ。私もソーシャルメディアの考え方があまり好きじゃないの。インスタのアカウントさえ持ってない。世界でそれが好きじゃないって取り残された唯一の人間なんじゃないかって思ってたわ。

ボブ：どうして気に入らないの？

ジェーン：私の生活は世界の残りの人たちとシェアする必要があるほど重

要なものだと思わないの。人がオンライン上に投稿したものの中にはどうしてこれをシェアするのか本当にわからない，ということが時々あるわ。本当に退屈でくだらないものもあるのよ。

ボブ：すべてが素晴らしいものってわけじゃないよね。それは確かだ。僕はその大部分に実際のところ興味がないとさえ言えるよ。

ジェーン：まさにその通りよ。それは別として，私は投稿できるような自分の写真をそんなに持ってないの。だから投稿したいと思っても，オンライン上に何もアップできないのよ。

ボブ：写真を撮られるのが好きじゃないの？

ジェーン：私はわざわざ写真を撮られるのを避けるような人間なの。集合写真のためにみんなを呼び集めるのはここでは極めて普通のことみたいだけれど，そういうときはいつでも，私は隅っこに隠れるわ。

ボブ：僕もそうだよ。特に結婚式の写真を撮るようなときはね。

ジェーン：でも，あなたはボイスメッセージはしてるわよね。私は好きじゃないんだけど，あなたは居心地が悪い感じがするってわけじゃなさそうね。

ボブ：ボイスメッセージは投稿されるってわけじゃないからね。それが決定的な違いだよ。僕は自撮りとボイスメッセージを人に送るよ。個人的に送るなら気にはならないんだ。僕はただ誰もが見られるようにソーシャルメディアに投稿するのが嫌なんだよ。

ジェーン：私は本当に自分のことをさらけださない人間でもあるの。

ボブ：でも，それじゃあどうしてボイスメッセージが好きじゃないの？録音されたものはプライベートなものだよ。僕たちが今話しているように，ただ２人の人間が話しているだけだよ。唯一の違いはオンラインってことだけなんだ。

ジェーン：私が思うに自分の声が本当に好きじゃないのよ。録音を聞くと，自分のしゃべっている声が私にはとても奇妙に聞こえるの。全く別の人が話しているような感じなの。

ボブ：どんなふうに別な感じなの？

ジェーン：うまく言えないわ。ただとても奇妙な感じなの。だからプライベートでやりとりしているときでも，居心地悪く感じてしまうの。

ボブ：本当に？

ジェーン：自分の声を聞いてそんなふうには思うことない？
ボブ：そんなことは考えてもみなかったな。
ジェーン：録音された自分の声を聞くと，ただしっくりこない感じがするの。
ボブ：僕はそれはあまり気にならないな。あるいは，僕の声が自分でどんなふうに聞こえるのかと実際の声にさほど大きな差がないのかもしれないな。
ジェーン：じゃあ，ソーシャルメディアの投稿についてあなたは何が好きじゃないの？
ボブ：僕にとっては，いらだたしく思うのは公共的な側面だけなんだ。よく友達が僕に言うんだ，「これはきれいな景色だ。投稿すべきだよ」って。でもいろんな人の目に触れて，たくさんのいろんな意見やコメントが返ってくる場所に投稿するのは好きじゃないんだ。どういうわけだか気に入らないんだよ。他人に関係があるとは思えないんだ。
ジェーン：言えてるわ。私は時々 Facebook に投稿するだけよ。でも見られるのは友達だけ。私にとっては連絡を保つ形なの。でもごく稀によ。
ボブ：僕も同じだよ。僕もするけれど，めったにやらないよ。そして間違いなくおおっぴらにはしないよ。

解説

Ⅲ－A. (a)　２人は最初に「(近くにいる人々が）撮っている写真をおそらくインスタにあげるだろう」と話していて，ボブは直前とその前の２つの発言で「自分はソーシャルメディアが好きではない」と述べている。これに対し１を選び，ジェーンは「オンラインプレゼンスがないのはこの頃では珍しい」と述べていると考えればよい。なお「オンラインプレゼンス」は近年ビジネス用語としても用いられており，「単にオンライン上に存在するのではなく，目的意識を持ってインターネットを活用し，目標とするオーディエンスに対して影響を与える」という意味を表している。

(b)　ジェーンの空所直前の発言に「オンライン上でなぜシェアするのかわからないものがある」とあり，この発言を受けてボブは「確かにすべてが素晴らしいものというわけではない」と同意していることから判断する。「退屈でくだらないものがある」という５が正解として適切である。

(c)　ジェーンの直前の「集合写真を撮るときには隅に隠れる」という発言

を受け，ボブは空所のあと，相手の発言を否定せずに「とりわけ結婚式の写真のときには」と補足している。このことから4を選び，「自分も同じである」とすればよい。

(d)　ボブは，空所直前にボイスメッセージを使う理由として「投稿されない」ことを挙げており，この発言の最後（I just don't…）に「誰もが見ることができる状態で投稿することが好きではない」と他のソーシャルメディアについて述べている。このことがボイスメッセージと他のSNSの「決定的な違い」と述べている10が正解となる。

(e)　直前のジェーンの発言「私は本当に自分のことをさらけださない人間である」を受け，ボブが，空所のあとで，ボイスメッセージはプライベートなものだと説明していることから判断する。7の「では，なぜボイスメッセージが好きではないのか」が適切である。

(f)　ジェーンは1つ前の発言（I guess it's…）で「プライベートなものであっても，自分の声が奇妙に聞こえる」とボイスメッセージが好きではない理由を説明している。その上で「うまく言えないが，奇妙な感じがする」ことを述べているので，2.「だからプライベートでやりとりするとしても，居心地悪く感じてしまう」と話していると考えられる。

(g)　ジェーンは第9発言（I guess it's…）からの3つの発言で，ボイスメッセージが好きではない理由として，自分の声が奇妙に聞こえることを挙げている。これに対しボブは1つ前の発言（I never actually…）で「自分の声を聞いて奇妙な感じがするかを考えたことはない」，空所の後では「自分の声の聞こえ方と実際の声に大きな差がないのかもしれない」と答えている。このことから6を選び，自分は「そのことは気にならない」とすればよい。

(h)　ボブは，友人たちにきれいな景色を投稿するように言われることに対し，「他人の目に触れ，様々な意見やコメントが返ってくるところに投稿することが好きではない」と述べている。このことの理由を示した9.「他人に関係があるとは思えない」が正解として適切である。

Ⅲ－B.〔解答例〕では「奇妙に聞こえる」という部分は動詞soundを用いているが，find OC「OがCだと思う，わかる」を用いてI find my voice very strangeと表現することもできる。また，「録音」という部分でジェーンの3つ後の発言にあるa recording of my voiceという表現を使って When I listen to a recording of my voice, I find it very strange. とすることもできる。

講評

2024 年度も読解問題が 2 題，会話文・英作文問題が 1 題と，例年通りの出題となっていた。表題を選ばせる出題が見られたが，全体としては基本的な出題パターンを踏襲していたといえる。読解英文のテーマはそれぞれ「アムステルダムの実験」，「過去の暑さを記憶するサンゴ」となっており，理系・文系にとらわれない内容の出題が続いている。難易度については，同意語句の出題などで少し難易度の高い語句も見られるものの，全体としては例年並みといえるだろう。分量は 2023 年度から若干増加した。

設問は空所補充，同意表現（語句），内容説明，語句整序，内容真偽，英文和訳が毎年出題されている。部分的には難易度の高い文章も含まれているが，前後の内容から大まかな意味を把握することは可能なケースがほとんどである。空所補充は 2023 年度はイディオムや前置詞の知識などを問うものが中心となっていたが，2024 年度は文章の前後関係を把握しているかどうかを問う出題の比重が高まった。同意語句は単語の意味を知らなければ答えるのがやや難しい問題もあるが，前後の文章が肯定的な内容なのか否定的な内容なのかといったニュアンスなどを手掛かりにして，正解を導き出すことができるものも多い。また出題されている部分以外の文章に答えのヒントが隠されていることもある。2024 年度はⅠ－Ｄにおいて，解答の一環として make the switch というあまりなじみのないイディオムを完成させることになるが，この表現は他のパラグラフでも複数登場していたので，対応は可能と思われる。基本的には空所補充や語句整序でイディオムの知識や文法力を，同意語句で語彙力を，そして内容説明や内容真偽などで文章の前後関係を含めた内容把握力をバランスよく問う出題となっているといえるだろう。

Ⅲの会話文・英作文問題も出題パターンに変化はない。会話表現の知識を問う出題はほとんど見られず，読解問題と同じく文章の流れを把握できているかどうかを問う出題となっている。空所補充についてはⅠ，

Ⅱよりも比較的正解が導き出しやすいことが多いので，確実に得点するようにしたい。英作文については基本的な構文の知識で対応できる出題が続いている。シンプルな表現を使うことを心がけ，ミスを少なくすることを意識して練習していけば合格ラインに到達できるだろう。

全体としては語彙力の充実はもちろん，同意語句の問題なども含め，逐語訳に頼らない，文章の流れを意識した内容把握力を高めていく努力が求められているといえる。

日本史

I　解答

【設問ア】 3　**【設問イ】** 2　**【設問ウ】** はさみ山遺跡
【設問エ】 集石〔礫群〕 **【設問オ】** 3　**【設問カ】** 4
【設問キ】 4　**【設問ク】** 1　**【設問ケ】** 1　**【設問コ】** 環状集落
【設問サ】 4　**【設問シ】** 三内丸山　**【設問ス】** 石皿　**【設問セ】** 落とし穴
【設問ソ】 1・4　**【設問タ】** アニミズム　**【設問チ】** 1
【設問ツ】 水稲耕作〔水稲農耕〕 **【設問テ】** 2　**【設問ト】** 1

解説

《旧石器時代～弥生時代の文化・社会》

【設問ア】　3が正解。旧石器時代に生息した大型哺乳類で「南方系」の特徴をもつのは，オオツノジカである。1のヘラジカ，2のマンモス，4の野牛（ハナイズミモリウシ）は「北方系」の大型哺乳類。4の野牛（ハナイズミモリウシ）は教科書に収載されておらず，消去法に頼れないため，やや難問。

【設問イ】　2が正解。長野県の野尻湖で，ナウマンゾウの化石と石器などが発見された。なお1の明石（兵庫県）は，かつて更新世のものとみられた化石人骨が出土した。3の岩宿（群馬県）は，日本に旧石器文化が存在したことを初めて立証した打製石器が発見された。4の港川フィッシャー（沖縄県）は，約1万8000年前の更新世の化石人骨が発見された遺跡である。

【設問ウ】　はさみ山遺跡は，大阪府藤井寺市の丘陵部にある「竪穴の住居跡」が発見された遺跡である。教科書収載頻度が低く，難問。

【設問エ】　難。「こぶし大の石が10～数十個まとまって検出され」，「簡単な石焼（蒸）調理などの存在が推定され」る遺構は，集石（礫群）という。

【設問オ】　3が正解。一見，難しそうだが，細石器は旧石器時代の末期になって出現する，ということだけわかっていれば，3に限定できる。

【設問カ】　4が正解。旧石器時代にも黒曜石など「遠隔地から石材が運び込まれるような，交換や分配の仕組みがあった」。1．誤文。旧石器時代には黒曜石を尖頭器や打製石鏃などには加工したが，玉に加工することはない（できない）から誤文だと判断する。北海道美利河遺跡は，膨大な細石刃・尖頭器などの石器が出土し，石器製作所を含んでいたとみられる遺跡である。2．「柱状片刃石斧」は，弥生時代に朝鮮半島から流入した木材加工用の磨製石器である。したがって旧石器時代には存在しないため，誤文。3．「酸性土壌」だと骨は残りにくい。また浜北人は上腕骨・頭骨などの一部が出土したのみで「10人程度の集団」とは判断できない。よって誤文。

【設問キ】　4が正解。千葉県の貝の花遺跡では，馬蹄型の貝塚の下から，約33軒の住居跡が発見された。1．板付遺跡は福岡県にある，縄文晩期の水田跡が発見された遺跡。2．大森貝塚は東京都にある，日本初の学術発掘が行われた縄文後期の貝塚。3．吉胡貝塚は愛知県にあり，多数の人骨が出土した縄文後期・晩期の遺跡である。

【設問ク】　1が正解。2．誤文。縄文時代の土器は，「壺形」ではなく，煮炊き用の深鉢形土器が中心である。3．誤文。縄文時代草創期には土器作りは始まっていた。4．誤文。関東ローム層が広がる地域でも縄文草創期には土器が出現している。

【設問ケ】　1が正解。東京湾岸の貝塚遺跡の場合，伊豆七島の神津島と長野県の和田峠の黒曜石がもたらされていた。2．白滝と十勝岳の黒曜石は，北海道にもたらされた。3．香川県五色台と，大阪府と奈良県の境にある二上山のサヌカイトは，関西・瀬戸内・北部九州にもたらされた。4．新潟県の姫川流域は硬玉（ひすい）の産地だが，姫島は大分県にある黒曜石の原産地であり，誤り。

【設問コ】　中央に広場を持つような縄文時代の集落形態の名称は，環状集落である。

【設問サ】　やや難。4が正解。設問文に「動物性食料（貝類，魚類，哺乳類）と植物性食料のカロリーの比率がほぼ等しくなること」を前提としたとあり，「推定カロリー比率」のグラフで，W・X・Y：Z＝1：1であることから，W・X・Yは動物性食料（貝類，魚類，哺乳類），Zが植物性食料（植物類）である。この時点で，1と3は消去できる。次に「貝塚での残量比率」のグラフをみると，Wが70％超も占めていることから，貝塚だけにWは貝類に限定できる。したがって4が正文である。翻って2が誤文だと判明したことから，Xが魚類，Yは哺乳類である。

【設問セ】　縄文時代の「シカやイノシシなどの捕獲」のための罠は，落とし穴である。穴の底部に先のとがった「簡易な木工具など」が立てられたりした。

【設問ソ】　1・4が正解。漁労用の骨角器には釣針や，やす（長い柄の先に取り付け，魚介類を突き刺して捕らえる）がある。なお2のえぶりは，水田の土をならす農具。3の弓矢は，縄文時代は打製石鏃を矢に装着した。

【設問テ】　2が正解。1．誤文。灌漑設備の充実によって徐々に増加したのは，乾田である。3．誤文。木製農耕具は弥生前期には磨製石器が，後期には鉄製の斧や刀子が利用された。4誤文。初期には湿田が，弥生後期には乾田が増加した。

【設問ト】　1が正解。弥生時代前期には「石包丁で穂首刈り」をし，「竪杵と木臼で脱穀した」。2．誤文。銅戈は祭器・宝器であり，穂首刈りには用いない。3．誤文。「根刈り」は弥生時代後期から鉄鎌を利用して行われた。また，又鍬は刃先が2本以上に分かれている鍬で，耕作具だから脱穀には用いない。4．誤文。「鉄鎌で根刈り」は正しいが，耕作具である又鍬は脱穀には用いない。

Ⅱ　解答

【設問ア】夢窓疎石　**【設問イ】**慶元
【設問ウ】東福寺　**【設問エ】**祖阿　**【設問オ】**海禁
【設問カ】善隣国宝記　**【設問キ】**老松堂　**【設問ク】**塩浦
【設問ケ】尚巴志　**【設問コ】**那覇
【設問a】17　**【設問b】**30
【設問c】16　**【設問d】**13　**【設問e】**22　**【設問f】**8　**【設問g】**28
【設問h】6　**【設問i】**19　**【設問j】**31

解説

《室町時代の外交》

【設問イ】　難。中国の地名で「後に寧波と名称が変わる」のは，慶元である。

【設問ウ】　難。1970年代に韓国全羅南道の新安郡の沖合で発見された沈没船は，「東福寺」と記された木簡が発見されたことから，東福寺造営料唐船とみられている。

【設問カ】　難。禅僧瑞溪周鳳がまとめた『善隣国宝記』は，日本最初の外交史書である。正使祖阿によって明皇帝に奉呈された史料「足利義満の国書」の出典として記憶できていたかが問われた。

【設問キ】　難。応永の外寇にかかわる外交処理のために来日した宋希璟の紀行文は，『老松堂日本行録』である。摂津国尼崎での三毛作の記事に関する出典として目にすることはあろうが，細かい知識である。

【設問ｃ】　16が正解。足利氏は源氏の血統であるから，正式な文書では「源」と記す。1401年に足利義満が明皇帝に奉呈した国書に「源道義」と記したため，明の永楽帝の返書も「日本国王源道義」あてであった。

【設問ｅ】　22が正解。日明貿易での日本の輸出品で，「火薬の材料に使用する」のは硫黄である。

【設問ｉ】　19が正解。1443年に「朝鮮と対馬島主宗氏が通交制度」として締結したのは，癸亥約条という。1443年の干支（十干十二支）に因んだ名称だと気づけば，［語群］にある辛亥・癸亥・壬申の３つから，「辛」のつく西暦年は一桁目が１，「癸」は３，「壬」は２であることを踏まえ，癸亥に限定できる。

【設問ｊ】　31が正解。日本は「琉球王国との貿易で手に入れた東南アジア」の産物を朝鮮に輸出していた。その代表的なものが香木と蘇木（染料などに用いる）である。

Ⅲ　解答

【設問１】ｉ－８　ii－４　iii－６　iv－19　ｖ－13
【設問２】津田梅子　**【設問３】**３
【設問４】江華島事件　**【設問５】**内国勧業博覧会　**【設問６】**４
【設問７】２　**【設問８】**金禄公債証書　**【設問９】**赤報隊
【設問10】立志社　**【設問11】**３　**【設問12】**日新真事誌
【設問13】中江兆民　**【設問14】**ロエスレルまたはモッセ※
【設問15】１　**【設問16】**超然主義

※設問14については，いずれを解答した場合でも正答として扱われた。

解説

《明治前半期の政治・外交・文化》

【設問１】　**ｉ．**８が正解。岩倉具視率いる使節団の外遊中に留守政府を「主導」し，後に岩倉らとの征韓論争に敗れて参議を辞職したのは，西郷隆盛である。

ii．4が正解。秩禄が廃止された同年，つまり1876年には廃刀令が出された。つまり，「帯刀」も禁止された。

iii．6が正解。板垣退助ら愛国公党が出した「民撰議院設立の建白書」では，大久保利通を中心とする政府官僚の専断を「有司専制」と批判していた。

iv．19が正解。1875年に政府が出して，「国会開設に向けて準備を開始する」としたのは，漸次立憲政体樹立の詔である。なお，16の政体書は，1868年に出された明治政府の政治組織を定めた法令。18の国会開設の勅諭は，1881年に出された，10年後の国会開設を約束した勅諭である。

【設問2】 岩倉使節団に同行して渡米し，帰国後，女子英学塾を開いたのは，津田梅子である。

【設問3】 3が正解。問題文からも岩倉使節団は，廃藩置県後の1871年に出国，1873年に帰国したことがわかる。よって外遊中に実施されなかったのは，1888年制定の市制・町村制である。なお，1は1873年に地租改正条例が出されて着手され，2も1873年に徴兵令が出されて実施された。4の学制は1872年に公布された。

【設問6】 4が正解。副島種臣は佐賀藩出身である。彼は征韓論争で下野し，板垣退助とともに愛国公党を結成，「民撰議院設立の建白書」に名を連ねている。なお，1の木戸孝允，2の伊藤博文，3の山県有朋はいずれも長州藩出身である。

【設問7】 2が正解。不平士族の反乱は，征韓論争に敗れて下野した江藤新平が，郷里の佐賀で起こした佐賀の乱（1874年）が一番早い→廃刀令の発布（1876年）が端緒となって，熊本県で敬神党の乱，福岡県で秋月の乱が起こり，それらに呼応して山口県で萩の乱が起こった→西南戦争を最後に不平士族の反乱はおさまった（1877年）。

【設問8】 1876年に，秩禄を強制的に廃止する代償として，受給者に発行されたのは，金禄公債証書である。「録」ではなく「禄」なので，注意したい。

【設問11】 3が正解。天賦人権論を紹介した加藤弘之だが，「社会進化論を摂取して」天賦人権論を批判する立場に転じて発表したのは『人権新説』である。なお1の『文明論之概略』の著者は福沢諭吉。2の『日本開化小史』の著者は田口卯吉。4の『武士道』の著者は新渡戸稲造である。

【設問 12】　愛国公党が太政官左院に提出した「民撰議院設立の建白書」は，イギリス人ブラックが創刊した『日新真事誌』に掲載されたことで反響を呼び，自由民権運動が始まった。

【設問 14】　大日本帝国憲法の「草案作成に政府顧問として関わったドイツ人法学者」としてはロエスレルとモッセが該当する。

【設問 15】　1が正解。黒田清隆の建議により「1875年に日本とロシアの国境を画定する」樺太・千島交換条約が結ばれた。それにより，日本は1854年締結の日露和親条約以来の，「両国雑居の地」とされた樺太島を放棄した。

講評

Ⅰ　旧石器時代から弥生時代に至る文化・社会について出題された。【設問ア】は，旧石器時代の南方系大型哺乳類の判断に細かい知識を要し，やや難。【設問ウ】【設問エ】は，教科書収載頻度の低い遺跡名・用語の記述問題であり，難。【設問カ】の旧石器時代における遠隔地交易・分配のしくみは，縄文時代にくらべて印象が薄いうえに，教科書収載頻度の低い情報を誤文と判断しづらく，やや難。【設問キ】も教科書収載頻度が低く，消去法でも対応しづらいため，やや難。【設問サ】は，グラフ3つの読み取りに基づく正文選択問題で，新学習指導要領に沿った新機軸の出題形式でもあり，やや難。全体として，旧石器時代に関する細部の知識を問うものが多い難問であったが，2023年度政策・文化情報・スポーツ健康科学部〔1〕に類似した出題があったため，過去問対策や用語集を使用した精緻な学習次第で，大きな得点差がついたであろう。

Ⅱ　室町時代の外交について日中関係を中心に，朝鮮・琉球との関係についても出題された。Ⅱの出題形式は3年続けて，全問リード文中の空所補充形式の語句記述・語句選択である。イ，ウ，カ，キの記述4問は難。またⅰの語句選択問題は，やや難である。これらの問題については，用語集・史料集を併用した精緻な学習が求められるだろう。ほかは基本～標準レベルであり完答をめざしたい。全体的にはやや難である。

Ⅲ　明治前半期の政治史を中心に，外交・文化についても出題された。

基本～標準レベルの設問ばかりである。【設問3】や【設問7】など，一見難しそうな問いもあるが，実際は誤りを消去しやすい標準レベルの問いである。全体としてⅢはやや易レベルであり，大問3題中最も易しいので，得点を固めたい。

2023年度は史料が8点も出題されたが，2024年度は史料の出題はなかった。しかし，Ⅱには出典史料名としての記述問題の難問が2問あり，依然として史料学習は必要である。また，新学習指導要領を受けてのグラフ読み取り問題が初めて出題された。加えて，2023年度に復活した文章選択問題は引き続き出題があり，年代配列問題も復活し，出題形式のバリエーションが増えた。このように，2024年度は難問・やや難問が増加して難化したといえる。

世界史

I　解答

設問1． (1)－3　(2)－4　(3)－1　(4)－1

設問2． **a**－4　**b**－3　**c**－2　**d**－4　**e**－3　**f**－4　**g**－4

設問3． **A**－9　**B**－10　**C**－5　**D**－4

設問4． 単性論

設問5． (あ)イブン＝バットゥータ　(い)マンサ＝ムーサ　(う)エンコミエンダ

解説

《近代以前のアフリカ史》

設問1． (1)　(a)誤文。現在のメキシコに成立し，聖獣ジャガー信仰や石像彫刻，ピラミッド型神殿を特徴とする古代文明はオルメカ文明である。チャビン文明（文化）は，美しい土器を特徴とし，アンデス山脈付近で繁栄した。(b)は正文である。

(2)　(a)誤文。インカ文明には文字はなかった。記録伝達の手段としては，縄の結び目で数字を表すキープ（結縄）という技術が用いられた。(b)誤文。インカ帝国の都クスコはヨーロッパ人の侵入で破壊されたが，再建され植民地支配の一中心として繁栄した。植民地支配の首都として建設されたのはリマである。サンティアゴは現在のチリ地域の植民地支配の拠点として建設された都市。

(3)　(a)正文。アシエントとは，西アフリカに拠点を持たず，黒人奴隷の入手が難しかったスペインが，拠点を持つ諸外国と結んだ奴隷供給請負契約のことである。(b)正文。南北両アメリカを「新大陸」であると主張したアメリゴ＝ヴェスプッチにちなんで「アメリカ」の呼称が誕生した。

(4)　(a)・(b)ともに正文。トウモロコシ栽培は南北アメリカで前2千年紀から発展し，その農耕を基に古代文明が開花した。なお，南アメリカのアンデス高地（3000m 以上）では，この地原産のジャガイモが主として栽培され，大航海時代にヨーロッパにもたらされると広く普及した。

設問2． **a．** クシュ王国は前7世紀前半，メロエに遷都した。このため後期クシュ王国をメロエ王国ともいう。ガオはソンガイ王国の都，ギザはエ

ジプト古王国時代にクフ王によって最大のピラミッドが建てられた地，テーベは中王国・新王国の都である。

c． マリ王国・ソンガイ王国の時代に交易や学芸で栄えた都市はトンブクトゥである。なおソファラは詳細な事項であるが，古くから交易港として栄えたアフリカ東海岸の南部に位置する都市で，16 世紀にポルトガルが拠点とした。

d． 難問。ソンガイ王国は16 世紀末，火器を導入したモロッコ軍の侵攻を受けて滅亡した。非常に詳細な内容であるが，位置関係から判断したい。

f． 東アフリカインド洋岸のザンベジ川（空欄C）付近に成立し，交易で栄えたのはモノモタパ王国である。カネム＝ボルヌー王国は中央アフリカ，ダホメ王国はアフリカ西海岸に栄えた王国。ジブチは紅海の出口に栄えた都市。

g． ヨーロッパ勢力との奴隷貿易で栄えたアフリカ西部の王国はベニン王国。ウガンダ・ケニア・タンザニアはいずれもアフリカ東部に位置する。

設問3． **D．** スタンリーがベルギー王の援助を受けて探検し，その後ベルギーに支配されることになったのはコンゴ川流域である。

設問4． アクスム王国で受容された，イエスに神性のみを認める説を単性論という。451 年のカルケドン公会議で異端とされたが，シリアやエチオピアの教会，エジプトのコプト教会に引き継がれた。

設問5． (あ) 『三大陸周遊記（大旅行記）』を著した旅行家はイブン＝バットゥータである。14 世紀の世界を知る上で重要史料とされる。

(い) マリ王国全盛期の王はマンサ＝ムーサ。大量の金をもってメッカ巡礼を行い，カイロの金相場を大暴落させた逸話で有名である。

(う) スペインが征服したアメリカ大陸諸地域に導入した土地制度をエンコミエンダ制という。スペイン国王が征服者に対し，キリスト教化を条件に先住民を労働力として使役して統治することを任せた。このため征服者は先住民を鉱山やプランテーションで酷使し，先住民人口は激減した。

Ⅱ 解答

設問1． (a)―1　(b)―1　(c)―3　(d)―1

設問2． (あ)―1　(い)―1　(う)―3　(え)―4　(お)―2　(か)―2　(き)―2　(く)―2　(け)―3　(こ)―1

設問3． (ア)アドリアノープル〔エディルネ〕　(イ)カルロス１世

(ウ)ガレー船　(エ)ユグノー戦争

解説

《16～17 世紀の西欧キリスト教世界》

設問1．(a)　オスマン帝国は地中海西部のアルジェリアを征服した。やや詳細な内容であるが，スーダンはエジプトの南に位置するので不適，シチリアとサルデーニャはオスマン帝国領になったことはないので不適である。

設問2．(あ)　いずれも正文。トリエント公会議は，新旧両派を調停する目的で開かれたが，新教側が出席を拒んだため，教皇の至上権確認やカトリック教義の確認，禁書目録の制定などが行われた。

(い)　いずれも正文。やや難問。年代が示されていることで判断が難しくなっている。フェリペ2世は，イングランドのメアリ1世と結婚した。メアリ1世の在位は1553～58年である。またカトー＝カンブレジ条約は1559年に結ばれたイタリア戦争の講和条約で，フランス王アンリ2世，スペイン王フェリペ2世，イギリス王エリザベス1世を中心に締結された。

(う)　(a)誤文。ヴァスコ＝ダ＝ガマはマヌエル1世の命を受けてインド航路開拓の航海に出た。エンリケ航海王子は，15世紀の前半から中葉にかけて，アフリカ西岸部の探検・開発を支援した人物。

(え)　難問。いずれも誤文である。(a)ツヴィングリはチューリヒで宗教改革を行ったが，抗争の中で戦死した。その後カルヴァンがジュネーヴに招かれ宗教と政治の改革に着手した。(b)カルヴァンが実践した教会制度を長老主義という。これは，牧師と信者が長老を選出し，その長老が牧師の任免や教会の管理・運営を行う制度である。ただし長老が牧師を監督するわけではないのでこの文章は不適である。

(お)　(b)誤文。グスタフ＝アドルフは神聖ローマ帝国の北進に脅威を感じ，三十年戦争に参戦した。旧教側を圧倒し領土拡大にも成功するが，リュッツェンの戦いで戦死した。旧教国のフランスが対ハプスブルク政策から三十年戦争に介入したのは1635年。当時はルイ13世治下で宰相リシュリューが活躍した時代で，ルイ14世の時代ではない。

(か)　(b)誤文。アウクスブルクの和議では，諸侯にカトリックかルター派の選択権が認められたが，領民（個人）の信仰の自由は認められていない。

(き)　(b)誤文。ルターはザクセン選帝侯フリードリヒの保護の下で，聖書のドイツ語訳を行った。

(く)　(b)誤文。オランダ独立戦争で荒廃したのはアントウェルペン（アントワープ）である。これに代わってアムステルダムが国際商業・金融で繁栄するようになる。

(け)　(a)誤文。1559 年に統一法を発し，イギリス国教会を確立したのはエリザベス 1 世である。

(こ)　いずれも正文。イグナティウス＝ロヨラはフランシスコ＝ザビエルら同志とともにイエズス会を設立した。イエズス会士らはラテンアメリカやアジアへの布教活動を展開した。中国布教に活躍したイエズス会士は，西欧の学問や技術を中国に紹介した。『坤輿万国全図』はマテオ＝リッチが中国に紹介した世界地図として有名である。

設問 3．(ア)　オスマン帝国は 14 世紀にバルカン半島への進出に成功するとアドリアノープル（エディルネ）に遷都した。その後 1453 年，コンスタンティノープルを攻略してビザンツ帝国を滅ぼした後イスタンブルに遷都した。

(ウ)　やや難。レパントの海戦などで用いられた，両舷に多数の漕ぎ手を配置し，主に軍船として用いられた船とはガレー船のことである。

(エ)　1562 年から 1598 年まで続いたフランスの内乱とはユグノー戦争のこと。ブルボン朝を創始した国王アンリ 4 世が 1598 年にナントの王令を発したことで終結した。

Ⅲ　解答

設問 1． a－11　b－20　c－5　d－6　e－9

設問 2． (ア)－4　(イ)－14　(ウ)－12　(エ)－20　(オ)－15

設問 3． 3　**設問 4．** 4　**設問 5．** 1　**設問 6．** 1　**設問 7．** 6

設問 8． WASP　**設問 9．** 棍棒外交　**設問10．** マッカーシズム

設問11． ブレトン＝ウッズ体制　**設問12．** キューバ

解説

《20 世紀のアメリカ合衆国》

設問 1．a． ベルトコンベアによる組み立てライン方式で自動車生産の効率化に成功し，自動車を大衆にも普及させたのはフォードである。

d． 公民権法の制定はジョンソン大統領の時である。ジョンソンは，公民権法の制定や「偉大な社会」の建設を掲げて貧困層・マイノリティへの施策を行ったが，外交面でのベトナム戦争介入により，社会の分裂を招いた。

設問2． (イ)　1933年に大統領となった民主党のフランクリン＝ローズヴェルトは，恐慌対策としてニューディール（新規まき直し）を打ち出した。
(オ)　1961年に大統領となったケネディは，ニューフロンティア政策を掲げた。国民に新たな開拓者としての自覚を促し，国家への協力を求めて革新的政策を推進しようと試みた。

設問3． (a)誤文。第一次世界大戦に際し，ユダヤ人の協力を求めてアラブ人の住むパレスチナにユダヤ人国家の建設を約束したのはアメリカではなくイギリスである。1917年のバルフォア宣言においてこの約束がなされた。

設問4． 4つの文章は全て1920年代のアメリカ社会についての正しい記述である。急速な産業発展のもと，大量生産・大量消費社会となり，現代大衆文化も開花した。

設問5． (a)正しい。世界恐慌の影響を受けた資本主義列強は本国と植民地や自治領の連携を密にする排他的経済圏を形成して恐慌を乗り切ろうとした。これをブロック経済と呼ぶ。(b)正しい。フーヴァー＝モラトリアムの説明である。

設問6． やや難問。アのみ正しいので答えは1である。イ．アメリカの最初の水爆実験は1952年。第五福竜丸がビキニ環礁の水爆実験により被爆したのは1954年のことである。ウ．エジプトのナセル大統領のスエズ運河国有化宣言に反発したのはイギリスとフランスである。両国はイスラエルとともにエジプトに侵攻，スエズ戦争（第2次中東戦争）が勃発した。エ．アメリカ資本と結びつき独裁を行うバティスタ政権に対し，カストロらが指導するキューバ革命がおこった。

設問7． ①の北爆開始は1965年。親米のゴ＝ディン＝ジエム政権が打倒されると，ベトナムの社会主義化を恐れるアメリカは，トンキン湾事件をきっかけとして本格介入に踏み切った。②の南ベトナム解放民族戦線の結成は1960年。インドシナ戦争後，南ベトナムに成立した親米のゴ＝ディン＝ジエム政権を打倒すべく組織された。③ジュネーヴ休戦協定は1954年に調印されたインドシナ戦争の休戦協定である。よって③→②→①となる。

設問8． 1920年頃のアメリカ社会の支配層を形成していたプロテスタント系の人々をWASPと呼ぶ。Wはホワイト（白人），ASはアングロ＝サクソン，Pはプロテスタントのそれぞれ頭文字。

設問９. 善隣外交以前の，軍事力を背景としたアメリカのカリブ海政策を棍棒外交と呼び，セオドア＝ローズヴェルト大統領によって進められた。アメリカの外交政策は棍棒外交の後，ドル外交，宣教師外交と続き，世界恐慌を経て善隣外交となる。

設問10.「赤狩り」と呼ばれる極端な反共主義運動をマッカーシズムと呼ぶ。共和党上院議員マッカーシーが先頭に立って行ったのでこう呼ばれる。

設問11. 第二次世界大戦後の国際金融・経済体制はブレトン＝ウッズ体制。1970 年代初頭に進行したドル危機により，1973 年に為替が変動相場制に移行して，この経済体制は崩壊した。

設問12. 1934 年，アメリカが完全独立を認めた国はキューバである。アメリカはキューバのスペインからの独立を支援し，キューバ憲法にプラット条項を盛り込ませて事実上の保護国としていたが，この条項を撤廃，キューバの独立を承認した。

講評

Ⅰ　近代以前のアフリカ史に関するリード文から，アフリカ史とラテンアメリカ史が問われた。盲点となりやすい分野からの出題であり，難易度が高く感じられたであろう。正誤問題は正確で詳細な知識が求められた。また設問２のｄは非常に詳細な知識であり難問である。

Ⅱ　16 世紀から 17 世紀にかけての西欧キリスト教世界を概観した大問である。設問２の正誤問題が，やや詳細な知識を要する問題が多く，個々の出来が合否に直結すると思われる。

Ⅲ　20 世紀全般のアメリカ合衆国について社会経済史・政治史など幅広く問われた大問。設問４・設問６・設問７の難易度が非常に高い分，空所補充やその他の設問で確実に得点したい。

教科書を中心とした丁寧な学習が何より大事であるが，高得点を狙うためには，同志社大学で特徴的な「正誤問題」で確実に得点する必要がある。主要な出来事の年号を覚えたり，用語集などで歴史用語の詳しい内容説明をしっかり理解することが，正誤問題対策として必要になる。また，2023 年度に引き続き近現代アメリカ史の大問が出題された。アメリカ合衆国に関してはより深く学習しておくことが肝要である。

政治・経済

I 解答

【設問1】ア． 公海　**イ．** 公空　**ウ．** 無主地の先占
【設問2】エ． 12　**オ．** 200
【設問3】a－2　**b**－2　**c**－2　**d**－2
【設問4】A－8　**B**－3　**C**－9　**D**－15　**E**－14　**【設問5】** 1
【設問6】 コンセンサス方式　**【設問7】** 1・6・9
【設問8】 国際司法裁判所　**【設問9】** 国際刑事裁判所

解説

《国家と国際社会・国際連合》

【設問1】ア． 公海が適切。主権の及ばない公海ではどこの国でも資源の採集が可能である。

ウ． 無主地の先占が適切。扱われている教科書は少ないが，国際法における領土の取得において重要な考え方である。日本はこの考え方に基づき，尖閣諸島や竹島を日本の領土としている。

【設問3】a． 誤文。沿岸国は水産・鉱物資源以外にも，自然エネルギーに関する権利などを持つ。

b． 誤文。境界については原則として等距離中間線によって決められるが，これまでの国同士の関係などにより，別の方式で画定されることもある。

c． 誤文。大気圏外については主権が及ばない。飛行機は大気圏外を飛ぶことはできないが，人工衛星を領空上の大気圏外に飛行させても，主権の侵害にはならない。問題文には「航空機等」と書いてあるので，人工衛星やロケットも含まれると考えられる。

d． 誤文。無害通航としての潜水艦の航行には，潜航せず国旗等を掲揚することが求められる。そのため「海中」で「潜水艦を運航」することは，無害通航とはならないと考えられる。

【設問4】A・B． Aは8，Bは3が適切。国連憲章第18条2項は「重要問題に関する総会の決定は，出席し且つ投票する構成国の3分の2の多数によつて行われる。」と定めている。

【設問5】 難しいが1が適切。国際通貨基金の議決権は各国の出資割当額

（IMF クオータ）などに応じて決められている。

【設問6】 コンセンサス方式が適切。コンセンサス方式では，議長提案に対して反対が表明されなければ決議が採択される。逆に言えば，一国でも反対すれば採択されない。これとは反対に，議長提案に対して一国でも賛成すれば，すなわち，全加盟国が反対しない限り決議が採択される仕組みをネガティブ・コンセンサス方式という。WTO では，ルール違反を行った国に対する罰則について，ネガティブ・コンセンサス方式を採用している。

【設問7】 1・6・9が適切。通常，国際連合の15の専門機関といった場合には「世界銀行グループ」がその1つとして数えられるが，6の国際金融公社（IFC）は，その世界銀行グループを構成する組織のひとつである。

【設問8】 国際司法裁判所が適切。「国家間の法律的紛争」から判断する。

Ⅱ　解答

【設問1】 **ア.** 不良債権　**イ.** 金融庁　**ウ.** グローバル　**エ.** 金融ビッグバン　**オ.** ゼロ金利　**カ.** 量的緩和　**キ.** インフレ・ターゲット　**ク.** マイナス金利

【設問2】 **A**－2　**B**－5　**C**－9　**【設問3】** **a**－1　**b**－2　**c**－2

【設問4】 **D**－2　**E**－5　**【設問5】** 2　**【設問6】** 2

【設問7】 **ケ.** 信用創造　**コ.** 450

解説

《日本銀行と金融政策》

【設問1】 **ア.** 不良債権が適切。「回収困難」から判断する。

イ. 金融庁が適切。1998 年に旧大蔵省から金融監督部門が独立して，金融監督庁となり，さらに，2000 年に同省の金融企画局と統合して金融庁となった。

エ. 金融ビッグバンが適切。イギリスをモデルにした金融制度の大改革をいう。「漢字とカタカナ」で解答する必要があり，ビッグバンでは正解とならないことに注意が必要である。

オ. ゼロ金利が適切。政策金利を実質ゼロにしたことからこうよばれる。

ク. マイナス金利が適切。各銀行の日銀当座預金にある超過準備の部分の利率をマイナスにすることにより，資金を投資や融資に回そうとする政策である。

【設問2】A． 2が適切。コールレートとは金融機関同士の短期の資金貸借を行う際の利率のことをいう。

C． 9が適切。BISは国際決済銀行（Bank of International Settlements）のことで，各国の中央銀行が加盟する機関であり，国際金融に関する協力を行っている。

【設問3】a． 正文。

b． 誤文。証券取引の監督などを行うのは金融庁である。

c． 誤文。日本銀行は「発券銀行」として，日本銀行券のみを発行する。硬貨を発行するのは政府である

【設問4】D． 2が適切。インフレーションは，その原因によって，生産費の上昇によって起こるコスト・プッシュ・インフレーションと，需要が供給を上回ることによって起こるデマンド・プル・インフレーションに分けられる。オイルショック時は原材料の価格高騰に伴う製品価格の上昇がみられたので，前者に該当する。1のハイパー・インフレーションは国際会計基準によれば，「3年間で累積100%以上の物価上昇」を指すが，それほどの上昇率ではなかった。

【設問5】 2が適切。いわゆる売りオペレーションの組み合わせとして正しいものを選ぶ必要がある。日本銀行が国債などの有価証券を市中金融機関に対して売ることで，金融市場から資金が引き上げられて，資金量が減少する。そうすると，資金の需要が供給を上回るようになり，金利の上昇が期待できる。

【設問7】 ケは信用創造，コは450が適切。信用創造額は本源的預金×$\frac{1}{\text{預金準備率}}$－本源的預金で求められる。本問の場合，$50\times\frac{1}{0.1}-50=$ 450（億円）が信用創造されることになる。

III　解答

【設問1】ア． 公衆衛生　**イ．** エリザベス救貧法　**ウ．** 恤救規則

【設問2】 **A**－11　**B**－13　**C**－9　**D**－16　**E**－1　**F**－7

【設問3】 **G**－1　**H**－6　**I**－15　**J**－9　**K**－12　**エ．** 福祉元年

【設問4】 国民負担率　**【設問5】オ．** 年功　**カ．** 厚生年金

【設問6】L－1　M－5　【設問7】社会保障と税の一体改革

解説

《社会保障制度》

【設問1】イ. エリザベス救貧法が適切。国王による恩恵的な救済について定めた法律であった。

ウ. 恤救規則が適切。極貧者や孤児等を対象とし，米代を支給する制度が設けられた。

【設問2】B. 13が適切。国家が国民に対して保障する最低限度のことをいう。日本国憲法第25条は「すべて国民は，健康で文化的な最低限度の生活を営む権利を有する。」と規定している。

C. 9が適切。内閣府の資料によれば2020年度の国民所得が約375兆円，国立社会保障・人口問題研究所の資料によれば2020年度の社会保障給付費の総額は約132兆円であるので，およそ35%を占めていることになる。

D. 16が適切。前述の資料によれば，社会保障給付費のうち，年金が42.1%を占めている。

E. 1が適切。財務省の資料によれば，挙げられた5カ国のうち，2017年の租税負担率はスウェーデンの53.8%が最も高い。

【設問3】H. 6が適切。1961年に国民皆年金・国民皆保険が実現した。

I. 15が適切。1973年に老人医療費無料化制度が導入されたが，1983年に老人保健法が施行されたことにより，廃止された。

K. 12が適切。マクロ経済スライド制は，物価だけでなく，経済全体の変化を年金支給額に反映させるしくみをいう。物価スライド制に代わって採用された。

【設問4】 国民負担率が適切。租税負担率と社会保障負担率をあわせたものをいう。

【設問5】カ. 厚生年金が適切。かつては，公務員などには共済年金が支給されていたが，2015年に厚生年金に統合された。

【設問6】 Lは1，Mは5が適切。中曽根康弘首相とレーガン大統領の間には，お互いを愛称で呼び合う関係（いわゆるロン・ヤス関係）が構築されており，日米で歩調を合わせた政策が実施されていた。

【設問7】 社会保障と税の一体改革が適切。2012年の民主党政権下で，民主党・自由民主党・公明党の3党によって合意されたものである。

講評

Ⅰ　国家と国際社会・国際連合について出題された。基本的には標準的な難易度の問題で構成されているが，【設問3】【設問5】【設問7】などでは教科書や資料集に記述のないような内容も出題されている。

Ⅱ　日本銀行および金融政策について出題された。「ゼロ金利」「量的緩和」「マイナス金利」など，一連の金融政策の流れを問う【設問1】は，学習が十分でなかった受験生には難しく感じられたであろう。【設問7】では信用創造額についての計算問題も出題されたが，標準的な難易度であった。

Ⅲ　社会保障に関する出題がなされた。【設問2】では，資料読み取りではなく，資料そのものを資料集などで深く読み込んでおかないと解答できないものが多く見受けられた。【設問7】については他と比べて解答欄が大きいため，解答が類推できた。

全体的には例年通り，やや難しい出題が多いといえる構成であった。時間的な余裕はあるので，空欄の前後をよく読むなどして，粘り強く解答を導き出したい。

数学

I　解答

(1)**ア.** $v-e+f$　**イ.** $\frac{\sqrt{2}}{12}$　**ウ.** $\frac{\sqrt{6}}{216}\pi$

(2)**エ.** $(6t^2-8t)x-4t^3+4t^2$　**オ.** $-4t^3+16t^2-16t$　**カ.** $-\frac{128}{27}\leqq k\leqq 0$

(3)**キ.** 2π　**ク.** $4t^2-2t-3$　**ケ.** $-\frac{13}{4}$　**コ.** $\frac{\sqrt{15}}{4}$

解説

《小問3問》

(1)　オイラーの多面体定理はどの多面体においても成り立つ，(頂点の数)－(辺の数)＋(面の数)＝2 という等式である。

$v-e+f$　→ア

正四面体の体積は正三角形の面を底面とし高さを求める方法があるが，立方体に埋め込む方法は計算が楽である。

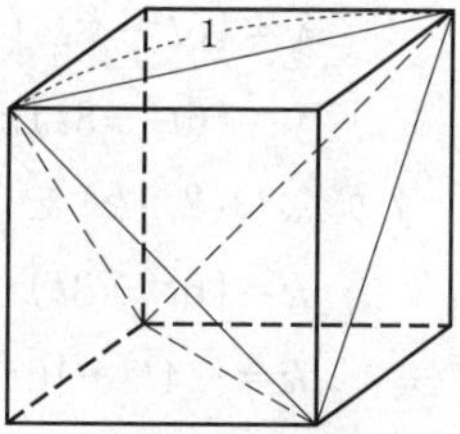

右の図のように対角線の長さが1になる，1辺の長さが $\frac{1}{\sqrt{2}}$ の立方体から4つの三角錐を切り落とすと正四面体が残る。切り落とす三角錐1つの体積は底面積が立方体の半分で高さは同じだから，立方体の体積の $\frac{1}{2}\times\frac{1}{3}=\frac{1}{6}$ 倍となる。

切り落とす4つの三角錐の体積の合計は立方体の体積の $\frac{1}{6}\times 4=\frac{2}{3}$ 倍となる。

したがって，正四面体の体積は埋め込んだ立方体の体積の $\frac{1}{3}$ 倍となる。

以上より，求める正四面体の体積は

$$\left(\frac{1}{\sqrt{2}}\right)^3\times\frac{1}{3}=\frac{\sqrt{2}}{12}\quad\to イ$$

正四面体に内接する球の中心をI，半径を r とおく。正四面体はIを頂点にし，正三角形の面を底面にした4つの合同な正三角錐に分けられる。その体積は底面の正三角形の面積と内接球の半径から求められる。

1辺の長さが1の正三角形の面積は

$$\frac{1}{2}\times1\times\frac{\sqrt{3}}{2}=\frac{\sqrt{3}}{4}$$

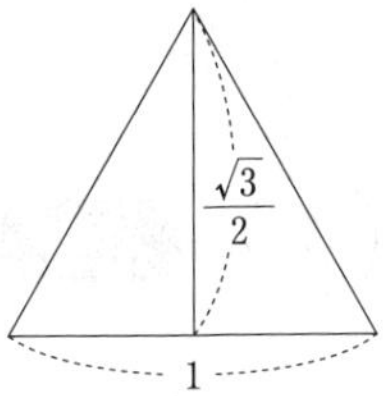

4つの正三角錐の体積が正四面体の体積になるから

$$4\times\frac{1}{3}\times\frac{\sqrt{3}}{4}\times r=\frac{\sqrt{2}}{12}$$

これを解いて

内接球の半径 $r=\frac{\sqrt{6}}{12}$

内接球の体積は

$$\frac{4\pi}{3}\times\left(\frac{\sqrt{6}}{12}\right)^3=\frac{\sqrt{6}}{216}\pi \quad \to ウ$$

(2)　$f(x)=2x^3-4x^2$ とおく。

$f'(x)=6x^2-8x$ より，$\mathrm{P}(t,\ 2t^3-4t^2)$ における曲線 C の接線 l の方程式は

$$y=(6t^2-8t)(x-t)+2t^3-4t^2$$

$$y=(6t^2-8t)x-4t^3+4t^2 \quad \to エ$$

l が点 $\mathrm{Q}(2,\ k)$ を通るから

$$k=(6t^2-8t)\cdot2-4t^3+4t^2$$

$$k=-4t^3+16t^2-16t \quad \cdots\cdots① \quad \to オ$$

t についての方程式①の実数解が接点Pの x 座標になる。①の実数解が2個以上あるとき，点 $\mathrm{Q}(2,\ k)$ を通る曲線 C の接線が2本以上引けることになる。

方程式①は直線 $y=k$ と曲線 $y=-4t^3+16t^2-16t$ の共有点を求めることで解くことができる。

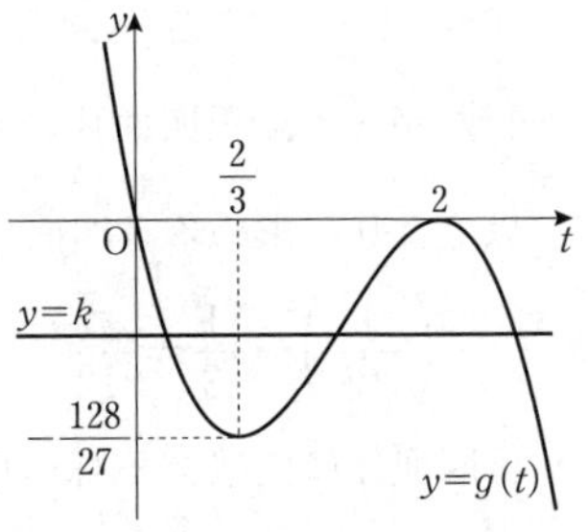

$g(t)=-4t^3+16t^2-16t$ とおく。

$$g'(t)=-12t^2+32t-16$$

$$=-4(3t-2)(t-2)$$

$g'(t)=0$ となるのは

$$t=\frac{2}{3},\ 2$$

増減表は

t	$\cdots$	$\frac{2}{3}$	$\cdots$	2	$\cdots$
$g'(t)$	$-$	0	$+$	0	$-$
$g(t)$	↘	$-\frac{128}{27}$	↗	0	↘

となる。

グラフから求める k の範囲は

$$-\frac{128}{27}\leqq k\leqq 0 \quad \to カ$$

(3)　$y=\sin X$ の周期は 2π である。つまり $y=\sin(X+2\pi)=\sin X$ が常に成り立つ。$X=3x$ とおくと

$$y=\sin(3x+2\pi)=\sin 3x$$

となるから T の最小値は　2π　→キ

$t=\cos x$ で置き換えることを考えてあらかじめ y の要素を変形しておく。

$$\sin 4x=2\sin 2x\cos 2x=2\sin 2x\cdot(2\cos^2 x-1)$$

$$\cos x\sin x=\frac{1}{2}\sin 2x$$

$$\begin{aligned}\sin 3x&=\sin 2x\cos x+\cos 2x\sin x\\&=2\sin x\cos^2 x+(2\cos^2 x-1)\sin x\\&=4\sin x\cos^2 x-\sin x\end{aligned}$$

$$\begin{aligned}y&=\frac{\sin 4x}{\cos x\sin x}-\frac{\sin 3x}{\sin x}-\frac{\sin 2x}{\sin x}\\&=\frac{2\sin 2x\cdot(2\cos^2 x-1)}{\frac{1}{2}\sin 2x}-\frac{4\sin x\cos^2 x-\sin x}{\sin x}-\frac{2\sin x\cos x}{\sin x}\\&=4(2\cos^2 x-1)-4\cos^2 x+1-2\cos x\\&=4\cos^2 x-2\cos x-3\end{aligned}$$

$\cos x=t$ で置き換えて

$$y=4t^2-2t-3 \quad \to ク$$

$$y=4\left(t-\frac{1}{4}\right)^2-\frac{13}{4}$$

$0<x<\frac{\pi}{2}$ より $0<t<1$ であるから，y の最小値は $t=\frac{1}{4}$ のとき

$$-\frac{13}{4}\quad \to ケ$$

$\cos x_0=\frac{1}{4}$ より

$$\sin x_0=\sqrt{1-\left(\frac{1}{4}\right)^2}=\frac{\sqrt{15}}{4}\quad \to コ$$

Ⅱ　解答

(1)　三角形の外心は3辺の垂直二等分線の交点である。

辺OAの垂直二等分線の方程式は $x=1$ であるから点Cの x 座標は1。……(答)

外心Cの座標は $(1,\ c)$ である。

CO＝CPより

$$1^2+c^2=(p-1)^2+(q-c)^2$$

$$1+c^2=p^2-2p+1+q^2-2qc+c^2$$

$$2qc=p^2-2p+q^2$$

$$c=\frac{p^2-2p+q^2}{2q}\quad ……(答)$$

(2)　三角形の垂心Hは3つの頂点から対辺に引いた垂線の交点である。

点PからOAに引いた垂線は $x=p$ であるからHの x 座標は p。

APの傾きは $\frac{-q}{2-p}$ より，OからAPに引いた垂線の方程式は

$$y=\frac{2-p}{q}x$$

点Hは $x=p$ と $y=\frac{2-p}{q}x$ の交点であるから，y 座標 h は

$$h=\frac{p(2-p)}{q}$$

以上から

$$\mathrm{H}\left(p,\ \frac{p(2-p)}{q}\right)\quad ……(答)$$

(3)　点Kは点Hと x 軸に関して対称な点であるから，その y 座標は点Kの y 座標の符号を変えたものとなり

$$k=-\frac{p(2-p)}{q}$$

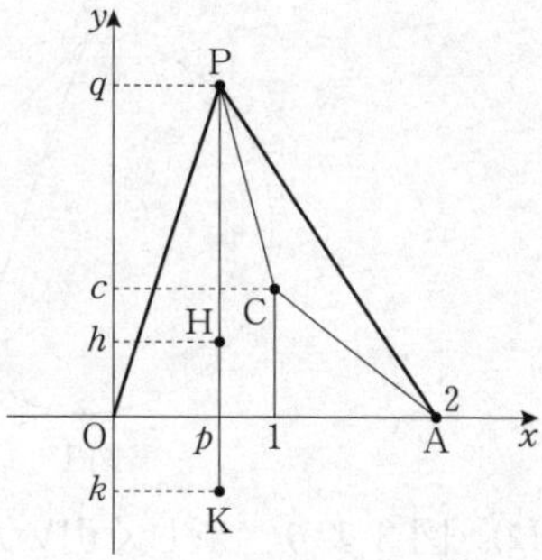

$$\frac{q+k}{c}=\frac{q-\dfrac{p(2-p)}{q}}{\dfrac{p^2-2p+q^2}{2q}}$$

$$=\frac{q^2-p(2-p)}{p^2-2p+q^2}\times\frac{2q}{q}$$

$$=\frac{q^2-2p+p^2}{p^2-2p+q^2}\times 2$$

$$=2$$

よって $\dfrac{q+k}{c}$ は常に2となる。　……(答)

(4)　点Cは△OAPの外心であるから

　CO＝CA＝CP　……①

P$(p,\ q)$，K$(p,\ k)$ よりPKの垂直二等分線は $y=\dfrac{q+k}{2}$ となる。

$\dfrac{q+k}{c}=2$ から，これは $y=c$ となり点Cを通るから

　CP＝CK　……②

①，②より，CO＝CA＝CKとなり点Cは3点O，A，Kを通る円の中心となる。

よって，その座標は

$$\left(1,\ \frac{p^2-2p+q^2}{2q}\right)$$　……(答)

解説

《三角形の外心と垂心》

三角形の外心と垂心の座標を求める問題である。それぞれの作図の仕方と性質を使うことで求められる。

III　解答　**(1)**　図1より　$a_3=4$　……(答)

図2より　$a_4=8$　……(答)

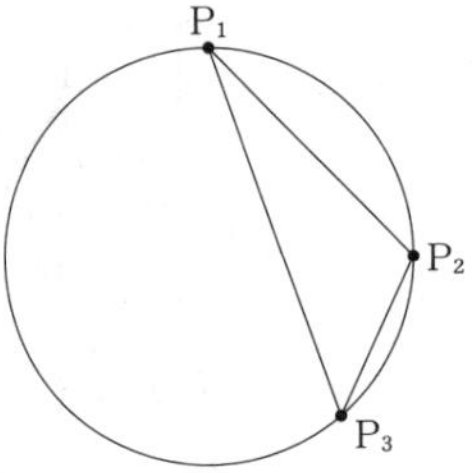

図 1

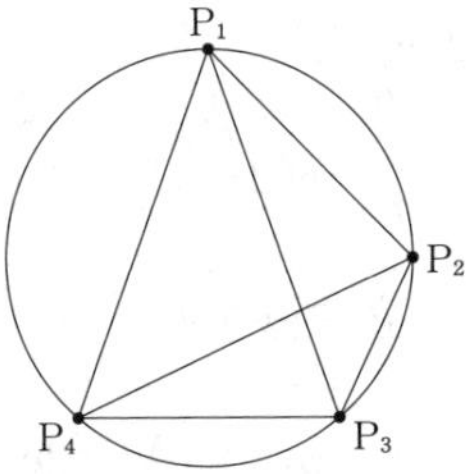

図 2

(2)　図 3 より，新しく引いた P_5P_1 は既にある弦とは交わらないから，増える部分は 1 箇所。

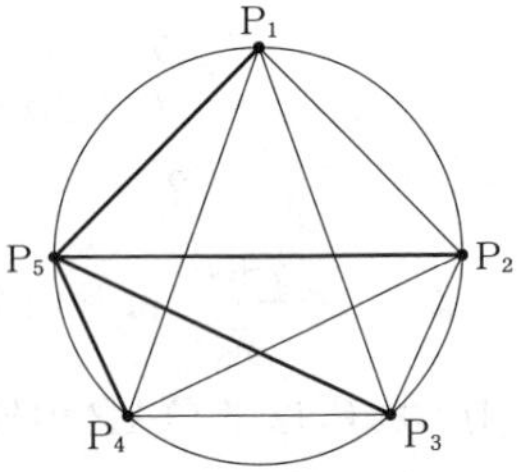

図 3

P_5P_2 は 2 本の弦と交わり 3 つの線分に分かれるから増える部分は 3 箇所。

P_5P_3 は 2 本の弦と交わり 3 つの線分に分かれるから増える部分は 3 箇所。

P_5P_4 は既にある弦とは交わらないから，増える部分は 1 箇所。

以上より

$$a_5-a_4=1+3+3+1=8 \quad \cdots\cdots(\text{答})$$

(3)　円周上に順に時計回りに P_1，P_2，…，P_{n-1}，P_n $(n\geqq 4)$ と点をとるとしても一般性を失わない。次に点 P_{n+1} を点 P_1 と P_n の間にとる。

新たに引いた弦 $P_{n+1}P_i$ の両側には，点 P_1 から P_{i-1} の $i-1$ 個の点と，点 P_{i+1} から P_n の $n-i$ 個の点がある。したがって弦 $P_{n+1}P_i$ は $(i-1)(n-i)$ 本の弦と交わることになり，$(i-1)(n-i)+1$ 個の線分に区切られるから $(i-1)(n-i)+1$ 個の部分が増えることになる。

したがって，増える部分の総数は

$$\begin{aligned}a_{n+1}-a_n&=\sum_{i=1}^{n}\{(i-1)(n-i)+1\}\\&=\sum_{i=1}^{n}\{-i^2+(n+1)i-n+1\}\\&=-\frac{1}{6}n(n+1)(2n+1)+\frac{1}{2}(n+1)n(n+1)-n^2+n\\&=\frac{1}{6}n(n^2-3n+8) \quad \cdots\cdots(\text{答})\end{aligned}$$

(4)　$a_1=1$ とする。

(3)は $n \geqq 4$ で考えたが，$n=1$ のとき，$\frac{1}{6}\cdot 1(1-3+8)=1$ となり

$$a_2-a_1=1$$

$n=2$ のとき，$\frac{1}{6}\cdot 2(4-6+8)=2$ となり

$$a_3-a_2=2$$

$n=3$ のとき，$\frac{1}{6}\cdot 3(9-9+8)=4$ となり $a_4-a_3=4$ と一致している。

$n \geqq 2$ のとき，$a_1=1$ と(3)の結果より

$$\begin{aligned}a_n&=a_1+\sum_{k=1}^{n-1}\frac{1}{6}k(k^2-3k+8)\\&=1+\frac{1}{6}\sum_{k=1}^{n-1}(k^3-3k^2+8k)\\&=1+\frac{1}{6}\left\{\frac{1}{4}(n-1)^2n^2-3\cdot\frac{1}{6}(n-1)n(2n-1)+8\cdot\frac{1}{2}(n-1)n\right\}\\&=\frac{1}{24}(n^4-6n^3+23n^2-18n+24)\end{aligned}$$

$n=1$ のとき $\frac{1}{24}(1-6+23-18+24)=\frac{24}{24}=1$ となり一致する。

したがって，すべての正の数 n に対して

$$a_n=\frac{1}{24}(n^4-6n^3+23n^2-18n+24) \quad \cdots\cdots(\text{答})$$

解説

《図形と漸化式》

1本の線分により分かれる線分の数の分だけ領域の数が増えることがポイントである。総和の計算がかなり煩雑であるから丁寧に計算したい。

講評

大問3題の出題。Ⅰは空所補充形式。Ⅱ，Ⅲは記述式。Ⅰは「数学A」から図形の性質，「数学Ⅱ」から微分法と三角関数の小問3問。Ⅱは「数学Ⅱ」の図形と方程式，「数学A」の図形の性質，Ⅲは「数学B」の数列からの出題である。

Ⅰの(1)の正四面体の体積は高校入試で出題されることもある問題であ

る。中学校での学びも大切にしたい。(2)の３次関数のグラフと接線の問題，(3)の三角関数の加法定理から導き出される式変形の問題は基本問題であるから確実に押さえたい。

Ⅱの三角形の外心，垂心の問題はそれぞれの点の性質と作図の仕方がポイントの基本問題である。

Ⅲは円領域の分割数を数列で考える問題である。１つの領域が１本の線分で２つに分けられることから，新たに加わる弦が既にある何本の弦と交わるかを調べることで領域がいくつ増えるのかがわかることに気がつけば，その後はΣ計算を丁寧にしていけば解ける問題である。誘導もあるが，経験がなければなかなか気づきにくい問題である。

2024年度はⅢ以外は，ほとんどが標準的な問題ではあるが，計算量は少し多めで，75分という時間ですべてに取り組むのは大変であろう。できるところを確実に押さえるようにしたい。

ばいいか、解答の骨格がつかみやすく、例年よりは答えやすかったものと思われる。

構成していく。その際、船には「五百人の商人」がいたので、それと区別するために「仏法好き」や「談義好きの商人」のように商人を特定しておくことを忘れないようにしたい。そのうえで、字数に合わせて、「仏法聴聞の功を積みたる人」（第一段落）や「仏法を聴聞して、功徳を積みたる」（第三段落）などを加えてまとめていく。

講評

現代文一題、古文一題の二題。現代文の本文の長さ、現代文、古文の最後に置かれた記述問題の指定字数など、いずれも例年と変わっていない。選択式の設問も、長い選択肢と本文の内容との一致・不一致を丁寧に見極めていく注意深さが求められている。七五分という試験時間では足りない可能性がある。標準〜やや難のレベルの出題である。

一の現代文は長文の評論。二〇二四年度は歴史家のあり方についての文章で、二〇二三年度と長さは大きく変わらない。設問の構成は例年どおりだが、問いの数は二〇二三年度よりも空所補充の設問が二問減っていた。㈠の空所補充は、評論頻出単語が身についていて、四字熟語の知識が備わっていればそれほど難しくはない。㈡は二〇二三年度にもあった関連する他の文章を読んで内容を考えていく設問で、二〇二四年度は小林秀雄の文章が使われて難しい。記述式の㈥は傍線部以降の文脈にもとづいて探していけば手がかり自体は見つけやすい。ただ例年どおり四十字という指定字数で苦労する。

二の古文は、室町時代の仏教説話集『因縁抄《いんねんしょう》　六難九易《ろくなんくい》』というきわめて珍しい出典からの出題。仏教用語が多く用いられているので一見難しそうだが、文章自体は平易である。設問数は二〇二三年度より二問増えたが、口語訳の設問が三箇所から一箇所に減ったので、分量としては変わらない。難易度は例年どおり。ただ㈤の文法は、同じ意味・用法のものを選ぶ設問だが、活用語尾の一部に線が引かれていることと活用の種類にまで留意しなければならないという点が、例年とはちがっていて、やや難しい。記述式の㈦は傍線を通して文章全体の要点を問う設問だが、どう答えていけ

ラ行四段活用の動詞「めぐる」の連体形「めぐる」の活用語尾。2はカ行上二段活用の動詞「起く」の連体形「起くる」の活用語尾の一部。3は自発の助動詞「る」の連体形「るる」の一部。4は存続の助動詞「り」の連体形。5はタ行下二段活用の動詞「言ひ立つ」の連体形「言ひ立つる」の活用語尾の一部。「文法的意味・用法」が同じものは動詞の連体形の活用語尾の一部になっている1と2と5だが、「活用の種類」まで同じであるのは5のみである。

㈥　1、第一段落に「仏法好きの者にして……かなたこなたに……仏を拝み、談義聴聞して」とあるので、「各地を訪ね歩いていた」というのはまちがっていないが、「寺で仏の教えを学ぶために」とまでは書かれていない。

2、第一段落冒頭の「天竺に、ある一人の商人の候ふが」と一致している。

3、第二段落に「船頭これを見て……隠れ入る。……ここに、かの談義好きの商人……談義を思ひ出だして」とある。

4、第二段落では、談義好きの商人は「胸をほとほと打ちて」「胸をほとほと打ちて」と二度、自分の胸をたたいているが、一回目は「鬼神よりも恐ろしいもの」、二回目は「鬼神よりも威厳があって美しいもの」として自分の心を示すためにした行為である。〈美しさに感嘆した〉わけではない。

5、第二段落の最後で鬼神は「汝の教化ありがたし」と「礼をなして」去っている。「悔しい気持ちを言い残して」はいない。

6、第三段落の末尾に「同じ心なれども、恐ろしくもなり、いつくしくもなる」をうけて「浄土も余所になし。地獄も外になし」とある。「余所《よそ》」とは〝自分とは直接関係のないもの〟のことなので、「余所になし」は〈自分とかかわる場所に存在している〉ということ。つまり最後の一文は〈浄土も地獄も人の心の中にある〉ということをいっていると考えられる。「存在しない」わけではない。

以上より、2と3が本文の内容に合致するものである。

㈦　傍線の直前に「その時、鬼神がいはく、『……』とて、礼をなして去りければ」とある。この中にある「汝の教化ありがたし」という部分を中心にすえて、〈「ある一人の商人」が「鬼神を教化した」から〉という骨格を作って解答を

解説

㈠ a、もともとは「目守《まも》る」で、〝目を離さないでじっと見る〟という意味を表す。現代の用法につられて4「警護する」を選ばないようにしたい。5「凝視する」が正解である。

b、「かへすがへす」は〝繰り返し・何度も・念入りに〟という意味。下に格助詞の「に」がついているが、物の状態を示す用法なので、意味が変化することはない（副詞に「に」が接続する例としては、現代語の用例となるが「かばんに物をぎゅうぎゅうにつめる」などがある）。1が正解である。

㈡ 傍線アにある「ここ」は直前の「今のこの船に障碍《しょうがい》をなす」を指していて、〈鬼神が船の邪魔をしている状況〉をいっている。続く「をさめ（をさむ）」には、〝事態や物事を穏やかにする・しずめる〟という意味の「治む」と〝しまう・やりとげる〟という意味の「収む」とがあるが、ここは前者の意味が適当である。また、傍線アの前に「過去の報いによりて、かかる鬼神と成る」とあり、それをうけて「来世も」といっているので、「来世もその身を受く」は〈現世と同じように来世でも「鬼神と成る」〉ということである。1と3が書き方は異なるがほぼ同じ内容になっていて悩ましいが、1にある「来世は」という部分は「来世も」の言い換えとしては適当ではない。3が正解となる。

㈢ 傍線イは「その恐ろしき人はいかなるところにあるや」という鬼神の問いかけに対する商人の返答にあたる部分であるが、この返答に対して鬼神が重ねた「その故いかん」という問いに、商人は「汝は、外相は……これが恐ろしき」と答えている。そしてその中で商人は、心というものを「一念の悪念によりて……善根仏果の種まで奪ひ取る」と言っている。この内容をふまえているのは2だけである。

㈣ 傍線ウのあとに「手の水は少なしといへども、三宝に奉り願はば……広大の善根となる。これによりて少なからず」と言っている。この内容をふまえているのは1だけである。

㈤ 「現るる」はラ行下二段活用の動詞「現る」の連体形なので、二重傍線「る」はその活用語尾の一部にあたる。1は

があって美しいものを見たことがあるか」と言う。そのとき、（商人は）扇を取り出して、また、胸をとんとんとたたきます。「おまえよりも威厳があって美しいものはある。（それは）この心である。その理由は、この邪見（＝因果の理法を否定する誤った考え）の心というものがあったとしても、一筋に仏法を聞いて、ああ尊いことだと思えば、この心法が釈迦如来となって現れるのである。おまえは天人の姿かたちである。（しかし二十二相しかなく、仏のように）三十二相のすぐれた身体的特徴を備えてはいない。この心法は仏となって、（仏のように）三十二相のすぐれた身体的特徴を備え、八十種の（それに付随する副次的な）すぐれた身体的特徴を持って、三界《さんがい》（＝ありとあらゆる世界。この世）で一番の美人となる」と言う。また、鬼神は、大海の水を手にすくい、「この（手にすくった）水と大海の水とは、どちらが多いか」と言う。商人が言うことには、「手の中の水も少ないということはない。大海の水も多いということはない。その理由は、八万由旬《ゆじゅん》（＝由旬は古代インドで用いられていた距離の単位。帝王の軍隊が一日に進む距離といわれるが具体的な数値は諸説ある）の大海の水は、多いとはいうものの、水災・火災・兵災などの起こる世界の終末のときには、すべてなくなってしまうはずだという。だから多くはない。手にすくった水は少ないとはいうものの、三宝《さんぼう》（＝仏と、仏の教えである法と、その教えをひろめる僧）に捧げて願うならば、この功徳によって、われわれ悪業《あくごう》の（＝前世で悪事をはたらいた）者であっても、仏道修行によって悟りを開かせたまえと祈るならば、少しの水であっても、かえって大きな善根（＝善を生み出す根本となるもの）となる。だから少なくはない」と言う。そのとき、鬼神が言うことには、「この船に乗っている多くの者たちを、一口に食おうと思っていたが、おまえの教化はありがたいことだ」と言って、礼を言って去ったので、船の人々は、まさに苦難をまぬがれたのであった。

　このことは、あの商人が十分に仏法を聞いていて、功徳を積み重ねたから、このような教化をおこなって難を逃れるのだと、ある意見の中でおっしゃっていた。それゆえ、同じ心ではあるが、恐ろしくもなり、威厳があって美しくもなる。浄土も（自分とは）無関係な場所にあるのではない。地獄も（自分の）外部にあるのではないということである。

たくさんの家の灯りが現れ出るかのように気を吐き、大海の中からにわかに現れ出てこの船を凝視する。船頭はこれを見て「南無三宝《なむさんぼう》（＝驚いたときなどに仏に救いを求めて発する語）」と唱えて、船底に隠れ入る。五百人の商人（たち）もこれを見て、船底に大急ぎで入る。このとき、あの談義好きの商人はこれを見て、この間に、いろいろな談義（のこと）を思い出して、努力は積み重ねてきた、この人（＝商人）が鬼神を教化する（＝教え導いて善に進ませる）ことには、「おまえは、過去の（行為の）報いによって、このような鬼神となるだけではなく、今この船に（対し）邪魔（になること）をおこなっている。ここで事をおさめなければ、来世においても（今の）その身の上を受け入れることになるだろう。すぐに悔い改めよ」と、念入りに教化したところ、そのとき、鬼神は「おまえの智恵の程度を試してみよう」と言って、商人に対して、鬼神が言うことには、「おまえはわしよりも恐ろしい者などを見たことがあるか」と言う。商人は「当然である」（と答えた）。鬼神が言うことには、「その恐ろしい人はどのようなところにいるのか」。そのとき、商人は、扇を取り出して、自分と自分の胸をとんとんとたたいて、「この胸の間にある心にいる」と言う。鬼（神）が言うことには、「その理由はどのようなものか」。商人が言うことには、「おまえは、外見は恐ろしいさまをしているが、たとえ人を取って食べるとしても、心を取ることはできない。こういうわけなので恐ろしくもない。この心というものは、ちょっとした悪い考え（を持つこと）によって、地獄の底へ身も心も引きずりこみ、餓鬼道《がきどう》（＝嫉妬《しっと》や吝嗇《りんしょく》の報いとして飲食することができず、常に飢えに苦しむ世界）へも畜生道《ちくしょうどう》（＝生前に悪業をなした者が導かれる、禽獣《きんじゅう》の姿に生まれて苦しむ世界）へも引きこんで、善根仏果《ぜんこんぶっか》（＝善を生みだす根本となる仏道修行によって得られる成果）のもととなるものまで奪い取る。恐ろしいものは心法《しんぽう》（＝心の働き）である。外見は威厳があって美しい様子であっても、胸の間には三毒（＝人の善心を毒する三つの煩悩）の剣を磨き立てて、人を殺し、わが身を無間《むげん》地獄（＝八大地獄の一つで、最悪の地獄。たえまなく苦痛を受け、それを逃れることができない）に堕とすため、これが恐ろしいのだ」と言う。そのとき、鬼神は、（商人の）道理に追いこまれて、（みずからの）姿かたちを変えて、二十二相（の身体的特徴）を備える女のおごそかで美しい天人（の姿）となって現れ、月や花のよう（に優雅）な人となって見え申し上げるが、また、「おまえは私よりも威厳本文前半の「主観」「客観」のことは入れなくてもいいだろう。

二

出典　『因縁抄《いんねんしょう》　六難九《ろくなんく》易《い》』〈智恵事・丁聞事・一念事（天竺商人、鬼神教化事）〉（古典文庫『因縁抄』所収）

解答

(一)　a―5　b―1

(二)　3

(三)　2

(四)　1

(五)　5

(六)　2・3

(七)　仏法好きで功徳を積み重ねてきた商人が鬼神を教化したから。（三十字以内）

全訳

天竺に、ある一人の商人がおりますが、その身の上は身分の低い者であるが、仏法（＝仏の説いた教え）の好きな者で、毎日売買の間には、あちらこちらに走って行って、仏を拝み、談義（＝仏教の法義についての説法）を聞いて、かぎりなく深く仏法を聞く努力を積み上げた人でございます。

あるとき、五百人の商人を引き連れて、船に乗り、よその国に赴きましたところ、海の真ん中で、この船が、前へも後ろへも、左へも右へも進まなくなり、ぴたりとその場にあって、悩み苦しむことがはなはだしい限りである。船頭は、楫《かじ》を立て直し、長年船を動かしている技《わざ》を尽くすけれどもうまくいかない。多くの人がどうしていいかわからず途方に暮れるとは、このことである。船頭は「これは（いったい）何事だ」と言って、船のせがい（＝船の左右の船べりに渡した板。船頭はこの上に乗って船をこぐ）に立ち上がって、海上を見ると、十間（＝約十八メートル）ばかり向こうから、鬼神が、

3、第六段落に「そういう歴史学の……同一視されることになろう。私は……歯止めをかけることが必要だと考えている」とある。遅塚は「同一のものとして位置づけ」てはいない。

4、第十九段落の、「歴史の『パースペクティブ的特質』」を考察したJ・リューゼンの述べたことの中に、「失われた可能性・実現しなかった可能性も考慮に入れた」とある。

5、第二十段落に「さらに……技術や自然科学のもたらす恩恵については、……。むろんそれは歴史全体の進歩ではなく、部分的なものではあるが」とある。

6、「中国とドイツにおける印刷術の発明」については第二十一段落に、「口頭伝承から書記伝達への移行」については第十八段落に、それぞれ指摘されているが、この両者を「一筋の糸で繋ぐ」ということは述べられていない。

以上より、本文の内容に合致しているものは、1と2である。

㈥

傍線に続けて「そのときに問題になるのが、いわゆる『歴史観』である」とあり、本文の最後までこの「歴史観」「歴史法則」（第十四段落）さらにはそれを言い換えた「歴史の『道筋』」（第十七段落）のことが書かれているので、「歴史観」「歴史法則」「歴史の『道筋』」と歴史家の関係を論旨に沿って追っていけばよい。「歴史観」とは第十二段落にあるように「歴史の変化ないし展開……という点をめぐる基本的考え方・解釈原理」のことであり、㈣で考えたように「現在の大方の歴史学者」はこれに批判的である。しかし筆者は第十六段落で「しかしながら、社会史といえども……歴史として理解可能にならない」「それでもその変化の仕組みや方向性や意味を見つけるのが歴史家の仕事なのであれば……評価していくしかない」といい、第十八段落では「そもそも方向性の感覚を持たない歴史（家）は歴史（家）ともいえない」とまで述べている。この内容は第十九段落のJ・リューゼンの言葉をはさんで最終の第二十一段落の例示の中で「それらと関連する……正しい歴史的な位置づけ・意味づけはできない」と繰り返されている。解答は四十字と字数が厳しいので、第十六段落の最後の一文を骨格として、そこに「出来事を読み解き評価していく」方法として第十八段落の最後の一文にあることを添えてまとめていく。「歴史観」のことからずれてしまうので、で締めくくっている3が適当である。

㈢　傍線Bの直前が「……というところが」となっていることに注意する。傍線Bと同じ第九段落に「歴史（学）の他の学問にはない特徴」と傍線Bとほとんど同じ表現があり、その直前に「歴史とはまずはじめに……という面が避けられないのである。歴史的存在である人間の主観性を通してしか、客観性も存立しえない」とある。そしてこれは第八段落にある「史料を通しておのずと『事実』が確定できるというわけではない」を「言い換えれば」で言い換えた内容なので、第七段落や第八段落に書かれている「史料」に対する姿勢を述べた部分にまでさかのぼって、中身を検討していく必要がある。第七段落から第九段落の内容を合わせまとめた4が適当である。2、第七段落に「小林も当事者でないと歴史は描けないとするのではない」とある。1の「歴史家が機械的に事実を確定するにしても、……叙述に取り入れられる」、3の「『事実』が客観的には不完全でも……把握される」、5の「情愛を込めて歴史を描くにしても、客観的な価値判断が示される」という内容は本文には書かれていない。

㈣　直前に「そのイデオロギー性を批判するのが」とある。「その」は「歴史観」「歴史法則」を指しているので、傍線Cは〈歴史観や歴史法則のイデオロギー性を批判する態度〉と言い換えることができる。具体的な批判対象としては、傍線Cに続けて「マルクス主義の唯物史観など教条的な歴史法則」「ドイツ歴史学派の発展段階説」、直後の第十五段落ではアナール派などが容認しない「発展段階説や進歩史観に則った法則」などが挙げられている。これをふまえて選択肢を確認すると、2が説明として適当である。1、第十六段落に「歴史は予見できる未来や目標に向かっているとはもはやいえなくなったとしても」とある。3、「資本主義の発展を主題に据える」ということは本文にない。4、第十六段落に「民衆の生活や文化が、不変の静態的な基層として実体化されてはならない」とある。5、第十四段落に「経済状態や交換形式、生産者と消費者の距離などに着目した……信用を失っている」とある。

㈤　1、第一段落の「それら（＝歴史的事実）には、……統計的事実などがある」という内容と合致している。
2、第五段落の「『昭和史論争』において……同様な立場だろう」という内容と合致している。

解説

㈠　a、「単独で〔　a　〕に評価するのではなく、関連するコンテクストに据え直し、多数の因果の鎖が……」という文脈になっている。「単独」〔　a　〕と「関連するコンテクスト」「多数の因果の鎖」が対比構造になっているので、〈「関連する」「多数」のものとの関係でとらえるのではなく、「単独」でとらえていく〉ことを表す言葉を選択肢から探していく。〈多数のものとの関係〉に通じる「相対的」という語の対義語である4「絶対的」が適当である。

b、〔　b　〕を含む文は、「史料」に対する小林秀雄の考えを述べている。小林の「史料」に対する考えは第三段落の「史料というのは……蛻《もぬけ》の殻にすぎない」や第五段落の「むしろ歴史家の主観……歴史を甦らせる」にある。そしてこれと対照的な考え方が〔　b　〕を含む部分なので、〈「主観」を排して「客観的」に〉という意味で考えていけばよい。〝素直な気持ちでものに向かうさま〟という意味の3「虚心坦懐《きょしんたんかい》」が適当である。2「曖昧模糊《あいまいもこ》」は〝はっきりせず、ぼんやりしているさま〟なので方向性がちがう。1「臨機応変」、4「軽妙洒脱《けいみょうしゃだつ》」、5「明朗闊達《めいろうかったつ》」はどれも「客観的」とはいいがたく、文意にそぐわない。

㈡　傍線Aにある、〈「小林」の「信じない」「科学的な歴史の理論」〉とは、直前にある「史料を……因果関係を解明するのが主眼」となっている考え方のことなので、「歴史の因果関係を解明するのが主眼だ」という4や「客観的な世界の明瞭さを発見した」という5は誤りである。小林は「客観的事実自体には歴史的意味はない」（第四段落）と述べている。設問における引用文の中でも、その第二段落で「歴史上の客観的事実という言葉の濫用は……という一種異様な世界を徘徊《はいかい》させる」と述べたうえで、「どうして……客観的な歴史世界という様なものを信ずるに至るのであろうか」と問いかけている。そしてその答えにあたる部分で、小林は「歴史」を「河」や「生き物」にたとえたうえで「客観的という言葉が纏《まと》い附き、……類推されるのだ。この無邪気な類推が歴史的存在という概念を生む」と述べている。1「無邪気に類推する」ことも2「歴史的存在」も「客観的」であることからもたらされるものなので、小林が1「擁護」したり、2「提起」したりすることは考えられない。引用文の第一段落の内容で始め、第二段落の内容

国語

一

出典　池上俊一『歴史学の作法』〈第一章　歴史の道筋〉（東京大学出版会）
引用：小林秀雄『ドストエフスキイの生活』〈序（歴史について）〉（新潮文庫）

解答

㈠　a―4　b―3

㈡　3

㈢　4

㈣　2

㈤　1・2

㈥　歴史の変化・発展について、共通性と差異を勘案しながら様態や意味を解明すること。（四十字以内）

要旨

歴史家の任務は、歴史家が意味があると考える歴史的事実の究明にある。今日の歴史家は、研究対象に意味と価値を認めるために、歴史的ビジョンを持っていなければならない。人間の主観性を通してしか客観性も存立しえないというのが歴史（学）の特徴である。歴史は公的な出来事であり、過去は複数の人間の多様な想起的射映の志向的統一である。公的な歴史を書くときに問題になるのは歴史観である。歴史家は歴史観にもとづいて無数の事実を取捨選択する。歴史観は多くの同時代人に共有されていなければならないが、時間の経過とともに変容するものでもある。歴史観は歴史の道筋であり、歴史家は、各地域・時代における道筋の様態や意味するところを、共通性と差異を勘案しながら解明する必要がある。

////////////////////// · memo · //////////////////////

2023年度

問題と解答

■学部個別日程（法学部，グローバル・コミュニケーション学部）

問題編

▶試験科目・配点

●法学部，グローバル・コミュニケーション学部中国語コース

教　科	科　　目	配　点
外国語	コミュニケーション英語Ⅰ・Ⅱ・Ⅲ，英語表現Ⅰ・Ⅱ	200点
選　択	日本史Ｂ，世界史Ｂ，政治・経済，「数学Ⅰ・Ⅱ・Ａ・Ｂ」から1科目選択	150点
国　語	国語総合，現代文Ｂ，古典Ｂ	150点

●グローバル・コミュニケーション学部英語コース（英語重視型）

教　科	科　　目	配　点
外国語	コミュニケーション英語Ⅰ・Ⅱ・Ⅲ，英語表現Ⅰ・Ⅱ	250点*
選　択	日本史Ｂ，世界史Ｂ，政治・経済，「数学Ⅰ・Ⅱ・Ａ・Ｂ」から1科目選択	150点
国　語	国語総合，現代文Ｂ，古典Ｂ	150点

▶備　考

- 法学部は英語について基準点（80点）を設けている。したがって英語が79点以下の場合，3教科の総得点が合格最低点を上回っていても不合格となる。
- 「数学Ｂ」は「数列」および「ベクトル」から出題する。

＊「外国語」は同日実施の共通問題（100分，200点満点）を使用し，配点を250点満点に換算する。

英語

(100分)

〔Ｉ〕 次の文章を読んで設問に答えなさい。[＊印のついた語句は注を参照しなさい。](79点)

Playing an instrument presents an enormous challenge for our brains. How [※] the brain masters the complex coordination tasks needed to meet that challenge is the subject of two new studies (中略). When playing the piano, pianists are involved in planning two things (X) parallel: they must coordinate *what* is played, which note or chord is to come next, and *how* it is played, [※] which fingers are to strike the keys. A team of researchers from the Max Planck Institute for Empirical Aesthetics* and the Max Planck Institute for Human Cognitive and Brain Sciences* has now investigated where [※] in the brain these planning steps take place.

Functional magnetic resonance imaging (fMRI)* is a technique used for pinpointing the location of brain activity. It typically involves study participants lying horizontally inside a narrow tube situated within a strong magnetic field — a position that for obvious(a) reasons makes it impossible to examine pianists while they are playing the piano. To overcome this limitation(b), the research team cooperated with the Blüthner Piano Factory of Leipzig to develop a one-of-a-kind, MRI-compatible piano* (Y) 27 keys that uses a light cable to register participants' keystrokes.

On this special piano, 26 individual pianists were asked to play image-based chord sequences in the MRI scanner*. What this showed was that two different brain networks were activated, respectively, by the *what*

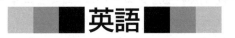

and *how* planning steps. The researchers were particularly struck by the fact (ア) that both of these networks contained left lateral prefrontal cortex* — a frontal brain region that is especially important in the planning of all everyday actions.

“A particular feature (c) of this region is its graduated degree of specialization: While the front part implements rather abstract planning steps, these processes become increasingly refined the further back in the region they are. Planning thus becomes more and more concrete, the *what* is translated into the *how*,” explains first author Roberta Bianco.

In the case of this study, this process corresponds to (d) the translation of a musical idea into finger movements on the piano. The researchers thus identified prefrontal cortex (Z) the key region coordinating the relationship between a musical composition and finger movements during solo performance.

If such complex processes are activated in the brains of solo pianists when playing simple chord sequences, then performing music together with others must be even more of a challenge for the brain. After all, the musicians (あ) not only to plan and (い) their (う) performance, but to coordinate and (え) it to the performances of (お).

As these two things cannot be done at the same time, the musicians must prioritize what they focus on (イ) while playing: the precise execution of their own performance or the fit of their actions with those of the other musicians. In order to find out [※] how these coordination processes between musicians occur, researchers from the two Max Planck institutes conducted (e) a second study in which they examined the brains of pianists playing duets.

“When people coordinate their actions, for example, when they dance or sing together, their brain waves synchronize* as well,” explains Daniela Sammler, head of the research teams. “This phenomenon (f) is called 'interbrain synchrony.'"

One obvious cause of such synchrony is that musicians do and hear similar things at the same time. But now, the scientists wanted to find out whether the coordination process between partners playing a duet was reflected in synchronous brain waves as well.

For this, they invited 14 pairs of pianists to perform short piano duets together. They recorded the brain waves of all 28 musicians using electroencephalography (EEG)*. One pianist would play the melody with his or her right hand, while the other performed the bass clef* with his or her left. All pieces contained a musical break in the middle, during which no sound was produced.

The research team used this break to study their brain activity: The pianists had been asked to play the part that came after the break at a different tempo — whether it was to be faster or slower than the tempo of the beginning was indicated to them by a signal shortly before they began playing the piece. However, for some pieces, they were (ウ) given different, contradictory signals.

First author Katarzyna Gugnowska (g) summarizes what happened: "This manipulation made a real difference for the synchronicity of the two brains during the break: If both pianists planned to play at the same tempo, the synchronicity was high. However, if the assigned tempos were different, it was low. Moreover, the synchronicity of the brain waves also predicted how similar the pianists' (h) respective tempos were *after* the break."

These results suggest that brainwave synchronization between musicians is not just a byproduct*, one (i) triggered by shared auditory impressions and the music itself, but is actually a mechanism they use to coordinate their performances with each other.

Taken together, these studies provide important evidence of the complex coordination involved in making music, not only between the brain and the hand of a solo musician, but also between musicians when performing in concert.

(From the Max Planck Society, February 1, 2022)

［注］ Max Planck Institute for Empirical Aesthetics　マックス・プランク経験美学研究所

Max Planck Institute for Human Cognitive and Brain Sciences　マックス・プランク人間認知脳科学研究所

Functional magnetic resonance imaging (fMRI)　機能的磁気共鳴画像法（磁気共鳴画像（ＭＲＩ）装置を用いて、活発な脳の領域を視覚化する方法）

one-of-a-kind, MRI-compatible piano　ＭＲＩ装置対応の特殊なピアノ

play image-based chord sequences in the MRI scanner　（ピアニストが）ＭＲＩ装置の中で、楽譜ではなく指の動くイメージ（合図）で示された和音の組み合わせを弾く

lateral prefrontal cortex　外側前頭前皮質（脳の前頭葉の前方領域）

synchronize　同期する

electroencephalography (EEG)　脳波記録法

bass clef　低音部記号

byproduct　副産物

Ｉ－Ａ　空所(X)～(Z)に入るもっとも適切なものを次の１～４の中からそれぞれ一つ選び、その番号を解答欄に記入しなさい。

(X)	1 at	2 for	3 in	4 with
(Y)	1 by	2 in	3 on	4 with
(Z)	1 as	2 for	3 into	4 on

Ｉ－Ｂ　四つの空所［　※　］には、すべて同じ語が入ります。もっとも適切なものを次の１～４の中から一つ選び、その番号を解答欄に記入しなさい。

1 adequately　　2 exactly　　3 promptly　　4 thoroughly

I－C　下線部 (a)～(i) の意味・内容にもっとも近いものを次の１～４の中からそれぞれ一つ選び、その番号を解答欄に記入しなさい。

(a) obvious

1 obscure　2 self-aware
3 self-evident　4 visual

(b) limitation

1 blow　2 expectation
3 lack　4 restriction

(c) feature

1 aspect　2 demand　3 request　4 stance

(d) corresponds to

1 contrasts with　2 happens to
3 is familiar to　4 is reflected in

(e) conducted

1 acted out　2 carried out
3 handed out　4 put out

(f) phenomenon

1 atmosphere　2 demonstration
3 experiment　4 occurrence

(g) summarizes

1 finds out　2 omits　3 outlines　4 takes up

(h) respective

1 genuine　2 individual　3 multiple　4 simple

(i) triggered

1 brought about　2 caught up
3 reorganized　4 translated

I－D　波線部 (ア)～(ウ) の意味・内容をもっとも的確に示すものを次の１～４の中からそれぞれ一つ選び、その番号を解答欄に記入しなさい。

(ア) were particularly struck by the fact

1 had difficulty finding out the fact

2 paid little attention to the fact

3 were especially impressed by the fact

4 were peculiarly troubled by the fact

(イ) prioritize what they focus on

1 concentrate on their own performance

2 consider what is more important than the music

3 decide what they should pay attention to most

4 emphasize the least important aspect

(ウ) given different, contradictory signals

1 instructed to play a different piece from the other player

2 instructed to play at a different tempo from the other player

3 told to play a different piece from the one before the break

4 told to play at a different tempo from the one after the break

I－E　二重下線部の空所(あ)～(お)に次の１～７の中から選んだ語を入れて文を完成させたとき、(あ)と(う)と(え)に入る語の番号を解答欄に記入しなさい。同じ語を二度使ってはいけません。選択肢の中には使われないものが二つ含まれています。

After all, the musicians (あ) not only to plan and (い) their (う) performance, but to coordinate and (え) it to the performances of (お).

1 adapt　　2 also　　3 implement　　4 need

5 others　　6 owes　　7 own

I－F　本文の意味・内容に合致するものを次の１～６の中から二つ選び、その番号を解答欄に記入しなさい。

1 Researchers from two different Max Planck institutes launched the new brain research and did their experiments separately.

2 Before the invention of an MRI-compatible piano, Max Planck

scientists couldn't pinpoint which part of the brain is activated when pianists are playing.

3 Roberta Bianco says that performing pianists use their brains to transform concrete ideas to more abstract ideas.

4 The number of pianists participating in the studies of solo performance and duet performance was the same.

5 The research team observed that the brain wave synchronization between pianists was high when they were asked to play the same tempos after the break.

6 According to the conclusion, these studies provide evidence that a musician's brain and hand coordination is always far more important than the coordination between different musicians.

I－G 本文中の太い下線部を日本語に訳しなさい。

whether it was to be faster or slower than the tempo of the beginning was indicated to them by a signal

〔Ⅱ〕 次の文章を読んで設問に答えなさい。［＊印のついた語句は注を参照しなさい。］（71点）

The concept of "health foods" can be traced back to the 1830s and the Popular Health movement, which combined a reaction against professional medicine and an emphasis on lay* knowledge and health care with broader social concerns such as feminism and the class struggle. The Popular Health movement emphasized self-healing and the dissemination* of knowledge about the body and health to laymen.

One of the early founders of the movement, Sylvester Graham (who gave us the graham cracker) preached that good health was to be found in temperate (a) living. This included abstinence* from alcohol, a vegetarian diet, consumption of whole wheat products*, and regular exercise. The writings and preachings of these early "hygienists*" (as they called themselves) often had moral overtones*, depicting physiological* and spiritual reform as going hand in hand (ア).

The idea that proper diet can contribute (X) good health has continued into the twentieth century. The discovery of vitamins provided for many health food people a further "natural" means of healing which could be utilized (b) instead of drugs. Vitamins were promoted as health-giving substances by various writers, including nutritionist* Adelle Davis, who has been perhaps the most important "guru*" of health foods in this century*. Davis preached good diet as well as the use of vitamins to restore and maintain health, and her books have become the best sellers of the movement. (The titles of her books, *Let's Cook It Right, Let's Get Well, Let's Have Healthy Children*, give some sense of her approach.)

The health food movement took (Y) its present form, however, during the late 1960s when it became part of the "counterculture*." Health foods were "in," (イ) and their consumption became part of the general protest against the "establishment" and the "straight" lifestyle. They were associated with other movements centering around social concerns, such as ecology and consumerism.

In contrast to the Popular Health movement, health food advocates of the sixties saw the establishment as not only the medical profession but also the food industry and the society it represented. Food had become highly processed and laden with* colorings, preservatives*, and other additives* so that purity of food became a new issue. Chemicals had also become part of the food growing process, and in reaction terms such as "organic" and "natural" became watchwords(c) of the movement.

Health food consumption received a further impetus(d) from revelations about the high sugar content of many popular breakfast cereals which Americans had been taught since childhood to think of as a nutritious way to start the day.（中略）

Although some health food users are members of formal groups（中略）, the movement exists primarily as a set of principles and practices rather than as an organization. For those not part of organized groups, these principles and practices are disseminated, and contact is made with other members of the movement, through several means. The most important of these are health food stores, restaurants, and publications. The two most prominent(e) journals in the movement are *Prevention* and *Let's Live*, begun in 1920 and 1932 respectively.

These journals tell people what foods to eat and how to prepare them. They offer advice about the use of vitamins, the importance of exercise, and the danger of pollutants*. They also present testimonials* from faithful practitioners. Such testimonials take the form of articles that recount(f) how the author overcame a physical problem through a health food approach, or letters from readers who tell how they have cured their ailments* by following methods advocated by the journal or suggested by friends in the movement. In this manner, such magazines not only educate, they also articulate(g) a world view and provide evidence and support for it.

They have become the “sacred writings” of the movement.（中略）

What exactly is the health food system? First, and most obviously, it centers around certain beliefs regarding the relationship of diet to health. Health foods are（　あ　）（　い　）an “alternative” healing system,（　う　）which people（　え　）to（　お　）of their dissatisfaction with conventional medicine. The emphasis is on “wellness” and prevention rather than on illness and curing.

Judging from letters and articles found in health food publications, (ウ) many individuals’ initial adherence to the movement is a type of conversion. A specific medical problem, or a general dissatisfaction with the state of their health, leads these converts to an eventual realization of the “truth” as represented by the health food approach, and to a (h) subsequent change in lifestyle to reflect the principles of that approach. “Why This Psychiatrist ‘Switched’,” published in *Prevention* (September, 1976), carries the following heading: “Dr. H. L. Newbold is a great advocate of better nutrition and a livelier life style. But it took a personal illness to make him see the light.”

For those who have experienced such conversion, and for others who become convinced by reading about such experiences, health food publications serve an important function by (i) reinforcing the conversion and encouraging a change of lifestyle.（中略）The pamphlet, *The Junk Food Withdrawal Manual* (1978), details how an individual can, step by step, quit eating junk foods* and adopt more healthful eating habits. Publications also urge the readers to convert others by letting them know how much better health foods are than junk foods. Proselytizing* may take the form of giving a “natural” birthday party for one’s children and their friends, encouraging schools to substitute fruit and nuts（　Z　）junk food snacks, and even selling one’s own baking.

(by Jill Dubisch from *Investigating Culture: An Experiential Introduction to Anthropology*, 3rd ed., 2017)

［注］ lay 一般の

dissemination 普及、伝播

abstinence 節制、自制

whole wheat products 全粒小麦の製品

hygienists 衛生士

overtones ニュアンス、含み

physiological 生理学的な、人間の身体的な機能に関連した

nutritionist 栄養士

guru 教祖的な存在、指導者

this century （この文章が最初に出版されたのが1970年代であるため、20世紀を指す）

counterculture 対抗文化（1960年代後半にアメリカの主流文化を批判して若者たちが起こした運動・生活全般に及ぶ取り組み）

laden with ～で一杯である

preservatives 保存料、防腐剤

additives 添加物、添加剤

pollutants 汚染物質

testimonials 証言

ailments 疾患

junk foods ジャンク・フード（高カロリーだが栄養価の低い食品）

Proselytizing （proselytize 転向させる）

Ⅱ－A 空所（X）～（Z）に入るもっとも適切なものを次の１～４の中からそれぞれ一つ選び、その番号を解答欄に記入しなさい。

（X）	1 at	2 by	3 of	4 to
（Y）	1 after	2 of	3 on	4 out
（Z）	1 after	2 for	3 in	4 on

Ⅱ－B 下線部 (a)～(i) の意味・内容にもっとも近いものを次の１～４の中からそれぞれ一つ選び、その番号を解答欄に記入しなさい。

(a) temperate

1 challenging　2 harsh　3 moderate　4 passionate

(b) utilized

1 bound　2 employed　3 purchased　4 realized

(c) watchwords

1 reminders　2 slogans　3 suggestions　4 warnings

(d) impetus

1 attention　2 blow　3 incentive　4 succession

(e) most prominent

1 best avoided　2 best known

3 best reserved　4 best written

(f) recount

1 deny　2 describe　3 draw　4 ignore

(g) articulate

1 clearly express　2 indirectly understand

3 instantly demolish　4 partially address

(h) subsequent

1 conditional　2 following　3 gradual　4 sporadic

(i) reinforcing

1 imagining　2 informing

3 overcoming　4 strengthening

II－C　波線部 (ア)〜(ウ) の意味・内容をもっとも的確に示すものを次の１〜４の中からそれぞれ一つ選び、その番号を解答欄に記入しなさい。

(ア) going hand in hand

1 closely linked

2 done by hand

3 happening one by one

4 usefully distinct

(イ) Health foods were “in,”

1 Health foods arrived inside,

2 Health foods became fashionable,

3 Health foods regained value,

4 Health foods were legalized,

(ウ) many individuals’ initial adherence to the movement is a type of conversion

1 people begin believing in the movement as though it were like a religion

2 people first encounter the sacred part of the movement

3 people originally experience the movement as a result of advice from others

4 people’s attraction to the movement immediately changes their conversational styles

II－D 二重下線部の空所(あ)～(お)に次の１～７の中から選んだ語を入れて文を完成させたとき、(あ)と(う)と(お)に入る語の番号を解答欄に記入しなさい。同じ語を二度使ってはいけません。選択肢の中には使われないものが二つ含まれています。

Health foods are (あ)(い) an “alternative” healing system, (う) which people (え) to (お) of their dissatisfaction with conventional medicine.

1 as	2 consuming	3 one	4 out
5 seen	6 them	7 turn	

II－E 本文の意味・内容に合致するものを次の１～８の中から三つ選び、その番号を解答欄に記入しなさい。

1 Supporters of the early Popular Health movement regarded medical experts and their knowledge as the key to their health.

2 Sylvester Graham, one of the hygienists, preached a lifestyle which included healthy diet and exercise.

3 Adelle Davis, like many other health food promoters in the twentieth century, was suspicious of taking vitamins to improve health.

4 In the 1960s, health food supporters began to object to highly processed food with a lot of chemicals.

5 At the time of the counterculture, the sugar content of breakfast cereals was increased, which led people to stop eating them.

6 Health food stores, restaurants, and publications played an important role in spreading the health food movement to those outside organized groups.

7 The health food journals ran testimonials from readers who abandoned healthy lifestyles but regained their health.

8 As a firm believer in the health food movement, Dr. H. L. Newbold published the article "Why This Psychiatrist 'Switched'" about an illness from which he later suffered.

〔Ⅲ〕 次の会話を読んで設問に答えなさい。(50点)

(*Cameron and Makoto meet up at a café.*)

Cameron: Sorry I'm late! I hope I didn't keep you waiting too long.

Makoto: Oh, hi Cameron! No need to be sorry. I was just enjoying the scenery. ＿＿(a)＿＿ Thanks for recommending this amazing café.

Cameron: Isn't it great?

Makoto: It is indeed! But not surprising because you have excellent taste.

Cameron: You do too! I was just about to compliment you on your outfit. You look like you stepped out of a fashion magazine!

Makoto: Thanks! This shirt is my new favorite thing to wear.

Cameron: It's so stylish and unique. ＿＿(b)＿＿

Makoto: Well, the truth is I upcycled it after buying it from my favorite neighborhood recycle shop.

Cameron: Upcycled? I've heard the term before, but I'm not sure if I really understand what it means. ______(c)______

Makoto: Upcycling is when you improve something that would otherwise go to waste and make it useful again.

Cameron: Giving it a second life?

Makoto: Exactly. But to get back to your original question, I think the biggest difference between upcycling and recycling is that when you upcycle something, the finished product often becomes more valuable and beautiful than before.

______(d)______

Cameron: Interesting.

Makoto: This shirt, for example. I immediately liked the pattern when I saw it in the store. But the truth is that there was a pretty ugly stain on one of the elbows. ______(e)______

Cameron: You would never know by looking at it now. So, how did you get it to its current fabulous state of being?

Makoto: ______(f)______ After I bought it, I took it to my local tailor. First, they altered it to fit my size. And since there wasn't much that could be done about the stain, I asked them to add these patches to the elbows to cover it up.

Cameron: What a cool idea! [欠点はあっても、そのシャツを着ることができるだけでなく、おしゃれにすることができたんだね。] The contrasting colors on those elbow patches make it look very hip.

Makoto: Not bad for a shirt that cost 200 yen at the recycle shop, right?

Cameron: Not bad at all! ______(g)______ Recently, I accidentally put one of my favorite shirts in the dryer and it shrank.

Makoto: Well, it's easy to make something that's too big, smaller, but it's more difficult to make something too small, bigger.

Cameron: Oh, that makes sense.

Makoto: However, I'm learning that with a little imagination you can upcycle almost anything. How about turning your shirt that shrank into something else?

Cameron: Like what?

Makoto: Weren't you saying you needed a new pen case. How about something like that?

Cameron: That's a great idea!

Makoto: You know what? Now that I am thinking about it, pen cases are pretty simple to make. I don't think you need the tailor's help. ＿＿＿(h)＿＿＿

Cameron: Hmm, I'll think about it. In the meantime, we should order before this café closes.

Makoto: Yes, let's order!

Ⅲ－A　空所 (a)～(h) に入るもっとも適切なものを次の１～10の中からそれぞれ一つ選び、その番号を解答欄に記入しなさい。同じ選択肢を二度使ってはいけません。選択肢の中には使われないものが二つ含まれています。

1 For starters, how is upcycling different from recycling?
2 I think you could sew it yourself.
3 I wonder if your tailor could help me with a problem I have.
4 It was also a little too big for me.
5 It was pretty simple actually.
6 That explains why it looks a bit big.
7 That rarely happens in recycling.
8 The tailor cut off the stain.
9 What a view!
10 Where did you get it?

Ⅲ－B　本文中の［　　　］内の日本語を英語で表現しなさい。

欠点はあっても、そのシャツを着ることができるだけでなく、おしゃれにすることができたんだね。

日本史

（75分）

〔Ⅰ〕　次の史料①～⑥は、古代の外交に関する史料（すべて原漢文）である。これらを読んで、史料①～⑥を掲載する史書名を〔語群〕から選び、その番号を解答欄Ⅰ－Bに記入せよ。また、【設問ア】～【設問シ】に答えよ。なお、同一記号の空欄には同一語句が入る。　(45点)

［史料①］建武中元二年、倭の奴国、貢を奉じて朝賀す。使人自ら大夫と称す。倭国の極南界なり。光武、賜ふに印綬を以てす。（　イ　）の永初元年、倭の国王帥升等、（　ウ　）百六十人を献じ、請見を願ふ。

［史料②］高祖の永初二年、詔して曰く、「倭讃万里貢を修む。遠誠宜しく甄《あらは》すべく、除授を賜ふべし」と。〈中略〉讃死して弟珍立つ。〈中略〉二十年、倭国王（　エ　）、使を遣して奉献す。〈中略〉（　エ　）死す。世子興、使を遣して貢献す。〈中略〉興死して弟武立つ。〈中略〉順帝の昇明二年、使を遣して上表をして曰く、「封国は偏遠にして、藩を外に作《な》す。昔より祖禰《そでい》、躬《みずか》ら甲冑を擐《つらぬ》き、山川を跋渉して、寧処《ねいしょ》に遑《いとま》あらず。東は毛人を征すること五十五国、西は衆夷を服すること六十六国、渡りて海北を平ぐること九十五国。〈中略〉」と。詔して武を使持節都督倭・新羅・任那・加羅・秦韓・慕韓六国諸軍事（　オ　）倭王に除す。

［史料③］天宝元載歳冬十月、時に<u>大和上</u>カ楊州大明寺に在《あ》り、衆僧のために律を講ず。栄叡・普照師、大明寺に至り、<u>大和上</u>カの足下に頂礼して、具《つぶ》さに本意を述べて曰く、「仏法東流して日本国に至る。其の法有りと雖《いへど》も法を伝ふるの人無し。本国に昔聖徳太子有りて曰く、二百年の後に、聖教日本に興《おこ》らんと。今此の運に鍾《あた》る。願はくは和上、東遊して化を興《おこ》せ」と。<u>大和上</u>カ答へて曰く、「昔聞く。南岳恵思禅師、遷化の後、生を倭国の王子に託して仏法を興隆し、衆生を済度すと。〈中略〉此を以て思量するに、誠に是れ仏法興隆有縁の国なり。今我が同法の衆中、誰か此の遠請に応《こた》へ、日本国に向ひて法

を伝ふる者有るや」と。時に衆黙然として一の対《こた》ふる者無し。しばらくして僧祥彦《しょうげん》有り。進みて曰く、「彼の国は太《はなはだ》遠く、性命存し難し〈中略〉」と。和上(カ)曰く、「是《これ》法事のためなり。何ぞ身命を惜しまむ。諸人去《ゆ》かざれば、我即《すなわ》ち去《ゆ》くのみ」と。

[史料④]（欽明天皇十三年）冬十月、百済の（　キ　）〈中略〉釈迦仏の金銅像一軀《はしら》、幡蓋《はたきぬがさ》若干、経論若干巻を献《たてまつ》る。〈中略〉群臣に歴問して曰《のたまわ》く、「西蕃の献《たてまつ》れる仏の相《か》貌《お》端厳《きらぎら》し。全ら未だ曾《かつ》て有《あら》ず。礼《いやま》ふべきや不《いな》や」と。蘇我大臣（　ク　）宿禰奏して曰《もう》さく、「西蕃の諸国、一《もはら》に皆礼《いやま》ふ。豊秋《とよつあき》日本、豈《あに》独《ひと》り背《そむ》かむや」と。物部大連尾輿・中臣連鎌子、同じく奏して曰さく、「〈中略〉今改めて蕃神を拝みたまはば、恐るらくは国神の怒りを致したまはむ〈中略〉」と。天皇曰く、「情願ふ人、（　ク　）宿禰に付けて、試みに礼《いやま》ひ拝ましむべし」と。

[史料⑤]倭人は帯方(ケ)の東南大海の中にあり、山島に依りて国邑をなす。旧百余国。漢の時朝見する者あり。今使訳通ずる所三十国。〈中略〉其の国、本亦男子を以て王と為す。住《とど》まること七、八十年。倭国乱れ、相攻伐して年を歴たり。乃ち共に一女子を立てて王と為す。名を卑弥呼といふ。鬼道を事とし、能く衆を惑わす。〈中略〉景初二年六月、倭の女王、大夫難升米等を遣はし、郡に詣《いた》り、天子に詣《いた》りて朝献せむことを求む。〈中略〉その年十二月、詔書して倭の女王に報じて曰く、「〈中略〉今汝を以て親魏倭王と為し、金印紫綬を仮《ゆる》し、装封して帯方の太守に付し仮授せしむ〈中略〉」と。

[史料⑥]大業三年、其の王多利思比孤、使を遣《つかは》して朝貢す。使者曰く、「聞くならく、海西の菩薩天子、重ねて仏法を興《おこ》すと。故《かれ》、遣して朝貢せしめ、兼ねて沙門数十人、来りて仏法を学ぶ」と。其の国書に曰く、「日出づる処の天子、書を日没する処の天子に致す。恙《つつが》無《な》きや、云々」と。帝之を覧《み》て悦ばず、鴻臚卿に謂ひて曰く、「蛮夷の書、無礼なる有らば、復《ま》た以て聞《ぶん》する勿れ」と。

〔語群〕

1．日本書紀　　2．上宮聖徳法王帝説　　3．魏　志

4．宋　書　　5．元興寺縁起　　6．国　紀

7．晋　書　　8．続日本紀　　9．古事記
10. 唐大和上東征伝　　11. 漢　書　　12. 後漢書
13. 隋　書

【設問ア】史料①の外交があった時期の中国王朝の都はどこか。下記より選び、その番号を解答欄Ⅰ－Bに記入せよ。

1．洛　陽　　2．漢　城　　3．長　安　　4．金　海

【設問イ】空欄（　イ　）には中国の皇帝名が入る。その皇帝名を解答欄Ⅰ－Aに漢字で記せ。

【設問ウ】空欄（　ウ　）には、倭から中国皇帝に献上された人々を示す語が入る。その語を解答欄Ⅰ－Aに漢字で記せ。

【設問エ】空欄（　エ　）に入る倭の王の名を、解答欄Ⅰ－Aに漢字で記せ。

【設問オ】空欄（　オ　）に入る称号を、解答欄Ⅰ－Aに漢字で記せ。

【設問カ】下線部カの僧侶が創建した律宗の寺には、講堂として平城宮の建物が移されて現存している。この寺の名称を、解答欄Ⅰ－Aに漢字で記せ。

【設問キ】空欄（　キ　）に入る王の名を、解答欄Ⅰ－Aに漢字で記せ。

【設問ク】空欄（　ク　）に入る人物名を、解答欄Ⅰ－Aに漢字 2 字で記せ。

【設問ケ】下線部ケは 3 世紀初頭に遼東の太守の一氏族が楽浪郡南部を分割して新設した郡名である。この郡を最初に設置し支配した氏族名を解答欄Ⅰ－Aに漢字で記せ。

【設問コ】史料⑤の掲載された史書を著したのは誰か。その人物名を解答欄Ⅰ－Aに漢字で記せ。

【設問サ】日本書紀に記される天皇で、史料⑥の外交を行った時期にあたる人物は誰か。その天皇名を下記より選び、その番号を解答欄Ⅰ－Bに記入せよ。

1．雄略天皇　　2．聖武天皇　　3．天智天皇　　4．推古天皇

【設問シ】史料⑥の外交の中で、中国より答礼使として来日したのは誰か。その人物名を下記より選び、その番号を解答欄Ⅰ－Bに記入せよ。

1．小野妹子　　2．観　勒　　3．高向玄理　　4．裴世清

〔Ⅱ〕 室町時代の産業の構造に関する文章を読んで各設問に答えよ。なお、同一記号の空欄には同一語句が入る。（45点）

鎌倉時代から、農業における生産性の向上が広くみられるようになり、西日本では二毛作が普及し、室町時代になると畿内では三毛作も行われた。肥料もこれまでのものとともに下肥が使われる地域もみられた。また、手工業原料の栽培なども盛んになり、こうした生産物が商品として広く流通し、農村にも商品経済が深く浸透していった。

この商品経済にも支えられて地方の産業も盛んになり、地域の特色を生かしたさまざまな特産品が、商品として生産された。代表的なものでは、常滑・信楽・越前・瀬戸・備前・丹波の（　a　）と長船を拠点に生産された備前の（　b　）と播磨杉原の（　c　）などが有名で、京都西陣では高級な（　d　）が生産された。

また、鎌倉時代にはこれらの商品を売買する定期市も開かれた。定期市は当初、月に3度開かれたが、15世紀後半以降の室町時代になるとその回数が増え、月に（　e　）度開催される定期市が一般化した。市には荷物運搬に用いた木製の背負い道具の名称から由来する（　ア　）商人や、荷を天秤棒に下げて呼び売りして歩く（　イ　）と呼ばれた行商人も数多く現れた。京都の大原女・桂女をはじめ女性の行商人の活躍もみられた。京都などの大都市では立売に対して、軒端に（　ウ　）と呼ばれる陳列する台をかまえた常設の小売店が出現した。

また、手工業者や商人の座もその種類が増加した。大寺社や天皇家から与えられた神人・（　エ　）の称号を根拠に、関銭の免除や地域での独占的販売権を認められて、全国的な活動をみせた座もあった。既成の座に加わらない新たな商人が出現し、地方では本所をもたない、今までになかった組織形態の座も増えていった。京都では祇園社の（　f　）座神人、北野社の（　g　）座神人などが有名であった。

貨幣については、従来の宋銭とともに、新たに流入した（　h　）などの明銭が使用されたが、貨幣需要の増大とともに粗悪な私鋳銭も流通するようになった。そのため、悪銭をきらい、良質の銭（精銭）を選ぶ（　オ　）が行われ、円滑な流通が阻害された。幕府や大名などはその対策として悪銭と精銭の混入比率を決めたり、一定の悪銭の流通を禁止し、それ以外の銭の流通を強制する（　オ　）令をしばしば発布した。

流通経済の進展は金融業者の活動をうながした。当時の富裕な商工業者は、（　カ　）と呼ばれた高利貸業を兼務するものが多く、幕府は、これらの（　カ　）や酒屋を保護・統制した。

地方の産業が盛んになると、為替手形の一種である割符の利用も盛んに行われ、遠隔地取引も活発になった。海・川・陸の交通路も非常に発達し、港間を往来し商品の輸送や行商を行った（　キ　）が経済活動を促進させた。その様子は摂津の（　ｉ　）北関の入船納帳などの史料からみてとることができる。

京都・奈良などの大都市や、他の交通の要衝地には、他者から委託された貨物にも手数料をとって売る（　ク　）が成立し、また馬の背に荷物を載せて運搬する（　ケ　）と呼ばれる運送業者などが流通の発展に大きく貢献した。

【設問ア～ケ】空欄（　ア　）～（　ケ　）に入る最も適切な語句を解答欄Ⅱ－Aに漢字で記せ。

【設問ａ～ｉ】文中の空欄（　ａ　）～（　ｉ　）に入る最も適切な語句を下の語群の中からそれぞれ１つ選び、その番号を解答欄Ⅱ－Ｂに記入せよ。

ａ．１．刀　　２．和　紙　　３．絹織物　　４．陶　器
ｂ．１．刀　　２．和　紙　　３．絹織物　　４．陶　器
ｃ．１．刀　　２．和　紙　　３．絹織物　　４．陶　器
ｄ．１．刀　　２．和　紙　　３．絹織物　　４．陶　器
ｅ．１．５　　２．６　　３．７　　４．８
ｆ．１．藍　　２．麹　　３．油　　４．綿
ｇ．１．藍　　２．麹　　３．油　　４．綿
ｈ．１．永楽通宝　　２．延喜通宝　　３．開元通宝　　４．寛永通宝
ｉ．１．兵　庫　　２．堺　　３．鞆　　４．尾　道

〔Ⅲ〕 次の（1）(2)（3）の文章を読み、文中の空欄または下線部に対応する下記の【設問a】～【設問l】および【設問ア】～【設問シ】に答えよ。　（60点）

（1） 1600年の関ヶ原の戦いに勝利した徳川家康は、1603年には朝廷から征夷大将軍に任命され a、江戸に幕府を開いた。家康は全国の諸大名に江戸城と市街地造成の普請を、また国単位に国絵図と郷帳 アの作成を命じて、将軍が全国土の支配者であることを示した。

さらに幕府は、大坂夏の陣の直後には一国一城令や武家諸法度 イを制定し、大名を厳しく統制しようとした。たとえば1619年（元和5）には旧豊臣系大名の（　ウ　）を改易し、有力な外様大名も処分できる将軍の力量を明示した。

三代将軍の家光は、1634年（寛永11）に30万余りの軍勢を率いて上洛した。これは大名たちに石高に応じた（　b　）を賦課し、将軍の軍事指揮権を明らかにするものであった。このように家光の頃には、強大な権力を持つ将軍と諸大名との主従関係が確立したのである。

幕府の政治機構については、家康・秀忠時代には側近たちが担っていた役割 cを、家光の頃には職制として整備し、各々の職名と職務内容が定められた。具体的には、幕府の政務全体を統括する（　d　）と、それを補佐する若年寄、さらに大名を監督する大目付や、評定所での訴訟審理の中心を担った三奉行 エなどの職が置かれた。

【設問a】下線部aの出来事が起こった年代の和年号を、解答欄Ⅲ－Aに漢字で記せ。

【設問ア】国絵図と郷帳の作成はこれ以降にも行われたが、その作成年代として正しくない和年号を次のうちから1つ選び、その番号を解答欄Ⅲ－Bに記入せよ。

1．正　保　　2．天　保　　3．元　治　　4．元　禄

【設問イ】武家諸法度に関する説明として誤っているものを次のうちから1つ選び、その番号を解答欄Ⅲ－Bに記入せよ。

1．最初の武家諸法度である元和令は、将軍家康の名で発布された。

2．武家諸法度は建武式目や分国法をもとに作成された。

3．参勤交代は武家諸法度（寛永令）において制度化された。

4．武家諸法度は原則として将軍代がわりに繰り返し発布された。

【設問ウ】空欄（　ウ　）は、関ヶ原での戦功により安芸・備後を領有したが、その後広島城の修築を無断で行ったとして改易された武断派大名である。これにあてはまる人物名を次のうちから1つ選び、その番号を解答欄Ⅲ－Bに記入せよ。

1．加藤清正　　2．福島正則　　3．長束正家　　4．浅野長政

【設問b】空欄（　b　）には、石高に応じてすべての大名に課された軍事奉仕の名称が入る。あてはまる語句を、解答欄Ⅲ－Aに漢字2字で記せ。

【設問c】家康の側近として特に外交や宗教政策などを担い、「黒衣の宰相」とも呼ばれた南禅寺金地院の僧侶は誰か。その人物名を解答欄Ⅲ－Aに漢字2字で記せ。

【設問d】空欄（　d　）には、幕府の政務を統括する常置の最高職の名称が入る。あてはまる語句を、解答欄Ⅲ－Aに漢字で記せ。

【設問エ】幕府政治は将軍を頂点として譜代大名と旗本によって運営されていたが、次の職のうち譜代大名から任命されていたものを1つ選び、その番号を解答欄Ⅲ－Bに記入せよ。

1．大目付　　2．寺社奉行　　3．町奉行　　4．勘定奉行

（2）　近世初期の幕府と朝廷との関係は、禁裏御料や公家領を与えて保護するだけでなく、幕府が天皇をも統制しようとする緊張をはらんだものであった。1615年（元和元）、幕府は禁中並公家諸法度(e)を出して朝廷内部の秩序を定めるとともに、天皇・公家の生活や行動を大きく規制した。京都所司代らに朝廷を監視させた上で、公家を（　f　）に任命して幕府と朝廷との連絡に当たらせた。

1620年には秀忠の娘和子を後水尾天皇に入内させ、天皇家と姻戚関係を持った。二人の間に生まれた興子内親王は、後に即位して明正天皇となった。(オ)さらに幕府は、後水尾天皇が届け出なく紫衣着用を勅許したことを禁中並公家諸法度違反として問題視し、これに抗議した（　カ　）住持の沢庵らを処罰した。

　このような幕府による朝廷統制の枠組みはその後も踏襲され、幕末まで維持されていく。しかしその一方で、18世紀には天皇家との結びつきを利用した将軍の権威向上が意図され、七代将軍徳川（　g　）と皇女との婚約や、閑院宮家キの創設が行われている。

【設問e】禁中並公家諸法度の第一条には、「天子諸芸能の事、第一御［　　　］也」とある。［　　　］にあてはまる語句を、解答欄Ⅲ－Aに漢字で記せ。

【設問f】空欄（　f　）は朝廷と幕府をつなぐ役割を果たす役職であり、幕府から役料を受ける2名の公家で構成されていた。これにあてはまる語句を、解答欄Ⅲ－Aに漢字で記せ。

【設問オ】下線部オに関する説明として誤っているものを次のうちから1つ選び、その番号を解答欄Ⅲ－Bに記入せよ。

1．徳川和子は後水尾天皇の中宮となり、美福門院の院号を受けた。

2．後水尾天皇の譲位は、紫衣事件をきっかけとしたものであった。

3．明正天皇は奈良時代の称徳天皇以来の女性天皇であった。

4．近世には明正天皇以降にも女性天皇が存在した。

【設問カ】空欄（　カ　）に入る寺院名を次のうちから1つ選び、その番号を解答欄Ⅲ－Bに記入せよ。

1．相国寺　　2．善光寺　　3．寛永寺　　4．大徳寺

【設問g】空欄（　g　）に入る人物名を、解答欄Ⅲ－Aに漢字で記せ。

【設問キ】1779年（安永8）に後桃園天皇の急死によって閑院宮家から迎えられた天皇を次のうちから1つ選び、その番号を解答欄Ⅲ－Bに記入せよ。

1．後桜町　　2．光　孝　　3．光　格　　4．後陽成

（3）　1878（明治11）年に大久保利通が暗殺されると、強力な指導者を失った政府では自由民権運動の高まりhをめぐって内紛が起こるようになった。それは国会の即時開設を主張する大隈重信クと、漸進主義をとる伊藤博文との激しい対立として現れた。そこで伊藤は、1881年に天皇の了承を得て大隈を罷免し、（　i　）憲法制定の基本方針を決定した（明治14年の政変ケ）。

　政府は、天皇と政府に強い権限を与える憲法を制定することを意図し、

1882年には伊藤らをヨーロッパに派遣して憲法調査に当たらせた。伊藤はウィーン大学の（　コ　）から主にドイツの憲法理論を学び、翌年に帰国して憲法制定と国会開設の準備を進めた。

1885年には内閣制度が創設され、伊藤が初代の総理大臣となったが、1888年に彼はこれを（　サ　）にゆずり、みずからは憲法草案の審議に専念した。こうして1889年2月11日に大日本帝国憲法が発布され、日本はアジアではじめての近代的立憲国家となった。この憲法の特色を示す主な条文として、以下があげられる。

第一条　大日本帝国ハ万世一系ノ天皇之ヲ統治ス

第三条　天皇ハ神聖ニシテ侵スベカラズ

第四条　天皇ハ国ノ（　j　）ニシテ統治権ヲ総攬シ此ノ憲法ノ条規ニ依リ之ヲ行フ

第一一条　天皇ハ陸海軍ヲ（　k　）ス

第二九条　日本（　l　）ハ法律ノ範囲内ニ於テ言論著作印行集会及結社ノ自由ヲ有ス

第三三条　帝国議会ハ（　シ　）衆議院ノ両院ヲ以テ成立ス

【設問h】高知出身の自由民権運動家で、1879（明治12）年に『民権自由論』を著し、民権思想の広がりに大きな影響を与えたのは誰か。その人物名を解答欄Ⅲ－Aに漢字で記せ。

【設問ク】大隈重信の出身藩を次のうちから1つ選び、その番号を解答欄Ⅲ－Bに記入せよ。

1．薩　摩　　2．長　州　　3．土　佐　　4．肥　前

【設問i】空欄（　i　）には、国民の総意にもとづいて制定された民定憲法に対し、天皇の意志によって定められた憲法を示す用語が入る。あてはまる語句を、解答欄Ⅲ－Aに漢字で記せ。

【設問ケ】次のうちから明治14年の出来事ではないものを1つ選び、その番号を解答欄Ⅲ－Bに記入せよ。

1．開拓使官有物払下げ事件　　2．自由党の結成

3．国会開設の勅諭　　4．保安条例の公布

【設問コ】空欄（　コ　）に入る人物名を次のうちから１つ選び、その番号を解答欄Ⅲ－Ｂに記入せよ。

１．グナイスト　　２．ボアソナード
３．ロエスレル　　４．シュタイン

【設問サ】空欄（　サ　）に入る人物名を次のうちから１つ選び、その番号を解答欄Ⅲ－Ｂに記入せよ。

１．黒田清隆　　２．山県有朋　　３．松方正義　　４．桂太郎

【設問ｊ】空欄（　ｊ　）に入る語句を、解答欄Ⅲ－Ａに漢字で記せ。

【設問ｋ】空欄（　ｋ　）に入る語句を、解答欄Ⅲ－Ａに漢字で記せ。

【設問ｌ】空欄（　ｌ　）には、帝国憲法下で国民を示す用語が入る。あてはまる語句を、解答欄Ⅲ－Ａに漢字で記せ。

【設問シ】空欄（　シ　）に入る語句を次のうちから１つ選び、その番号を解答欄Ⅲ－Ｂに記入せよ。

１．枢密院　　２．貴族院　　３．参議院　　４．元老院

世界史

（75分）

〔Ⅰ〕　次の文章を読んで，設問１～７に答えなさい。　（50点）

中世において西ヨーロッパ世界の形成に大きな役割を果たしたキリスト教のローマ＝カトリック教会（以下，ローマ教会）は，古代より国家権力とのさまざまな力関係のなかで発展をとげた。

キリスト教は，１世紀初頭ガリラヤ地方のナザレに現れたイエスの教えと，処刑された彼の復活を信じる宗教として誕生し，イエスの弟子たちの布教によってローマ帝国各地に広まった。多神教が支配的だったローマ帝国において一神教を奉じるキリスト教徒は，その独自な生活態度からも奇異な集団と見なされてたびたび迫害され，４世紀初頭には皇帝崇拝を強要した（　a　）帝により大規模な迫害が行われた。しかし，キリスト教は帝国内でその勢力を拡大し続け，（　b　）帝は313年に（　c　）勅令によりキリスト教を公認した。その後，４世紀後半に，「背教者」と呼ばれた（　d　）帝が一時的に古来の多神教の復活を図ったが，392年には（　e　）帝が(ア)アタナシウス派キリスト教を国教とし，他の宗教を禁じた。ローマ教会は使徒（　f　）の後継者として，全キリスト教会の首位権を主張していたが，西地中海でローマの覇権がくずれさるとその力は弱まり，ビザンツ帝国のコンスタンティノープル教会が優勢となった。ローマ教会はこれに対抗して，(イ)教義の統一や教会組織の整備，勢力の拡大をすすめていった。

ローマ帝国滅亡後に林立したゲルマン人諸国家のなかで最有力の国家として台頭したのが，ガリア北部を本拠に領土を拡大したフランク王国である。496年，メロヴィング朝の（　g　）は，熱心なキリスト教徒であった妃の勧めによってキリスト教に改宗し，ローマ教会との結びつきを強めた。８世紀に入り，メロヴィング朝の権力が衰えるなかで，宮宰を務めたカロリング家のカール＝マルテルはガリアに侵入した(ウ)イスラーム勢力をトゥール・ポワティエ間の戦いでやぶり，その子ピピンはローマ教皇の承認を得たうえでメロヴィング朝を廃してカロリング朝を開いた。ピピンは（　h　）王国に遠征して奪った領土をローマ教皇に寄進した。これがローマ教皇領の起源となる。ピピンの子カールは（　h　）王国を滅ぼし，北方のザクセン人や中央アジアから侵入してきた（　i　）人を撃退して(エ)西ヨーロッパに広大な版図を獲得した。ビザンツ帝国と対立していたローマ教会は，カールに政治的な保護者の役割を求め，800年，教皇（　j　）は彼にローマ皇帝の冠を授け，西ローマ帝国を理念的に復活させた。

カール大帝の死後，相続をめぐって争いがおこり，王国は三つに分裂した。そのうち，東フランク王国（ドイツ）では，カロリング朝の断絶後，ザクセン朝の（　k　）が国王となり，東方から侵入した（　l　）人をレヒフェルトの戦いで退けるとともに，イタリアに遠征して962年に教皇からローマ皇帝の冠が授けられた。以後，ドイツ王がローマ皇帝の称号を受け継ぐことになり，これが神聖ローマ帝国の起源となった。

このように，教皇を中心とする教会権力と，皇帝や国王を中心とする世俗権力は融合・協力関係を築いてきたが，両者はしだいに対立するようになる。カロリング朝以来，皇帝や国王が聖職者を任命し，（　k　）は教会組織を王権の統制下に置く政策をとっていた。また，聖職の売買や聖職者の妻帯もめずらしいことではなかった。これに対して，10世紀以降，修道士に戒律の遵守を徹底させる改革が（　m　）修道院を中心に始まると，それは教会全体の改革運動へと発展した。教皇（　n　）は世俗権力に対する教皇権の自立を図り，当時のドイツ王で後に神聖ローマ皇帝となる（　o　）と聖職叙任権をめぐって対立した。教皇に破門された（　o　）は，ドイツ諸侯の離反を恐れ，1077年，（　p　）に滞在していた（　n　）を訪ねて謝罪した。(オ)1122年に教皇と皇帝は妥協し，対立は終結した。その後，教皇の権威は，13世紀初めの教皇(カ)インノケンティウス３世の時代に最高潮に達した。

設問１　文中の空欄（　a　）～（　p　）に入る最も適切な人名・地名・民族名を，次の１～50の語群から一つずつ選び，その番号を解答欄Ⅰ－Ａに記入しなさい。

【語群】

1．アヴァール	2．アヴィニョン	3．アウグスティヌス
4．アーヘン	5．アングロ＝サクソン	6．ヴァンダル
7．ヴェネツィア	8．ウルバヌス2世	9．オットー1世
10．オドアケル	11．カノッサ	12．カール4世
13．ギュルハネ	14．クリュニー	15．グレゴリウス7世
16．クローヴィス	17．グロティウス	18．ケルト
19．コンスタンティヌス	20．ディオクレティアヌス	21．テオドシウス
22．テオドリック	23．トラヤヌス	24．ナント
25．西ゴート	26．ネロ	27．ノルマン
28．ハインリヒ4世	29．パウロ	30．東ゴート
31．フィリップ2世	32．フィリップ4世	33．フリードリヒ1世
34．ブルガール	35．ブルグンド	36．フン
37．ペテロ（ペトロ）	38．ボニファティウス8世	
39．マジャール	40．ミラノ	
41．モンテ＝カッシーノ（モンテ＝カシーノ）		42．ユーグ＝カペー
43．ユスティニアヌス	44．ユリアヌス	45．ラヴェンナ
46．ランゴバルド	47．レオ3世	48．レオ9世
49．レオ10世	50．ローマ	

設問2　下線部(ア)について，この宗派が正統として認められた会議名を解答欄Ⅰ－Ｂに記入しなさい。

設問3　下線部(イ)についての記述として，**誤っているもの**を以下の1～4の選択肢のなかから一つ選び，その数字を解答欄Ⅰ－Ｃに記入しなさい。

1．6世紀前半に聖ベネディクトゥスが開いた修道院は，厳格な戒律を定め，西ヨーロッパの修道制の起源となった。

2．教皇グレゴリウス1世は，ゲルマン人への布教をすすめるため，ドミニコ会の修道士を派遣した。

3．ローマ教会はゲルマン人への布教活動のために聖像を用いており，ビザンツ帝国が726年に発布した聖像禁止令に反発した。

4．教皇を頂点とする聖職者の階層制組織が整備され，教会や修道院は荘園を所有した。

設問4　下線部(ウ)について，このイスラーム勢力の王朝名を解答欄Ｉ－Ｂに記入しなさい。

設問5　下線部(エ)に関連して，カールがその版図を効率的に支配するために家臣や在地の有力者を任じた地方長官の名称を解答欄Ｉ－Ｂに漢字で記入しなさい。

設問6　下線部(オ)について，この妥協が成立した合意の名称を解答欄Ｉ－Ｂに記入しなさい。

設問7　下線部(カ)について，この教皇が提唱した十字軍によって1204年に建国された国の名称を解答欄Ｉ－Ｂに記入しなさい。

〔Ⅱ〕次の文を読んで，以下の設問１～３に答えなさい。　　(50点)

紀元前４世紀頃，中国の影響を受けたベトナム北部では，独特の青銅器を生んだ（　**a**　）文化が発展した。インドや中国との交流のなか，１世紀末頃には扶南が［　(あ)　］川下流域に建国された。この国は東南アジア最古の国家ともされ，インドからバラモンが来航し，土地の女性と結ばれ建国したという神話をもつ。東南アジアで港市国家が発展すると，そこへもインドからバラモンが渡来し，彼らが（　**b**　）語や（　**b**　）文字，仏教・ヒンドゥー教などのインド文化をもたらした。

前２世紀に漢が日南郡を置いたベトナム中部では２世紀にチャム人の林邑が独立したが，この国は［　(い)　］というインド風の名称で知られている。その後，カンボジア内陸から興った［　(う)　］人の真臘が７世紀に扶南を併合し，唐がベトナム北部に置いた安南都護府とも交易関係を結んだ。７世紀頃スマトラ島南東部のパレンバンを根拠地にシュリーヴィジャヤが台頭する。そのころマレー半島とスマトラ島に挟まれた（　**c**　）海峡が中国から海路でインドへ向かう幹線ルートとして発展した。①海上交易を通じて，ジャワ島・マレー半島では，②仏教の受容が進み，中国の求法僧［　(え)　］があらわした『南海寄帰内法伝』によれば，すでに671年頃，千人以上の仏教僧がシュリーヴィジャヤに住み，インドと同様の教義を学び，実践を行っていた。やがて仏教は東南アジアの大陸部にまで広がる。８世紀後半からシュリーヴィジャヤを支配したシャイレーンドラ（シャイレンドラ）朝は，マレー半島，カンボジア，［　(い)　］に進出し，さらに安南都護府を陥落させた。ジャワ島では８世紀後半に仏教国のシャイレーンドラ朝が優勢となったが，９世紀なかば，ヒンドゥー教国家のマタラム朝（古マタラム）がシャイレーンドラ朝をジャワ島から追い，10世紀にはジャワ島東部にも支配をひろげた。ビルマ中央平原ではピューが衰退したのち，11世紀にビルマ人が（　**d**　）朝を立てた。960年に宋（北宋）が成立すると，東南アジアの国々からの使者が宋の都の（　**e**　）に貢物を持ってくるようになった。

東南アジアには，これらの王朝の宗教的建造物が残され，世界遺産として登録されている。そこにはインド文化の影響も見られる。例えばベトナム中部のミー

ソン聖域には　(い)　のヒンドゥー教神殿が数多く残されている。11世紀初めに現在の③ベトナムの首都ハノイにあたる昇竜（タンロン）を都として成立した（　f　）朝の王は唐の皇帝と同じ姓であり，都の遺跡からは唐の駐屯軍に関わる遺物が出土している。ジャワ島中部の④ボロブドゥール寺院は回廊にびっしりと施された浮彫が有名であり，プランバナン寺院群は高さ47mのシヴァ神殿などで知られる。カンボジアの⑤アンコール・ワットはヒンドゥー教・仏教の要素をもつ。ビルマの（　d　）朝の都が置かれていた地域にも多数の仏寺や仏塔が残されている。

中国・南宋の時代には，宮廷が置かれた（　g　）や，海港の泉州などが海上貿易の拠点として発展し，それらの都市には貿易を司る　(お)　が置かれた。13世紀になると，ビルマではモンゴル帝国の遠征の後（　d　）朝が滅んだ。ベトナムではこの頃（　h　）朝が成立しており，一時はモンゴル軍の遠征軍を撃退し，民族意識を高め，独自の文字である（　i　）が作られた。13世紀末にモンゴル軍の遠征を受けたジャワではシンガサリ朝にかわり（　j　）朝（王国）が成立した。

設問1　文中の（　a　）～（　j　）に入る最も適当な語句を以下の語群から選び，番号を解答欄Ⅱ－Aに記入しなさい。

【語群】

1．アユタヤ　2．ウルドゥー　3．開封（汴京）　4．クダ
5．クディリ　6．クレタ　7．訓民正音　8．阮
9．慶州　10．杭州（臨安）　11．コンバウン
12．サンスクリット　13．スコータイ
14．西山（タイソン）　15．タミル　16．大興城
17．中山　18．チュノム（チューノム）　19．長安
20．陳　21．ドイモイ　22．ドヴァーラヴァティ
23．ドンソン　24．南詔　25．パガン
26．パクパ（パスパ）　27．バンテン　28．ペグー
29．マジャパヒト　30．マヤ　31．マラッカ

32. マルク（モルッカ）　33. 明州（寧波）　34. モロッコ
35. 楊　36. 揚州　37. 洛陽　38. 李
39. 劉　40. ワヤン（ワヤン＝クリ）

設問2　文中の［(あ)］〜［(お)］に入る最も適当な語句を解答欄Ⅱ－Bに記入しなさい。

設問3　下線部①〜⑤に関連する次の記述(a)(b)について，(a)(b)ともに正しい場合は数字**1**，(a)のみ正しい場合は数字**2**，(b)のみ正しい場合は数字**3**，(a)(b)ともに正しくない場合は数字**4**を，解答欄Ⅱ－Cに記入しなさい。

①海上交易

(a)　宋代には中国商人はジャンク船で海上貿易へ乗り出していた。

(b)　ムスリム商人は，ダウ船を使ってインド洋を航海した。

②仏教

(a)　中国では漢（前漢）の時代に浄土宗・禅宗が成立した。

(b)　中国では唐の時代に雲崗・竜門など仏教石窟が開かれた。

③ベトナム

(a)　阿倍仲麻呂は安南節度使に登用された。

(b)　ベトナムでは明の支配から独立して黎朝が建てられた。

④ボロブドゥール寺院

(a)　シャイレーンドラ（シャイレンドラ）朝のもとで，ボロブドゥール寺院が建造された。

(b)　ボロブドゥール寺院は仏教の遺跡である。

⑤アンコール・ワット

(a)　アンコール・ワットを築かせたのはインドからきた外来の王であった。

(b)　アンコール・ワットはもともとヒンドゥー教の寺院建築として建てられた。

〔Ⅲ〕　次の文章を読み，設問１～４に答えなさい。　　（50点）

アメリカ＝メキシコ戦争の結果，アメリカ合衆国は1848年に（　**a**　）を獲得し，大西洋岸から太平洋岸にまで及ぶ広大な大陸国家となった。その直後に（　**b**　）がおこると，国内外から多数の人々が押し寄せ北米西海岸地域は急速に発展した。南北戦争中，合衆国議会は西部農民の支持を取りつけるため（　**c**　）を制定した。また，連邦政府は鉄道会社に無償で土地を供与し，交通網の拡大を促した。(A)1869年には最初の大陸横断鉄道が完成した。

アメリカ合衆国の南北戦争は推計で63万人もの死者をだした凄惨な内乱であった。国内を二分したこの内乱の要因には，奴隷制をめぐる南北間の論争に加えて，19世紀前半の(B)西部開拓の進展にともなう南部と北部の利害対立があった。４年も続いた南北戦争は1865年に終結したものの，(ア)南部諸州の合衆国への復帰と南部社会や経済の立て直しが急務となった。また，戦後すぐの連邦議会では，戦中に発布されたリンカンの（　**d**　）を受けて奴隷制の廃止を法制化する議論がなされ，公式に奴隷制が廃止された。400万人にも上る解放黒人をいかにアメリカ社会に統合してゆくのかが喫緊の課題となった。

南北戦争後，北部主導で南部再建が進められたが，1870年代に入ると合衆国ではしだいに南部の改革への関心は失われ，1877年には南部再建は終了した。同時に，南部では旧来の保守層が復権し，南部の州議会では黒人への差別的な法案が相次いで通過した。また，白人至上主義を掲げる秘密結社の（　**e**　）が組織され，南部の厳しい人種差別はより巧妙に存続していった。

南北戦争は国際関係にも少なからぬ影響を及ぼした。北アメリカ大陸での内乱に乗じて，(イ)フランスのナポレオン３世はメキシコ出兵をおこない傀儡政権の樹立を試みるが，現地では先住民出身の（　**f**　）率いる自由主義者が激しく抵抗したので計画は挫折した。一方で，アメリカ合衆国は，海軍軍人ペリーを派遣して19世紀半ばに江戸幕府に開国を認めさせたものの，南北戦争の勃発によってアジア市場への参入が遅れた。戦争でアメリカ南部の綿花プランテーションが大きな損失をこうむると，かわってエジプトやインドの綿花生産が伸び，(X)イギリスにとってアジア市場の重要性が増していった。そこで，アメリカ合衆国はアラスカを購入し，アジア・太平洋地域への本格的な進出の布石をうった。

南北戦争後のアメリカ経済の急成長にともない，合衆国は大量の労働力を必要とした。西欧や北欧からの旧来の移民と違い，この時期アメリカ合衆国に主にやってきた人々は，(Y)<u>アイルランド系や南欧・東欧からの移民，中国人などのアジア系移民であった</u>。彼らは合衆国の諸都市のインフラ整備に貴重な労働力を提供した。また，国内市場の拡大により急激な工業化が進展した。鉄鋼や石油精製の分野では，同種企業の合併によって（　**g**　）が形成され，少数の巨大企業による市場の独占がみられた。カーネギーやロックフェラーなどの大富豪が誕生したのもこの時期であった。

1890年には，西部における（　**h**　）が消滅したことがアメリカ合衆国政府によって公表された。他方，都市部には新来の移民や貧困者が居住するスラム街が生まれ，貧富の格差が問題視されるようになった。当時有力になった（　**i**　）は，競争における「適者生存」を自然なものとみて格差や海外進出を是認する思想として大きな影響力をもった。世紀転換期には労働争議が頻発し，(ウ)<u>しだいに独占の規制や労働条件の改善を求める広範な運動へと発展した</u>。

20世紀前半の２つの世界大戦における黒人兵の勇敢な活躍は，アメリカ社会に根づいていた黒人差別を再考させる一つの要因になった。(C)<u>第二次世界大戦後に冷戦が激化すると</u>，ソ連は，自由と民主主義の擁護者を標榜するアメリカを偽善者として非難した。アメリカはしだいに国内の人種問題に目をつむることが困難になった。(D)<u>戦後，アジアやアフリカでは民族的な抵抗運動の高揚とともに脱植民地化が進んだ</u>。(エ)<u>1960年代初めには多くの新興独立国が生まれた</u>。アメリカ合衆国では1950年代半ば以降，キング牧師を中心に黒人差別の撤廃を求める運動が繰り広げられ，1964年，（　**j**　）大統領のもとで選挙権や公共施設での人種差別を禁止する公民権法が成立した。こうして法的な黒人差別は廃止されたものの，人種主義の克服は，依然として今日のアメリカ社会の課題である。

設問１　文中の（　**a**　）～（　**j**　）に入る最も適切な語句を次の語群から選び，番号を解答欄Ⅲ－Ａに記入しなさい。

【語群】

1．AAA	2．AFL	3．KKK
4．イダルゴ	5．オレゴン	6．カリフォルニア
7．禁酒法	8．ゲティスバーグ演説	9．ケネディ
10. ゴールドラッシュ	11. コンツェルン	12. 産業革命
13. 自治領	14. 史的唯物論	15. 社会進化論
16. ジャガイモ飢饉	17. ジャクソン	18. 従属理論
19. ジョンソン	20. 人権宣言	21. 人口論
22. 人身保護法	23. 先住民強制移住法	24. 大量消費社会
25. ディアス	26. トラスト	27. 奴隷解放宣言
28. ナチ党	29. ニクソン	30. 農奴解放令
31. フアレス	32. フロリダ	33. フロンティア
34. ホームステッド法	35. 保留地	36. マデロ
37. メキシコ革命	38. モノカルチャー経済	39. ルイジアナ
40. 労働代表委員会		

設問2　下線部(A)～(D)に関する記述として正しいものを，次の1～4から一つ選び，番号を解答欄Ⅲ－Bに記入しなさい。

(A)

1　大陸横断鉄道の建設には，低賃金の中国人移民が重要な労働力を提供した。

2　大陸横断鉄道が完成した後，合衆国はカナダからアラスカを買収し領土を広げた。

3　蒸気機関車は，合衆国の発明家フルトンによってはじめて実用化された。

4　先住民は，大陸横断鉄道で西部の保留地への「涙の旅路」を強いられた。

(B)

1　南部は綿花の国際市場における優位性を保つために高関税を支持した。

2　北部は州権の強化を求める立場から，イギリス製品に対抗するために保護貿易政策を要求した。

3　北部は自由な労働力の重視と人道主義を掲げて，奴隷制の拡大に反対した。

4　南部は連邦主義を唱えて，強力な連邦政府による奴隷制の擁護を訴えた。

(C)

1　ソ連の影響力拡大に，合衆国と西欧諸国はブリュッセル条約を結んで対抗した。

2　キューバ危機は，合衆国がミサイル基地の建設を断念したことで回避された。

3　1960年代に，朝鮮半島では東西陣営が戦火を交えた戦争が勃発した。

4　反共包囲網の一環として，合衆国は東南アジア条約機構（ＳＥＡＴＯ）をつくった。

(D)

1　ジャカルタで第三世界の結束を呼びかけるアジア＝アフリカ会議が開催された。

2　1960年は，アフリカで多くの独立国が生まれたので，「アフリカの年」と呼ばれた。

3　コンゴは独立直後に旧宗主国のフランスの介入により内乱に陥った。

4　キューバでは反米的なバティスタに主導された革命が起こり社会主義化した。

設問 3　下線部(X)と(Y)に関連する次の記述(a)(b)について，(a)(b)ともに正しい場合は数字 **1**，(a)のみ正しい場合は数字 **2**，(b)のみ正しい場合は数字 **3**，(a)(b)ともに正しくない場合は数字 **4** を，解答欄Ⅲ－Ｃに記入しなさい。

(X)

(a)　イギリスは太平天国に常勝軍を派遣して，清朝を圧迫した。

(b)　1850年代末のインド人傭兵の反乱を鎮圧したイギリス政府は，インドを帝国に組み入れて直接支配した。

(Y)

(a)　南欧や東欧から大量の移民労働者が流入するとともに資本の蓄積が進んだ合衆国は，19世紀末にはイギリスを抜いて世界最大の工業国になった。

(b)　中国からの移民は貴重な労働力として合衆国の発展に貢献したものの，1880年代には法的な排斥の対象とされた。

設問4　文中の下線部(ア)〜(エ)に関して以下の問いに対する答えを解答欄Ⅲ－Dに記入しなさい。

(ア)　南部11州が合衆国から離脱して結成した国の名前は何というか。

(イ)　政治的に混乱していたメキシコを一時的に軍事制圧したナポレオン３世からメキシコ皇帝として送り込まれたものの，のちに処刑された人物の名前は何というか。

(ウ)　世紀転換点に，政治腐敗の撲滅や独占資本の規制，労働者保護を中心とするアメリカの政治経済の諸改革を目指した思潮・運動を何と呼ぶか。

(エ)　1962年にアルジェリア独立を承認した，宗主国の大統領の名前は何というか。

政治・経済

（75 分）

〔Ⅰ〕　次の文章を読み、下の設問（設問１～設問７）に答えよ。　（50点）

日本国憲法は、基本的人権の尊重を基本原理の１つとし、個々の権利を定めるものである。たとえば、人間は生まれながらに自由で平等であるという考えにもとづき、日本国憲法は華族や貴族などの制度を認めず、第14条で法の下の平等を定めている。とくに、ⓐ男女の平等については、夫婦の同等と両性の本質的平等を第24条で明確にしている。

もっとも、憲法に法の下の平等が規定されていても、現実には、日本にもⓑ差別問題がある。長い歴史的背景をもつⓒ被差別部落問題は、さまざまな措置により、その解消に一定の成果が得られているものの、就職や結婚での差別や偏見は今日でもなくなってはいないといわれている。

基本的人権は、歴史のなかで拡大・発展を遂げてきたものであり、社会生活の発展にともなって、多様な新しい人権が唱えられ、判例で認められるものも出てきている。環境問題への対処を求める動きとして、日照や静穏を確保する権利やⓓ文化的な環境や景観を守る権利などを主張した訴訟も提起されるようになった。1997年には、一定規模の開発事業をおこなう場合に、当該事業が環境に与える影響を事業者みずからが調査・予測・評価し、その結果を公表することを義務づける（　ア　）法が制定された。

国や地方公共団体が人々の生活に関わる情報を大量に収集・管理するようになるにつれて、ⓔその情報を国民に公開させることの重要性が認識されるようになった。そこで、「国家からの自由」という伝統的自由権にとどまらず、参政権的な役割をもち、さらには、国家に対して積極的に情報の公開を求める請求権的性格を有するものとして、（　イ　）権利が主張されるようになった。

情報通信技術の進歩は、個人に関する様々な情報が、本人の知らないうちに知らないところで漏れたり使われたりして、私生活を破壊し、人格を傷つけるといった危険性を高めた。これに対して主張されるようになったのが（　ウ　）の権利である。これは、ⓕ私生活をみだりに公開されない権利であるとともに、みずからについての情報が勝手に利用されないようにそれをコントロールする権利でもある。1988年に行政機関の保有する個人情報の保護を目的とした法律が制定され、さらに2003年には、民間事業者も対象とする、いわゆる（　エ　）関連５法が成立し、目的外使用や不正取得の禁止など、個人情報の扱いが規制されるようになった。一方で、2000年には通信傍受法が施行され、2002年より（　オ　）が稼働し、住民票に番号をつけて氏名などの個人情報を行政機関間で管理するようになった。

情報化社会が急速に進展し、生活が便利になるにつれ、人々には、メディアの情報を主体的に読み解き、正しい情報を選別し、活用できるようになる能力を身に着けることが求められるようになった。この能力を（　カ　）という。

【設問１】文中の（　ア　）～（　カ　）に入る最も適切な語句を、解答欄Ｉ－甲のア～カに記入せよ。ただし、ウとカはカタカナで記入せよ。

【設問２】下線部ⓐに関連して、次の文章の（　Ａ　）～（　Ｄ　）に入る最も適切な語句を、下の語群から１つ選び、その番号を、解答欄Ｉ－乙のＡ～Ｄに記入せよ。

女性の地位について、日本では、1985年に成立した（　Ａ　）法にともない、女性労働者の時間外労働の制限や休日労働の禁止などの制限を緩和する労働基準法の一部改正がなされた。2001年には、親密な関係にある相手からふるわれる暴力の防止と被害者の保護をはかるため、（　Ｂ　）法が成立している。

他方で、職場などでの性的な嫌がらせである（　Ｃ　）ハラスメントなど残された課題もある。結婚した後も夫婦が両者の自由意思によってそれぞれ結婚前の氏を称することを法的に認める（　Ｄ　）の実現は、長く懸案事項とされている。

［語群］

1．女性の活躍推進	2．パワー	3．マタニティ
4．勤労婦人福祉	5．ストーカー行為規制	6．通称使用
7．同性婚	8．男女雇用機会均等	9．ヘイトスピーチ対策
10．人身保護	11．セクシャル	12．父母両系血統主義
13．選択的夫婦別姓	14．レイシャル	
15．ドメスティック・バイオレンス防止		
16．男女共同参画社会基本		

【設問3】下線部ⓑに関連して、次のａ～ｅの記述について、**正しいものには数字の1を**、**正しくないものには数字の2を**、解答欄Ｉ－乙のａ～ｅに記入せよ。

ａ．長年にわたる差別撤廃の働きかけの結果として、1997年に制定されたアイヌ文化振興法は、アイヌの人々を日本の先住民族と明記した。

ｂ．法律上の婚姻関係にある夫婦から生まれた子ではない非嫡出子は、現在においても、その法定相続分を嫡出子の２分の１とされている。

ｃ．すべての地方公共団体において、外国人が一定の地位以上の公務員になることは認められていない。

ｄ．障害者雇用促進法のもと、民間企業に対して障がい者の法定雇用率が定められ、未達成の場合には障害者雇用納付金を徴収することになっているが、2020年の調査では、法定雇用率達成企業の割合は、過半数に達していない。

ｅ．東京都渋谷区は、一定条件を満たした同性カップルに対してパートナーの関係であることを公的に証明することを日本で初めて条例化した。

【設問4】下線部ⓒに関連して、次の文章の（　キ　）・（　ク　）に入る最も適切な語句を、解答欄Ｉ－甲のキ・クに記入せよ。ただし、クは正式名称を記入せよ。

1922年の（　キ　）の結成以来、部落差別の撤廃を求める運動は大衆運動として続けられてきた。国の対応としては、1969年に差別により精神的、経済的に不利益を被っている地域の生活環境の改善と福祉の向上を図る（　ク　）特別措置法が制定され、その後も施策が講じられている。

【設問５】下線部ⓓに関連して、景観の保全と公共事業の是非が問われ、周辺住民の景観利益を認めて差止めを命ずる判決が出された訴訟として、最も適切なものを、次の１～４から１つ選び、その番号を、解答欄Ｉ－乙に記入せよ。

１．国立マンション訴訟　　　　２．長沼ナイキ基地訴訟

３．鞆の浦景観訴訟　　　　　　４．大阪空港公害訴訟

【設問６】下線部ⓔに関連して、次の文章の（　Ｅ　）・（　Ｆ　）に入る最も適切な語句を、下の語群から１つ選び、その番号を、解答欄Ｉ－乙のＥ・Ｆに記入せよ。

国民は、情報公開法により国が所持する各種情報の公開を求めることができるが、さらには、一方的に情報を受け取るだけでなく、各種メディアに対して、意見・反論表明や番組参加を求める（　Ｅ　）を認めるべきとの主張もある。一方で、国は、外交や防衛、テロ防止などに関する情報で、国の安全保障のためにとくに秘密にする必要があるものを行政機関が指定し、これを漏えいした公務員などを罰することを定めた（　Ｆ　）を2013年に制定している。

［語群］

１．武力攻撃事態法　　２．請願権　　３．テロ対策特別措置法

４．忘れられる権利　　５．アクセス権　　６．特定秘密保護法

７．自己決定権　　８．治安警察法

【設問７】下線部ⓕの権利が侵害されたとして、最高裁により出版の差止めと損害賠償が認められた事件名として、最も適切なものを、次の１～４から１つ選び、その番号を、解答欄Ⅰ－乙に記入せよ。

１．北方ジャーナル事件　　２．『宴のあと』事件

３．『石に泳ぐ魚』事件　　４．外務省機密漏洩事件

〔Ⅱ〕　次の文章を読み、下の設問（設問１～設問11）に答えよ。　（50点）

明治初期の日本は典型的な農業国だったが、1950年代半ばから1970年代初めの第一次石油危機までのⓐ高度経済成長期に第二次産業の経済に占める比重が増え、さらに現在は第三次産業の比重が高まっている。このような（　Ａ　）にともなって、労働力が第一次産業から第二次産業へ、さらに第三次産業へと移っていくことを二人のイギリス人学者の名にちなんで（　ア　）の法則という。また、工業をⓑ消費財産業と機械などを生産する資本財産業に分けると、経済の発展につれて消費財産業の比率が低下する現象は、それを発見したドイツの経済学者の名前にちなんで（　イ　）の法則とよばれる。

（　Ａ　）が進んでいくと、生産されるものそのものの価値よりも情報や知識の価値、すなわち、知識集約型のサービスの提供が重視されるようになる。これを（　Ｂ　）とよぶ。日本ではⓒ1970年代の二度の石油危機を境に、情報産業やサービス業、レジャー産業などの第三次産業の割合が増加した。製造業においても、特許や商標などの（　ウ　）権という「ソフト」な生産要素の価値が高まった。

そして、1990年代以降には、パソコンや携帯電話、インターネットなどが急速に普及し、（　Ｃ　）社会が形成された。企業においても、インターネットを利用したⓓ電子商取引が普及し、小売店のレジではその場で商品の売上情報を把握する（　エ　）システムが広く導入されるようになり、在庫管理が合理化された。さらに2010年代になると、パソコンやスマートフォンなどの情報通信技術機器だけでなく、家電製品、自動車、工場機械や設備などがセンサーと無線通信を介してインターネットにつながり、相互で通信が可能となる（　オ　）が進行してい

る。また、金融分野では、ⓔフィンテック（FinTech）と総称される、金融サービスと情報通信技術を結びつけることによる新たなビジネスが活発になってきている。具体的には、スマートフォンでのＱＲコード決済などのⓕキャッシュレス決済、ⓖクラウドファンディングによる資金調達、ⓗ暗号資産、金銭の借り手と貸し手をオンライン上で仲介する（　Ｄ　）などが挙げられる。

一方で、こうしたⓘ情報通信技術を利用できる人とそうでない人との間で、生活に必要な情報やサービスを受けられずに経済格差が生じることが懸念されるようにもなっている。

【設問１】文中の（　ア　）～（　オ　）に入る最も適切な語句を、解答欄Ⅱ－甲のア～オに記入せよ。ただし、エとオはアルファベット３文字で記入せよ。

【設問２】文中の（　Ａ　）～（　Ｄ　）に入る最も適切な語句を、次の語群から１つ選び、その番号を、解答欄Ⅱ－乙のＡ～Ｄに記入せよ。

［語群］

１．ソーシャルネットワーキング　　２．資本の自由化
３．大衆消費　　４．経済のソフト化・サービス化
５．アモルファス化　　６．為替の自由化
７．クラウディングアウト　　８．貿易の自由化
９．大量消費　　10．ソーシャルレンディング
11．産業構造の高度化　　12．高度情報

【設問３】下線部ⓐに関連して、**適当でないもの**を次の１～４のうちから１つ選び、その番号を、解答欄Ⅱ－乙に記入せよ。

１．日本はこの間、実質経済成長率が年平均10％前後であった。
２．1960年に池田勇人内閣によって閣議決定された「国民所得倍増計画」は、1961年から1970年までの10年間で国民所得を２倍にするというものだった。

3．1968年に日本の国民総生産はイギリスを抜いて資本主義諸国で第２位となった。

4．この時期に、日本は神武景気、岩戸景気、オリンピック景気、いざなぎ景気とよばれる好景気を経験した。

【設問４】下線部ⓑに関連して、次の文章の（　カ　）に入る適切な語句を、解答欄Ⅱ－甲のカに記入せよ。

消費財のなかで、自動車やテレビ、家具など、長期に使用される財を（　カ　）消費財あるいは（　カ　）財という。

【設問５】下線部ⓒに関連して、**適当でないもの**を次の１～４のうちから１つ選び、その番号を、解答欄Ⅱ－乙に記入せよ。

1．経済成長率が低下して税収が減少したため、日本政府は1975年に初めて建設国債の発行をおこなった。

2．第四次中東戦争を機にＯＰＥＣが原油価格を一挙に４倍に引き上げたことが、第一次石油危機の原因のひとつである。

3．スタグフレーションとは、景気停滞期に物価が上昇することをいう。

4．イランでの政変のために同国の原油生産と輸出が大幅に減少したことが、第二次石油危機の原因のひとつである。

【設問６】下線部ⓓに関連して、次のａ・ｂの記述について、**正しいものには数字の１を、正しくないものには数字の２を**、解答欄Ⅱ－乙のａ・ｂに記入せよ。

ａ．経済産業省の調査によると、2019年の日本国内の電子商取引の市場規模は、企業間取引（Ｂ to Ｂ）の規模のほうが企業・消費者間取引（Ｂ to Ｃ）の規模よりも大きい。

b．経済産業省の調査によると、2019年の日本国内のすべての商取引金額に対する電子商取引市場規模の割合は、20％を超えている。

【設問7】下線部ⓔに関連して、**適当でないもの**を次の1～4のうちから1つ選び、その番号を、解答欄Ⅱ－乙に記入せよ。

1．情報通信技術を活用した金融分野での動きは、当初フィンランドが世界的に先行していたため、フィンテックとよばれるようになった。

2．日本は、他の先進国と比べてキャッシュレス決済比率が低いため、経済産業省はその比率を2025年までに40％程度に引き上げる目標を掲げている。

3．日本でも、一部の銀行のローン審査において、人工知能の活用がすでに進んでいる。

4．日本でも、ロボットアドバイザーとよばれる、人工知能が投資助言を行うサービスがすでに事業化されている。

【設問8】下線部ⓕに関連して、次の文章の（　E　）～（　G　）に入る最も適切な語句を、下の語群から1つ選び、その番号を、解答欄Ⅱ－乙のE～Gに記入せよ。

私たちが商品を購入する際にはその対価を支払うことになる。（　E　）である紙幣と硬貨を用いた支払い以外にも、買い物時に店頭のレジでカードによる支払いを済ませると代金が即時に口座から引き落とされるデビットカードサービスなどの方法により（　F　）が使われる場合もある。最近では、交通系ＩＣカードに代表される（　G　）などの利用も盛んである。

［語群］

1．仮想通貨　　2．電子マネー　　3．兌換紙幣　　4．預金通貨
5．小切手　　6．マネー・ロンダリング　　7．不換紙幣
8．約束手形　　9．現金通貨

【設問 9】下線部ⓖに関連して、**適当でないもの**を次の１～４のうちから１つ選び、その番号を、解答欄Ⅱ－乙に記入せよ。

1．コンピュータシステムのネットワークのイメージが雲の図で表されることが多いことが、クラウドファンディングという名称の由来となっている。

2．クラウドファンディングとは、主にインターネットを通じて、不特定多数の個人から小口の資金を集めるしくみのことである。

3．クラウドファンディングには、出資者が見返りを求めない「寄付型」、見返りとして商品やサービスを受け取る「購入型」、利益配分がある「投資型」などの種類がある。

4．日本でクラウドファンディングの事業者登録をするために必要な免許は、種類ごとに異なる。

【設問10】下線部ⓗに関連して、次の文章の（　キ　）に入る適切な語句を、解答欄Ⅱ－甲のキに記入せよ。

暗号資産は、中央銀行のように発行・流通を管理する組織がないが、（　キ　）というデータベース技術により、コンピュータのネットワーク上に保存・管理される。（　キ　）は、取引データを暗号技術によって鎖のようにつないで蓄積するため、データの改ざんが困難とされる。

【設問11】下線部ⓘのことを何というか。解答欄Ⅱ－甲にカタカナで記入せよ。

〔Ⅲ〕 次の文章を読み、下の設問（設問1～設問7）に答えよ。 （50点）

日本は先進国の中でも、ⓐ少子化とⓑ高齢化が顕著な国の1つである。ⓒ図1は、1960年から2019年までの日本、韓国、アメリカ、イスラエルの4カ国の（　ア　）出生率の推移を図示したものである。（　ア　）出生率とは、1人の女性が生涯に産む子どもの数の平均推計値を指す。図1をみると、日本では1966年に（　A　）ショックとよばれる特異な現象が発生したが、傾向的に減少が続き、（　B　）年以降は、（　A　）ショックの水準を常に下回っている。2026年に60年前と同じ現象が発生するのかが注目されている。

少子高齢化は、日本の財政に影響を与えている。一般会計の歳出に占める（　イ　）関係費の割合は年々増加しており、2021年度の当初予算では歳出の約34％になっている。（　イ　）費を給付の項目別にみると、ⓓ年金が最も多く、次に医療、（　ウ　）その他と続く。なお、介護対策は、（　ウ　）その他に含まれる。

少子高齢化は、所得分配にも影響を与える。稼得能力（所得を生み出す力）に個人差があるとき、働く年数が長いほど労働所得の格差は（　C　）。また、資産の運用能力に個人差があれば、運用期間が長いほど資産所得の格差は（　C　）。他方、少子高齢社会に対応した政策も所得分配に影響を与える。格差を測る指標はいろいろあるが、ⓔジニ係数がよく知られている。

【設問1】文中の（　ア　）～（　ウ　）に入る最も適切な語句を、解答欄Ⅲ－甲のア～ウに記入せよ。

【設問2】文中の（　A　）～（　C　）に入る最も適切な語句や数字を、次の1～9のうちから1つ選び、その番号を、解答欄Ⅲ－乙のA～Cに記入せよ。

1．甲午（きのえうま）　　2．丙午（ひのえうま）
3．庚午（かのえうま）　　4．1989　　5．1999
6．2009　　7．拡大する　　8．縮小する　　9．変わらない

図1

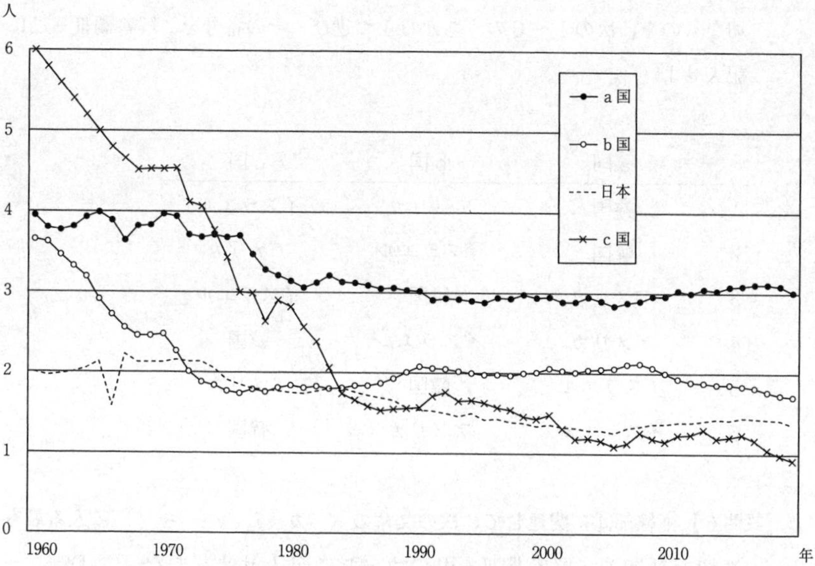

出所　OECD Data 2022

【設問3】下線部ⓐに関連して、リモート会議などの在宅ワークを促進し、仕事の時間と生活の時間を調和させることが少子化対策になると考えられている。仕事と生活の両立を意味する、1990年代のアメリカ企業が実践した考え方を何というか。最も適切な語句を、解答欄Ⅲ－甲に記入せよ。

【設問4】下線部ⓑに関連して、次の文章の（　エ　）・（　オ　）に入る最も適切な語句または数字を、解答欄Ⅲ－甲のエ・オに記入せよ。

高齢者就業の促進を目的として、2021年に高年齢者雇用安定法が改正され、事業主に対して、（　エ　）歳までの定年引き上げや（　エ　）歳までの継続雇用制度の導入等の措置を講ずる努力義務が追加された。

長寿化の恩恵を享受するには、単なる寿命ではなく、健康寿命をいかに延ばすかを考える必要がある。高齢者医療制度では、75歳以上の高齢者を（　オ　）高齢者とよび、医療費の自己負担分を軽減するなどの措置がとられている。

【設問5】下線部ⓒに関連して、図1の日本以外の国の組み合わせとして最も適切なものを、次の1～6のうちから1つ選び、その番号を、解答欄Ⅲ－乙に記入せよ。

	a国	b国	c国
1.	韓国	アメリカ	イスラエル
2.	韓国	イスラエル	アメリカ
3.	アメリカ	韓国	イスラエル
4.	アメリカ	イスラエル	韓国
5.	イスラエル	韓国	アメリカ
6.	イスラエル	アメリカ	韓国

【設問6】下線部ⓓに関連して、次の文章の（　カ　）・（　キ　）に入る最も適切な語句を、解答欄Ⅲ－甲のカ・キに記入せよ。また、（　D　）～（　F　）に入る最も適切な語句を、下の語群から1つ選び、その番号を、解答欄Ⅲ－乙のD～Fに記入せよ。

年金には、大別して、（　カ　）方式と（　キ　）方式がある。日本では両者の中間形態である修正（　カ　）方式がとられていたが、現在では事実上、（　キ　）方式に移行している。両者の違いの1つは、将来受け取る年金額を納めた保険料で割ることによって算出される収益率の違いである。（　カ　）方式では、集めた保険料を市場で運用するため、（　D　）率が収益率に影響する。他方、（　キ　）方式では、市場を経由せずに、現役世代から高齢世代へと所得が移転されるため、賃金上昇率や（　E　）率が収益率に影響する。したがって、少子高齢化が進むと、（　キ　）方式の収益率は（　F　）。

［語群］

1．減価償却　　2．公正報酬　　3．消費税

4．人口成長　　5．利子　　6．預金準備
7．上昇する　　8．低下する　　9．変わらない

【設問7】下線部ⓔに関連して、花子が太郎にジニ係数の説明をしている。次の会話文の（　G　）・（　H　）に入る最も適切な語句を、下の語群から1つ選び、その番号を、解答欄Ⅱ－乙のG・Hに記入せよ。また、（a）～（d）に入る数字を、0～9の整数で、解答欄Ⅲ－乙のa～dに記入せよ。

花子：ジニ係数についての調査結果を報告します。話を簡単にするために、4人の個人を考え、元々の所得を意味する当初所得を10，10，20，60とします。所得の少ない人から順に、階級1、階級2、階級3、階級4とよぶことにします。表1の第1列と第2列の部分です。以上で準備は完了です。

太郎：ふーん。簡単だね。

花子：次に、第3列の階級累積度数を計算します。階級zの累積度数とは、z以下の階級にいる個人の人口比率を表します。

太郎：4分の1ずつ増えていくんだね。

花子：第4列の所得累積度数とは、z以下の階級にいる個人の所得シェアを表します。

太郎：所得の合計が100だから、分母を100にして、分子には各階級の所得を順に足していけばいいんだ。

花子：次に、所得分布を図で表します。階級累積度数をx、所得累積度数をyとして、（x，y）を座標とする点を図に記入します。図2のように、原点（0，0）を含めて各点をつないだものを（　G　）曲線といいます。

太郎：この場合だと折れ線だね。

花子：最後に、ジニ係数を求めます。対角線と（　G　）曲線で囲まれた弓型の面積を、対角線の下の直角三角形の面積で割ったものをジニ係数といいます。

太郎：直角三角形の面積は0.5だから、ジニ係数＝（弓型の面積）×２だね。弓型の面積を求めるには、（　G　）曲線の下にある三角形と台形の面積を計算すればいいね。小数点以下３桁まで計算すると、当初所得のジニ係数は、0.（a）00になるね。

花子：次に、税などを用いて所得を再分配することでどのくらい格差が小さくなるのかを調べます。再分配後の所得を再分配所得といいます。ここでは、階級４の個人から10だけ所得を取ってきて、階級１と階級２の個人に５ずつ与えることにします。

太郎：再分配所得の分布は、15，15，20，50になるね。当初所得の（　G　）曲線と再分配所得の（　G　）曲線を比べると、（　H　）ね。

花子：再分配所得のジニ係数は、必要に応じて四捨五入して小数点以下３桁まで計算すると、0.（b）（c）（d）になります。

太郎：再分配所得の方が当初所得よりもジニ係数が小さくなるね。

表１　所得分布

階級	当初所得	階級累積度数（x）	所得累積度数（y）
1	10	$\frac{1}{4}$	$\alpha_1=\frac{10}{100}$
2	10	$\frac{2}{4}$	$\alpha_2=\frac{10+10}{100}$
3	20	$\frac{3}{4}$	$\alpha_3=\frac{10+10+20}{100}$
4	60	1	$\frac{10+10+20+60}{100}=1$

計　100

図 2

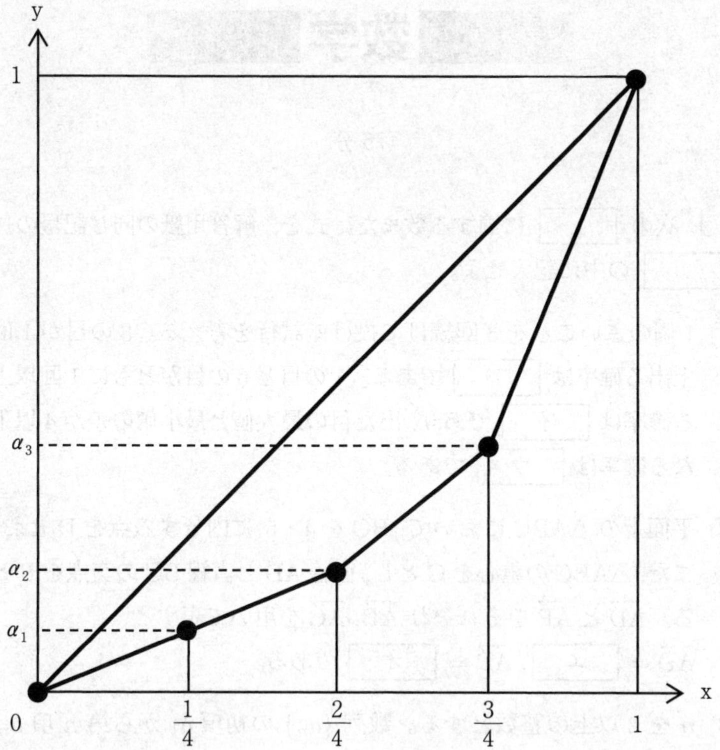

[語群]

1．エンゲル　　2．フィリップス

3．ローレンツ　　4．Ｊカーブ

5．全体的に当初所得の曲線の方が対角線に近い

6．全体的に再分配所得の曲線の方が対角線に近い

7．階級１、階級２の部分では当初所得の曲線の方が対角線に近い

8．階級１、階級２の部分では再分配所得の曲線の方が対角線に近い

数学

（75分）

〔Ⅰ〕次の $\boxed{\quad\quad}$ に適する数または式を，解答用紙の同じ記号の付いた $\boxed{\quad\quad}$ の中に記入せよ。

(1) 1個のさいころを3回続けて投げる試行を考える。3の目が1回以上出る確率は $\boxed{\text{ア}}$ である。1の目と6の目がともに1回以上出る確率は $\boxed{\text{イ}}$ であり，出た目の最大値と最小値の差が4以下となる確率は $\boxed{\text{ウ}}$ である。

(2) 平面上の $\triangle$ABC において，BC を 4 : 5 に内分する点を D とおく。また，$\triangle$ABC の重心を G とし，直線 AD と直線 BG の交点を P とする。$\overrightarrow{\mathrm{AD}}$ と $\overrightarrow{\mathrm{AP}}$ をそれぞれ $\overrightarrow{\mathrm{AB}}$, $\overrightarrow{\mathrm{AC}}$ を用いて表すと
$\overrightarrow{\mathrm{AD}} = \boxed{\text{エ}}$, $\overrightarrow{\mathrm{AP}} = \boxed{\text{オ}}$ である。

(3) n を2以上の整数とする。数列 $\{a_n\}$ の初項 a_1 から第 n 項 a_n までの和を $S_n = \displaystyle\sum_{j=1}^{n} a_j$ とする。$S_1 = a_1 = 500$ とし，また関係式 $S_{k+1} - S_k = 3k - 50$ $(k = 1, 2, 3, \cdots)$ が成り立っているとする。
n を用いてそれぞれ $\displaystyle\sum_{k=1}^{n-1} k = \boxed{\text{カ}}$, $S_n = \boxed{\text{キ}}$ である。
n が整数であることに注意すると $n = \boxed{\text{ク}}$ のとき，S_n は最小値 $\boxed{\text{ケ}}$ をとる。これは，$a_n < 0$ となる n の値の最大値が $n = \boxed{\text{コ}}$ であることからもわかる。

〔 II 〕 平面上で半径 R の円に内接する四角形 ABCD について，$\mathrm{AB}=3,\ \mathrm{AD}=2,\ \cos\angle\mathrm{DAB}=-\dfrac{2}{3}$ であるとき，次の問いに答えよ。ただし，4 点 A, B, C, D はこの順に四角形の頂点として並んでいる。

(1) $\triangle$ABD の面積 S を求めよ。

(2) BD の長さと外接円の半径 R の値をそれぞれ求めよ。

(3) AC の長さを x とおく。x のとりうる値の範囲を求めよ。

(4) $\mathrm{AC}=\mathrm{BD}$ が成り立つとき，四角形 ABCD の面積のとりうる値をすべて求めよ。

〔 III 〕 xy 平面上の曲線 $C_1 : y=|x^2-5x+4|$ に対して，C_1 上の 2 点 $(1,0),\ (4,0)$ を除いた曲線を C_2 とする。点 (u,v) を通るどんな直線 ℓ も曲線 C_2 の接線とはならないような点 (u,v) 全体を R とする。このとき，次の問いに答えよ。

(1) xy 平面上において，曲線 $C_2 : y=|x^2-5x+4|$ のグラフを図示せよ。ただし，2 点 $(1,0),\ (4,0)$ は曲線 C_2 に含まれない。

(2) a, b を $a<0<b$ をみたす実数とする。s の 2 次方程式 $s^2-2ps+q=0$ が $a<s<b$ の範囲に少なくとも 1 つの実数解をもつための 2 つの実数 $p,\ q$ に関する条件を求めよ。また，その条件をみたす (p,q) の領域を $a=-1,\ b=1$ のとき pq 平面上に図示せよ。

(3) c, d を $c<0<d$ をみたす実数とする。実数 t が $t<c$ または $d<t$ をみたしながら動くとき，xy 平面上において $y=x^2$ 上の点 (t,t^2) を通る接線が通過する領域を，$c=-1,\ d=1$ のとき図示せよ。

(4) R を xy 平面上に図示せよ。

[注] 直線 $\ell : y=f(x)$ が曲線 $C : y=g(x)$ の接線であるとは，$f(a)=g(a)$，$f'(a)=g'(a)$ をともにみたす $x=a$ が存在することである。

5 本動詞「参る」の未然形＋尊敬の助動詞「す」の未然形＋願望の助詞「ばや」

㈣ 本文の内容に合致するものを、次のうちから二つ選び、その番号を記せ。

1 摂津の国から来た七十歳ほどの法師は、播磨の国へ行く途中で鐘楼を見つけ、傍らの家にとどまった。

2 旅人の法師は病のため数日、外出できなかった。

3 七十歳ほどの法師は、旅人の法師が鐘をつくことを認めた。

4 旅人の法師が心を込めて鐘をつくので、住職は喜んだ。

5 自分の父親とはとても仲が良かった、と男は言った。

6 自分の父親を養うだけの財力はある、と男は言った。

㈤ 傍線――――について、「ゆゆしきたばかり」とは何か、具体的に説明せよ（句読点とも三十字以内）。

（以上・六十点）

イ　今はいふにかひなく候へば、葬送つかまつり候ふべし

1　親の死は今となってはどうしようもありませんので、私が葬儀をいたしましょう
2　私の親がもう死んでしまっているならば、住職が葬儀をお勤めにならなければいけないでしょう
3　住職にはもう何を言ってもしかたがありませんので、私が葬儀だけでもさせていただきましょう
4　私の親は今さら取り立てて言うほどの者ではありませんが、葬儀はこの寺でしていただくのがよいでしょう
5　親の死は今となっては取り返しのつかないことですので、この寺で葬儀を執り行ってもらわなければなりません

ウ　坊どもたてて人もさし出でぬあひだに、はやこの僧はものにかきのせて出でていぬ

1　住職は誰も気づかない間に坊の戸口に車を用意して、早くも法師の死体を乗せて立ち去った
2　寺の者が腹を立てて誰もが引きこもっている間に、死者を出した住職は早くも何かに乗って逃げ出した
3　寺の者が寺の戸を閉めて誰も外に出ないうちに、すぐにこの死んだ法師を男たちが何かに乗せて出ていった
4　男たちは寺の者を追い立てて誰も近寄らないようにしているうちに、すぐに法師の死体を何かに乗せて立ち去った
5　僧侶たちが番人を立てて誰も近づけないようにしている間に、早くも死者を出した住職は死んだ法師を何かに乗せて立ち去った

(三)　傍線━━「参らせばや」の文法的説明として適当なものを、次のうちから一つ選び、その番号を記せ。

1　補助動詞「参らす」の未然形＋願望の助詞「ばや」
2　補助動詞「参らす」の已然形＋接続助詞「ば」＋詠嘆の助詞「や」
3　本動詞「参らす」の未然形＋接続助詞「ば」＋疑問の助詞「や」
4　本動詞「参る」の未然形＋使役の助動詞「す」の連用形＋願望の助詞「ばや」

a　わびしから
1　風流で
2　貧しく
3　興ざめで
4　気になって
5　うんざりし

b　ひしめき
1　ぎしぎしと鳴って
2　しずしずと歩いて
3　てきぱきと働いて
4　きっちりと並んで
5　がやがやと大騒ぎして

(二)　傍線――ア～ウの解釈として適当なものを、次のうちからそれぞれ一つ選び、その番号を記せ。

ア　妻にて候ふ女の心ばへけしからぬによりて、すぐべくもおぼえず候ふあひだ、うかれ出でて候ふなり

1　息子の妻であります女性の気立てがよくないために、一緒に暮らしていけそうにも思われませんので、私はあてもなく家を飛び出したのです
2　息子の妻であります女性の志が高いために、息子の妻の願いを無視するわけにもいかないと思いましたので、うかつにも出家してしまったのです
3　息子の妻であります女性の素行がよくないために、見過ごすわけにもいかないと思われますので、息子の妻を後先考えずに家から追い出したのです
4　息子の妻に仕えています女性の身持ちがよくないために、見過ごすわけにもいかないと思われますので、その女性を早々に家から追い出したのです
5　息子の妻に仕えています女性の気質がすぐれているために、離れては暮らせないと思いましたので、私たちはうきうきした気分で家を飛び出したのです

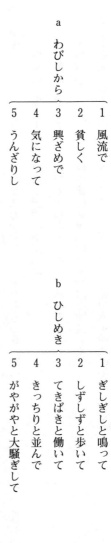

日ばかり過ぎて、この法師、寝死《ねじに》にさしすくみてありければ、あさましと思ひて、寺中ふれめぐらしければ、「よしなし法師とどめおきて、寺中をけがしつるよ」と沙汰しあひたるところに、紺の直垂、折烏帽子着たる男の、従者二三人ばかり具したるが尋ね来て、「この寺に、もし老いたる法師などや参りたることや」といひければ、「かく鐘楼のかたはらなる屋にこそ法師の日ごろありつるが、この暁、死にて臥せる」とこたふるに、この男寄りてうち見ていふやう、「この法師はわが父にて候ふ。親ながら老いひがみて、わがもとを逃げ出でて、これにて死に候ひけり。親一人など養ふまじき身にても候はぬに、心のけしからぬよりおこり候ひて、不思議の死して候ふ。イ今はいふにかひなく候へば、葬送つかまつり候ふべし」とて、出でていぬ。

夕方になりて、乗馬のものをはじめて、四五十人ばかり具し来てbひしめきけれども、寺中はこの死人を忌みければ、ウ坊どもたてて人もさし出でぬあひだに、はやこの僧はものにかきのせて出でていぬ、と思ふほどに、夜明けて見れば、このつき鐘うせにけり。不思議かなと思ひて、葬送の松山を見れば、つき鐘はそこにて散々にうち割りて、はや取りていにけり。あとに鐘のくだけ残りたりけり。

かの松原にて高念仏を申して、そのまぎれに鐘を割り取りて、死人を埋むよしをしたりける。ゆゆしきたばかりなり。

（『十訓抄』）

注　初、後夜　午後八時、午前四時。いずれも鐘をつく時刻。

設　問

㈠　傍線――a・bの意味として適当なものを、次のうちからそれぞれ一つ選び、その番号を記せ。

1　最古の都市ウルクから三千年近くあとに誕生したアテネは、ウルクの二倍の大きさに発展した。
2　文学作品が文字で記されたのは、楔形文字の発生から千年以上もあとだった。
3　地域ごとにばらばらだった文字の形が統一されることで、文字は距離を破壊するテクノロジーとなった。
4　叙事詩のような古代ギリシア文化は、文字が生まれる以前から口伝のかたちで継承された。
5　税の徴収が事前に計画できるので、東南アジア大陸部では米づくりが推奨された。
6　江戸時代までは稲作の収量が足りなかったので、農民は雑穀を食べていた。

㈦　筆者は人類の歴史をどのように考えているか、「非国家空間」との関わりから、説明せよ（句読点とも四十字以内）。

（以上・九十点）

二　次の文章を読んで、後の設問に答えよ。

摂津の国、昆陽寺といふところに、七十ばかりなる法師の一人出で来て、鐘つき堂のそばの住持の家のありけるに、宿借りてとどまりにけり。二三日過ぎけれども外へも行かざりければ、主の住持あやしみて、「いかなる人の、いづくへ行くぞ」と問ひければ、旅人の法師申すやう、「さしていづくへまかるべしとも思ひ定めたることもなし。子にて候ふ男、播磨の国しかしかといふところに候ふが、世の中も[a]わびしからず、田地、所領などもあまた持ちて候ふが、[ア]妻にて候ふ女の心ばへけしからぬによりて、すぐべくもおぼえず候ふあひだ、うかれ出でて候ふなり。しかるべく候はば、これにて鐘などをもつきて参らせばや」といふ。

この住持さもありなむと思ひて、とどめおきたるほどに、初、後夜、鐘などまごころにつきければ、うれしと思ふほどに、十これはスコットが描いた東南アジアの山地民の姿とも一致する。国家から距離をおいた人びとは、自分たちの社会が国家のように階層的で抑圧的な場所にならないよう、慎重に平等な社会構造を維持しようとした。山の民は、国家空間にとりこまれないために、あるいは自分たちの内側から国家が生まれないように、あえて平地とは真逆の「国家に抗する社会」をつくりだしてきたのだ。

「ゾミア」の歴史は、ぼくらの物語の一部でもある。人類はどこから来て、どこに向かうのか。国家なきアナキズムを生きた人びとの営みは、いまもその想像力のひとつの源泉でありつづけている。

1　山の土地はすべて村の共有地とする、平地とはまったく異なる土地に対する思想によって生まれた、平等な社会構造が慎重に維持されようとした。
2　山の土地を、畑地などが多い家にはすくなく、あまりない家には多く割りあてることで、貧富の差を縮め、資本主義に抗する社会主義の思想を実現した。
3　東南アジアの山地民と同じく、階層的で抑圧的な国家空間から流れた人びとが、自分たちの内側にある平等主義に基づいてあらたな国家をつくりだした。
4　人口の割合に土地が極めて広いために、人びとが狩猟や焼畑で生計を立ててもなお土地が余るので、階層的で抑圧的な国家という概念は生まれなかった。
5　国家に抗するアナキズムの思想によって富を平等に均分する奇跡的なユートピアを実現した山の民の歴史は、いまも人類の想像力の源泉でありつづけている。

㈥　本文の内容に合致するものを、次のうちから二つ選び、その番号を記せ。

統治ときわめて強く結びついてきた。

(五)　傍線――C「ゾミア」をめぐって、筆者は同じ本の別のところで柳田国男「九州南部地方の民風」を引用しながら、日本における「ゾミア的な場所」について、次のように述べている。筆者の考えとして適当なものを、後の1～5から一つ選び、その番号を記せ。

宮崎県の椎葉村を訪れたとき、柳田は人びとが富を平等に均分していることに感動している。柳田にとって、そこは社会主義の理想を実現した奇跡的なユートピアだった。戦後まで長く狩猟や焼畑で生計を立てていた椎葉村では、山の土地はすべて村の共有地だった。そして畑地などが多い家にはすくなく、あまりない家には多くの山の土地を割りあてることで、貧富の差がひろがらないようにしていた。

常畠、常田を多く所有し、家族の少ない家には、最少額三反歩〔約三〇アール〕の面積を割り当て、家貧しくして家族多き家には、最多額三町歩〔約三ヘクタール〕までを割与えます。一体に人口の割合に土地が極めて広いために自家の得る土地の面積は、ただその所要を充せば足るので、その多きを貪るということは、この山村ではいっこうはやらぬのであります。〔中略〕この山村には、富の均分というがごとき社会主義の理想が実行せられたのであります。『ユートピヤ』の実現で、一の奇蹟であります。

柳田は、この平等主義が高い理想のもとで実現したわけではないという。そこには平地とはまったく異なる土地に対する思想があり、それが土地の平等な配分というやり方に自然とつながったのだ、と述べている。

2　すくない労働で健康的に暮らせた狩猟採集や遊牧の移動生活が、定住化と農業の開始によって、動物原性感染症などの困難に遭遇した。

3　あらたに生まれた動物と人間の群集地は、環境変化に脆弱で短命に終わり、国家ができ人類が文明化するまでに長い時代があった。

4　新石器革命で生まれた農耕具によって生産力が増大した国家は、やがて人口密集が進み、病原菌の繁殖に最適な「肥育場」となった。

5　国家が農業を発展・拡張させ、健康や栄養、余暇を増進するためには、戦争捕虜や奴隷を獲得する「野蛮」な収奪が必要とされた。

㈣　傍線――B「文字が国家をつくる」の説明として適当なものを、次のうちから一つ選び、その番号を記せ。

1　労働、穀物、土地、配給の各単位を扱うのに必要な、ある種の標準化、抽象化を行うための文字が生まれたことによって、小規模な都市国家がメソポタミア全域で競合しはじめた。

2　穀物の運搬、賦役、請求、領収などについて文字で書かれた規範が創造され、全土で強制されてはじめて、小規模な都市国家が世界最大の都市に発展した。

3　人口のわずかな階層しか読み書きができなかった時代において、文字が王の名の一覧と血統、年代記に用いられて国家を誕生させ、その後も国家支配のシンボルでありつづけた。

4　紀元前三三〇〇年頃、世界最大の都市を構成する二万五〇〇〇から五万人ほどを食べさせるためには、文字による人口の把握が優先されるべき重要な関心事だった。

5　非生産者に必要な食料の収奪を進めるための簿記、戦争捕虜や奴隷などの労働力の一覧表、といった文字の使用が国家の社会へと単純に移行したわけでもない。いかに国家から逃れるかが、生存にとって重要だった時代が長くつづいた。人びとの視点からみれば、歴史は行きつもどりつしてきた。あるときは国家にとりこまれ、あるときはそこから逃れる必要に迫られた。

（松村圭一郎『くらしのアナキズム』）

注　線文字B　紀元前一五五〇年から紀元前一二〇〇年頃まで、ギリシア本土やクレタ島で使われていた文字。絵画的な記号および数字と単位記号から構成される。

ホッブズ　英国の哲学者トマス・ホッブズ。秩序を保つための国家権力の必要性・重要性を説いた『リヴァイアサン』（一六五一年）を著した。

設問

㈠　空欄□a〜cに入る語句として適当なものを、次のうちからそれぞれ一つ選び、その番号を記せ。

1　かえって　2　まったく　3　けっして　4　たとえば　5　ふたたび　6　なぜなら　7　しかし

㈡　空欄〔　〕には同じ語句が入る。適当なものを、次のうちから一つ選び、その番号を記せ。

1　絶対権力　2　福祉制度　3　立憲政治　4　社会契約　5　民主主義

㈢　傍線――Aについて、「人間が「家畜化」された」ことによって起きた問題の説明として適当なものを、次のうちから一つ選び、その番号を記せ。

1　湿地帯の多様な動植物を手に入れるために進んだ定住化は、気候変動を源とする河川水量の減少や土地の乾燥化のために崩壊した。

国家から逃れた人びとはどこへ行ったのか？　多くは国家の支配がおよびにくい険しい山奥へと逃れた。スコットの本のタイトルになっている「ゾミア」とは、そんな広大な非国家空間がひろがる中国南部から東南アジア大陸部の山岳地帯のことだ。いまも中国南部からベトナム、タイ、カンボジア、ラオス、ミャンマーの国境にまたがる山岳地帯には、たくさんの少数民族がいる。スコットは、それらの民族がいずれもくり返し国家の領域から逃れでてきた多様な人びとの層で構成されているという。最初からそこに少数民族がいたわけではない。中国南部では、もとは同じ民族的ルーツをもつ人のなかで国家の内に臣民としてとどまった人が漢民族と呼ばれ、山地に逃れた人がミャオやヤオなどと呼ばれた。それはタイやミャンマーなどの支配的民族と少数民族の関係でも同じだ。こうして山地に、平地国家に吸収された者たちとは異なる独特の「非国家空間＝ゾミア」が生まれたのだ。

人類は狩猟採集から農耕牧畜へと進み、そこから工業化をへて近代社会が生まれた。ぼくらはそう教えられてきた。当然、狩猟採集や粗放な焼畑農耕より、灌漑された水田での稲作のほうが先進的で発達した文明に思える。こうして世界がしだいに文明化してきたというイメージは、ひろく共有されている。

スコットは『ゾミア』のなかで、国家から逃れるために、もともと水田耕作をしていた人びとがあえて山に入って焼畑や狩猟採集をはじめたり、文字をもっていた人びとが文字をつかわなくなったりした可能性があると書いている。

国家は、人口を中心部の周囲に定住させ、水田稲作をさせることで成り立ってきた。逆に国家の領域から逃れた人びとは、深い山のなかに入って分散して暮らし、森で移動しながら焼畑耕作をしたり、狩猟採集をはじめたりする。なぜなら、そうした山での生業《なりわい》は水田稲作とは違って把握が困難なので、国が安定的に税を徴収できないからだ。一カ所に定住していないと人口を登録する台帳もつくれない。兵士や賦役などの労働力の調達も不可能になる。

世界中の人びとが狩猟採集から農耕革命をへて近代化へと一直線に進歩してきたわけではない。国家なき社会から国家のあるたと書いている。

つまり、まとまった人民がいて国ができたわけではない。国が周辺の人びとを強制的にかきあつめることで国家が生まれた。国が存続するには、その安定的な人口からきちんと税を徴収する必要がある。人口集中や土地台帳が国づくりの基礎だった。

水田稲作が国家にとって重要なのは、税収が予測可能になるからだ。灌漑された水田は畦に囲まれているので、農閑期でも栽培面積が一目瞭然でわかる。水田の面積がわかれば収量も予測できる。同じ米なら基本的にどこの土地でも同じ季節に収穫時期を迎える。いつどれくらいをだれから徴収すればいいのか、事前に計画ができる。

だからこそ水田で稲作をつづける定住農民が国家の維持に不可欠だった。国家はつねに焼畑などの移動耕作を遅れた原始的農業として禁止し、米づくりを推奨してきた。それは日本でも同じだ。江戸時代まで、米は基本的に年貢として納めるために生産されていて、百姓はおもに米以外の雑穀などを食べなければならなかった。国家がまず徴税や徴兵のシステムとして姿をあらわしたのはどこでも同じなのだ。

税を納めるかわりに国が国民の生活を保障してくれる〔　　　〕によって国が成り立つ。この〔　　　〕の考え方が十七〜十八世紀のヨーロッパで生まれたのは、それ以前の国家がまったくそうではなかったからだ。ぼくらは国家がそもそもどんなものなのか、ほとんど知らないまま生きている。

ホッブズは、戦争状態を抑止し、危機に対処するためにこそ、主権国家が必要だと説いた。だが歴史的にみれば、国家は人民を守る仕組みではなかった。人びとから労働力と余剰生産物を搾りとり、戦争や疫病といった災厄をもたらす。国家はむしろ平和な暮らしを脅かす存在だったのだ。

当然、反乱を起こしたり、そこから逃げだしたりする者がでてくる。東南アジアの国家の盛衰史は、国家が絶えず流出する人口を戦争による捕虜獲得で補う歴史だった。隣国との戦争に敗れて人口が補充できなければ、国家は滅亡を余儀なくされた。

支配した。

スコットは、最初期の国家では人口のわずかな階層しか読み書きできず、その大半が役人だったと指摘している。なので国家が消滅すると、文字の使用が縮小したり、別のものにおきかわったりした。［ a ］古代ギリシアでは、紀元前一二〇〇―八〇〇年ごろ、都市国家が分裂したあと、［ b ］読み書きが登場したときには古い形態の線文字Bではなく、フェニキア人から借用した［ c ］あらたな書字法になっていた。この間、叙事詩のようなギリシア文化は文字ではなく、口伝のかたちで継承された。文化にとって文字は必須ではなかったのだ。

スコットが指摘する古代メソポタミアでの国家誕生の歴史は、文字が国家の統治ときわめて強く結びついてきたことを示している。国家の衰退は文字の使用自体を縮小させた。時代が下っても、文字や文書が国家支配のシンボルであることに変わりなかった。多くの農民反乱で、まず戸籍や納税者の記録が保管された政府の役所が焼き討ちされた理由もそこにある。

国家は、人びとから富と労力を吸いとる機械として誕生した。当然、人びとからしてみれば、そこからいかに逃れて生きるかが生存を左右する問題だった。

スコットが書いたC『ゾミア』には、おもに中国南部や東南アジアでいかに国家が人びとを飲みこみ、そこから人びとが逃れて生きてきたかが描かれている。

人口密度が低かった東南アジア大陸部では、国家をつくるために労働力を集約させることが最大の課題だった。毎年、水田で米をつくる農民から税を徴収し、兵士を徴兵できる安定的な定住人口が欠かせなかった。

人口を国の中心地にあつめる手段として国家がたよったのが、戦争による捕虜の獲得と奴隷狩りだった。スコットは、十九世紀後半のチェンマイ王国の人口の四分の三が戦争捕虜で、別のタイ系民族の小国家チェンセーンでも人口の六割近くが奴隷だっこの初期国家の成立と文字が歴史上はじめて登場した時代は、ぴったり一致している。スコットは、それを「とにかく数値的な記録管理に関する体系的な技術がなければ、最初期の国家ですらほとんど想像できない」と表現している。

国家は、つねに非生産者（官吏、職人、兵士、聖職者、貴族階級）を食べさせるために、農作物や畜産物といった余剰食料を必要としていた。その食料の収奪を進めるためにも、穀物の運搬、賦役、請求、領収などについての継続的な記録・管理が必要不可欠だったのだ。

じっさい、最初期のメソポタミアでは、ほぼ簿記の目的のためだけに文字がつかわれていた。文学や神話、賛歌、王の名の一覧と血統、年代記、宗教上の文章などが文字で記されたのは、それから五百年以上たってからのことだ。有名な最古の文学作品とされるギルガメシュ叙事詩が文字で記されたのも、楔形文字が最初に国家と商業の目的につかわれてから千年以上もあとだった。

ウルクの行政に関する最古の粘土板は、紀元前三三〇〇～三一〇〇年ごろの地層から発見されたもので、大半が配給や税としての穀物の記録、あるいは戦争捕虜や奴隷といった労働力についての一覧表だった。国家にとって人口とは、生産者／兵士／奴隷のことであり、それが国家の富の指標となった。人口の把握は領土の征服よりも優先されるべき重要な関心事だった。スコットは次のようにいう。

> 初期の国家形成では、労働、穀物、土地、配給の各単位を扱うのに必要な、ある種の標準化、抽象化が全体として行われた。そうした標準化には、標準となる術語体系の発明が不可欠で、文字を通してすべての必須カテゴリー――領収書、作業命令、労働義務など――を表せるようにしなければならない。文字で書かれた規範が創造され、都市国家の全土で強制されて、地域ごとにばらばらだった判断に取って替わった。文字それ自体が距離を破壊するテクノロジーとなり、小さな領土の全域を

この定住化と農業の開始から国家の成立までには四千年もの間隔がある。その間ほぼ人口は増えていない。集住化はあらたな困難との遭遇だった。それがいま新型コロナウイルスで話題の動物原性感染症だ。動物と人間の群集地は病原菌の繁殖に最適な「肥育場」だったのだ。

では国家はいかに誕生したのか。スコットは気候変動から説明する。海水面の低下で河川水量が減少すると、乾燥化のために農地が減り、人口密集が進む。そこで灌漑が重要になり、権力集中や階層化が起きた。だが国家は戦争捕虜や奴隷を獲得して余剰穀物を収奪しないと存続できなかった。多くの初期国家は感染症や環境変化にも脆弱で短命に終わる。この国家の崩壊は、人びとにとっては疫病や戦争、そして穀物栽培＝課税からの解放だった。

十七世紀ごろまで、文字記録に残る「国史」の外側に国家のない長い時代や広大な空白地帯があった。そこではあえて国家や穀物栽培から距離をとり、「野蛮」とされる狩猟採集や遊牧が選ばれてきた。

狩猟採集から農耕牧畜をへて国家ができ、人類が文明化した。スコットの本を読むと、そんな人類の単線的な発展史観の誤りを突きつけられる。国家が誕生したあとも、あえて国家やその文明から逃れて生きてきた膨大な人びとの書き残されていない「歴史」があった。そして十九世紀以降、その「未開」とされてきた人びとの営みに注目したのが、人類学なのだ。

スコットはこの本でB「文字が国家をつくる」という刺激的な議論を展開している。はたして、どういう意味なのか？

メソポタミア地域で最初期の国家が誕生したのは紀元前三三〇〇年頃だと考えられている。ウルクという最古の都市が国家形態のさきがけとして誕生すると、二〇あまりの類似した小規模な都市国家がメソポタミア全域にでき、競合しはじめた。

ウルクは推定人口が二万五〇〇〇から五万人ほどで、当時、世界最大の都市だった。都市を囲む壁の内部は二五〇ヘクタールにもおよび、三千年近くあとに誕生したアテネの二倍の大きさがある。初期国家は、こうして集約された人口による農業生産に依存して誕生した。

国語

（七五分）

一　次の文章を読んで、後の設問に答えよ。

いま国はなくてはならない存在になっている。安全な生活を守ってくれて、なにか問題が起きれば解決してくれる。みんなそう信じている。

でも歴史的にみれば、国家は、そんなやさしい存在ではなかった。アメリカの政治人類学者ジェームズ・スコットは『反穀物の人類史』のなかで、人類最古の文明とされるメソポタミアでいかに農業や国家が誕生したのかを考察している。紀元前一万年前の新石器革命で農業が生まれたことで生産力が増大して国家が誕生し、広大な領域がその支配下に入った。そんな「常識」を一変させた衝撃の書だ。

スコットは、メソポタミアを中心に中国などの例もあげながら農業と国家の起源の謎に挑んでいる。農業が健康や栄養、余暇を増進し、国家が一貫して発展・拡張してきたという物語はまったく正反対だった。スコットはそのことを先史学や考古学、人類学の知見を駆使して実証していく。

狩猟採集や遊牧の移動生活は、初期農耕にくらべてすくない労働で健康的に暮らせた。定住化は農耕のためではなく、湿地帯の多様な動植物を手に入れるためだった。そこで家畜化と栽培化が進む。Aしかし、家畜に餌や水を与えて野獣から保護し、土地を耕し雑草を抜いて穀物の生育リズムに生活をあわせたのは、人間が「家畜化」されたのも同然だったとスコットはいう。

解答編

英語

I　**解答**　I－A．(X)－3　(Y)－4　(Z)－1

I－B．2

I－C．(a)－3　(b)－4　(c)－1　(d)－4　(e)－2　(f)－4　(g)－3　(h)－2　(i)－1

I－D．(ア)－3　(イ)－3　(ウ)－2

I－E．(あ)－4　(う)－7　(え)－1

I－F．2・5（順不同）

I－G．はじめよりも速いテンポで演奏すべきなのか遅いテンポで演奏すべきなのかは合図で彼らに示された。

◆全　訳◆

≪演奏中のピアニストの脳の内部≫

楽器を演奏するということは，とてつもない難題を私たちの脳に提示する。脳がその難題を乗り越えるために必要となる複雑な協調作業を具体的にはどのように習得するのかということが，2つの新しい研究の主題となっている（中略）。ピアノを演奏する際，ピアニストは2つの作業を並行して行うということに関わっている。「何が」演奏されるのかを調整すること，つまりどの音あるいはどの和音が次に来るのかということと，「どのように」演奏されるのか，つまり正確にはどの指が鍵盤を押さえるのかということである。マックス＝プランク経験美学研究所とマックス＝プランク人間認知脳科学研究所の研究チームが，具体的には脳のどの部分において，これらの計画立案が行われているのかについて，現在調査を行っている。

機能的磁気共鳴画像法（fMRI）は脳が活動する場所を正確に示すために用いられる手法である。これには通常，被験者が強力な磁界内に設置された狭い筒の中に水平に横になるという研究も含まれる。この体勢は明らかに，ピアノを演奏している間にピアニストたちを検査することが不可能な理由となる。この制限を克服するため，研究チームはライプツィヒのブリュートナー社のピアノ工場と協力し，被験者の打鍵を記録するための光ケーブルを備えた 27 の鍵盤をもつ MRI 装置対応の特殊なピアノを開発した。

この特別なピアノを使い，26 人のピアニストたちが MRI 装置の中で，楽譜ではなく指の動くイメージで示された和音の組み合わせを弾くように依頼された。このことにより示されたのは，「何を」そして「どのように」というそれぞれの計画立案のステップにより，２つの異なる脳のネットワークが活性化されたということであった。研究者たちはこれらのネットワークの双方が左側の外側前頭前皮質――すべての日常的な行動の計画立案において特に重要な脳の前方の部分――を含んでいるという事実にとりわけ感銘を受けた。

「この部分の固有の特徴は，専門化の度合いが段階的であるということです。前部はかなり抽象的な計画立案を遂行する一方，さらに後部においてこれらのプロセスは徐々に洗練されたものになります。計画立案はそれゆえにますます具体的になります。『何を』は『どのように』に変換されるのです」と第一著者のロベルタ＝ビアンコは説明する。

この研究についていえば，このプロセスは音楽的な考えをピアノの鍵盤上の指の動きに変換することに一致している。それゆえ，研究者たちは前頭前皮質を独演中の楽曲と指の動きの関係の調整を行うカギとなる部位と認定した。

もしもそのような複雑なプロセスが，単純な和音の連続を演奏する際に独奏を行うピアニストたちの脳で活性化されているなら，それでは他の演奏家たちとともに音楽を演奏するということは，脳にとってはよりいっそう大変な課題であるに違いない。結局のところ，音楽家たちは自分自身の演奏を計画して遂行するだけでなく，それを調整して他人の演奏に適応させる必要があるのだ。

これらの２つのことを同時に行うことができないため，音楽家たちは演奏中に自分たちが重点を置くものに優先順位をつけなければならない。自身の演奏を正確に行うのか，他の音楽家の演奏に自分の演奏を合わせるのかである。これらの調整のプロセスが具体的にはどのように生じているのかを理解するため，２つのマックス＝プランク研究所からの研究者たちは連弾をしているピアニストたちの脳を検査する２つ目の研究を行った。

「人々が自分たちの行動を調整するとき，例えば一緒に踊ったり歌ったりするとき，彼らの脳波も同期するのです」と研究チームのリーダーであるダニエラ＝サムラーは述べている。「この現象は『脳間同期』と呼ばれます」

このような同期の明白な原因の１つは，演奏家たちは同時に同じような物事を行い，耳にするということである。しかし，ここでは，科学者たちは連弾を行っている演奏者たちの間における調整のプロセスが同期している脳波においても反映されているのかを知りたいと考えていた。

このために，彼らは 14 組のピアニストを招き，短い連弾曲を演奏してもらった。彼らは 28 人すべての演奏者の脳波を脳波記録法（EEG）を用いて記録した。１人のピアニストが右手で主旋律を演奏し，もう１人のピアニストが左手で低音部の記号を奏でる。すべての楽曲には中間部分で音楽的な休止が含まれており，その間は何の音も演奏されない。

研究チームはこの休止を，演奏者たちの脳の活動の研究をするために用いた。ピアニストたちは休止の後のパートを異なるテンポで弾くように求められた。はじめよりも速いテンポで演奏すべきなのか遅いテンポで演奏すべきなのかは，ピアニストたちがその楽曲を演奏し始める少し前に合図で示された。しかしながら，曲によっては，彼らは異なった，相反する合図を与えられた。

第一著者のカタジナ＝グニョフスカが何が起こったのかをまとめている。「この操作が休止の間の２つの脳の同期に実質的な違いを生みました。もしもピアニストが２人とも同じテンポで演奏するつもりであるなら，同期は高いものになります。しかしながら，もしも与えられたテンポが異なるものであれば，同期は低くなります。さらに脳波の同期もまた，休止『後』のピアニストたちそれぞれのテンポがどのくらい似通ったものなのかを予測するものでした」

これらの結果は，音楽家たちの間の脳波の同期が，共有された聴覚の印象と音楽それ自体からもたらされる単なる副産物ではなく，実質的に，音楽家たちが自分たちの演奏を互いに調整するために用いるメカニズムであることを示している。

まとめると，これらの研究は，音楽を創り出す際に含まれる，1人の音楽家の脳と手の間だけではなく，コンサートで演奏する際の音楽家たちの間でもなされる複雑な調整の，重要な証拠を提供している。

◀解　説▶

Ⅰ－A．(X)in parallel で「並行して，同時に」といった意味になる。直後の「何を演奏するのか」と「どのように演奏するのか」という2つを指している。

(Y)ここでの前置詞 with は「～をもつ」といった意味を表している。通常のピアノでは実験ができないため，特殊な鍵盤をもつピアノを作ったという文章である。

(Z)identify *A* as *B* で「*A* を *B* だと認定する，確認する」といった意味になる。なお identify *A* with *B* とすると「*A* を *B* と同一視する」という意味になる。こちらも覚えておきたい。

Ⅰ－B．adequately は「十分に」，exactly は「正確に」，promptly は「速やかに」，thoroughly は「徹底的に」といった意味である。前後の how，which，where から，疑問詞とともに使ってより詳しい情報を求める意となる exactly を選ぶ。How exactly では「具体的には（正確には）どのように」といった意味になる。

Ⅰ－C．(a)obvious は「明白な」といった意味である。「自明の，わかり切った」といった意味をもつ self-evident が言い換えとして適切である。

(b)limitation は「制限」といった意味であり，ここではピアニストが演奏中に検査ができないことを指している。同じく「制約，制限」といった意味をもつ restriction が正解となる。

(c)feature は「特色」といった意味をもつ。脳のある部分の機能を説明する文章なので，aspect「側面」が言い換えとして適切である。

(d)correspond to ～ で「～に対応，調和，一致する」といった意味になる。「～に反映される」といった意味になる is reflected in が正解となる。

(e)conduct は「指揮をする」といった意味ももつが，ここでは目的語が a study「研究」なので，「実施する」といった意味で用いられている。「実行する」といった意味をもつ carry out の過去形が正解となる。

(f)phenomenon は「現象」といった意味である。ここでは共演をする際に起こっていることを述べているので「起こる」という意味をもつ動詞

occur の名詞形 occurrence が適切である。

(g) summarize は「要約する，まとめる」といった意味である。動詞で「要点を述べる」といった意味をもつ outline が正解となる。

(h) respective は「それぞれの」といった意味である。「個々の」といった意味をもつ individual が正解となる。

(i) trigger は「銃などの引き金を引く，反応などを引き起こす」といった意味である。同じく「引き起こす，もたらす」といった意味をもつ bring about の過去分詞形が正解となる。

Ｉ－Ｄ．(ア)波線部を直訳すると「とりわけその事実に感銘を受けた」といった意味になる。struck を，同じような意味をもつ impressed で言い換えた３が正解となる。

(イ)波線部を直訳すると「彼らが焦点を置いているものに優先順位をつける」といった意味になる。具体的には「自身の演奏」と「共演者に合わせる」ことのどちらを優先するかを決めることを指している。よって，「最も注意を払うべきものを決める」と言い換えた３が正解となる。

(ウ)波線部を直訳すると「異なった，相反する合図を与えられる」となる。具体的な内容は次段第１文（First author Katarzyna Gugnowska summarizes …）中の if the assigned tempos were different「もしも指定されたテンポが異なれば」である。この実験は第６段第１文（If such complex processes are …）にあるように「楽曲を他の演奏者と一緒に演奏する場合」の実験なので，２の「もう１人の演奏者と異なるテンポで演奏するよう指示された」が正解となる。

Ｉ－Ｅ．(あ) not only *A* but (also) *B*「*A* だけでなく *B* も」という表現が用いられているが，*A*，*B* それぞれの部分に to 不定詞が使われていることに注目し，need を入れて need to *do*「～する必要がある」とする。

(い)直前に等位接続詞 and があり，plan という動詞の原形と結ばれていることから，動詞の原形が入ることがわかる。目的語が「自分自身の演奏」であることから，「実行する」という意味の implement を入れる。

(う)代名詞 their と名詞 performance に挟まれているので形容詞が必要になる。よって，own「自身の」を選ぶ。

(え)(い)と同様，直前に等位接続詞 and があり，coordinate という動詞の原形と結ばれていることから，動詞の原形が入るとわかる。後続の it to the performances … から，adapt *A* to *B*「*A* を *B* に適合させる」の adapt が正解となる。

㈹直前に前置詞 of があることから名詞相当語句が必要であるとわかる。others「他人」が正解となる。

Ｉ－Ｆ．１．「２つの異なるマックス＝プランク研究所からの研究者たちは新しい脳についての研究を開始し，別々に実験を行った」は第１段第４文（A team of researchers …）と矛盾する。「（２つの研究所の研究者からなる）１つのチーム」とある。

２．「MRI 装置対応のピアノが発明される以前は，マックス＝プランクの科学者たちはピアニストたちが演奏している際，脳のどの部分が活性化されるか特定することができなかった」は第２段（Functional magnetic resonance imaging（fMRI）is …）の内容に一致する。

３．「ロベルタ＝ビアンコは，演奏を行っているピアニストは具体的なアイディアをより抽象的なアイディアへと変換するため，脳を使っていると述べている」は第４段（“A particular feature of this region is …）の内容と矛盾する。ここでは「抽象的から具体的」になっていくと説明されている。

４．「単独演奏と連弾の研究に参加したピアニストの数は同じだった」は第３段第１文（On this special piano, …）と第10段第１・２文（For this, they invited …28 musicians using electroencephalography（EEG）.）に矛盾する。単独演奏は26人，連弾の研究は14組28人のピアニストが参加している。

５．「休止後に同じテンポで演奏するように求められた際，ピアニスト間の脳波の同期は高いものだったことを研究チームは観測した」は第12段（First author Katarzyna Gugnowska summarizes …）の内容と一致する。

６．「結論によれば，これらの研究は，音楽家の脳と手の調整は，異なる音楽家間の調整よりも常にはるかに重要であるという証拠を提供している」は最終段（Taken together, …）と矛盾する。「どちらの調整にも重要な証拠」という記述はあるが，どちらか一方がより重要という記述はない。

Ｉ－Ｇ．主語は whether it was … of the beginning で，名詞節 whether *A* or *B*「*A* であるか *B* であるか」である。was to の部分は be 動詞＋to

不定詞の「義務」のニュアンスで「～すべき」などと訳せばよいだろう。the tempo of the beginning は「はじめのテンポ，速さ」といった意味で，break「休み，中断」の前のテンポを指している。indicate は「示す」といった意味で，ここでは受動態で用いられている。

Ⅱ　解答

Ⅱ－A．(X)－4　(Y)－3　(Z)－2
Ⅱ－B．(a)－3　(b)－2　(c)－2　(d)－3　(e)－2
(f)－2　(g)－1　(h)－2　(i)－4
Ⅱ－C．(ア)－1　(イ)－2　(ウ)－1
Ⅱ－D．(あ)－5　(う)－3　(お)－4
Ⅱ－E．2・4・6（順不同）

◆全　訳◆

≪健康食品運動の歴史≫

「健康食」という概念は1830年代，そしてポピュラー＝ヘルス運動にまで遡ることができる。それは専門的な医学に対する反感，一般の知識とヘルスケアに対する重視を，フェミニズムや階級闘争といったより幅広い社会的な問題と組み合わせたものであった。ポピュラー＝ヘルス運動は自然治癒と，身体と健康に関する知識の一般大衆への普及に重点を置いていた。

この運動の初期の創始者の１人であるシルヴェスター＝グラハム（私たちにグラハム＝クラッカーを提供した人物）は，健康は節度のある暮らしに見出すことができると説いた。これにはアルコールの節制，菜食，全粒小麦製品の消費，そして規則的な運動といったことが含まれていた。これらの初期の「衛生士」（彼らは自分たちをそう呼んでいた）の著作や説話はしばしば道徳的なニュアンスをもち，それらが結びついていくにつれて生理学的，精神的な変革を描写していた。

適切な食事が健康に役立つという考えは20世紀に入っても続いていた。ビタミンの発見は多くの健康食品愛好家たちに，薬品の代わりに活用可能なさらなる「自然」治癒の手段を提供した。ビタミンは健康を与えてくれる物質として，おそらくは20世紀における健康食品の最も重要な「教祖的存在」である栄養士のアデル＝デイヴィスを含むさまざまな文筆家に推奨された。デイヴィスは健康状態を元に戻し，そして維持するためのビタミンの使用とともに身体によい食事を説き勧めた。そして彼女の著作はその運動のベストセラーとなった。(『正しく調理をしましょう』,『健康になりましょう』,『健康な子供をもちましょう』といった彼女の著作のタイトルから，彼女のアプローチがどんなものなのか，何となくわかる。)

しかしながら，健康食品運動は1960年代後半に「対抗文化」の一部となった際，現在の形になった。健康食品がトレンドとなり，健康食品を消費することは「支配層」と「保守的な」生活様式に対する一般的な抵抗の一部となった。それらは環境保護や大量消費主義といった社会問題を軸とする他の運動と結びついた。

ポピュラー＝ヘルス運動とは対照的に，60年代の健康食品の支持者たちは支配層を医学界だけでなく，食品産業，そしてそれが示している社会と考えた。食品はかなり加工され，着色料，保存料，そしてその他の添加物にまみれており，結果として食品の純度が新たな問題となった。化学物質もまた食物を栽培する過程の一部となっており，それに反応して「オーガニック」や「自然の」といった用語がその運動の標語になった。

健康食品の消費は，多くの一般的な朝食用のシリアルに高い糖分が含まれていることが発覚したことからさらなる推進力を受けた。それらのシリアルは，1日を始めるための栄養をしっかり摂れる方法だとみなすように，アメリカ人が子供のころから教えられてきたものだった。(中略)

健康食品のユーザーたちの中には公式なグループのメンバーである者もいるが（中略)，この運動は組織としてというよりもむしろ，主として一連の原理と実践として存在している。組織されたグループに参加していない人に向けて，これらの原理と実践は広められており，いくつかの手段を通じて運動の他の参加者とのコンタクトが取られる。これらの中で最も大切なものは，健康食品店，レストラン，そして出版物である。運動において最も著名な2誌が『プリヴェンション』と『レッツ＝リヴ』であり，それぞれ1920年と1932年の創刊である。

これらの雑誌は人々にどのような食物を食べ，どのように調理するかを伝える。それらはビタミンの使用や運動の重要性，そして汚染物質の危険性といったことについての助言も提供する。それらの雑誌はまた忠実な実践者たちからの証言も伝える。そのような証言は，筆者が健康食品のアプローチを通じてどのように身体の問題を克服したのかを語る記事という形か，あるいは雑誌で推奨されたり，運動に加わっている友人たちに勧められたりした手法に従うことにより，どのように疾病を治療したのかを伝える読者からの手紙という形を取っている。このようにして，この種の雑誌は教育をするだけではなく，世界観をはっきりと示し，それに対する証拠と支援を提供する。それらは運動の「神聖な書物」となっている。(中略)

健康食品のシステムとは正確にはどのようなものなのだろうか。第一に，そして最も明白なことであるが，それは食事と健康との関係に関する確固たる信念を軸として展開される。健康食品は「代替の」治療のシステムとしてみなされており，それは人々が従来の医学に対する不満から頼りにするものである。疾病や治療というよりもむしろ「健康であること」と予防に重点が置かれる。

健康食品の出版物に見られる手紙や記事から判断すると，多くの人の，その運動に対する初期の信奉は一種の改宗である。特定の医学的な問題，あるいは自身の健康状態への一般的な不満といったものが，これらの改宗者を健康食の取り組みによって示されている「真実」の最終的な認識へ，そしてそれに続く，そのような取り組みの原理を反映する生活様式の変化へと導く。『プリヴェンション』誌（1976年9月号）に発表された「なぜこの精神科医は『切り替えた』のか」は以下の見出しを掲載している。「H.L.ニューボールド博士はよりよい栄養摂取とより活力のある生活様式の熱心な支持者である。しかし彼が真理を見出すためには個人的な病気が必要だったのだ」

そのような改宗を経験した人，そしてそのような経験について読むことによって確信をもつようになった人にとって，健康食品の出版物はその改宗をより強固にし，生活様式の変化を促進することで，重要な機能を果たす。(中略)『ジャンクフードからの離脱の手引』（1978年）という小冊子は，どのように人が段階的にジャンクフードを食べることをやめ，より健康的な食習慣を取り入れていくことができるのかを詳細に記述している。出版物はまた，読者に対し，健康食がジャンクフードよりもどのくらい優れているかを知らせることにより，他人も変えていくように促している。転向させるということは，その人の子供や友人のための「自然食の」誕生日パーティを開催したり，学校に果物やナッツをジャンクフードの軽食の代用とするように促したり，自分で作ったものを販売しさえするという形を取るのかもしれない。

◀解　説▶

Ⅱ－A．(X)contribute to～で「～に貢献する，寄与する」といった意味になる。

(Y)take on～にはさまざまな意味があるが，ここでは「～の形態を呈する，もつようになる」といった意味である。take after～は「～に似る」，take out～は「～を持ち出す」といった意味なので，ここでは文意に合わない。

(Z)substitute *A* for *B* で「*A* を *B* の代わりに用いる」という意味を表す。

Ⅱ－B．(a)temperate は「穏やかな，節度のある」といった意味である。直後のアルコールの自制，ベジタリアン食といった表現からおおよその意味が推測できるだろう。「穏やかな」といった意味をもつ moderate が正解となる。

(b)ここでの utilize は「活用する」といった意味で用いられている。「雇用する，採用する」といった意味をもつ employ が言い換えとして適切である。

(c)watchword は「合言葉，標語」といった意味である。slogan「標語，スローガン」が正解となる。

(d)impetus は「推進力，刺激」といった意味をもつ。「朝食のシリアルに高い糖分が含まれていた」ことが健康食品の消費に対してどのような働きをするかを考えればよいだろう。「動機，刺激」といった意味をもつ incentive が言い換えとしてふさわしい。

(e)ここでの prominent は「有名な」といった意味で用いられている。「最も知られている」という意味になる best known が正解となる。

(f)recount は「詳しく話をする」といった意味である。意味上の主語が articles「記事」であることからも，「描写する，説明する」といった意味をもつ describe が言い換えとして適切である。

(g)articulate はさまざまな意味をもつが，同文内の provide evidence「証拠を示す」，次の文の “sacred writings”「神聖な書物」などから，運動の世界観を「はっきりと表現する」といった意味になると推測できる。clearly express が言い換えとしてふさわしい。

(h)subsequent は「順番が次の，後に続く」といった意味である。「後に続く」という意味をもつ following が正解となる。

(i)reinforce は「強化する」といった意味をもつ。strengthen がほぼ同意となる。

Ⅱ－C．(ア)波線部を直訳すると「手を取り合って進む」といった意味になる。これを「密接に結びついている」と言い換えた1が正解となる。他の選択肢はそれぞれ2「手作りで」，3「1つずつ起こる」，4「役に立つように異なっている」といった意味である。

(イ)波線部を直訳すると「健康食が『流行りに』なった」といった意味である。ここでの in は形容詞で「流行の」といった意味になる。この in を fashionable「流行している」と言い換えた2が正解となる。波線部直後に続く節（and their consumption became …）および次の文（They were associated …）で「一般的な抵抗の一部となった」，「他の運動とも結びついた」などとあることからも判断できるだろう。3は regained「再び獲得した」という部分が誤りである。

(ウ)波線部を直訳すると「多くの人の，その運動に対する初期の信奉は一種の改宗である」といった意味である。initial adherence「初期の支持，信奉」を「信じ始める」，a type of conversion「一種の改宗」を「まるで宗教のように」と言い換えた1が正解となる。波線部直後の文の「『真実』に気付き，生活様式を変えていく」といった内容や，続く文の 'Switched'「切り替えた」といった表現からも，adherence to の「～の支持，信奉」，conversion の「転換，改宗」といった意味が推測できるだろう。

Ⅱ－D．(あ)・(い) be 動詞 are に注目し，進行形もしくは受動態を考える。consuming では「健康食品が消費している」となってしまうので不可。see *A* as *B*「*A* を *B* とみなす」を受動態にして用いた seen as が入る。

(う)関係代名詞 which の前には先行詞が必要となるので3の one を選ぶ。

(え)people を主語だと考えると動詞が必要なので turn が入る。turn to ～で「～のほうを向く，頼る」といった意味である。

(お)out of dissatisfaction「不満から」といった意味を作る out を選ぶ。

Ⅱ－E．1．「初期のポピュラー＝ヘルス運動の支持者たちは医学の専門家と彼らの知識を健康のカギになるものとみなしていた」は第1段第1文（The concept of "health foods" …）と矛盾する。専門的医学に反対し，一般の知識に重点を置いている。

2．「シルヴェスター＝グラハムは衛生士の1人であるが，健全な食事と運動を含む生活様式を説き勧めた」は第2段第1文（One of the early founders…）の内容と一致する。

3．「アデル＝デイヴィスは，20世紀の他の多くの健康食品の促進者のように，健康を改善するためのビタミン摂取には懐疑的だった」は第3段第3・4文（Vitamins were promoted…sellers of the movement.）と矛盾する。アデル＝デイヴィスはビタミンの摂取を推奨している。

4．「1960年代，健康食品の支持者たちは多くの化学物質を含んだ高度に加工された食品に反対し始めた」は第5段（In contrast to…）の内容と一致する。

5．「対抗文化の時代，朝食用シリアルの糖分は増加し，そのことが人々がシリアルの摂取をやめることにつながった」については，「朝食用シリアルの糖分が増加」という記述が本文にない。第6段第1文（Health food consumption received…）に「シリアルに多くの糖分が含まれていることが明らかになった」という記述があるのみである。

6．「健康食品店，レストラン，そして出版物が，組織されたグループの外部にいる人たちに健康食品運動を広めることに重要な役割を果たした」は第7段第2・3文（For those not part…stores, restaurants, and publications.）と一致する。

7．「健康食品を扱う雑誌は，健康的な生活様式を捨てたものの健康を取り戻した読者からの証言を掲載した」は第8段第3・4文（They also present testimonials…friends in the movement.）と矛盾する。「健康的な生活様式に従って」健康問題を克服した人々の記事を掲載している。

8．「健康食品運動を固く信じる者として，H.L.ニューボールド博士は，後になって罹患することになる疾病についての「なぜこの精神科医は『切り替えた』のかという記事を発表した」は第10段第3～最終文（"Why This Psychiatrist 'Switched'…him see the light."）と矛盾する。「気付くために自身の疾病が必要だった」とあるが，「後になって罹患する」という記述はない。

Ⅲ　解答

Ⅲ－A．(a)－9　(b)－10　(c)－1　(d)－7　(e)－4
(f)－5　(g)－3　(h)－2

Ⅲ－B．〈解答例〉 You were able to make the shirt not only wearable

but also fashionable, even though it had a few defects.

◆全　訳◆

≪アップサイクルとリサイクル≫

(キャメロンとマコトがカフェで落ち合う)

キャメロン：ごめん，遅くなっちゃった！　長い間待たせたのでなければよいのだけれど。

マコト　　：ああ，やあ，キャメロン！　申し訳なく思う必要はないよ。景色を楽しんでいたんだ。なんて景色だろう！　こんな素晴らしいカフェを勧めてくれてありがとう。

キャメロン：すごくない？

マコト　　：すごいよ！　でも君の趣味がいいことに驚きはないよ。

キャメロン：君だって趣味がいいよ！　君の服装が素敵だって言おうと思っていたところだったんだ。ファッション雑誌から抜け出てきたみたいだよ！

マコト　　：ありがとう！　このシャツは僕の新しいお気に入りなんだ。

キャメロン：かっこいいし個性的だね。どこで買ったの？

マコト　　：うん，実のところ，近所にあるお気に入りのリサイクルショップで買った後，アップサイクルしたんだ。

キャメロン：アップサイクルしたって？　前に聞いたことはあるけれど，どういう意味なのか本当に理解してるかは自信がないな。まずアップサイクルってリサイクルとどう違うの？

マコト　　：アップサイクルはもしそうしなければ無駄になってしまうものをよりよいものにして，また役に立つようにするときに使う言葉だよ。

キャメロン：新たな生命を与えるってこと？

マコト　　：そのとおり。でも君の元々の質問に戻ると，アップサイクルとリサイクルの一番大きな違いは，何かをアップサイクルすると，でき上がったものは多くの場合，以前よりもより価値のある，美しいものになるってことだと思うよ。そんなことはリサイクルではめったに起こらないよね。

キャメロン：興味深いね。

マコト　　：例えばこのシャツさ。お店で見たときにすぐ柄が気に入ったんだ。でも実際には結構ひどいしみが片方の肘のところについてたんだよ。そして僕には少しばかり大きすぎた。

キャメロン：今見ても全然わからないよ。それでどうやって今の素晴らしい状態にしたんだい？

マコト　　：実際のところはとっても単純なことだよ。買った後，地元の仕立屋に持っていったんだ。まず僕のサイズに合うように直してくれた。そしてしみについてはあまりできることがなかったから，しみが隠れるように肘のところに当て布をつけてもらったんだよ。

キャメロン：かっこいいアイディアだね！　欠点はあっても，そのシャツを着ることができるだけでなく，おしゃれにすることができたんだね。肘の当て布の対照的な色合いのおかげですごくかっこいいよ。

マコト　　：リサイクルショップで 200 円のシャツにしては悪くないでしょ？

キャメロン：全然いいよ！　君の仕立屋さんが僕の問題も手助けしてくれないかな。最近，うっかりお気に入りのシャツを乾燥機に入れちゃって，縮んじゃったんだ。

マコト　　：うーん，大きすぎるものを小さくすることは簡単だけれど，小さすぎるものを大きくするのはずっと難しいよね。

キャメロン：ああ，なるほどね。

マコト　　：でもね，ちょっとばかり想像力を使えば，ほぼあらゆるものをアップサイクルできるって学んだんだ。縮んじゃったシャツを何か別のものにするっていうのはどうかな？

キャメロン：例えばどんなものに？

マコト　　：新しいペンケースがいるって言ってたよね。そんな感じのものはどう？

キャメロン：それはすごくいいアイディアだね！

マコト　　：あのさ，考えてみると，ペンケースって結構簡単に作れるよね。仕立屋の手を借りる必要はないんじゃないかな。自分で縫えると思うよ。

キャメロン：うん，考えてみるよ。さて，カフェが閉店する前に注文しないと。

マコト　：そうだね。さあ，注文しよう！

◀解　説▶

Ⅲ－A．(a)直前に「景色を楽しんでいた」とあり，この発言の後で「この素晴らしいカフェを勧めてくれてありがとう」とあることから判断する。9の感嘆文「なんて景色だろう！」が適切である。

(b)直前でマコトのシャツについて「とてもかっこいい」などと褒めており，直後のマコトの発言に「近所のお気に入りのリサイクルショップで買った」とあることから判断する。シャツをどこで買ったのかを尋ねる10が正解となる。

(c)マコトの6番目の発言（Exactly. But…）で「君の元々の質問に戻ると」と前置きをして，リサイクルとアップサイクルの違いを説明していることから，リサイクルとアップサイクルの違いを尋ねている1が正解となる。

(d)この空所を含むマコトの発言全体がアップサイクルとリサイクルの比較であることに注目する。アップサイクルの特徴として「以前よりも価値があり美しいものになる」とある。この発言を受けて「そのようなことはリサイクルではめったに起こらない」とする7が適切である。

(e)マコトの次の発言に「まずサイズが合うように変えた」とあることから判断する。4の「(シャツが) 少し大きすぎた」が正解となる。

(f)直前のキャメロンの発言に「どうやってシャツを素晴らしい状態にしたのか」とあり，これを受けて「仕立屋に持っていった」と答えている。この2つをつなぐ発言としては5の「簡単なことだよ」が適切である。

(g)直後で「シャツを縮ませてしまった」と話しており，これを受けてマコトが「小さいものを大きくすることは難しい」と答えていることから判断する。マコトが仕立屋に頼んでシャツのサイズを変えてもらったことをふまえ，その仕立屋が縮んだシャツという問題を解決できないかを尋ねている3が正解として適切である。

(h)空所の直前に「ペンケースは作るのが簡単なので仕立屋の助けを借りる必要がない」という内容があることから判断する。2の「自分で縫うことができると思う」が適切である。

Ⅲ－B．主語としてYour tailorを用いてもよいだろう。「～することができた」という部分は manage to *do* を用いてもよい。could は仮定法「やろうと思えばできる」の用法もあるので，過去に実際何か1回限りの行為をしたという意味の「できた」には was〔were〕able to *do* を用いる。「欠点」は，解答例では defect を用いたが problem などで代用してもよい。この場合は「しみ」，「サイズ」と複数の問題点があるので複数形にしておきたい。there were some defects などとすることもできるだろう。「～はあっても」の部分は even though や although など譲歩の構文を用いて，「～だけでなく」という部分は not only *A* but (also) *B* や *B* as well as *A* を用いて表せばよいだろう。

❖講　評

2023年度も長文読解2題，会話文・英作文問題が1題と，例年通りの出題となっていた。出題内容も，Ⅰ－Bで数カ所の空所に共通する語を選ばせるという2022年度になかった出題が見られたが，全体としては基本的な出題パターンをほぼ踏襲していた。読解英文のテーマは**Ⅰ**が「演奏中のピアニストの脳の内部」，**Ⅱ**が「健康食品運動の歴史」となっている。こちらも例年通り，理系・文系にとらわれない内容であった。難易度については例年並みとなっている。

設問は空所補充，同意表現，内容説明，語句整序，内容真偽，英文和訳が毎年出題されており，年度によって段落に対する表題，欠文挿入箇所などが加えられる。やや理解しにくい部分があったとしても，前後の内容から大まかな意味を理解することができれば，多くの設問で答えを導き出すことが可能である。空所補充はイディオムや前置詞の知識などを問うものが中心となっている。同意表現については，単語の意味を知らなければ答えるのがやや難しい問題もあるが，前後の文章が肯定的な内容なのか否定的な内容なのかといったニュアンスなどを手掛かりにして，正解を導き出すことができるものも多い。基本的には空所補充や語句整序でイディオムの知識や文法力を，同意表現で語彙力を，そして内容説明や内容真偽などで文章の前後関係を含めた内容把握力を問う出題となっているといえるだろう。**Ⅲ**の会話文・英作文問題も出題パターンに変化はない。会話文といっても会話表現の知識を問う出題はほとんどなく，読解問題と同じく全体の流れを把握できているかどうかを問う出題となっている。空所補充についてはⅠ・Ⅱよりも比較的正解が導き出しやすいので，きちんと得点しておくようにしたい。英作文については基本的な構文の知識があれば十分対応できる出題が続いている。シンプルな表現を使うことを心掛け，ミスを少なくすることを意識して練習していけば合格ラインにきちんと到達できるだろう。

全体としては語彙力を充実させることはもちろん，同意表現の問題なども含め，逐語訳に頼らずに，文章の流れを意識した内容把握力を高めていく努力が求められているといえるだろう。

日本史

I 解答

【設問ア】1　【設問イ】安帝　【設問ウ】生口
【設問エ】済　【設問オ】安東大将軍
【設問カ】唐招提寺　【設問キ】聖明王　【設問ク】稲目　【設問ケ】公孫氏
【設問コ】陳寿　【設問サ】4　【設問シ】4
［史料①］－12　［史料②］－4　［史料③］－10　［史料④］－1
［史料⑤］－3　［史料⑥］－13

◀解　説▶

≪弥生時代～奈良時代の外交≫

【設問ア】・［史料①］史料には，建武中元二年（57 年）に奴国王が光武帝に朝貢した記事などがあるから 12 の『後漢書』である。後漢の都は，1 の洛陽である。

【設問イ・ウ】倭国王帥升らが後漢に貢物として「生口」つまり奴隷を献上したのは，「安帝」の永初元年（107 年）であった。

［史料②］4 が正解。史料の 4 行目「興死して弟武立つ」以降の記述が，「倭王武の上表文」であるから，それを収載する『宋書』である。

【設問エ】史料②の 2 行目「讃死して弟珍立つ」，3 行目「（　エ　）死す。世子興，使を遣して貢献す」から，(エ)は，倭の五王，讃―珍―済―興―武のうち，3 番目の王にあたるから，「済」である。

【設問オ】倭王武が宋から下賜された称号は，「安東大将軍」である。

［史料③］10 が正解。大和上が栄叡・普照の 2 人の僧の説得により，「是法事のため……我即ち去くのみ」と，日本への渡航を決意するまでが描かれ，かつ「天宝元載歳」と中国の年号が記されているから，同時代の日本の正史（国家が編纂した歴史書）『続日本紀』ではないと判断できる。よって，「大和上」＝鑑真の伝記『唐大和上東征伝』である。

【設問カ】鑑真が創建した寺は，唐招提寺。「提」の漢字ミスに注意したい。

［史料④］1 が正解。仏教公伝の記事で，それを「欽明天皇十三年」と表記しているから，『日本書紀』である。なお「欽明天皇十三年」は 552 年であるが，2 の『上宮聖徳法王帝説』は，仏教公伝年を「志癸嶋天皇の御

世に，戊午年」と干支で記しており，538年説をとる。

【設問キ・ク】仏教を欽明天皇に伝えたのは百済の聖明王であり，天皇が「礼ふべきや不や」と問うたのに対し，崇仏の立場を主張したのは蘇我稲目である。

［史料⑤］ 3が正解。「景初二年」に「倭の女王」「卑弥呼」が「親魏倭王」の称号を与えられた記事が書かれていることから，『魏志』である。

【設問ケ】難問。帯方郡を最初に設置し支配したのは，公孫康である。よって氏族名では公孫氏となる。

【設問コ】『魏志』を著したのは陳寿である。中国史書の撰者名は頻出だが，記述問題となると，やや難。

［史料⑥］ 13が正解。「大業三年」に，倭からの使者が「日出づる処の天子……」の国書をもたらした記述から，『隋書』である。なお，同じ記事を『日本書紀』では「推古天皇十五年」のことと示す。

【設問シ】 4が正解。史料⑥の倭国からの「使者」は小野妹子であり，その国書が無礼だと怒った煬帝だが，高句麗を牽制するために倭に答礼使・裴世清を派遣した。

Ⅱ 解答

【設問ア】連雀　【設問イ】振売

【設問ウ】見世棚〔店棚〕　【設問エ】供御人

【設問オ】撰銭　【設問カ】土倉　【設問キ】廻船　【設問ク】問屋

【設問ケ】馬借

【設問a】 4　【設問b】 1　【設問c】 2　【設問d】 3　【設問e】 2

【設問f】 4　【設問g】 2　【設問h】 1　【設問i】 1

◀解　説▶

≪室町時代の産業の構造≫

【設問ア】「荷物運搬に用いた木製の背負い道具」は連雀という。それを背負って売り歩く行商人は，連雀商人である。

【設問イ】「荷を天秤棒に下げて呼び売り」する行商人は，振売である。

【設問エ】やや難。天皇に供するものを供御といい，それを貢納する人を供御人といった。供御人のなかには天皇家への奉仕義務の見返りに獲得した特権を行使して，職能に応じた座を組織する者もあった。その一例に，朝廷の蔵人所を本所とし，灯炉の製造・貢納を任務とした鋳物師の集団である灯炉供御人がある。

【設問キ】「港間を往来し商品の輸送」をする，つまり港から港へ運んで廻るから，廻船である。

【設問ｂ】１が正解。備前の長船村（現・岡山県瀬戸内市長船町）は，鎌倉時代後期に優れた刀鍛冶の長光が出て以来，刀工たちが集住する「刀」の産地となった。

【設問ｆ・ｇ】それぞれ４，２が正解。京都の神社を本所とする座に，祇園社の綿座神人，北野社の麹座神人がある。いずれも2021年度に類題の出題がある。

【設問ｉ】１が正解。直前に「摂津」とあるので兵庫に限定できる。２の堺は和泉国（大阪府堺市），３の鞆は備後国（広島県福山市），４の尾道も備後国（広島県尾道市）。なお，兵庫津にあった２つの海上関は，北関は東大寺，南関は興福寺が管轄し，それぞれ瀬戸内海を航行する船舶から関銭を徴収した。「兵庫北関入船納帳」は，東大寺が北関の関銭収入を記録したもので，当時の瀬戸内経済圏の状況がうかがえる史料である。

Ⅲ　解答

【設問ａ】慶長　【設問ア】３　【設問イ】１
【設問ウ】２　【設問ｂ】軍役　【設問ｃ】崇伝
【設問ｄ】老中　【設問エ】２　【設問ｅ】学問　【設問ｆ】武家伝奏
【設問オ】１　【設問カ】４　【設問ｇ】家継　【設問キ】３
【設問ｈ】植木枝盛　【設問ク】４　【設問ｉ】欽定　【設問ケ】４
【設問コ】４　【設問サ】１　【設問ｊ】元首　【設問ｋ】統帥
【設問ｌ】臣民　【設問シ】２

◀解　説▶

≪江戸時代～明治時代の政治史≫

【設問ａ】「1600年」の関ヶ原の戦い，「1603年」の徳川家康の将軍就任時の和年号は，慶長である。関ヶ原の戦いより３年前の1597年の朝鮮出兵が慶長の役，徳川家康が鋳造を開始させた金銀貨が慶長金銀であることなどを想起して答えたい。2021年度には，「慶長廿年」に注目した問題があり，和年号を意識させる出題は頻出。

【設問ア】難問。３が正解。江戸幕府が国絵図と郷帳の作成をしたのは，1605（慶長10）年，1644（正保元）年，1697（元禄10）年，1835（天保

6）年である。なお，「元治」は江戸末期の孝明天皇の頃の年号（文久 4〈1864〉年 2 月に改元，元治 2〈1865〉年 4 月に慶応と改元）である。

【設問イ】 1 が誤文。将軍家康ではなく，2 代将軍徳川秀忠の名で発布された，が正しい。

【設問ウ】 2 が正解。武家諸法度元和令の第六条「諸国ノ居城修補ヲ為スト雖モ，必ズ言上スベシ」に違反し，居城広島城の修築が無届であったとして改易されたのは，福島正則である。

【設問 d】幕府の政務を統括する「常置の最高職」は，老中である。なお，大老は「常置ではなく」必要に際して置かれた。

【設問エ】 2 が正解。寺社奉行は譜代大名から任命される。寺社奉行・3 の町奉行・4 の勘定奉行を三奉行と総称したが，旗本から任命される他の二者に対し，寺社奉行は最も地位が高かった。同じ旗本から選任される 1 の大目付と三奉行で，幕府の最高司法機関である評定所を構成した。

【設問 e】禁中並公家諸法度の第一条では，「天子は学問を第一と心得べきこと」とされた。ここでいう学問とは，統治・治道の学問であって，治者としてふさわしい教養を身につける規定と理解されている。

【設問 f】「幕府と朝廷との連絡に当たらせた」「幕府から役料を受ける 2 名の公家」で構成されたのは，武家伝奏である。

【設問オ】 やや難。1 が誤文。徳川和子は「美福門院」ではなく，東福門院の院号をうけた。なお，美福門院は鳥羽天皇の皇后で近衛天皇の母となった，藤原得子が得た院号である。4 にある明正天皇以降の女性天皇は，後桜町天皇（1762～70 年在位）である。

【設問カ】 4 が正解。幕府が勅賜の紫衣を剝奪しようとしたことに抗議した沢庵は，大徳寺の僧である。これにより沢庵は出羽に流された。2021 年度〔Ⅱ〕設問オの類題である。

【設問キ】 3 が正解。後桃園天皇のあと，閑院宮から迎えられたのは光格天皇である。父の閑院宮典仁親王への太上天皇の尊号宣下をめぐり，幕府の反対でかなわなかった尊号一件を想起できたら手がかりとなった。

【設問 h】「高知出身の自由民権運動家」で，『民権自由論』を著したのは，植木枝盛である。天賦人権論など西洋思想を学び，「立志社建白書」や私擬憲法の『東洋大日本国国憲按』の起草など，新聞・雑誌での執筆活動を通じて「民権思想の広がりに大きな影響を与えた」。

【設問ケ】 4 が正解。即時国会開設を唱える大隈重信と，漸進主義の伊藤博文との対立が政府内で激化するなか，1881 年に 1 の開拓使官有物払下げ事件が起こると，その報道に大隈の関与を疑った伊藤は，大隈を罷免するとともに，政府批判を抑えるため 3 の国会開設の勅諭を出した。これが「明治 14 年の政変」であり，それをうけて板垣退助らは同年，2 の自由党を結成した。「保安条例」は，その後起こった三大事件建白運動の情勢をみた政府が，民権派を首都から追放するために 1887 年に出した弾圧法令である。

【設問サ】 1 が正解。1888 年に「憲法草案の審議」のため設置された枢密院の議長に転任した伊藤博文にかわり，内閣総理大臣に就任したのは黒田清隆である。彼は 1889 年の大日本帝国憲法発布時の首相である。

【設問ｊ・ｋ】大日本帝国憲法における天皇の規定について問われた。第四条では，「天皇ハ国ノ元首ニシテ統治権ヲ総攬」するとして，天皇主権が規定された。また，第一一条では，「天皇ハ陸海軍ヲ統帥ス」として天皇大権の 1 つである統帥権が規定された。

【設問ｌ】帝国憲法下での国民は，「臣民」と規定された。

【設問シ】帝国議会は，貴族院と衆議院の二院制であった。貴族院は皇族・華族議員，勅任議員，多額納税者議員からなった。

❖講　評

Ⅰ　史料 6 点を用いて，弥生時代から奈良時代までの外交を中心に，一部文化についても出題された。史料 5 点は教科書もしくは史料集収載の頻出史料，唯一『唐大和上東征伝』は初見史料であったのではないかと思われるが，特段の読解力は必要ではない。難問は，帯方郡を設置した公孫氏を問う【設問ケ】である。『魏志』の著者，陳寿の記述解答を求める【設問コ】はやや難である。それら以外は基本～標準レベルであるが，史料問題対策を重視してきたかどうかで，得点差が出ただろう。

Ⅱ　室町時代の手工業，商業，貨幣・金融，流通について出題された。すべてリード文中の空欄補充という形式で，【設問エ】の供御人はやや難である。2021 年度〔Ⅰ〕をはじめ，繰り返し出題されている中世の経済史分野でもあり，標準レベル中心の問題構成である。

Ⅲ　江戸時代～明治時代の政治について，法制史分野を中心に出題された。⑴で江戸幕府の大名統制と政治機構，⑵で江戸幕府の朝廷統制，⑶では自由民権運動と明治憲法について扱われた。国絵図と郷帳の作成年代という細密な知識を問う【設問ア】は難問，紫衣事件関連の誤文選択問題の【設問オ】はやや難である。ほかは，テーマに沿った頻出事項を問う標準レベルの問題である。

全体をみれば，2022 年度は見られなかった史料問題については，2023 年度は原始・古代で 6 点，近世で 1 点，近代で 1 点の史料が出題された。一方，大正・昭和からの出題はなく，出題形式では，文章選択問題が 2018 年度入試以来，5 年ぶりに出題されたが，年代配列問題の出題はなかった。総括すれば，難化した 2022 年度に比べると，2023 年度は難問・やや難問の個数が減少して，2021 年度以前の難易度に戻ったといえる。しかしその分，高得点圏での争いは必至であっただろう。

世界史

I　解答

設問1．a－20　b－19　c－40　d－44　e－21　f－37　g－16　h－46　i－1　j－47　k－9　l－39　m－14　n－15　o－28　p－11

設問2．ニケーア公会議　設問3．2　設問4．ウマイヤ朝

設問5．伯　設問6．ヴォルムス協約　設問7．ラテン帝国

◀解　説▶

≪ローマ＝カトリック教会の発展≫

設問1．a．4世紀初頭にキリスト教徒の大弾圧を行ったローマ皇帝は，ディオクレティアヌス帝である。その理由はキリスト教徒が皇帝崇拝を拒否したことにあったとされる。キリスト教徒弾圧の最後にして最大のものである。1世紀に迫害を行ったネロ帝と混同しないようにしたい。

f．ローマは，イエスの十二使徒の筆頭であるペテロ殉教の地であり，そこの司教はペテロの後継者を自認して，自らの首位権を主張した。

g．メロヴィング朝フランク王国の国王で，妃の勧めにより部下とともにキリスト教カトリックに改宗したのは，クローヴィスである。この改宗は，国内のローマ系住民との関係を円滑なものとし，フランク王国の発展に寄与した。

i・k・l．フランク王国最盛期の王カール大帝（1世）は，中央アジア方面から西進してきたアルタイ語系のアヴァール人を撃退した。これに対し，カールの死後分裂したフランク王国のうち東フランクの国王となったオットー1世は，東から侵入したウラル語系のマジャール人を撃退した。

設問2．アタナシウス派を正統教義と認めたのは，325年に開かれたニケーア公会議である。一方，アリウス派はこの時異端とされ，追放処分の後，ゲルマン人に伝道されて広がった。

設問3．2が誤文である。教皇グレゴリウス1世は6世紀末から7世紀初頭にかけて，イングランドを中心にゲルマン人への布教をすすめたことで知られるが，それはドミニコ会修道士によって行われたのではない。ドミニコ会は13世紀フランス南部で創設された托鉢修道会である。

設問４．フランク王国宮宰カール＝マルテルが，トゥール・ポワティエ間の戦いで破ったイスラーム勢力はウマイヤ朝の軍勢である。北アフリカからジブラルタル海峡を越えてイベリア半島に進出し，西ゴート王国を滅ぼしたウマイヤ朝は，さらに北進してピレネー山脈を越えてガリアに侵入した。これを迎え撃ったのが上記の戦いである。

設問５．やや難。カール大帝は，地方統治のために家臣や在地の有力者を地方管区長に任命した。これを伯（グラーフ）と呼ぶ。伯は巡察使によって監督されたが，王権の弱体化とともに伯の自立化が進んだ。

設問６．1122 年に神聖ローマ皇帝とローマ教皇との間で成立した妥協的な宗教協約は，ヴォルムス協約と呼ばれる。これにより聖職叙任権は原則として教皇が握ることとなり，叙任権闘争は終結した。

設問７．インノケンティウス３世の提唱で行われた第４回十字軍が，1204 年に建国した国家はラテン帝国である。第４回十字軍はヴェネツィア商人の要求にせまられて，本来助けるべきビザンツ帝国の都コンスタンティノープルを占領し，この国家を建設した。敗れたビザンツ帝国は亡命政権を立てて存続し，13 世紀後半には首都を回復するが，その後は衰えた。

II　解答

設問１．a－23　b－12　c－31　d－25　e－3
f－38　g－10　h－20　i－18　j－29

設問２．(あ)メコン　(い)チャンパー　(う)クメール　(え)義浄　(お)市舶司

設問３．①－1　②－4　③－1　④－1　⑤－3

◀解　説▶

≪東南アジア史≫

設問１．a．中国文化の影響を受け，前４世紀頃ベトナム北部に発展した金属文化はドンソン文化と呼ばれる。

b．インドから東南アジアに伝わったサンスクリット語およびその文字は，仏教やヒンドゥー教とともに東南アジアの文化形成に大きな影響を与えた。

e．宋（北宋）の都は，開封（汴州）に置かれた。開封は，隋代に完成した大運河と黄河の結節点にあたり，五代以降，経済的に大いに繁栄した。

g．南宋の都は，杭州（臨安）である。大運河の南端に位置し，海上交易の拠点として発展した。

j．ジャワ島のシンガサリ朝にかわって成立したのは，マジャパヒト王国

である。ヒンドゥー教を奉じ，海上交易で繁栄して独自のジャワ文化を発展させたが，イスラーム勢力の進出により衰退した。

設問2．(あ)東南アジア最古の国家とされる扶南は，メコン川の下流域に成立した。扶南は外港オケオを擁し，海上交易で栄えた。

(い)チャム人が2世紀に建国した国家はチャンパーと呼ばれる。歴代の中国王朝とも頻繁に交易し，中国文献では「林邑」「環王」「占城」などと表記される。

(う)真臘を建国したのはクメール人である。真臘は扶南より独立した後，一時分裂したが，9世紀にアンコール朝によって統一されて繁栄した。

(え)『南海寄帰内法伝』を著した唐の求法僧は義浄である。海路でインドへ赴き，途中立ち寄ったシュリーヴィジャヤ王国での仏教の隆盛ぶりを，この著書の中で伝えている。

(お)南宋時代，臨安や泉州に置かれた海上交易を管理する役所は，市舶司である。唐の玄宗の頃，広州に置かれたものが始めとされる。

設問3．①(a)(b)ともに正文。ジャンク船は，中国商人が使用した船で，重い陶磁器などを運べる大型船である。蛇腹式の帆と横隔壁構造を特徴とする。ダウ船はムスリム商人が使用した船で，特徴的な三角帆を操縦することで風上に進むこともできた。

②(a)誤文。浄土宗は東晋の慧遠が開祖とされ，唐代に大成された。禅宗は北魏末にインドからやってきた達磨によって開かれ，唐代から五代にかけて盛んになった。(b)誤文。雲崗・竜門の石窟寺院は北魏時代に開削された。

③(a)(b)ともに正しいが，(a)は難問。阿倍仲麻呂は唐に留学し，玄宗の時代に登用され，ベトナム北部を治める安南都護・安南節度使などの高官を歴任した。帰国はかなわず，中国で客死した。

④(a)(b)ともに正文。シャイレーンドラ朝のもとでボロブドゥールが造営された。ボロブドゥールが仏教寺院であることのヒントは，リード文第2段落から読み取れる。

⑤やや難。(a)誤文。アンコール・ワットは，クメール人の王スールヤヴァルマン2世によって12世紀に造営された。(b)正文。アンコール・ワットは，ヒンドゥー教の寺院として建設されたが，後に仏教寺院に改修された。

Ⅲ 解答

設問１．ａ－６　ｂ－10　ｃ－34　ｄ－27　ｅ－３
ｆ－31　ｇ－26　ｈ－33　ｉ－15　ｊ－19

設問２．(A)－１　(B)－３　(C)－４　(D)－２

設問３．(X)－３　(Y)－１

設問４．(ア)アメリカ連合国　(イ)マクシミリアン　(ウ)革新主義
(エ)ド＝ゴール

◀解　説▶

≪アメリカ合衆国の発展と社会問題≫

設問１．ａ・ｂ．アメリカ合衆国は，アメリカ＝メキシコ戦争に勝利し，メキシコからカリフォルニアを獲得した。カリフォルニアではその直後金鉱が発見され，金を求めて世界中から多くの人々が押し寄せた。この現象をゴールドラッシュと呼ぶ。

ｃ．南北戦争中に，リンカン大統領が西部の支持を得るために制定したのは，ホームステッド法である。農民に160エーカーの国有地を貸し与え，５年間耕作すれば無償でその土地を与えるという法律である。これにより西部開拓が進展した。

ｆ．やや難。フランスによるメキシコ出兵に抵抗した先住民出身の自由主義者は，フアレスである。後にメキシコ大統領として独裁政権を立てる25のディアスと混同しないようにしたい。

ｇ．南北戦争後のアメリカで発達した，同種企業の合併により形成される独占形態をトラストと呼ぶ。11のコンツェルンと混同しやすいが，コンツェルンは，異なる産業間の企業が単一資本のもとで統括される企業形態である。日本の財閥やドイツのクルップ社などがこれに当たる。

ｉ．やや難。競争における「適者生存」を是認し，格差や海外進出を容認する理論となった思想は，社会進化論と呼ばれる。イギリスの学者スペンサーが提唱し，やがて帝国主義列強による侵略や植民地化を正当化する論理になった。

ｊ．1964年，公民権法を成立させたアメリカ大統領はジョンソンである。ケネディ政権下で準備されていたが，成立はジョンソンの時である。

設問２．(A)２．誤文。アメリカ合衆国はアラスカをロシアから購入した。

３．誤文。アメリカ合衆国の発明家フルトンが実用化したのは蒸気船である。蒸気機関車はイギリスのスティーヴンソンによって実用化された。

4．誤文。先住民のミシシッピ川以西の保留地への強制移住は「涙の旅路」と呼ばれる。これは大陸横断鉄道で行われたのではなく，馬や徒歩で行われた。過酷な移動の途上，病気や飢餓で多くの先住民が命を落とした。

(B)やや難。1．誤文。南部はイギリスへの綿花輸出拡大から，自由貿易を求めていた。

2．誤文。北部はイギリス製品に対抗するために保護貿易政策を求めたが，政治的には中央政府の権限を強めるべきとする連邦主義を主張した。

4．誤文。南部は州の自治権強化（州権主義・反連邦主義という）と奴隷制の存続を求めていた。

(C)難問。1．誤文。ソ連の影響力拡大に対抗するために締結されたブリュッセル条約は，イギリス・フランス・ベネルクス3国の計5カ国の間で結ばれた。

2．誤文。キューバ危機は，社会主義化したキューバへの合衆国の内政不干渉を条件に，ソ連がミサイル基地を撤去する合意をしたことで回避された。

3．誤文。朝鮮半島で東西両陣営が戦った朝鮮戦争は，1950～53年に起こった。

(D)1．誤文。第三世界の結束を呼び掛けたアジア＝アフリカ会議は，バンドンで開かれた。

3．誤文。コンゴの旧宗主国はベルギーである。

4．誤文。キューバ革命は，親米的なバティスタ独裁政権に対し，カストロや盟友のゲバラが中心となって起こした革命である。

設問3．(X)(a)誤り。常勝軍とは，太平天国の乱鎮圧のためにアメリカ人のウォードが上海で結成した義勇軍である。当初太平天国に諸外国は同情的であったが，北京条約で清朝に要求を飲ませると清朝援護に転じ，ウォードやその戦死後指揮官となったイギリス人の軍人ゴードンが率いた常勝軍は清軍に協力した。(b)正文。

(Y)(a)正文。(b)やや難。正文。中国からの移民は大陸横断鉄道の建設に貴重な労働力として貢献したが，下層白人労働者の運動によって1882年にアメリカ史上最初の移民法が制定され，西海岸の中国人労働者の移民が禁止された。なお1924年の移民法はアジア諸国からの移民を全面的に禁止したものである。

設問４．(ア)貿易体制や政治体制に対する考えの違いから北部と対立を深めた南部 11 州は合衆国から離脱し，アメリカ連合国を建国した。首都はリッチモンドに置かれ，初代大統領にはジェファソン＝デヴィスが就任した。
(イ)難問。ナポレオン３世のメキシコ出兵によってフランス軍がメキシコを軍事制圧した際，メキシコ皇帝として送り込まれたのは，元オーストリア大公のマクシミリアンである。
(ウ)合衆国で世紀の転換点の頃に起こった，政治腐敗撲滅，独占資本規制，労働者保護などを目指した思潮・運動は革新主義と呼ばれる。第一次世界大戦頃まで隆盛した。
(エ)1962 年，フランス植民地であったアルジェリアの独立を承認したのはド＝ゴールである。エヴィアン協定が交わされ，独立が実現した。

❖講　評

Ⅰ　ローマ＝カトリック教会の発展をテーマに，ローマ帝国時代から中世の西ヨーロッパの歴史が問われている。設問５がやや難しいものの，他は全て基本的事項である。確実に得点したい。

Ⅱ　古代から 13 世紀までの東南アジア史を概観した大問である。設問３の正誤問題③や⑤は難易度が高いが，他は教科書レベルの問題といえる。とはいえ，受験生の苦手になりがちな分野であるだけに，正答率はやや低くなったと思われる。

Ⅲ　アメリカ合衆国の発展とその過程で見られた社会問題についてのリード文から，アメリカ史，ラテンアメリカ史などが問われた。一部で戦後史も出題されており，やや難易度が高い印象である。設問２の(B)・(C)，設問４の(イ)・(エ)で得点できたかどうかがポイントとなったであろう。

例年のことではあるが，教科書を丁寧に学習していれば得点できるレベルである。超難問や奇問の類は見当たらない。大問**Ⅱ**は受験生の対策が遅れがちな東南アジア史からの出題であり，大問**Ⅲ**でやや難問が多かったことから，これらの出来が得点を左右したであろう。逆にいうと，**Ⅰ**は確実に得点したい基本レベルであった。

政治・経済

I　解答

【設問1】ア．環境影響評価（環境アセスメント）
イ．知る　ウ．プライバシー　エ．個人情報保護
オ．住民基本台帳ネットワークシステム（住基ネット）
カ．メディア・リテラシー
【設問2】A－8　B－15　C－11　D－13
【設問3】a－2　b－2　c－2　d－1　e－1
【設問4】キ．全国水平社　ク．同和対策事業
【設問5】3　【設問6】E－5　F－6　【設問7】3

◀解　説▶

≪基本的人権≫

【設問1】ア．環境影響評価または環境アセスメントが適切。「1997年」や「環境に与える影響」などから判断する。

イ．知る（権利）が適切。「情報の公開を求める」から判断する。

ウ．プライバシーが適切。「私生活をみだりに公開されない権利」から判断する。

カ．メディア・リテラシーが適切。リテラシーは読み書き能力を意味し，メディア・リテラシーはメディアの情報を主体的に読み解き，取捨選択できる能力のことをいう。

【設問2】B．15が適切。「親密な関係にある相手からふるわれる暴力の防止」から判断する。

C．11が適切。「性的な嫌がらせ」から判断する。

【設問3】a．誤文。アイヌの人々を日本の先住民族と明記したのは2019年制定のアイヌ民族支援法である。

b．誤文。非嫡出子の法定相続分を嫡出子の2分の1とする民法の規定は2013年に違憲判決を受け，現在では同等となった。

c．誤文。外国人が公務員として採用されるかどうかは地方公共団体の判断に委ねられている。

d．正文。2020年の法定雇用率達成企業の割合は48.6%であり，過半数

にはわずかに達していない。

e．正文。同性カップルを結婚に相当する関係として認め証明書を発行する渋谷区の条例は 2015 年 3 月 31 日に成立した。

【設問 4】キ．全国水平社が適切。「部落差別の撤廃を求める運動」から判断する。

【設問 5】 3 が適切。鞆の浦景観訴訟では，広島県福山市南部の瀬戸内海の湾岸を埋め立て，橋をかけるなどの計画に対して，反対派の住民が提訴し，2009 年に広島地裁は工事の差し止めを命じた。

【設問 6】 E． 5 が適切。アクセス権とは各種のメディアの記事や番組等に対して個人が反論し訂正を求める権利をいう。

【設問 7】 3 が適切。小説の登場人物のモデルとなった人がプライバシーと名誉を侵害されたとして出版差し止めと損害賠償を求めた裁判である。なお 2 の『宴のあと』事件は地方裁判所判決の後，和解が成立している。

II 解答

【設問 1】ア．ペティ・クラーク　イ．ホフマン
ウ．知的財産　エ．POS　オ．IoT

【設問 2】A－11　B－4　C－12　D－10

【設問 3】3　【設問 4】耐久　【設問 5】1

【設問 6】 a－1　b－1

【設問 7】1　【設問 8】E－9　F－4　G－2

【設問 9】1　【設問 10】ブロックチェーン

【設問 11】デジタル・ディバイド

◀解　説▶

≪現代の日本経済≫

【設問 1】ア．ペティ・クラークが適切。ウィリアム＝ペティとコーリン＝クラークの 2 人の名前にちなむ。

イ．ホフマンが適切。ワルター＝ホフマンの名前にちなむ。

オ．IoT が適切。Internet of Things の略である。

【設問 2】 B． 4 が適切。直後の「サービス業」や「『ソフト』な生産要素」から判断する。

D．10 が適切。ソーシャルレンディングは融資型クラウドファンディングとも呼ばれ，企業と投資家を金融機関を通すことなくオンライン上で仲

介するサービスである。

【設問3】 3が誤り。1968年に日本の国民総生産は当時の西ドイツを抜いて資本主義諸国で第2位となった。

【設問5】 1が誤り。1975年に日本政府は赤字国債を発行した。

【設問6】 a．正文。2019年の電子商取引の市場規模は企業間取引が353兆円，企業・消費者間取引が19.4兆円で，前者のほうが大きい。

b．正文。すべての商取引金額（商取引市場規模）に対する電子商取引市場規模の割合は31.7%となっている。

【設問7】 1が誤り。フィンテック（FinTech）のFinは金融を意味するFinanceからとられている。

【設問8】 E． 9が適切。現金通貨とは銀行券（紙幣）と貨幣の総称である。

G． 2が適切。電子マネーには交通系ICカードのほか，スーパーやコンビニ，通販等で利用される流通系電子マネーや，クレジットカードと連動したクレジットカード系電子マネーなどがある。

【設問9】 1が誤り。雲のcloudではなく群衆のcrowdがクラウドファンディングという名称の由来となっている。

【設問10】 ブロックチェーンが適切。「鎖のように」から判断する。

【設問11】 デジタル・ディバイドが適切。情報格差と訳される。

III　解答

【設問1】 ア．合計特殊　イ．社会保障　ウ．福祉

【設問2】 A－2　B－4　C－7

【設問3】 ワーク・ライフ・バランス

【設問4】 エ．70　オ．後期　【設問5】 6

【設問6】 カ．積立　キ．賦課　D－5　E－4　F－8

【設問7】 G－3　H－6　a－4　b－2　c－7　d－5

◀解　説▶

≪日本の少子高齢化≫

【設問1】 ウ．福祉が適切。「介護対策」が含まれることから判断する。

【設問2】 A． 2が適切。「1966年」から判断する。

B． 4が適切。1989年の合計特殊出生率は1.57であり，丙午《ひのえうま》の1966年の合計特殊出生率1.58を下回ったことを「1.57ショック」という。

C．７が適切。労働も資産運用も，一般に期間が長ければ長いほど格差は拡大する。

【設問３】ワーク・ライフ・バランスが適切。「仕事の時間と生活の時間を調和させる」から判断する。

【設問４】エ．70が適切。2021年の高年齢者雇用安定法改正で，事業主に対し70歳までの継続雇用等の努力義務が課せられた。

【設問５】６が適切。2022年の韓国の合計特殊出生率は0.78と日本を下回り，世界最低を記録している。

【設問６】D．５が適切。「市場で運用する」から判断する。

E．４が適切。直後の「少子高齢化」から判断する。

F．８が適切。少子高齢化が進むと保険料を納める現役世代が減少し，高齢世代が受けとる年金額が減少するため，賦課方式の収益率が低下する。

【設問７】H．６が適切。再分配によって全体的に再分配所得の曲線が対角線に近づき，弓形の面積が減少する。

b・c・d．再分配後の所得分布は次のようになる。

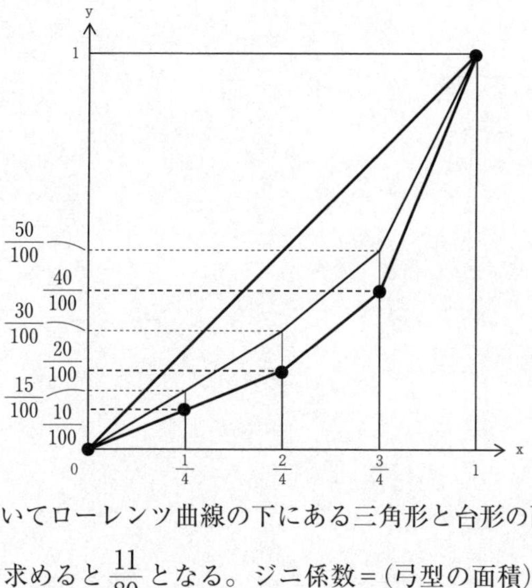

この図に基づいてローレンツ曲線の下にある三角形と台形の面積を計算し，弓形の面積を求めると$\frac{11}{80}$となる。ジニ係数＝(弓型の面積)×2であるため，再分配所得のジニ係数は$\frac{11}{80}\times 2=\frac{11}{40}=0.275$となる。

❖講　評

Ⅰ　基本的人権に関する問題について出題された。基本的には標準的な難易度の問題で構成されているが，アイヌ民族支援法や障がい者の法定雇用率に関する知識を問う【設問3】などは詳細な知識を必要とする。

Ⅱ　現代の日本経済について出題された。IoT，ソーシャルレンディング，クラウドファンディング，暗号資産，ブロックチェーンなど，時事的な話題に関する問題が数多く出題された。

Ⅲ　日本の少子高齢化問題について出題された。【設問7】ではジニ係数に関する詳細な知識だけでなく，ジニ係数を実際に計算することが求められており，とまどった受験生も多かったと考えられる。

全体的にやや難しい出題が多いといえる。75分で大問3題と時間的にはある程度余裕があるので，計算問題などでは粘り強く解答したい。

数学

I

解答 (1)ア．$\dfrac{91}{216}$　イ．$\dfrac{5}{36}$　ウ．$\dfrac{31}{36}$

(2)エ．$\dfrac{5}{9}\overrightarrow{\mathrm{AB}}+\dfrac{4}{9}\overrightarrow{\mathrm{AC}}$　オ．$\dfrac{5}{13}\overrightarrow{\mathrm{AB}}+\dfrac{4}{13}\overrightarrow{\mathrm{AC}}$

(3)カ．$\dfrac{n(n-1)}{2}$　キ．$\dfrac{3}{2}n^2-\dfrac{103}{2}n+550$　ク．17　ケ．108　コ．17

◀解　説▶

≪さいころの確率，平面ベクトル，数列の和と一般項≫

(1)　さいころを 3 回続けて投げて，3 の目が 1 回以上出る事象の余事象は 3 の目が 1 回も出ない事象であるから，その確率は

$$1-\left(\frac{5}{6}\right)^3=1-\frac{125}{216}=\frac{91}{216}\quad \to ア$$

1 の目と 6 の目がともに 1 回以上出る確率は次のベン図のように考えるとよい。

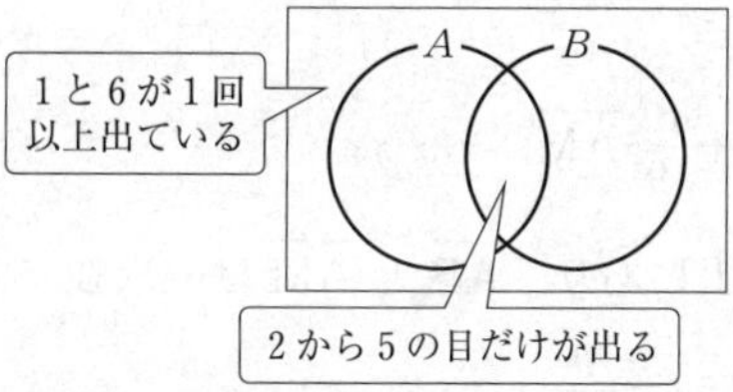

事象 A　1 から 5 の目が出る

事象 B　2 から 6 の目が出る

とするとき，求める事象は $\overline{A\cup B}$ である。

その確率は

$$\begin{aligned}P(\overline{A\cup B})&=1-P(A\cup B)\\&=1-\{P(A)+P(B)-P(A\cap B)\}\\&=1-\left\{\left(\frac{5}{6}\right)^3+\left(\frac{5}{6}\right)^3-\left(\frac{4}{6}\right)^3\right\}\\&=1-\frac{250-64}{6^3}\end{aligned}$$

$$=1-\frac{186}{6^3}$$

$$=1-\frac{31}{36}$$

$$=\frac{5}{36}\quad\rightarrow イ$$

出た目の最大値と最小値の差が5となるのは1の目と6の目がともに1回以上出るときであり，4以下となるのはそれ以外のときであるから，その確率は(イ)の余事象を考えて　$\frac{31}{36}$　→ウ

(2)　点DはBCを4：5に内分するから

$$\overrightarrow{AD}=\frac{5\overrightarrow{AB}+4\overrightarrow{AC}}{4+5}=\frac{5}{9}\overrightarrow{AB}+\frac{4}{9}\overrightarrow{AC}\quad\rightarrow エ$$

直線ACと直線BGの交点をMとする。Gが重心であるからMはACの中点である。

$\overrightarrow{AP}=t\overrightarrow{AD}$（$t$は実数）とおくと

$$\overrightarrow{AP}=t\left(\frac{5}{9}\overrightarrow{AB}+\frac{4}{9}\overrightarrow{AC}\right)$$

$\overrightarrow{AC}=2\overrightarrow{AM}$を代入して

$$\overrightarrow{AP}=\frac{5t}{9}\overrightarrow{AB}+\frac{8t}{9}\overrightarrow{AM}\quad\cdots\cdots☆$$

B，P，Mが一直線上にあり，$\overrightarrow{AB}$と$\overrightarrow{AM}$は一次独立であるから

$\frac{5t}{9}+\frac{8t}{9}=1$から　　$t=\frac{9}{13}$

☆に代入すると

$$\overrightarrow{AP}=\frac{5}{9}\cdot\frac{9}{13}\overrightarrow{AB}+\frac{8}{9}\cdot\frac{9}{13}\overrightarrow{AM}$$

$$=\frac{5}{13}\overrightarrow{AB}+\frac{8}{13}\overrightarrow{AM}$$

$$=\frac{5}{13}\overrightarrow{AB}+\frac{4}{13}\overrightarrow{AC}\quad\rightarrow オ$$

(3)　$n\geqq 2$より　　$\sum_{k=1}^{n-1}k=\frac{(1+n-1)(n-1)}{2}=\frac{n(n-1)}{2}$　→カ

$$S_n=S_1+\sum_{k=1}^{n-1}(S_{k+1}-S_k)$$
$$=S_1+\sum_{k=1}^{n-1}(3k-50)$$
$$=500+\frac{3n(n-1)}{2}-50(n-1)$$
$$=\frac{3}{2}n^2-\frac{103}{2}n+550 \quad \to キ$$
$$=\frac{3}{2}\left(n-\frac{103}{6}\right)^2-\frac{3}{2}\left(\frac{103}{6}\right)^2+550$$

$\frac{103}{6}=17+\frac{1}{6}$ より　　$n=17$　→ク

のとき S_n は最小値 108 をとる。 →ケ

$S_{k+1}-S_k=3k-50$ より　　$a_{k+1}=3k-50$　$(k=1,\ 2,\ 3,\ \cdots)$

$k+1=n$ と置き換えると

$$a_n=3(n-1)-50=3n-53 \quad (n=2,\ 3,\ 4,\ \cdots)$$

$a_n<0$ となる n は $3n-53<0$ より　　$n<\frac{53}{3}=17.6\cdots$

よって $a_n<0$ となる n の値の最大値は $n=17$ である。 →コ

II

解答　(1)　$\cos A=-\frac{2}{3}$ より　　$\sin A=\frac{\sqrt{5}}{3}$

$$S=\frac{1}{2}\cdot 3\cdot 2\cdot\frac{\sqrt{5}}{3}=\sqrt{5} \quad \cdots\cdots(答)$$

(2)　△ABD において余弦定理より

$$BD^2=3^2+2^2-2\cdot 3\cdot 2\cdot\left(-\frac{2}{3}\right)=21$$

ゆえに　　$BD=\sqrt{21}$　……(答)

正弦定理より

$$R=\frac{BD}{2\sin A}=\frac{\sqrt{21}}{2\cdot\frac{\sqrt{5}}{3}}=\frac{3\sqrt{105}}{10} \quad \cdots\cdots(答)$$

(3)　A，B，C，D の順に四角形の頂点として並んでいて，AC＝AB と AC＝AD のとき四角形が三角形になってしまう。AD＜AB より，$x>2$

のとき四角形になる。

また，AC の最大値は AC が直径になるときである。

以上より　　$2<x\leqq\dfrac{3\sqrt{105}}{5}$　……(答)

(4)　AC＝BD が成り立つとき，四角形 ABCD の頂点 C は，A を中心として半径が BD と等しい円と元の円との交点として求められる。これらを右の図のように C_1，C_2 とする。まず，四角形 ABC_1D が等脚台形であることを示す。

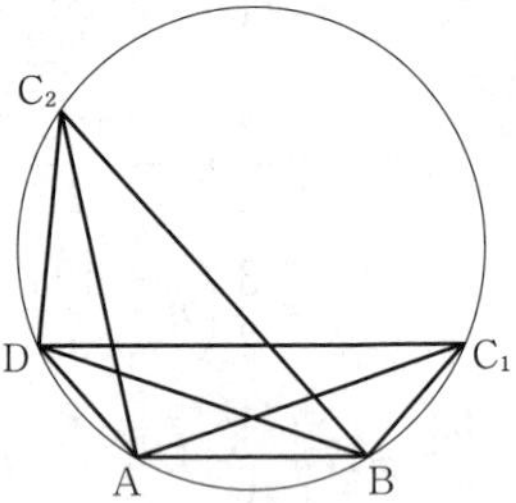

円周角の定理より

$$\angle ABC_1=\angle DAB \quad \cdots\cdots①$$

$$\angle ADC_1=\angle DC_1B \quad \cdots\cdots②$$

隣り合う 2 組の角がそれぞれ等しいので四角形 ABC_1D は等脚台形である。

よって　　$BC_1=2$

四角形 ABC_1D が円に内接しているから

$$\angle DAB+\angle DC_1B=180°$$

よって　　$\cos\angle DC_1B=-\cos\angle DAB=\dfrac{2}{3}$

$\triangle BC_1D$ において余弦定理より

$$DB^2=DC_1{}^2+BC_1{}^2-2DC_1\cdot BC_1\cos\angle DC_1B$$

$DC_1=x$ とおくと

$$21=x^2+2^2-2x\cdot 2\cdot\frac{2}{3}$$

$$x^2-\frac{8}{3}x-17=0$$

$$\left(x-\frac{17}{3}\right)(x+3)=0$$

よって　　$DC_1=\dfrac{17}{3}$

$$\text{四角形 } ABC_1D=\triangle ABD+\triangle DC_1B$$

$$=\sqrt{5}+\frac{1}{2}\cdot\frac{17}{3}\cdot 2\cdot\frac{\sqrt{5}}{3}=\frac{26\sqrt{5}}{9}$$

四角形 ABC_2D の場合も同様に等脚台形になり，$DC_2=3$ である。よって

$$\cos\angle DC_2B=-\cos\angle DAB=\frac{2}{3}$$

$\triangle BC_2D$ において余弦定理より

$$DB^2=DC_2{}^2+BC_2{}^2-2DC_2\cdot BC_2\cos\angle DC_2B$$

$BC_2=x$ とおくと

$$21=3^2+x^2-2\cdot3\cdot x\cdot\frac{2}{3}$$

$$x^2-4x-12=0$$

$$(x-6)(x+2)=0$$

よって　$BC_2=6$

$$\text{四角形 } ABC_2D=\triangle ABD+\triangle DC_2B$$

$$=\sqrt{5}+\frac{1}{2}\cdot6\cdot3\cdot\frac{\sqrt{5}}{3}=4\sqrt{5}$$

以上より四角形 ABCD の面積は　$\dfrac{26\sqrt{5}}{9}$ または $4\sqrt{5}$　……(答)

◀解　説▶

≪円に内接する四角形≫

円に内接する四角形についての問題である。三角形の面積の公式，余弦定理，正弦定理，円の弦のうち最大のものが直径であることを用いている。(4)の「すべて求めよ」というヒントを見落とさず，図をかいて等脚台形が2つあることがわかれば，面積を求めることができる。図をかくことがポイントである。

Ⅲ 解答

(1)　$y=|x^2-5x+4|$

$$=|(x-1)(x-4)|$$

よって　$C_2:\begin{cases}y=x^2-5x+4 & (x<1,\ 4<x)\\ y=-x^2+5x-4 & (1<x<4)\end{cases}$

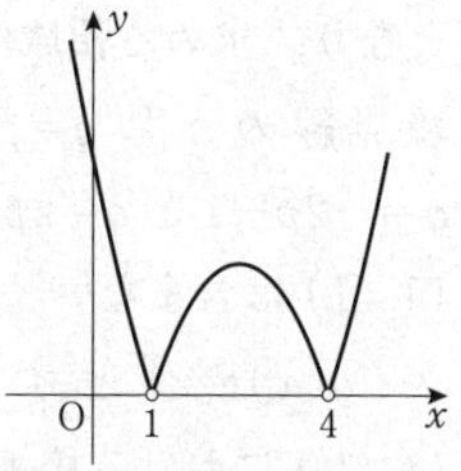

グラフは右図のとおり。

(2)　$f(s)=s^2-2ps+q$ とおく。

$f(s)=0$ が $a<s<b$ の範囲に少なくとも1つの実数解をもつ条件は次の2つの場合の和集合である。

(i)　$f(s)=0$ が重解でない実数解を 1 つもつのは

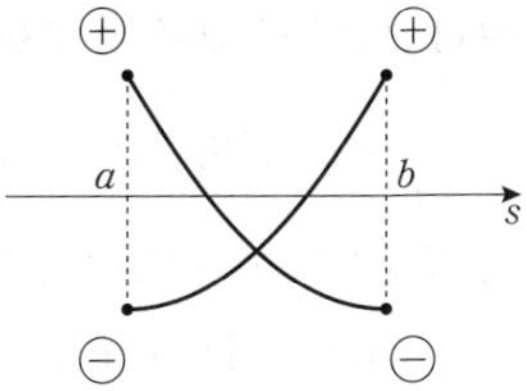

$$f(a)f(b)<0$$

よって

$$(a^2-2pa+q)(b^2-2pb+q)<0$$

$$\iff \begin{cases} a^2-2pa+q<0 \\ b^2-2pb+q>0 \end{cases} \text{ または } \begin{cases} a^2-2pa+q>0 \\ b^2-2pb+q<0 \end{cases}$$

(ii)　$f(s)=0$ が $a<s<b$ の範囲に 2 つの実数解（重解を含む）をもつのは次の 3 つの条件が同時に成り立つとき。

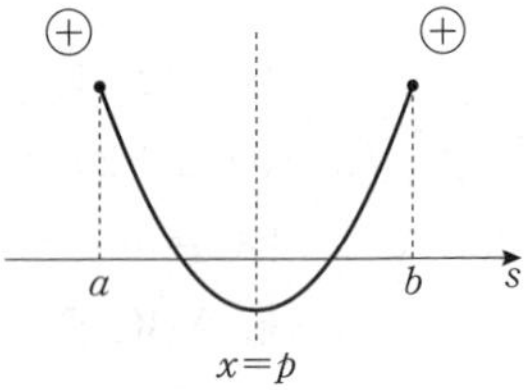

- $f(s)=0$ の判別式≧0 より　　$p^2-q\geqq 0$
- $y=f(s)$ の軸 $x=p$ について，$a<$ 軸 $<b$ より　　$a<p<b$
- $f(a)>0$ かつ $f(b)>0$ より　　$a^2-2pa+q>0$ かつ $b^2-2pb+q>0$

以上をまとめると

$$a<p<b \text{ かつ } q\leqq p^2 \text{ かつ } q>2ap-a^2 \text{ かつ } q>2bp-b^2$$

(i)，(ii)より，求める p，q の条件は

$$(2bp-b^2<q<2ap-a^2) \text{ または } (2ap-a^2<q<2bp-b^2)$$
$$\text{または } (a<p<b \text{ かつ } q\leqq p^2 \text{ かつ } q>2ap-a^2 \text{ かつ } q>2bp-b^2)$$

……(答)

ここで，$a=-1$，$b=1$ のとき

$q=2ap-a^2$ は　　$q=-2p-1$

$q=2bp-b^2$ は　　$q=2p-1$

となり，求める領域は右図の網かけ部分。境界線のうち $q=p^2$ は含み，2 直線 $q=-2p-1$ と $q=2p-1$，点 $(-1,\ 1)$，$(1,\ 1)$ は含まない。

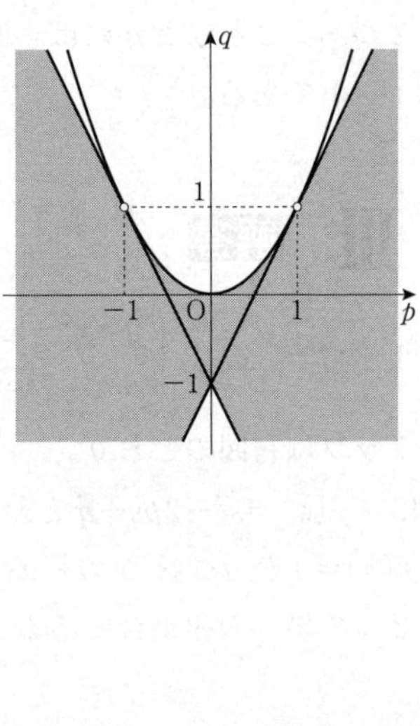

(3)　$g(x)=x^2$ とする。$y=x^2$ 上の点 $(t,\ t^2)$ における接線は

$$y=g'(t)(x-t)+t^2$$

よって　　$y=2tx-t^2$

t が $t<c$ をみたしながら動くとき，直線 $y=2tx-t^2$ が通過する領域を考えることは，方程式 $t^2-2xt+y=0$ が $t<c$ において少なくとも 1 つ実数解をもつ条件を求めることと同じで，(2)と同様に次の 2 つの場合の和集合である。

$h(t)=t^2-2xt+y$ とおく。

(i)　1 つだけ実数解をもつとき

$h(c)=c^2-2cx+y<0$　つまり　$y<2cx-c^2$

(ii)　2 つの実数解（重解を含む）をもつとき

$h(t)=0$ の判別式 $x^2-y\geqq 0$ より　$y\leqq x^2$

軸 $t=x$ について　$x<c$

$h(c)=c^2-2cx+y>0$ より　$y>2cx-c^2$

以上をまとめると，$x<c$ で　$2cx-c^2<y\leqq x^2$

t が $t>d$ をみたしながら動くときも同様に

(iii)　1 つだけ実数解をもつときは　$y<2dx-d^2$

(iv)　2 つの実数解（重解を含む）をもつとき，$d<x$ で

$2dx-d^2<y\leqq x^2$

(i)〜(iv)より

$x<c$ のとき　$y<2cx-c^2$　または　$2cx-c^2<y\leqq x^2$

$c\leqq x\leqq d$ のとき　$y<2cx-c^2$　または　$y<2dx-d^2$

$d<x$ のとき　$y<2dx-d^2$　または　$2dx-d^2<y\leqq x^2$

$c=-1$，$d=1$ のとき

$y=2cx-c^2$ は　$y=-2x-1$

$y=2dx-d^2$ は　$y=2x-1$

となり，求める領域は右図の網かけ部分。

境界線のうち $y=x^2$ は含み，

2 直線 $y=-2x-1$ と $y=2x-1$ の $y\geqq -1$ の部分と，2 点 $(-1,\ 1)$，$(1,\ 1)$ は含まない。

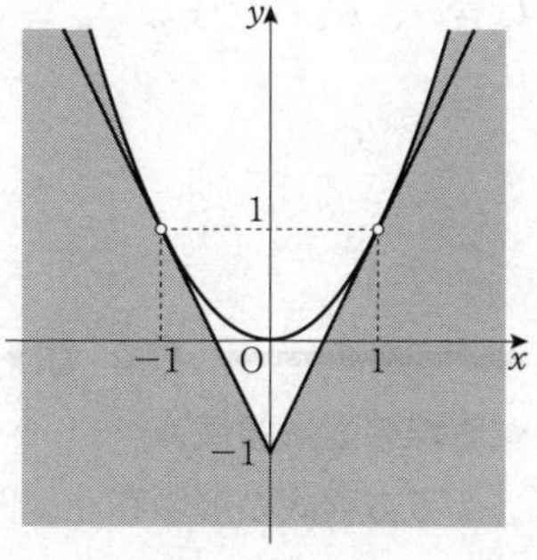

(4)　C_2：$\begin{cases} y=x^2-5x+4 & (x<1,\ 4<x) \\ y=-(x^2-5x+4) & (1<x<4) \end{cases}$

$y=x^2-5x+4$ の $x=1$，4 での接線は $y'=2x-5$ より，それぞれ

$y=-3(x-1)$，$y=3(x-4)$

よって　　$y=-3x+3$，$y=3x-12$　……①

また，$y=-(x^2-5x+4)$ の $x=1$，4 での接線は①を x 軸に関して対称移動したものなので

$$y=3x-3,\quad y=-3x+12$$

(3)より $x<1$，$4<x$ での C_2 上の点における接線の通過領域を図示したのが下左図。また，(2)より $1<x<4$ での C_2 上の点における接線の通過領域を図示したのが下右図。

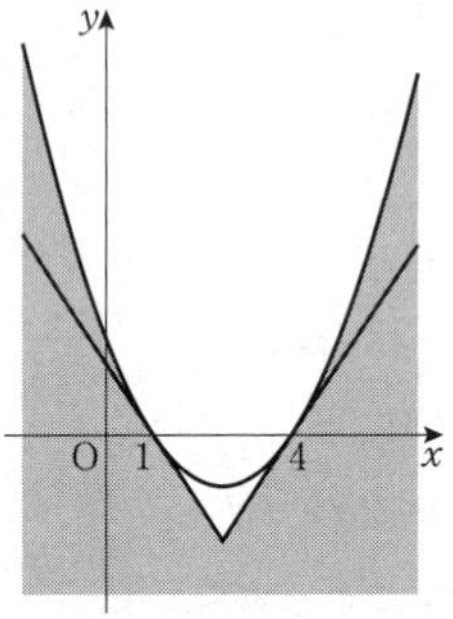

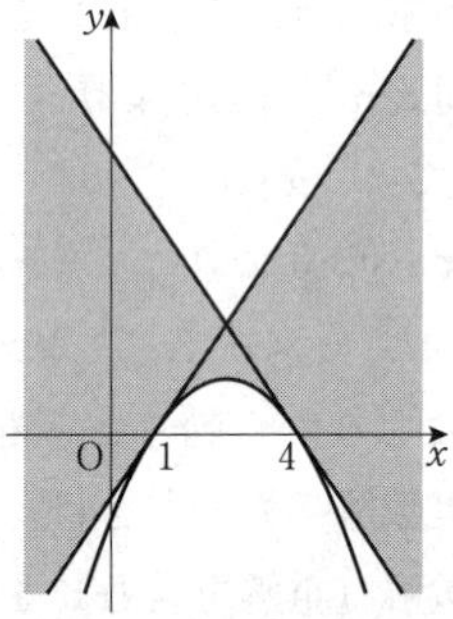

求める領域 R は補集合の共通部分で右図の網かけ部分。

境界線のうち4本の直線

$$y=-3x+3,\quad y=3x-3,$$
$$y=-3x+12,\quad y=3x-12$$

は含み，C_2 は含まない。

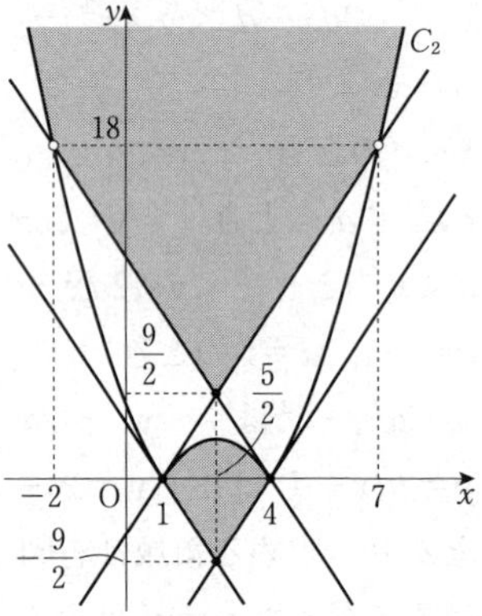

◀解　説▶

≪直線の通過領域≫

(2)で方程式の解の存在範囲を求めている方法が(3)で直線の通過領域を求めるための誘導になっている。そして，(4)で求める領域 R が(2)と(3)をもとにして求められる領域の補集合であることに気づいて解く問題である。いかにうまく誘導に従って解答していけるかが問われている。なお，接線の通過する領域については接点を C_2 上で動かすことによって予想できる。

❖講　評

大問 3 題の出題。Ⅰは空所補充形式。Ⅱ，Ⅲは記述式。Ⅰは「数学A」から確率，「数学B」からベクトルと数列の小問 3 問。Ⅱは「数学Ⅰ」の図形と計量，Ⅲは「数学Ⅱ」の図形と方程式からの出題である。

Ⅰ(1)のさいころの目の出方の確率を求める問題と(2)のベクトルは基本問題であるから確実に押さえたい。(3)は数列の和についての階差数列が与えられていて，その最小値を求める問題である。誘導も丁寧で最小値を導く方法を 2 つ与えられているので迷うことはないはずである。

Ⅱの円に内接する四角形の問題は，図をできるだけ正確にかいて考えることが大切である。

Ⅲは放物線の接線の通過領域の問題。(2)・(3)が(4)を解くための誘導であることに気づき，解いていきたい。

ほとんどが標準的な問題ではあるが，少しずつひねった問題もあり，75 分という時間ですべてに取り組むのは大変であろう。できるところを確実に押さえるようにしたい。

❖講　評

例年どおり、現代文一題、古文一題の二題。現代文の本文の長さ、現代文・古文の最後に設けられた記述問題の指定字数の厳しさなども例年と変わっておらず、七五分という試験時間では短いくらいである。標準〜やや難のレベルの出題である。

一の現代文は長文の評論。人類学の成果をもとに、国家や歴史について論じた文章で、例年どおりの難易度である。設問の構成も例年どおりだが、問いの数は二〇二二年度よりも一問増え、二〇二一年度と同じ七問であった。㈠の空所補充は基本的。㈢と㈣の内容説明の選択問題も、傍線前後を中心に関連する記述を探せば答えの方向性はすぐにつかめる。ただ㈡の空所補充は、選択肢にある四字熟語の意味を正確に押さえていないと別の選択肢と迷うだろう。世界史の授業などでホッブズらの思想を学んで知っていれば、それもヒントにできるとはいえ、やや難しい。㈤は、同じ出典の別の箇所を引用して作成された新傾向の問題で、このような出題が共通テストや他大学でも近年増えている。一つの大問に複数のテキストが含まれる形式にはなっているが、新たに引用された文章を検討すれば答えは導き出せる。ただ選択肢は悩ましい。これもやや難の設問である。㈥の内容真偽は標準的。記述式の㈦も設問の条件に注意すれば答えの方向性はつかめるが、例年どおり四十字という指定字数で苦労する。

二の古文は、鎌倉時代の説話『十訓抄』からの出題で、〈窃盗団による手の込んだ盗みの計略〉という内容をつかむことができたかどうか。設問は選択式の内容説明がなく、かわりに口語訳の設問が一つ増えていた。難易度はほぼ例年どおりで、㈠の語意は基本的、㈡の口語訳も傍線部の単語の意味がわかっていれば容易に正解にたどりつける。㈢の文法は、選択肢から同じ用法の文を選ぶ形式であった例年とは異なり、最適の文法的説明を選ばせるものになっていた。「参らす」の識別はやや難しかったかもしれない。㈣の内容真偽も本文の概要が把握できていればそれほど迷わない。記述式の㈤は「たばかり」という語の意味が正確にとらえられたら方向が決まるが、そこをまちがってしまうと得点にならなかった可能性がある。もちろん方向性が定まっても三十字にまとめるのは例年どおり難しい。

書かれているが、そこに「行く途中」とは言っていない。逆に「うかれ出でて候ふなり」とそこから逃げ出してきている。

2、第一段落に「二三日過ぎけれども外へも行かざりければ」とはあるが、それが「病のため」とは書かれていない。

3、「七十歳ほどの法師」は第一段落の一文目にあるように「旅人の法師」と同一人物なので、この人物が「鐘をつくことを認めた」ということはありえない。また、鐘をつくことを認めた昆陽寺の住職の年齢についての記載はない。

4、第三段落の一文目に「初、後夜、鐘などまごころにつきければ、うれしと思ふほどに」とある。

5、第二段落にある男の言葉には「親ながら老いひがみて、わがもとを逃げ出でて、これにて死に候ひけり」とあるだけである。「とても仲が良かった」とは言えない。

6、第二段落の男の言葉に「親一人など養ふまじき身にても候はぬに」とある。この二重否定を肯定表現に言い換えると、〈親一人くらい養うことはできる〉となる。

(五) 傍線は〝とんでもない策略〟という意味なので、どのような策略であったかということを読み取る。本文の流れをまとめると、(1)七十歳くらいの法師が寺に住みつく→(2)ある日突然死んでしまう→(3)息子と称する男が現れる→(4)葬儀を行うふりをして、その音・声に紛れて寺の鐘を盗み出す、となる。『今昔物語集』〈巻二十九第十七〉がほぼ同じ話になっていて、そこでは〈法師は死んだふりをしていた〉とあり、法師と息子と称する男が仲間であったことまで書かれているが、本文にはそういった記述はない。傍線の直前にある(4)を中心に答えを構成していけばよいだろう。その際、「たばかり」は〈うまくだまして、自分の望む状況を作り出すために行うもの〉なので、解答としては、「父親の葬儀を装って、それに紛れて寺の鐘を盗むということ」とするよりも、①〈寺の鐘を盗むために〉、②〈父親の葬儀を行うふりをする〉という順番でまとめていく方がよい。

てもなく家を飛び出した」は適当。

イ、「いふ（に）かひなく」は、〝言っても仕方がない・取り返しがつかない・どうしようもない〟という意味の形容詞「いふかひなし」。「今」ここで〈取り返しがつかない〉ことになっているのは〈男の親が死んでしまったこと〉なので、3と4は除外できる。「葬送つかまつり候ふべし」の「つかまつり（つかまつる）」は「す」の謙譲語なので、主語は「この男（＝私）」。「住職」が主語の2や「葬儀を執り行ってもら」うとする5は誤り。「私が葬儀をいたしましょう」とある1が適当。

ウ、「坊」は「僧坊（＝〝僧侶の住居〟）」のこと。「たてて」は動詞「たつ」の連用形に接続助詞「て」が付いている。この「たつ」は家屋を意味する「坊」に続いているので〝扉を閉ざす〟という意味が適当である。この「坊どもたてて」の意味を踏まえているのは3だけである。1は「車を用意して」が誤り。傍線の「さし出でぬ」は、〝現れ出る・外に出る〟という意味の動詞「さし出づ」の未然形に打消の助動詞「ず」の連体形が付いている。「この僧」は「死んだ法師」、「かきのせて」の「かき」は語調をととのえる接頭語なので「のせて」とほぼ同じ意味。3は以上の内容を正しくまとめている。よって3が正解となる。

㈢　「参らせ」は、一語で「参らす」の未然形か、「参る」の未然形に尊敬または使役の助動詞「す」が接続しているかの、二とおり考えられる。どちらの場合も未然形なので、已然形とする2は誤り。「参ら」「す」と分ける場合、この「す」は文脈から「仕ふ」の謙譲語と読み取れる。使役の意味で使うのに必要な〈させる相手〉がこの場面には存在していないし、「法師」が自分を主語にして語っている部分なので尊敬もあてはまらない。「参らす」を一語と見た場合は、本動詞の場合は「与ふ」の謙譲語として〝さしあげる・献上する〟、補助動詞としては〝……し申し上げる〟という謙譲の意味を添える。何かを「与ふ」という文脈ではないし、直前に、補助動詞に続く接続助詞「て」があることも鑑みて、補助動詞「参らす」と考えるのが適当である。「ばや」は願望の終助詞。1が適当である。

㈣　1、第一段落に「子にて候ふ男、播磨の国しかしかといふところに候ふが」と、息子が播磨の国に住んでいることは

夕方になって、馬に乗った者をはじめとして、四五十人ほどが連れだってやって来て集まって騒いでいたが、寺の中の人たちはこの死者を汚れたものとして避けていたので、僧坊（＝僧の住む家屋）の扉を閉ざして誰も（外に）出ないうちに、早々とこの（死んだ）僧は何かに乗せ（られ）て出ていった、と思っていると、夜が明けてから見れば、この（僧がいたところにあった）釣鐘がなくなっていた。奇怪なことだと思って、葬儀を行っていた松の生い茂っている山を見ると、釣鐘はその場所で粉々に割って、すでに持って行ってしまっていた。後には鐘の砕けたもの（＝残骸）が残っていた。あの松原で声高く念仏を（唱え）申して、それに紛れて鐘を砕いて盗み取り、死体を埋めるふりをしていたのだ。とんでもない策略である。

▲解　説▼

㈠　a、「わびしから」は形容詞「わびし」の未然形。「わびし」は〝（失意・落胆・困惑により）思いわずらう〟という意味の動詞「わぶ」に対応する形容詞で、〝苦しい・さびしい・貧しい〟などの意味がある。傍線直後に打消の助動詞「ず」が続き、「田地、所領などもあまた持ちて候ふが」と〈土地をたくさん持っていること〉が書かれているので、aの意味は2「貧しく」が適当である。直前の「世の中」はここでは〝身の上・境遇〟という意味である。

b、「ひしめき」は動詞「ひしめく」の連用形。「ひしめく」は漢字にすると「犇めく」で、〝おおぜいが押しあって騒ぎたてる〟という意味である。現在でも同じような意味で用いられる。5「がやがやと大騒ぎして」が適当である。

㈡　ア、「妻にて候ふ」の「候ふ」は丁寧の意味を表す補助動詞で、4や5の「仕えている」という意味の本動詞ではない。「心ばへ」は〝気立て・心づかい〟で、3「素行」は「心ばへ」の意味にあたらない。「けしからぬ」は、〝あるべき状態ではない・よくない〟という意味の形容詞「けし（異し・怪し）」の未然形に打消の助動詞「ず」の連体形が付いた語だが、この「ず」は〝（よくない）どころではない〟と「けし」を強調している。よって、2「志が高い」のではない。残るのは1である。「すぐべくも」の「すぐ」は〝生活する・暮らす〟、「うかれ出でて」の「うかれ出で（うかれ出づ）」は〝あてもなく家を出る〟という意味なので、「一緒に暮らしていけそうにも思われません」「あ

(五)　念仏に紛れて寺の鐘を割って盗むために僧の葬儀を偽装したこと。（三十字以内）

◆全　訳◆

摂津の国の、昆陽寺《こやでら》というところに、七十歳くらいの法師が一人やって来て、鐘つき堂のそばの住職の家があったのだが、（そこに）宿を借りて滞在していた。二三日過ぎたが外へ行くこともしなかったので、主人である住職は不思議に思って、「（あなたは）どういう人で、どこへ行く（つもりな）のか」とたずねたところ、旅人である法師が申すことには、「これといってどこへ参ろうと考えて心に決めているようなことはありません。（私の）子であります男が、播磨の国のこれこれというところにいるのですが、その境遇も貧しいということはなく、田畑や、領地などもたくさん持っているのですが、（息子の）妻であります女の気立てがよくないことで、（ともに）暮らしていくことはできないと思いますので、家をさすらい出たのでございます。よろしゅうございましたら、ここで鐘などをもつき申し上げたいと思います」と言う。

この住職はそれももっともなことだろうと思って、（この法師を家に）滞在させておいたところ、初夜《しょや》（午後八時）、後《ご》夜《や》（午前四時）と、鐘などを心をこめてついたので、（住職は）喜ばしいことだと思っているうちに、十日ほどたって、この法師が、眠ったまま死んでしまい（体がすでに）硬くなっていたので、たいへんなことだと思って、寺全体に知らせてまわったところ、「つまらない法師を滞在させて、寺の中を（死で）汚《けが》してしまったことだよ」と噂しあっていたところに、紺の直垂《ひたたれ》に、折烏帽子《おりえぼし》を身につけた男で、従者二三人ほどを連れた者がたずねてきて、「この寺に、もしかして年老いた法師が参っていませんか」と言ったので、「このように鐘楼《しょうろう》のそばにある家に法師が数日住んでいたが、今日の明け方に、死んで横たわって（＝倒れて）いた」と答えたところ、この男が近づいて（死んだ法師を）見て言うことには、「この法師は私の父でございます。（私の）親ではありますが年をとって心がひねくれてしまい、私のところを逃げ出して、ここで死んだのでございます。（私は）親一人などを養うことができないような身ではございませんが、（父の）心がけが非常に悪いことで（病が）ひどくなりまして、思いもしない形の死に方をしたのでございます。今となっては言っても仕方のないことですので、（私が父の）葬儀をいたしましょう」と言って、出ていった。

をつづける……米づくりを推奨してきた」（第二十四段落）とある。これは第十九段落から紹介されている、「中国南部や東南アジア」を描いた『ゾミア』の内容。よって5は本文の内容に合致している。

6、第二十四段落に「江戸時代まで、……年貢として納めるために……百姓はおもに米以外の雑穀などを食べなければならなかった」とある。「稲作の収量が足りなかった」ことが〈雑穀を食べる〉理由ではない。

(七) 筆者の「人類の歴史」に対する考えは、最終段落に「世界中の人びとが……近代化へと一直線に進歩してきたわけではない。国家なき社会から……単純に移行したわけでもない。……あるときは国家にとりこまれ……逃れる必要に迫られた」と述べられている。第八段落にも「狩猟採集から……人類が文明化した。……そんな人類の単線的な発展史観の誤りを突きつけられる」と同様の記述がある。よって「筆者は人類の歴史をどのように考えているか」ということの根幹として、①〈近代（国家のある社会）への移行は単線／一直線ではない〉と指摘する必要がある。その上で設問条件として「『非国家空間』との関わり」から説明することが求められているので、第十九段落以降の『ゾミア』に関する記述を用いて、②〈国家の支配と「非国家空間（＝国家からの逃亡）」〉という要素を取り入れる。さらに、最後から五段落目にある「こうして山地に……『非国家空間＝ゾミア』が生まれた」を踏まえて、国家と「非国家空間」が〈同時に存在している＝併存している〉ことを指摘するとよい。

二

出典　『十訓抄』〈七ノ二十三〉

解答

(一) a―2　b―5

(二) ア―1　イ―1　ウ―3

(三) 1

(四) 4・6

ないので誤り。3、柳田の訪れた「宮崎県椎葉《しいば》村」の人たちについて「階層的で抑圧的な国家空間から流れた」とはいっていない。また第四段落に「自分たちの内側から国家が生まれないように」とあるので、「自分たちの内側に……国家をつくりだした」があてはまらない。4、引用に「土地が極めて広い」とはあるが、「土地が余る」とは書かれていない。第四段落の「慎重に平等な社会構造を維持しようとした」に合う1と、第二段落の「奇跡的なユートピア」と第五段落の「国家なきアナキズムを生きた人びとの営みは……源泉でありつづけている」に合う5は、いずれも柳田の考えだけではなく第四段落以降の筆者の考えも踏まえているので悩ましい。しかし、5は「アナキズム（＝無政府主義。国家をはじめ一切の権力や強制を否定し、個人の自由を拘束することのない社会を実現しようとする思想）の思想によって……実現した」が、第三段落の「この平等主義が高い理想のもとで実現したわけではない」に合わない。よって、第二段落の「山の土地はすべて村の共有地だった。そして……貧富の差がひろがらないようにしていた」も踏まえた1が適当である。

㈥

1、第十一段落に「ウルクは……アテネの二倍の大きさがある」とあるので誤り。

2、第十四段落に「有名な最古の文学作品とされるギルガメシュ叙事詩が文字で記されたのも……千年以上もあとだった」とあるので適当。

3、第十五段落のスコットの文章の引用に「文字で書かれた規範が創造され……地域ごとにばらばらだった判断に取って替わった。文字それ自体が距離を破壊するテクノロジーとなり……支配した」とある。「文字の形が統一されること」については書かれていないので誤り。

4、第十六段落に「この間、叙事詩のようなギリシア文化は……口伝のかたちで継承された」とある。「この間」とは〈「都市国家が分裂」して「古い形態」の文字が途絶えた後、「あらたな書字法」が用いられるまでの間〉のこと。よって、「文字が生まれる以前から」が本文の内容に合致していないので誤り。

5、「水田耕作が国家にとって重要なのは、税収が予測可能になるからだ」（第二十三段落）、「だからこそ水田で稲作

「社会契約」を入れるのが適当といえる。

㈢　「家畜化」は傍線Aと同じ段落にあるように、「定住化」によって進んでいった。そして「人間が『家畜化』された」ことによって起きた問題については、次の段落で「定住化」を「集住化」と言い換えて、「集住化はあらたな困難との遭遇だった。それが……動物原性感染症だ。動物と人間の群集地は……最適な『肥育場』だった」とある。この「動物原性感染症」に触れているのは2と4。ただし、第六段落に「気候変動」の影響で「人口密集が進む」とあり、4「生産力が増大した国家は……人口密集が進み」が、本文の内容と一致しない。第四段落冒頭の「狩猟採集や……暮らせた」にも合う2が適当である。

㈣　傍線Bに続けて「はたして、どういう意味なのか？」とあるので、次の段落以降の〈「メソポタミア地域」の「最初期の国家」〉を挙げた説明を見ていく。第十二段落に「『とにかく数値的な記録管理に……最初期の国家ですらほとんど想像できない』」、第十三段落に「国家は、つねに……継続的な記録・管理が必要不可欠だった」、第十四段落に「じっさい、……ほぼ簿記の目的のためだけに文字がつかわれていた」と、〈国家には数値的な記録管理に関する体系的な技術が必要で、そのために文字が活用されていた〉ことが述べられている。このことは第十五段落にあるスコットの文章の引用にも「初期の国家形成では、……そうした標準化には、……文字を通してすべての必須カテゴリー……を表せるようにしなければならない」とある。これらはすべて「文字が国家の統治ときわめて強く結びついてきた」〈第十七段落〉ことの表れであり、傍線Bはこれを端的に述べたものだと考えられる。以上がまとめられているのは5である。4は第十・十一・十五段落の内容に一致するが、「文字による人口の把握」に言及しているだけであり、〈文字による統治〉についてより一般的に述べた5が適当である。

㈤　設問に引用されている文章は、その第一～三段落で柳田国男の考えを紹介した上で、第四段落で「これはスコットが描いた……とも一致する」と述べて、柳田の考えと問題文で述べてきたスコットや筆者の考えに通底するものがあることをいっている。2、「社会主義の思想」について第二段落で言及しているが、「資本主義に抗する」とは述べてい

▲解　説▼

(一)　a、[a]の直前に「国家が消滅すると、文字の使用が縮小したり、別のものにおきかわったりした」とあり、[a]のあとには、「古代ギリシア」のことを挙げて「古い形態の線文字Bではなく……あらたな書字法になっていた」と〈別のものにおきかわった〉ことが述べられている。「古代ギリシア」は例として挙げられていることがわかるので、[a]には4「たとえば」が入る。

b、[b]の前後に「都市国家が分裂したあと」「読み書きが登場した」とある。[a]の直前の「国家が消滅すると、文字の使用が縮小したり……おきかわったりした」、[c]の後の「この間……ギリシア文化は文字ではなく、口伝のかたちで継承された」から、都市国家の分裂後に文字の使用が縮小あるいは途絶し、その後にまた「読み書きが登場した」ことがわかるので、[b]の後には5「ふたたび」が入る。

c、[c]の前後の内容は、〈「都市国家が分裂したあと」に登場した文字が「古い形態」のものではなく「あらたな」ものになっていた〉というもので、これは[a]の直前にある〈文字が「別のものにおきかわったりした」〉ことを強調して言い換えている。よって、「あらたな」の直前にある[c]には2「まったく」が入る。

(二)　〔　　〕には、直前にある「税を納めるかわりに国が国民の生活を保障してくれる」仕組みを端的に述べた言葉が入る。「国が国民の生活を保障してくれる」という部分だけをみると2「福祉制度」が入りそうに思えるが、「福祉制度」には、〈弱者への生活保障や支援〉という意味があるので、「税を納めるかわりに」があてはまらない。この点に注目すると、〝法的効果を発生させる約束ごと〟という意味を持つ「契約」という語を含んだ4「社会契約」がある。「社会契約」とは〈人が、自らが持って生まれた権利（＝自然権）を守るために為政者と結ぶ契約〉のことで、〈国家に力を行使する権限を与えることで平和で安全な生を手に入れる〉というものである。続く段落に名前の挙がるホッブズは「社会契約」の提唱者として知られ、〈国家は契約によって成り立ち、万人が国家に従うことによって平和が確立される〉ということを主張している。本文の文脈で筆者がホッブズの名前を挙げていることも考慮すると、4

国語

一

出典　松村圭一郎『くらしのアナキズム』〈第一章　人類学とアナキズム〉（ミシマ社）

解答

(一)　a―4　b―5　c―2

(二)　4

(三)　2

(四)　5

(五)　1

(六)　2・5

(七)　非国家空間から国家へ単線的に移行したのでなく、両者は同時に存在すると考えている。（四十字以内）

◆要　旨◆

国家は人びとから富と労力を吸いとる機械として誕生した。歴史的にみれば国家は人民を守る仕組みではなく、人びとから労働力と余剰生産物を搾りとり、戦争や疫病といった災厄をもたらす、平和な暮らしを脅かす存在だった。国家から逃れた人びとは、国家の支配がおよびにくい険しい山奥へと逃れ、平地国家に吸収された者たちとは異なる独特の「非国家空間＝ゾミア」が生まれた。世界中の人びとが狩猟採集から農耕革命をへて近代化へと一直線に進歩してきたわけではない。国家なき社会から国家のある社会へと単純に移行したわけでもない。あるときは国家にとりこまれ、あるときはそこから逃れる必要に迫られるというように、歴史は行きつもどりつしてきた。

· memo ·

2022年度

問題と解答

■学部個別日程（法学部，グローバル・コミュニケーション学部）

問題編

▶試験科目・配点

●法学部，グローバル・コミュニケーション学部中国語コース

教　科	科　　　　目	配　点
外国語	コミュニケーション英語Ⅰ・Ⅱ・Ⅲ，英語表現Ⅰ・Ⅱ	200 点
選　択	日本史Ｂ，世界史Ｂ，政治・経済，「数学Ⅰ・Ⅱ・Ａ・Ｂ」から１科目選択	150 点
国　語	国語総合，現代文Ｂ，古典Ｂ	150 点

●グローバル・コミュニケーション学部英語コース（英語重視型）

教　科	科　　　　目	配　点
外国語	コミュニケーション英語Ⅰ・Ⅱ・Ⅲ，英語表現Ⅰ・Ⅱ	250 点*
選　択	日本史Ｂ，世界史Ｂ，政治・経済，「数学Ⅰ・Ⅱ・Ａ・Ｂ」から１科目選択	150 点
国　語	国語総合，現代文Ｂ，古典Ｂ	150 点

▶備　考

- 法学部は英語について基準点（80 点）を設けている。したがって英語が 79 点以下の場合，３教科の総得点が合格最低点を上回っていても不合格となる。
- 「数学Ｂ」は「数列」および「ベクトル」から出題する。

＊「外国語」は同日実施の共通問題（100 分，200 点満点）を使用し，配点を 250 点満点に換算する。

英語

（100分）

〔Ⅰ〕 次の文章を読んで設問に答えなさい。[＊印のついた語句は注を参照しなさい。]（75点）

In 1587, hours before her beheading*, Mary, Queen of Scots, sent a letter to her brother-in-law Henry III, King of France. But she didn't just sign it and send it off. She folded the paper repeatedly, cut out a piece of the page and left it dangling*. She used that strand of paper to sew (a) the letter tight with locking stitches.

In an era before sealed envelopes, this technique, now called letterlocking, was (X) important for deterring snoops* as encryption* is to your email inbox* today. Although this art form faded in the 1830s with the advent (b) of mass-produced envelopes, it has recently attracted renewed attention from scholars. But they have faced a problem: How do you look at the contents of such locked letters without permanently damaging priceless bits of history?

On Tuesday, a team of 11 scientists and scholars at the Massachusetts Institute of Technology and other institutions disclosed their development of a virtual-reality technique that lets them perform this delicate task without tearing up the contents of historical archives (c).

In the journal *Nature Communications*, the team tells of virtually opening four undelivered letters written between 1680 and 1706. The dispatches had ended up in a wooden postal trunk in The Hague*. Known as the Brienne Collection, the box contains 3,148 items, including 577 letters that were never unlocked.

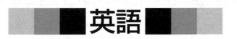

The new technique could open a window into (ア) the long history of communications security. And by unlocking private intimacies, it could aid researchers studying stories concealed in fragile (d) pages found in archives all over the world.

"Let's start virtually unfolding" the locked letters, said Daniel S. Smith, a team member at King's College London, "and seeing what secrets they reveal."

In an interview, Jana Dambrogio, the study's lead author and a conservator at the M.I.T. Libraries, said that learning of the trove's* existence inspired her to see if more technologically inclined colleagues (イ) could find a way to digitally open the locked letters. At the time, in 2014, scholars could read and study such letters (あ) by cutting them (い), which often damaged the documents and obscured or (う) clues (え) to how they had been (お).

"We really need to keep the originals," Ms. Dambrogio said. "You can keep learning from them, especially if you keep the locked packets closed."

The old letters were protected from prying eyes when the sheets of writing paper were carefully folded to become their own secure enclosures.

The first step of their digital opening is to scan a target letter with an advanced X-ray machine. The resulting three-dimensional image — much like a medical scan — reveals the letter's internal configuration. A computer then analyzes the image to undo (e) the folds and, almost magically, turn the layers into a flat sheet, revealing handwritten text that can be read.

The team translated one of the digitally opened letters from the Brienne Collection. It was dated July 31, 1697, and sent from Lille, France, to a French merchant in The Hague. It turned (Y) to be a request for a certified copy of a death notice. The letter also asked for "news of your health."

More analyses of the Brienne Collection, the (f)paper added, may enrich studies not only of postal networks in early modern Europe but of the region's politics, religion, music, drama and patterns of migration.

In addition to announcing its technique for unlocking the letters without damaging them, the team studied 250,000 historical letters that resulted in "the first systematization of letterlocking techniques." The scientists and scholars found 12 formats of locked letters — the most complex having an overall shape defined by 12 borders — as well as 64 categories involving such (g)manipulations as tucks, slits and folds. The team gave each locked letter a security score.

Dr. Smith of King's College London, who lectures on early modern English literature, said the art was so (h)diverse that a person's lock could serve almost as a signature. A letter, he said, "(ウ)became an ambassador for you and had to embody something of you."

Without the ability to unlock letters digitally, it took a decade for scholars to conclude that Mary, Queen of Scots, had secured the letter to her brother-in-law with a distinctive spiral stitch. Virtual unfolding, the team said, could have documented that step "in a matter of days."

And Amanda Ghassaei, one of the M.I.T. researchers, said the team (エ)was about to complete an upgrade of the computer code that would reduce the time for a virtual unfolding from days to hours.

Deborah Harkness, a historian of science at the University of Southern California who was not involved in the research, described the X-ray technique as "almost an archaeological approach" that seeks to (i)minimize investigator impact on artifact recovery.

The new technique presents "significant innovations," said Howard Hotson, a professor of early modern intellectual history at the University of Oxford who also (オ)had no role in the research. For 500 years, he added, letterlocking, a relatively simple technology, prevented anyone (Z) examining correspondence unless a seal was broken.

"It has taken some very sophisticated digital technology," he said, "to frustrate (j) this sophisticated security system."

(By William J. Broad, writing for *The New York Times*, March 2, 2021)

［注］ beheading　(behead　首を切る)

dangling　(dangle　ぶら下がる)

snoops　のぞき見すること

encryption　暗号化

inbox　受信箱

The Hague　ハーグ（オランダの都市）

trove's　貴重な発見物の

I－A　空所(X)～(Z)に入るもっとも適切なものを次の１～４の中からそれぞれ一つ選び、その番号を解答欄に記入しなさい。

(X)　1　as　2　so　3　too　4　very

(Y)　1　at　2　on　3　out　4　up

(Z)　1　after　2　before　3　from　4　out

I－B　下線部 (a)～(j) の意味・内容にもっとも近いものを次の１～４の中からそれぞれ一つ選び、その番号を解答欄に記入しなさい。

(a)　sew

1　bind　2　glue　3　mend　4　watch

(b)　advent

1　advertisement　2　disappearance

3　introduction　4　unpopularity

(c)　archives

1　achievements　2　events

3　files　4　tensions

(d)　fragile

1　delicate　2　smelly　3　thin　4　unopened

(e) undo

1 destroy　2 open up　3 spoil　4 tear apart

(f) paper

1 article　2 card　3 page　4 sheet

(g) manipulations

1 ornaments　2 results

3 techniques　4 undertakings

(h) diverse

1 attractive　2 beautiful　3 traditional　4 varied

(i) minimize

1 clearly underline

2 look down upon

3 reduce to the smallest degree

4 unconsciously ignore

(j) frustrate

1 annoy　2 defeat　3 irritate　4 reflect

I－C　波線部 (ア)〜(オ) の意味・内容をもっとも的確に示すものを次の1〜4の中からそれぞれ一つ選び、その番号を解答欄に記入しなさい。

(ア) open a window into

1 conceal any study about

2 let cold air into

3 reveal some details about

4 take good care of

(イ) more technologically inclined colleagues

1 additional colleagues who abuse technology

2 additional colleagues who are unskilled in technology

3 colleagues who embraced technology

4 colleagues who rejected technology

(ウ) became an ambassador for you

1　gave you international fame

2　promoted your policies abroad

3　publicized your private sentiments

4　served as your representative

(エ)　was about to complete

1　knew how to complete

2　was at a loss how to complete

3　was unable to complete

4　would soon complete

(オ)　had no role in

1　observed no guideline about

2　played around with

3　took no part in

4　was not interested in

I－D　二重下線部の空所(あ)～(お)に次の１～７の中から選んだ語を入れて文を完成させたとき、(い)と(え)に入る語の番号を解答欄に記入しなさい。同じ語を二度使ってはいけません。選択肢の中には使われないものが二つ含まれています。

At the time, in 2014, scholars could read and study such letters (あ) by cutting them (い), which often damaged the documents and obscured or (う) clues (え) to how they had been (お).

1　as　　2　eliminated　　3　except　　4　only

5　open　　6　secured　　7　short

I－E　本文の意味・内容に合致するものを次の１～８の中から三つ選び、その番号を解答欄に記入しなさい。

1　The art of letterlocking went out of fashion once envelopes became widely used in the nineteenth century.

2　Some people think that the secrets in old letters should not be revealed because privacy must be protected.

3 The team that developed the virtual-reality technique of reading locked letters includes Jana Dambrogio and Deborah Harkness.

4 If it had not been for X-ray machines and computers, we could not have read locked letters without damaging them.

5 The research team categorized the distinctive features of letter-locking, drawing upon their examination of 577 letters.

6 Letterlocking techniques are so uniform that we cannot determine the identities of correspondents without opening the letters.

7 Mary, Queen of Scots, employed unique letterlocking techniques when she sent a letter to her brother-in-law.

8 Unlike archaeological methods, the digital techniques often alter the condition of old documents.

〔Ⅱ〕 次の文章を読んで設問に答えなさい。[＊印のついた語句は注を参照しなさい。](75点)

In offering his colleague a cup of tea, Ronald Fisher was just being polite. He had no intention of kicking up* a dispute — much less remaking modern science.

At the time, the early 1920s, Fisher worked at an agricultural research station north of London. A short, slight mathematician with rounded spectacles, he'd been hired to help scientists there design better experiments, but he wasn't making much headway*. The station's four o'clock tea breaks were a nice distraction(a).

One afternoon Fisher fixed a cup for an algae* biologist named Muriel Bristol. He knew she took milk with tea, so he poured some milk into a cup and added the tea to it. That's when the trouble started. Bristol refused the cup. "I won't drink that," she declared. Fisher was taken aback(b). "Why?" "Because you poured the milk into the cup first," she said. She explained that she never drank tea unless the milk went in second.

The milk-first/tea-first debate has been a (c) bone of contention in England ever since tea arrived there in the mid-1600s.（中略）Each side has its partisans, who get boiling mad if someone (ア) makes a cup the "wrong" way. One newspaper in London declared not long ago, "If anything is going to kick off another civil war in the U.K., it is probably going to be this."

As a man of science Fisher thought the debate was nonsense. Thermodynamically*, mixing A with B was the same as mixing B with A, since the final temperature and relative proportions would be identical. "Surely," Fisher (d) reasoned with Bristol, "the order doesn't matter." "It does," she insisted. She even claimed she could taste the difference between tea brewed each way. Fisher scoffed. "That's impossible."

This might have gone on for some time if a third person, chemist William Roach, hadn't (e) piped up. Roach was actually in love with Bristol (he eventually married her) and no doubt wanted to defend her from Fisher. But as a scientist himself, Roach couldn't just declare she was right. He'd need evidence. So he came up with a plan. "Let's run a test," he said. "We'll make some tea each way and see if she can taste which cup is which."

Bristol (イ) declared she was game. Fisher was also enthusiastic. But given his background designing experiments he wanted the test to be precise. He proposed making eight cups of tea, four milk-first and four tea-first. They'd present them to Bristol in random order and let her guess. Bristol agreed (　X　) this, so Roach and Fisher disappeared to make the tea. A few minutes later they returned, by which point a small audience had gathered to watch.

(ウ) The order in which the cups were presented is lost to history. But no one would ever forget the outcome of the experiment. Bristol sipped the first cup and smacked her lips. Then she made her judgment. Perhaps she said, “Tea first.” They handed her a second cup. She sipped again. “Milk first.” This happened six more times. Tea first, milk first, milk first again. By the eighth cup Fisher was goggle-eyed* behind his spectacles. Bristol had gotten every single one correct. It turns (あ) adding tea (い) milk is not (う) same (え) adding milk to tea, (お) chemical reasons. No one knew it at the time, but the fats and proteins in milk — which are hydrophobic*, or water hating — can curl up and form little globules* when milk mixes with water. (Y) particular, when you pour milk into boiling hot tea, the first drops of milk that splash down get divided and isolated.

Surrounded by hot liquid, these isolated globules get scalded*, and the whey* proteins inside them — which unravel* at around 160°F* — change shape and acquire a burnt-caramel flavor. (中略) In contrast, pouring tea into milk prevents the isolation of globules, which minimizes scalding and (エ) the production of off-flavors. As for whether milk-first or tea-first tastes better, that depends on your palate*. But Bristol’s perception was correct. The chemistry of whey dictates that each one tastes distinct.

Bristol’s triumph was a bit humiliating for Fisher — who had been proven wrong in the most public way possible. But the important part of the experiment is what happened next. Perhaps a little petulant*, Fisher wondered whether Bristol had simply gotten lucky and guessed correctly all eight times. He worked out the math for this possibility and realized the odds were 1 in 70. So she probably *could* taste the difference.

But (Z), he couldn’t stop thinking about the experiment. What if she’d made a mistake at some point? What if she’d switched two cups around, incorrectly identifying a tea-first cup as a milk-first cup and vice versa*? He reran* the numbers and found the odds of her guessing correctly in that case dropped from 1 in 70 to around 1 in 4. In other words, accurately identifying six of eight cups meant she could probably taste the difference, but he'd be much less confident in her ability — and he could quantify* exactly how much less confident.

Furthermore, that lack of confidence told Fisher something: (オ)the sample size was too small. So he began running more numbers and found that 12 cups of tea, with 6 poured each way, would have been a better trial. An individual cup would carry less weight, so one data point wouldn't skew* things so much. Other variations of the experiment occurred to him as well (for example, using random numbers of tea-first and milk-first cups), and he explored these possibilities over the next few months.

Now this might all sound like a waste of time. After all, Fisher's boss wasn't paying him to dink around* in the tearoom. But the more Fisher thought about it, the more the tea test seemed (f)pertinent. In the early 1920s there was no standard way to conduct scientific experiments: controls were rare, and most scientists analyzed data crudely. Fisher had been hired to design better experiments, and he realized the tea test pointed the way. However frivolous* it seemed, its simplicity clarified his thinking and allowed him to isolate the key points of good experimental design and good statistical analysis. He could then apply what he'd learned in this simple case to messy real-world examples — say, isolating the effects of fertilizer on crop production.

(By Sam Kean, writing for *Distillations*, August 6, 2019, Science History Institute)

［注］ kicking up (kick up　起こす)

headway　進歩

algae　藻類

Thermodynamically　熱力学的には

goggle-eyed　目を大きく見開いた

hydrophobic　水に溶けにくい

出典追記：https://www.sciencehistory.org/distillations/ronald-fisher-a-bad-cup-of-tea-and-the-birth-of-modern-statistics

globules　小球

scalded　(scald　沸騰点近くまで熱する)

whey　ホエイ（乳清）

unravel　熱変性する

160°F　華氏160度（約71℃）

palate　味覚、好み

petulant　不機嫌な

vice versa　逆もまた同じ

reran　(rerun　やり直す)

quantify　定量化する

skew　歪める

dink around　ぶらぶら過ごす

frivolous　くだらない

Ⅱ－A　空所(X)～(Z)に入るもっとも適切なものを次の１～４の中からそれぞれ一つ選び、その番号を解答欄に記入しなさい。

(X)　1　at　　2　by　　3　for　　4　to

(Y)　1　For　　2　In　　3　To　　4　With

(Z)　1　accordingly　　2　alternatively

　　3　as illustrated　　4　even then

Ⅱ－B　下線部(a)～(f)の意味・内容にもっとも近いものを次の１～４の中からそれぞれ一つ選び、その番号を解答欄に記入しなさい。

(a)　nice distraction

　1　confusing affair　　2　pleasant surprise

　3　tedious waste　　4　welcome relief

(b)　taken aback

　1　astonished　　2　cheered　　3　expected　　4　reassured

(c)　bone of contention

　1　consent　　2　controversy

　3　permission　　4　tradition

(d) reasoned with

1 apologized to　2 confirmed with

3 suggested to　4 thrilled with

(e) piped up

1 given up　2 kept up　3 shut up　4 spoken up

(f) pertinent

1 friendly　2 permanent　3 relevant　4 trivial

II－C　波線部 (ア)～(オ) の意味・内容をもっとも的確に示すものを次の1～4の中からそれぞれ一つ選び、その番号を解答欄に記入しなさい。

(ア) makes a cup the "wrong" way

1 blends milk and tea in a "strange" manner

2 brews tea at "too low" a temperature

3 chooses a teacup "carelessly"

4 offers tea without "proper" biscuits

(イ) declared she was game

1 announced she'd gladly take the test

2 liked watching football

3 said she preferred hunting

4 suggested that they gamble

(ウ) The order in which the cups were presented is lost to history.

1 The cups were probably served differently in that era.

2 The cups were served as ordered by a professor of history.

3 The record of the order in which the cups were served survives.

4 The sequence in which the cups were served was not recorded.

(エ) the production of off-flavors

1 the alteration of colors

2 the creation of unexpected tastes

3 the loss of proper texture

4 the making of flavored teas

(オ) the sample size was too small

1 the cups used in the test were not large enough

2 they did not have enough milk for the test

3 too few cups of tea were used in the test

4 too few people took part in the test

Ⅱ－D　二重下線部の空所(あ)～(お)に次の１～７の中から選んだ語を入れて文を完成させたとき、(あ)と(え)と(お)に入る語の番号を解答欄に記入しなさい。同じ語を二度使ってはいけません。選択肢の中には使われないものが二つ含まれています。

It turns (あ) adding tea (い) milk is not (う) same (え) adding milk to tea, (お) chemical reasons.

1 as	2 at	3 for	4 out
5 the	6 to	7 with	

Ⅱ－E　本文の意味・内容に合致するものを次の１～８の中から三つ選び、その番号を解答欄に記入しなさい。

1 Bristol refused the first cup of tea Fisher offered, despite the fact that it was prepared as she preferred.

2 A London newspaper reported that a second civil war had broken out over disputes involving tea.

3 At first, Fisher refused to believe that the order in which milk was introduced into a cup of tea affected its taste.

4 Blending A with B doesn't differ from blending B with A, and the rule applies to milk and hot tea.

5 Fisher, who later married Bristol, sought to defend her when Roach proposed to test whether or not her claim was valid.

6 Fisher and Roach's test was designed to determine whether Bristol could taste the difference between four milk-first cups of tea and four tea-first cups.

7 Researchers at the station ignored the tea experiment, which was, in any case, conducted without an audience.

8 Though Bristol accurately identified all eight cups, the experiment was not thorough enough to satisfy Fisher completely.

II－F　本文中の太い下線部を日本語にしなさい。(its は「その」と訳しなさい。)

its simplicity clarified his thinking and allowed him to isolate the key points of good experimental design and good statistical analysis

〔III〕 次の会話を読んで設問に答えなさい。(50点)

(*Ed Weston runs into Dorothy Lang outside Kyoto Station.*)

Dorothy: Hey, Ed!

Ed: Dorothy? Is that you? It's been ages since I saw you. Are you catching a train? ＿＿＿(a)＿＿＿

Dorothy: Nope. I have some shopping to do in the mall behind the station.

Ed: When you're done, go through the station to where they hold exhibitions. In that fancy department store. There's a great show up right now.

Dorothy: Tell me about it.

Ed: I know you love photography, so it'll blow you away. It's a big new exhibition of the photography of Saul Leiter.

Dorothy: Saul Leiter?

Ed: You know, the American who used to do fashion photography in New York.

Dorothy: I've heard of him. But I can't say I know his work. Fashion photography? Not my thing.

Ed: Leiter was much more than a fashion photographer. And his photographs for fashion magazines weren't just ads for Gucci Vuitton, or Yves St. Chanel, or … Wait, what do I know about fashion? Look at me.

Dorothy: ________(b)________ Not very imaginative.

Ed: Guilty as charged. But Leiter shot street scenes in New York City for fifty years. He worked for fashion magazines chiefly to make money. His real achievement was to bring color into serious photography.

Dorothy: Really? Explain.

Ed: Well, it makes sense to me now. But before I saw this exhibition, I thought great photographers only shot in black and white.

Dorothy: You mean color photos were for shiny magazines and advertisements?

Ed: Right. ________(c)________ Painters used color, not photographers.

Dorothy: Imagine a painter using only black and white. It seldom happens. Sometimes you see that, but not often.

Ed: So, if photographers wanted to be taken seriously as artists, they did what painters didn't. They worked in black and white. Until Saul Leiter came along. ________(d)________

Dorothy: Of course. My father was born there. He lives there still.

Ed: Well, you'll never see New York the same way again once you've seen it in Leiter's photos. He shoots from all sorts of playful angles, or through windows wet with rain so that everything's blurry. And what's most interesting in a photo might be tucked away in the corner.

Dorothy: ________(e)________

Ed: One of my favorites is a photograph titled "Cheese Shop." Leiter shoots the photo from inside the shop through its rain-soaked window. What you notice first is a city bus on the street, striped in red and blue.

Dorothy: How can you tell he's shooting from inside a cheese shop? Just from the title? That's not fair play, if the only way you know what the subject of an artwork is comes from its title. ______(f)______

Ed: No, no. ［今話題にしている写真を気をつけて見たら、窓の下のほうに二つの単語が見えるんだ。］ It has "French Cheese" painted on it. Only you see the letters backwards because, naturally, the sign faces the street. That's the way Leiter works.

Dorothy: You think you're looking at a blurry picture of a red and blue bus, and then you realize that you are, you know, sort of standing inside a cheese shop in New York looking out.

Ed: Exactly. ______(g)______ Maybe you're on the way home, picking up some sophisticated cheese to have after dinner. Anyway, once Leiter started getting his photos into galleries, he changed everything.

Dorothy: Color didn't belong only to painters anymore.

Ed: Or to fashion magazines. And he gave us a wild new way to "see" New York City.

Dorothy: I can shop any time. ______(h)______ Maybe I'll find my father in there somewhere. He loves a good French cheese.

Ⅲ－A　空所 (a)〜(h) に入るもっとも適切なものを次の 1 〜10 の中からそれぞれ一つ選び、その番号を解答欄に記入しなさい。同じ選択肢を二度使ってはいけません。選択肢の中には使われないものが二つ含まれています。

1　Black and white, well, that was "art."

2　Give me an example.

3　Have you ever been to New York City?

4 I could photograph your shoe and call it “Mt. Fuji.”

5 I think I’ll go up and see how Saul Leiter saw New York instead.

6 It happens all the time.

7 Jeans and old T-shirts.

8 Leiter puts you right there.

9 Or taking a trip somewhere?

10 You must have paid a lot for those clothes.

Ⅲ－B 本文中の［　　］内の日本語を英語で表現しなさい。

今話題にしている写真を気をつけて見たら、窓の下のほうに二つの単語が見えるんだ。

日本史

（75分）

〔Ⅰ〕　平安時代の貴族の生活に関する次の（1）（2）の文章を読み、各設問に答えよ。

（45点）

（1）　平安時代の貴族の一生はおおむね次のようになる。幼少の頃は、その多くが母方の祖父母の後見によって養育され、男性は（　a　）、女性は（　b　）の式をあげて成人とみなされるようになる。その後、10代なかばから20代前半にかけて結婚するが、結婚後は新婦の両親と同居するか、その近くに住むのが通例であった。

男性は官職ア を得て朝廷に仕えた。朝廷では多くの節会のほか、神事や仏事なども含む年中行事イ が行われ、それらについて詳しく記した儀式書ウ も成立した。40歳を「初老」といい、その後10年ごとに長寿の祝いの儀式である算賀を行った。晩年は出家することもあった。女性は女官として出仕する者もおり、後宮十二司の職員はすべて女性であった。

（2）　貴族の多くは左京に邸宅エ を構えていた。邸宅は父から娘へと伝領されることがあり、たとえば、藤原道長の本邸となった（　c　）は、妻倫子の父である源雅信からゆずられたものであった。邸宅の屋内オ では、間仕切りとして屏風や衝立などを用いたが、それらには日本の風物を題材とした大和絵カ が描かれた。

衣服は従来の唐風のものから和様化が進んだ。男性は通常（　d　）や狩衣をつけ、正装時は（　e　）やそれを簡略にした（　f　）をつけた。女性は通常（　g　）に袴をつけていたが、正装は（　h　）や裳を上につけた女房装束であった。

食事は通常１日２回で、米を甑《こしき》に入れて蒸した（　i　）などを主食とし、副食には野菜や、魚・鳥などの肉を用いた。

日常の生活においては、中国から伝わった陰陽五行説にもとづく陰陽道キなどの影響をうけ、日どりや方角の吉凶に敏感になり、穢《けがれ》を極度に避けるなど、制約が大きかった。もののけにつかれた時や夢見のわるい時などに、一定期間、門を閉ざした自邸の中や特定の場所で謹慎ク したり、凶方とされる方角を避けるため、自邸からいったん別の場所に移って泊まり、翌日改めて方角を変えて出かけることケを行ったりしていた。

【設問A】文中の下線部ア～ケについて答えよ。

ア．官職任命の政務のうち、大臣以外の官を任じる儀式を何というか。解答欄Ｉ－Ａに漢字で記せ。

イ．年中行事のうち、正月８日から14日まで、宮中の大極殿（のちには清涼殿、ときに紫宸殿）にて、『金光明最勝王経』を講じて国家安寧・五穀豊穣を祈る行事で、維摩会・最勝会とともに南都三会の一つとされたものを何というか。解答欄Ｉ－Ａに漢字３字で記せ。

ウ．儀式書のうち、藤原公任の著作で、その書名が晩年隠棲した地名にちなむものを何というか。解答欄Ｉ－Ａに漢字３字で記せ。

エ．当時の貴族の住宅様式で、南面する白木造の主屋を中心に、対《たい》などの副屋を複数建て、渡り廊下で連結し、南に池庭を設けたものは何と称されてきたか。解答欄Ｉ－Ａに漢字３字で記せ。

オ．屋内の調度品には、漆で文様を描き、それが乾かないうちに金銀粉などを固着させる漆工芸技術が用いられた。この技術を何というか。解答欄Ｉ－Ａに漢字で記せ。

カ．大和絵の成立に影響を与えたと考えられている、９世紀後半を代表する絵師で、『菅家文草』にもその名が見える人物は誰か。人物名を解答欄Ｉ－Ａに漢字４字で記せ。

キ．陰陽道の呪術により吉凶の判定や除災などを行う陰陽師が所属する官司（役所）を陰陽寮という。陰陽寮が発行する、漢字のみで書かれたこよみで、その日の吉凶・禍福などが詳しく記されているものを何というか。解答欄Ｉ－Ａに漢字で記せ。

ク．このような行動を何というか。解答欄Ｉ－Ａに漢字で記せ。

ケ．このような行動を何というか。解答欄Ⅰ－Ａに漢字で記せ。

【設問Ｂ】文中の空欄（　ａ　）～（　ｉ　）に入る最も適切な語句を次の〔語群〕から選び，その番号を解答欄Ⅰ－Ｂに記入せよ。

〔語群〕

1．小　袴	2．乾　飯	3．小　袿	4．鳥羽殿	5．白河殿
6．水　干	7．土御門殿	8．小　袖	9．直　衣	10．唐　衣
11．肩　衣	12．聚楽第	13．紫　衣	14．振　袖	15．衣　冠
16．強　飯	17．束　帯	18．打　掛	19．素　襖	20．腰　巻
21．醤	22．腰　衣	23．元　服	24．呉　服	25．羽　織
26．裳　着	27．東三条殿	28．筒　袖	29．直　垂	30．蘇

〔Ⅱ〕　戦国時代に関する次の文章を読んで各設問に答えよ。なお同一記号の空欄には同一語句が入る。　(45点)

1467年（応仁元）より京を戦場に始まった応仁・文明の乱は京都を焦土化し、室町幕府の権威は大きく低下した。争乱は京都では1477年（文明９）に終息したが、戦いは地方に拡散していった。こうした争乱の中で、地方の守護が在京する幕府機構は弱体化した。そして、それぞれの地域で領国支配を専らとする新たな支配者が抬頭してきた。みずからの実力で領国をつくり上げ、独自の支配体系を形成するいわゆる戦国大名の登場である。京都に目を向けると、1493年には管領細川政元が将軍（　ａ　）を廃して新たな将軍を擁立した、いわゆる（　ｂ　）の政変がおこった。これを契機に細川氏が幕府の実質的な実権を握ったが、細川氏の内部分裂がその後発生し混乱は続いた。そうした権力争いの中で、細川氏の主要な領国である阿波国の国人衆の三好長慶が細川氏に代わって実権を握った。彼の死後、家臣で茶道具収集家でもあった（　ア　）に実権が移った。

関東では鎌倉公方足利持氏と関東管領上杉憲実が対立していたのを機に、将軍は上杉氏を支援し、持氏を討伐した。その後、結城合戦を経て、持氏の子成氏が鎌倉公方となったが、その成氏も関東管領の上杉氏と対立して、1454年には成氏が時の管領上杉憲忠を謀殺し、1482年（文明14）の両派の和睦まで長きにわたり戦乱が続いた。これを（　c　）の乱と呼ぶ。この乱を機に、鎌倉公方は足利持氏の子成氏の古河公方と将軍が派遣した兄政知の（　イ　）公方とで分裂し、上杉氏も山内・（　ウ　）の両家にわかれて争うこととなった。

15世紀末、京都から東国へとくだってきた伊勢宗端（北条早雲）が、伊豆の（　イ　）公方に対して兵をあげこれを滅ぼした。次に隣国である（　d　）国に進出してその地を征服し、息子氏綱に家督をゆずった。氏綱はその後武蔵にも兵を進め、氏綱の子（　エ　）も両上杉氏と古河公方を破り、領国を拡大させ、北条氏は関東の大半を支配する大名となった。

越後では守護代である長尾為景が、守護の上杉氏から実権を奪い、息子である長尾景虎は山内上杉氏の家督を継ぎ、以後上杉姓を名乗った。後に出家して（　オ　）と号した。甲斐では守護家の武田信虎が甲斐国の統一を成し遂げた。その息子晴信（信玄）は甲斐から領国を拡張し、（　オ　）としばしば（　e　）の川中島などで戦った。特に4回目の川中島での衝突は激戦であったが、勝敗はつかなかった。

中国地方では、強大な勢力を誇った守護大名の大内氏が、1551年（天文20）に重臣である陶晴賢に国を奪われ、さらに安芸の国人領主の一人である（　カ　）が、1555年（弘治元）厳島の戦いで陶晴賢を滅ぼした。そして月山富田城を拠点に（　f　）国守護代から戦国大名へとのしあがった尼子氏と激しい戦闘を繰り広げた。そして尼子氏をついに倒して10カ国を領有する大名となった。

九州では、薩摩を中心に九州南部を領有していた島津氏と、豊後を中心に九州北部を領有し、キリシタン大名とされる（　キ　）氏が有力大名であり、四国では、（　g　）元親が土佐を統一し、その後阿波・讃岐を征服した。東北地方は伊達氏が有力大名に成長していった。

各大名はその重要政策の一つとして検地を行った。検地では農民の耕作する土地面積と年貢量などが検地帳に登録され、銭に換算されて土地の価値が示された。その価値を（　ク　）という。（　ク　）は、農民が領主におさめる年貢額の基準になったほか、大名が家臣に軍役を課したり、村に夫役などを負担させたりする際の基準にもなり、大名の直接支配が強化された。そして、新たに領国とした土地でも検地をしばしば行った。この時の検地は、家臣である領主にその支配地の面積・収入額などを自己申告させるものであった。

また大名の中には領国支配の基本法といえる分国法（家法）を制定するものもあらわれた。武田信玄が1547年（天文16）から54年までに制定した分国法は（　ケ　）といい「信玄家法」と通称される。その他、下総を支配下におさめた結城氏の新法度、越前朝倉氏の（　h　）条からなる法度などが知られる。また喧嘩両成敗法など、戦国大名の新しい権力としての性格を示す法も多くみられた。この法は、家臣相互の紛争を自分たちの実力による私闘で解決することを禁止し、すべての紛争を大名による裁判にゆだねさせることで、領国の平和を実現する目的があった。

各大名にとっては武器を始めとする物資の生産や調達が重要な課題で、有力商人を取り立てるとともに城郭やその周辺に城下町を建設した。また、金山・銀山を始めとする鉱山の開発、大河川の治水・灌漑などの事業をすすめ、領国経営を行った。武田信玄の信玄堤は有名で、甲斐の釜無川と御勅使川の合流点に堤防を築いた。この頃栄えた城下町としては、北条氏の小田原、今川氏の（　i　）、大内氏の山口、島津氏の鹿児島などがあげられる。

【設問1】空欄（　ア　）～（　ケ　）に入る最も適切な語句を漢字で、解答欄Ⅱ－Aに記せ。

【設問2】文中の空欄（　a　）～（　i　）に入る最も適切な語句を、下の語群の中からそれぞれ1つ選び、その番号を解答欄Ⅱ－Bに記入せよ。

a	1．足利義稙	2．足利義澄	3．足利義量	4．足利満兼
b	1．享　徳	2．天　文	3．明　応	4．永　享
c	1．享　徳	2．天　文	3．明　応	4．永　享
d	1．駿　河	2．上　総	3．遠　江	4．相　模
e	1．信　濃	2．上　野	3．飛　騨	4．越　中
f	1．伯　耆	2．石　見	3．因　幡	4．出　雲
g	1．河　野	2．長宗我部	3．龍造寺	4．山　内
h	1．十　七	2．五十五	3．百七十一	4．六十七

i　1．一乗谷　2．府　中　3．春日山　4．吉　崎

〔Ⅲ〕 次の（1）～（4）の文章や資料を読み【設問ア】～【設問ネ】に答えよ。
(60点)

（1） 1880年代前半、幕末に諸外国と締結した条約の改正交渉を有利にするために政府の主導により極端な欧化主義が採られた。これに反発する思想として民友社の（　ア　）主義（（　ア　）的欧化主義）や政教社イの（　ウ　）保存主義が登場した。政教社が発行する『日本人』の主筆（　エ　）は「予輩が懐抱する処の大旨義は実に日本の（　ウ　）を精神となしこれを骨髄となし、而《しこう》して後能《よ》く機に臨みて進退去就するにあり」と主張した。彼は日本の風土に理学的な解明を与えつつ、情熱的にその自然美や景観美を綴った『日本風景論』も刊行している。同じ時期に新聞『日本』も政府の欧化主義や妥協的な条約改正交渉を批判した。主筆（　オ　）は（　カ　）主義を唱え、また『近時政論考』の中で自己の立場を「（　カ　）論派」に位置付けた。

【設問ア】空欄（　ア　）に当てはまる語句を解答欄Ⅲ－Aに漢字で記せ。

【設問イ】下線部イに関して、この結社に所属していた人物として正しいものを下記から1つ選び、その番号を解答欄Ⅲ－Bに記入せよ。

1．三宅雪嶺　2．河上清　3．高山樗牛　4．西川光二郎

【設問ウ】空欄（　ウ　）に当てはまる語句を解答欄Ⅲ－Aに漢字で記せ。

【設問エ】空欄（　エ　）に当てはまる人物名として正しいものを下記から1つ選び、その番号を解答欄Ⅲ－Bに記入せよ。

1．久米邦武　2．志賀重昂　3．木下尚江　4．新渡戸稲造

【設問オ】空欄（　オ　）に当てはまる人物名として正しいものを下記から1つ選び、その番号を解答欄Ⅲ－Bに記入せよ。

1．福地源一郎　2．田口卯吉　3．陸羯南　4．徳富蘇峰

【設問カ】空欄（　カ　）に当てはまる語句を解答欄Ⅲ－Aに漢字で記せ。

（2） 1890（明治23）年、地方長官会議が政府に対して建議を提出した。それは（　キ　）の要が「徳性」の涵養にあるにもかかわらず現状は智育に偏重し

ていると批判して、政府に徳育方針の確立を要望する内容である。この建議を受けて政府は徳育の規範を作成する作業に着手した。最終的に（　キ　）に関する勅語が発布された。勅語では伝統的な国家観と人倫道徳とを融合した国民道徳が表明された。これは小学校（　ク　）科の教科書に掲載され、解説書も広く使用された。また勅語の発布を機に祝祭日の学校儀式が一定され、勅語の（　ケ　）による児童・生徒の教化が行われた。

1891（明治24）年、（　コ　）は嘱託教員を務める第一高等中学校での（　キ　）勅語（　ケ　）式の際、天皇の署名のある勅語に拝礼しなかったため学生や教員らの批判を浴び、辞職に追い込まれた（サ）。哲学者の井上哲次郎はこの出来事を念頭に置きつつ、（　シ　）を無国家的、忠孝の軽視などと激しく攻撃した。

【設問キ】空欄（　キ　）に当てはまる語句を解答欄Ⅲ－Ａに漢字で記せ。

【設問ク】空欄（　ク　）に当てはまる語句として正しいものを下記から１つ選び、その番号を解答欄Ⅲ－Ｂに記入せよ。

1．修　身　　2．体　操　　3．歴　史　　4．国　語

【設問ケ】空欄（　ケ　）に当てはまる語句を解答欄Ⅲ－Ａに漢字で記せ。

【設問コ】空欄（　コ　）に当てはまる人物名を解答欄Ⅲ－Ａに漢字で記せ。

【設問サ】下線部サに関して、この出来事は「（　コ　）○○事件」と呼ばれる。「○○」に当てはまる語句として正しいものを下記から１つ選び、その番号を解答欄Ⅲ－Ｂに記入せよ。

1．大　逆　　2．不　敬　　3．反　乱　　4．内　乱

【設問シ】空欄（　シ　）に当てはまる語句として正しいものを下記から１つ選び、その番号を解答欄Ⅲ－Ｂに記入せよ。

1．仏　教　　2．キリスト教　3．儒　教　　4．教派神道

（3）　柳田国男は民衆の生活史を明らかにする学問である（　ス　）を確立した。研究の対象を農山漁村の民話・伝説・風習・儀礼・芸能など（セ）におき、それらを担う無名の人々を「（　ソ　）」と呼んだ。彼がこれらに関心を持つきっかけとなったのは、（　タ　）に勤務していた時代の明治後期に農村の様子を見聞したことである。下層農民が土地を失い賃金労働者として離村していく

現状を危機として受け止めた。

柳田は農村を共同体として結合させているのは共同の祖先に対する思慕の情を基礎として成立した神社にあると考え、神社合祀令に基づき実施されていた神社合併（合祀）事業に反対した チ。また農村に古くから伝えられてきた民話や風習などを発掘し、採集することによって、文字に表現されない民衆文化の研究にも着手した。（　ツ　）県の地方の伝説や風習を記録した『遠野物語』は（　ス　）における記念碑的な作品であり、柳田の代表作でもある。

【設問ス】空欄（　ス　）に当てはまる語句を解答欄Ⅲ－Aに漢字で記せ。

【設問セ】下線部セに関して、人々の間で古くから受け継がれてきた、これらの文化遺産の総称で、（　ス　）の団体が1935（昭和10）年に創刊した機関誌名ともなった語句を解答欄Ⅲ－Aに漢字4字で記せ。

【設問ソ】空欄（　ソ　）に当てはまる語句を解答欄Ⅲ－Aに漢字で記せ。

【設問タ】空欄（　タ　）に当てはまる役所として正しいものを下記から1つ選び、その番号を解答欄Ⅲ－Bに記入せよ。この役所は各省に分散していた産業行政の一元化を目的に1881（明治14）年に設立された。

1．陸軍省　　2．外務省　　3．文部省　　4．農商務省

【設問チ】下線部チに関して、柳田と同じく神社合祀に反対した生物学・博物学者として正しいものを下記から1つ選び、その番号を解答欄Ⅲ－Bに記入せよ。

1．安部磯雄　　2．片山潜　　3．南方熊楠　　4．幸徳秋水

【設問ツ】空欄（　ツ　）に当てはまる県名として正しいものを下記から1つ選び、その番号を解答欄Ⅲ－Bに記入せよ。

1．山　形　　2．福　岡　　3．神奈川　　4．岩　手

（4）　1935（昭和10）年頃より、日本への回帰と呼ばれる現象が顕著となった。論壇では1935年に創刊された雑誌『（　テ　）』がこの傾向を代表した。『（　テ　）』は反近代的な哲学の観点から西洋型の近代を批判し、詩的精神や日本古典の復興を唱えて時勢に影響を与えた。また日本民族の持つ伝統美やアジア主義に注目した（　ト　）は日本の近代化の諸現象を否定的に評価

した。後に同人としてこの雑誌に参加した人物の中には『月に吠える』『青猫』などの作品で知られる詩人の（　ナ　）や『走れメロス』『斜陽』などで知られる作家の（　ニ　）らがいる。（　ナ　）は1937（昭和12）年ヌに「日本への回帰―我が独り歌へるうた―」を発表している。以下の資料は、その一部である。

「少し以前まで、西洋は僕等にとつての故郷であつた。昔浦島の子がその魂の故郷を求めようとして、海の向ふに竜宮をイメーヂしたやうに、僕等もまた海の向ふに、西洋といふ蜃気楼をイメーヂした。だがその蜃気楼は、今日もはや僕等の幻想から消えてしまつた。あの五層六層の大玻璃宮に不夜城の灯が燈る『西洋の図』は、かつての遠い僕等にとつて、（　ネ　）を出入する馬車の轢蹄と共に、青春の詩を歌はせた文明開化の幻燈だつた。だが今では、その幻燈に見た夢の市街が、現実の東京に出現され、僕等はそのネオンサインの中を彷徨してゐる。そしてしかも、かつてあつた昔の日より、少しも楽しいとは思はないのだ。僕等の蜃気楼は消えてしまつた。そこで浦島の子と同じやうに、この半世紀に亙る旅行の後で、一つの小さな玉手箱を土産として、僕等は今その『現実の故郷』に帰つて来た。そして蓋を開けた一瞬時に、忽として祖国二千余年の昔にかへり、我れ人共に白髪の人と化したことに驚いてるのだ」(橋川文三編『近代日本思想大系36　昭和思想集Ⅱ』筑摩書房、1978年、306頁)

【設問テ】空欄（　テ　）に当てはまる雑誌名を解答欄Ⅲ－Aに漢字で記せ。

【設問ト】空欄（　ト　）に当てはまる人物名として正しいものを下記から1つ選び、その番号を解答欄Ⅲ－Bに記入せよ。この人物は雑誌創刊当初の同人の一人である。

1．保田与重郎　2．徳永直　3．津田左右吉　4．小林多喜二

【設問ナ】空欄（　ナ　）に当てはまる人物名として正しいものを下記から1つ選び、その番号を解答欄Ⅲ－Bに記入せよ。この人物は大正期に口語による自由詩の運動を展開したことでも知られている。

1．中野重治　2．萩原朔太郎　3．谷崎潤一郎　4．横光利一

【設問ニ】空欄（　ニ　）に当てはまる人物名を解答欄Ⅲ－Aに漢字で記せ。

【設問ヌ】下線部ヌに関して、この年に創設された文化勲章の第１回受章者であり、かつて岡倉天心に師事していた人物として正しいものを下記から１つ選び、その番号を解答欄Ⅲ－Ｂに記入せよ。

１．横山大観　　２．西田幾多郎

３．長谷川如是閑　　４．湯川秀樹

【設問ネ】空欄（　ネ　）に当てはまる建築物の名称を解答欄Ⅲ－Ａに漢字３字で記せ。これは1883（明治16）年に東京の日比谷に開館し、欧化主義の象徴となった。

世界史

（75分）

〔Ⅰ〕　次の文章を読み，設問1～3に答えなさい。　（50点）

　ローマ帝国が「ローマの平和」(パクス＝ロマーナ）と呼ばれる繁栄の時代を築いたのは，紀元1世紀末から2世紀末にかけての五賢帝時代であった。その領土①はこの時代に地中海沿岸の全域からガリアの北，ブリタニアまでを含み最大となった。しかし，3世紀になると巨大化した帝国は，経済，政治が行き詰まり，異民族が国境に侵入するなど危機をむかえた。(1)284年に即位した（　**a**　）帝は帝国を東西に分けそれぞれ正帝・副帝が治める制度をつくり，次いでコンスタンティヌス帝は313年のミラノ勅令でキリスト教を公認し，ビザンティウムをコンスタンティノープルと改称し新たな帝国首都とした。彼は，軍事力増強，税収確保をはかり，官僚制度の整備などの政策により帝国の秩序維持に努めた。しかし，重税に対する属州の反乱やゲルマン人の大移動によって帝国は混乱におちいった。（　**b**　）帝は，②392年にキリスト教を国教とし，395年に帝国を東西に分割して2子に分け与えた。

　東西に分れたローマ帝国のうち，ローマを首都とする西ローマ帝国はゲルマン人が侵入し西ゴート，ブルグンドをはじめとする諸王国が乱立し混乱をきわめた。皇帝は，ゲルマン人の傭兵隊長オドアケルから退位を迫られ，（　**c**　）年に西ローマ帝国は滅亡し，7世紀にイスラーム勢力が進出したことで古代以来続いてきた地中海世界の政治的・文化的統一性が失われた。その後，(2)ゲルマン諸王国のうちフランク王国がキリスト教のローマ＝カトリック教会と協同して，古典古代文化・キリスト教・ゲルマン文化が融合した西ヨーロッパ世界形成に大きな役割を果たした。

　一方のビザンツ帝国（東ローマ帝国）は，古代ギリシア以来の文化的伝統とキリスト教とを融合し，千年にわたり独自の文化世界を存続させた。皇帝は，ローマ帝国末期以来の巨大な官僚組織を用いて，コンスタンティノープル教会の総主教を管轄下におき，政治・宗教両面における最高権力者であった。首都コンスタンティノープルは，（　**d**　）と地中海を結ぶアジアとヨーロッパの交易十字路に位置し，中世を通じてヨーロッパ最大の貿易都市として栄えた。6世紀の(3)ユスティニアヌス帝は，北アフリカの（　**e**　）王国やイタリアの東ゴート王国を滅ぼしてローマ帝国の地中海領土をほぼ回復し，内政においては近世にまで受け継がれることとなった法典を編纂し，絹織物産業の発展に力を注いだ。しかし，ユスティニアヌス帝の死後は，ランゴバルド人がイタリア半島に侵入し西地中海支配が後退した。③7世紀初めに即位したヘラクレイオス帝（1世）は中央集権体制の強化を目指したが，イスラーム勢力の進出により領土は縮小し，11世紀には，中央アジアから進出した（　**f**　）朝に圧迫されるようになった。危機感を覚えたビザンツ帝国は，(4)ローマ教皇に十字軍派遣の要請をしたが，第4回十字軍によって首都を占領されて以降，国力が回復せず，（　**g**　）半島の領土はセルビア人などの勢力に脅かされるなど，次第に領土全体が縮小し，ついに1453年にオスマン帝国によって首都コンスタンティノープルが陥落して滅亡した。

そのビザンツ帝国の文化は，西ヨーロッパのラテン的・ローマ＝カトリック的文化とは明確に異なり，ギリシア古典文化の遺産とギリシア正教が融合した独自の展開を遂げた。古典がさかんに研究されたが，学問の中心はキリスト教神学であり，ギリシア正教会は，④聖像崇拝をめぐる論争を経て神や聖人をえがいたイコン（聖画像）など特徴的なキリスト教美術をうみだした。また，ビザンツ文化の歴史的意義は，古代ギリシアの文化遺産を継承しイタリア＝ルネサンス文化に影響を与え，またキリスト教布教のために（　**h**　）文字を考案しスラヴ人をその文化圏に取り込んだことが挙げられる。

ビザンツ帝国北側では，ゲルマン人の大移動後，6世紀にスラヴ諸民族が急速に広がっていた。⑤そのうち東スラヴ・南スラヴ民族はビザンツ文化とギリシア正教，西スラヴ民族は，西ヨーロッパ文化とローマ＝カトリック的文化の影響をうけつつ，それぞれの建国へと袂を分かった。東スラヴ人が住むドニエプル川中流域のロシアでは，9世紀にノヴゴロド国，ついでキエフ公国が建国された。ビザンツ帝国と交流の深いキエフ公国では，10世紀末に，ウラディミル1世がギリシア正教を国教としビザンツ風の専制君主政をまねた。13世紀にはモンゴル人が侵入し，南ロシアに（　i　）国を建てた。15世紀にモスクワ大公国の（　j　）が東北ロシアを統一し，(5)1480年に約240年間続いたモンゴル支配から脱した。彼は，オスマン帝国に滅ぼされたビザンツ最後の皇帝の姪と結婚してツァーリ（皇帝）を名乗り，ビザンツ皇帝の後継者を自任した。また彼は，キエフ主教をモスクワにむかえ，その後，東ヨーロッパのスラヴ人を中心とするロシア教会は，イスラーム勢力に支配されたコンスタンティノープル教会に代わりギリシア正教会の本山としての役割を果たすこととなった。

設問１　文中の空欄（　a　）～（　j　）に入る最も適切な語句を以下の語群から１つずつ選び，番号を解答欄Ⅰ－Ａに記入しなさい。

【語群】

１．アヴァール　　２．アウグストゥス　　３．アラム
４．イヴァン３世　　５．イヴァン４世　　６．イベリア
７．イル＝ハン　　８．ヴァンダル　　９．カスピ海
10．キプチャク＝ハン　　11．キリル　　12．クリミア
13．紅海　　14．黒海　　15．ササン
16．セルジューク　　17．ソグド
18．ディオクレティアヌス　　19．テオドシウス
20．ネルウァ　　21．ネロ　　22．ハドリアヌス
23．バルカン　　24．ヒヴァ＝ハン
25．ピョートル１世（大帝）　　26．マムルーク
27．ランゴバルド　　28．451　　29．476
30．479

設問２　文中の波線部①～⑤に関する以下の記述(i)(ii)について，(i)(ii)ともに正しい場合は**1**，(i)のみ正しい場合は**2**，(ii)のみ正しい場合は**3**，(i)(ii)とも誤っている場合は**4**を選び，解答欄Ⅰ－Ｂに記入しなさい。

①

(i)　ローマ帝国の版図が最大になった時，ゲルマニア全域がローマ帝国の支配下にあった。

(ii)　カラカラ帝は，五賢帝最後の皇帝であり，帝国の全自由人にローマ市民権を与えた。

②

(i)　325年に開催されたニケーア公会議で，キリストを神と同一視する三位一体説をとなえ正統教義とみなされたアリウス派がローマ帝国の国教となった。

(ii)　431年に開催されたエフェソス公会議で，キリストの神性と人性を分ける考え方は異端とされた。

③

(i)　ヘラクレイオス帝（１世）は，辺境地域の司令官に地方の軍事的・行政的管理を一任するプロノイア制を導入した。

(ii)　ビザンツ帝国は，７世紀にラテン語にかえてギリシア語を公用語とした。

④

(i)　ビザンツ皇帝は，偶像崇拝を禁じるイスラーム勢力との対抗上，聖像崇拝禁止令を発布した。

(ii)　ローマ教会は，聖像を用いて，ゲルマン人に布教した。

⑤

(i)　ポーランド人とリトアニア人が14世紀にヤゲウォ朝リトアニア＝ポーランド王国を作った。

(ii)　東ヨーロッパでは，非スラヴ系民族のクロアティア人が建国したが，ギリシア正教に改宗し，ビザンツ帝国に支配された。

設問３　文中の下線部(1)～(5)に関する以下の問いに対する答えを解答欄Ｉ－Ｃに記入しなさい。

(1)　このローマ帝国の制度を何と言うか。漢字で答えなさい。

(2)　フランク王国のカール大帝（シャルルマーニュ）に帝冠を与え，「西ローマ帝国」復活を宣言したローマ教皇は誰か。

(3)　ユスティニアヌス帝が法学者を集めて編纂させたものは何か。

(4)　第４次十字軍がコンスタンティノープルを占領して建てた国の名は何か。

(5)　ロシアが13世紀から約240年間モンゴルの支配を受けたことをロシアでは何と言うか。

〔Ⅱ〕　７世紀から現在に至るイスラーム教の歴史において，ムスリム（イスラーム教徒）たちは，各地に様々な政権を築いてきた。下のＡ～Ｃの文章は，それらのムスリムの諸政権の中から，それぞれ異なる政権について記述したものである。文章Ａ～Ｃを読み，設問１～10に答えなさい。　(50点)

Ａ

この政権の創始者は，チャガタイ＝ハン国の内紛・分裂の中で頭角を現し，中央アジア西部からイラクに及ぶ広大な領域を征服した。この政権の統治下においては，サマルカンドなどの都市で（　**a**　）語やトルコ語の文学が発達し，天文学なども研究された。この政権の第４代君主であった（　**b**　）がサマルカンドの郊外に築いた天文台は有名である。(1)この政権の創始者の末裔の一人は，政権滅亡後にインドに進出してムガル帝国を建てた。

Ｂ

この政権の君主は，預言者ムハンマドのおじの子孫であり，代々(2)カリフの位を世襲した。この政権は，初期の50年ほどは，首都の(3)バグダードを中心に，北アフリカから中央アジアに及ぶ広大な領域を支配した。やがて，(4)各地の総督などが自立して独自の政権を築くようになり，この政権の実効的な統治力は弱まっていった。さらに，(5)北アフリカに成立したファーティマ朝は，（　c　）派を信奉してこの政権の権威を否定し，この政権に対抗してカリフを名乗ってエジプトを征服した。しかしそれでも，この政権は約500年にわたって存続し，その間，バグダードをはじめとする各地の都市では，(6)交易が栄え，法学などのイスラーム諸学の学者である（　d　）が活躍した。また，哲学や医学，数学なども発達した。『医学典範』の著者として知られる（　e　）は，イスラーム哲学を体系化し，『ルバイヤート』の作者の（　f　）は，数学・天文学を研究し，正確な太陽暦を編んだ。

C

この政権は，アラビア半島中部の豪族が建てた政権である。この豪族は，(7)ワッハーブ（派）運動を支持した。そして，その大義名分の下で，アラビア半島の広範な地域を征服し，イスラーム教の２大聖都，すなわちカーバ神殿のある（　g　）と，(8)預言者ムハンマドが迫害を逃れて移住した（　h　）も支配下におさめた。

設問１　文中の空欄（　a　）～（　h　）に入る最も適切な語句を以下の語群から１つずつ選び，その番号を解答欄Ⅱ－Ａに記入しなさい。

【語群】

1．アズハル	2．アラベスク	3．イェルサレム
4．イスファハーン	5．イブン＝シーナー	
6．イブン＝バットゥータ		
7．イブン＝ハルドゥーン		
8．イブン＝ルシュド	9．ウマル（オマル）＝ハイヤーム	
10．ウラマー	11．ウルグ＝ベク	12．ウルドゥー
13．ガザーリー	14．ガザン＝ハン	15．カタリ
16．ギリシア	17．サトラップ	18．サンスクリット
19．シーア	20．スーフィー	21．スンナ
22．セファルディム	23．タバリー	24．テヘラン

25. ハイドゥ　　26. フラグ　　27. フワーリズミー
28. ペルシア　　29. メッカ　　30. メディナ
31. ラサ

設問2　下線部(1)で述べられている，ムガル帝国の建国者の名前を，解答欄Ⅱ－Bに記入しなさい。また，ムガル帝国に関して述べた文として**誤っているもの**を，下の1～4から一つ選び，その番号を解答欄Ⅱ－Aに記入しなさい。

1．鄭和の艦隊がムガル帝国を訪れた。
2．ヒンドゥー教徒がデカン高原に建てたマラータ王国が，ムガル帝国に抵抗した。
3．1857年に発生したインド大反乱では，反乱軍がムガル皇帝を擁立した。
4．ムガル帝国時代に建設されたタージ＝マハルは，インド＝イスラーム建築の代表作とされる。

設問3　下線部(2)のカリフについて，預言者ムハンマドの死後，最初のカリフとなった人物の名前を，解答欄Ⅱ－Bにカタカナで記入しなさい。

設問4　下線部(3)のバグダードについて，この都市を建設させたカリフの名前を，解答欄Ⅱ－Bにカタカナで記入しなさい。

設問5　下線部(4)に関して，Bの文章に述べられている政権から自立した王朝として，最も適当なものを下の1～4から一つ選び，その番号を解答欄Ⅱ－Aに記入しなさい。

1．カージャール朝　　2．グプタ朝
3．ウマイヤ朝　　4．サーマーン朝

設問6　下線部(5)に関して，ファーティマ朝がエジプトを征服した際に，新たな首都として築いた都市の名前を，解答欄Ⅱ－Bにカタカナで記入しなさい。

設問7　下線部(6)に関連して，ムスリムの商人たちがインド洋交易で用いた，三角帆によってモンスーン（季節風）を利用して航行した帆船の名称を，解答欄Ⅱ－Bに記入しなさい。

設問8　下線部(7)のワッハーブ（派）運動に関する以下の記述(i)(ii)について，(i)(ii)とも正しい場合には**1**，(i)のみ正しい場合は**2**，(ii)のみ正しい場合には**3**，(i)(ii)とも誤っている場合は**4**を選び，解答欄Ⅱ－Aに記入しなさい。

(i)　アフガーニーが創唱した。

(ii)　神秘主義などを批判し，預言者ムハンマドの教えへの回帰を説いた。

設問9　下線部(8)について，この預言者ムハンマドの移住をアラビア語で何と呼ぶか，解答欄Ⅱ－Bにカタカナで記入しなさい。

設問10　文章A～Cが述べている政権を古い方から時代順に並べたものとして正しいものを，下の1～6から一つ選び，その番号を解答欄Ⅱ－Aに記入しなさい。

1．A→B→C　　2．A→C→B　　3．B→A→C

4．B→C→A　　5．C→A→B　　6．C→B→A

〔Ⅲ〕 次の文章を読み，設問１～４に答えなさい。 (50点)

1556年に神聖ローマ帝国の(A)カール５世が退位したのち，その領土は二分して相続され，スペインは長男のフェリペ２世が，オーストリアを中心とする神聖ローマ帝国は弟のフェルディナントが受け継いだ。フェリペは即位後まもなく1559年にフランスと［ あ ］条約を結んで，長引いたイタリア戦争を完全に終了させたのち，1571年にオスマン帝国の海軍を（ a ）の海戦で破った。さらに1580年からは王朝が断絶した（ b ）の王位も兼ねて，「太陽の沈まぬ帝国」を手中にした。オランダ独立戦争がイギリス王（ c ）の支援もあって泥沼化したため，フェリペは1588年にイングランド侵攻作戦をたて，無敵艦隊（アルマダ）を派遣したが，敗れた。当時はイングランドも海外進出を始め，(B)毛織物製品の販路拡大やアジア物産を求めて東インド会社などの貿易特許会社を設立し，また北アメリカ大陸への進出も試みた。

スペインは17世紀初頭までヨーロッパの大国であったが，その後衰退した。三十年戦争に敗れ，つづく対仏戦争にも敗れたことによってフランスへの従属が始まった。1700年にハプスブルク朝が断絶すると（ d ）家から新王をまねくにいたった。これに反発したオーストリアがイギリス・オランダなどと連合してスペイン継承戦争となった。1713年のユトレヒト条約によって（ d ）家の王位継承はみとめられたものの，ヨーロッパでは本国以外のすべての領地を失い，またイベリア半島南端の［ い ］をイギリスに奪われた。こうした一連の政治的事件が起こった17世紀・18世紀初めのヨーロッパでは(ア)バロック文化も栄えた。

オーストリアは，1529年と1683年にオスマン帝国によってウィーンを包囲されたが撃退し，1699年にはカルロヴィッツ条約で（ e ）などを獲得した。またスペイン継承戦争でアルプス以北の（ f ）や南イタリアを得た。1740年にマリア＝テレジアがハプスブルク家の全領土を相続すると，女性の相続に反対するプロイセンが異議をとなえ，オーストリア継承戦争がおこり，これに敗れたオーストリアは（ g ）をプロイセンに奪われた。オーストリアは（ g ）の奪回を目指し，プロイセンとの対抗上，かつての仇敵フランスとも接近し，七年戦争を起こしたが，プロイセンを屈服させることはできなかった。マリア＝

テレジアの息子（　h　）は宗教寛容令や農奴解放令を発令し，啓蒙(C)専制君主として内政改革をはかった。

フランス革命とナポレオン戦争を経験したヨーロッパ各国はウィーン会議(イ)を開催し，新たな国際秩序を築いた。1815年にオーストリアやイギリスなど数か国が，ウィーン体制維持のための軍事同盟として（　i　）を結び，1818年にはフランスも加わった。しかし，ウィーン体制はギリシア独立戦争によって揺らぎ，フランス七月革命によってさらに動揺した。さらに，フランス二月革命は，ヨーロッパ諸国に大きな衝撃と多様で複雑な反響をもたらし，1848年に，ウィーンでは三月革命，ハンガリーでは［　う　］が指揮した民族運動が起こった。これらヨーロッパ各地で生じた一連の民族運動は「［　え　］」と総称されている。

その後，プロイセンが企てた軍事力によるドイツ統一の過程で，オーストリアは（　j　）などをめぐって1866年に勃発したプロイセン＝オーストリア（普墺）戦争(D)に敗れた。ドイツ統一から排除されたオーストリアは，多民族国家であったため，各地で勃興するナショナリズムが引き起こす民族問題に直面することになった。

設問１　文中の空欄（　a　）～（　j　）に入る最も適切な語句を次の語群から１つずつ選び，番号を解答欄Ⅲ－Ａに記入しなさい。

【語群】

1．アクティウム	2．アルザス	3．ヴァロワ
4．ヴィルヘルム１世	5．エリザベス１世	6．カペー
7．五国同盟	8．ザクセン	9．三国同盟
10．三帝同盟	11．四国同盟	12．シュレジエン
13．シュレスヴィヒ	14．神聖同盟	15．ステュアート
16．セルビア	17．チャールズ１世	18．トラファルガー
19．トリエステ	20．ノルウェー	21．ハンガリー
22．フランツ＝ヨーゼフ１世		23．フリードリヒ
24．ブルガリア	25．ブルボン	26．プレヴェザ
27．ヘンリ８世	28．ポーランド	29．ポルトガル

30. 南チロル
31. 南ネーデルラント（スペイン領ネーデルラント）
32. ミラノ　33. メアリ１世　34. ユトランド
35. ヨーゼフ２世　36. レパント　37. ロンバルディア

設問２　文中の空欄 あ ～ え に入る言葉を解答欄Ⅲ－Ｂに記入しなさい。ただし， あ は条約名， い は地名， う は人名， え は出来事の呼称とする。

設問３　下線(A)～(D)に関する以下の記述(i)(ii)について，(i)(ii)とも正しい場合は**1**，(i)のみが正しい場合は**2**，(ii)のみが正しい場合は**3**，(i)(ii)とも誤っている場合は**4**を選び，解答欄Ⅲ－Ｃに記入しなさい。

(A)

(i)　カール５世は，インカ帝国のあった土地を統治した。

(ii)　カトリック教会の守護者を自認していたカール５世は，規律正しい禁欲的な生活と職業に励むことを主張したルターの考えを支持しなかった。

(B)

(i)　トマス＝モアは，議会が主導して土地の集約を進めた囲い込みを批判した。

(ii)　1600年に設立されたイギリス東インド会社は，バタヴィアを拠点として香辛料貿易を行った。

(C)

(i)　カントのドイツ観念論は，ヘーゲルの弁証法として発展的に継承され，それをマルクスが史的唯物論として受け継いだ。

(ii)　啓蒙専制君主であったエカチェリーナ２世は，アメリカ独立戦争に際し，武装中立同盟を結び，航行の自由を求めた。

(D)

(i)　この戦争でオーストリアはヴェネツィアをイタリアに奪われ，またマジャール人に自治権を認めた。

(ii) この戦争によって北ドイツ連邦が解体され，翌年にドイツ帝国が成立した。

設問4 二重下線(ア)と(イ)に関して，次の短文1～4から正しいものを1つ選び，解答欄Ⅲ－Cに記入しなさい。

(ア)

1．古典派のバッハに続いて，バロックのモーツァルトが登場し，シューベルト，ショパンといったロマン派の音楽が生まれた。

2．スペインではコルネイユやベラスケスなどの宗教画や肖像画が宮廷を飾ったが，オランダのレンブラントやフェルメールは都市のブルジョワを顧客とした。

3．第1次世界大戦の講和条約が結ばれたバロック式の宮殿は，ルイ14世によって造営された。

4．歪んだ真珠の意に由来する豪壮華麗なバロック様式は，それまでの繊細優美なロココ様式の反動として生まれた。

(イ)

1．ヨーロッパ各国とオスマン帝国の代表が参加したこの会議では，スイスが永世中立国として承認された。

2．この会議では，特定の一国のみの覇権による国際秩序の平和維持が認められた。

3．この会議で領有権がフランスからイギリスに移ったセイロン（スリランカ）は1948年に独立した。

4．この会議でタレーランはフランス革命以前の体制の復活をはかる正統主義を主張した。

政治・経済

（75分）

〔Ⅰ〕　次の文章を読み、下の設問（設問1～設問8）に答えよ　（50点）

日本国憲法第29条1項は、「財産権は、これを侵してはならない」、同条2項は、「財産権の内容は、公共の福祉に適合するやうに、（　A　）でこれを定める」と規定している。このような形で、日本国憲法は、国民に対して、経済生活に関する自由を保障している。

個人間の権利義務関係を当事者の自由に委ね、国家が干渉しないとする考え方を（　B　）の原則という。そのため、ⓐ事業者は相手方と自由に契約を締結することが可能である。しかし、相手方が消費者である場合、事業者と消費者との間には、（　C　）があり、契約の内容を消費者が十分に理解できないこともある。また、事業者の販売圧力によって、購入したくない商品を購入させられる危険性もある。さらに、消費者は、企業の広告・宣伝に影響を受けやすいこと、ⓑ他人に対する見栄や模倣をもとに消費を行うことが指摘されている。このようなことから、ⓒ消費者などの経済的弱者を保護するための方策が必要となる。

株式会社の不祥事を防止するため、ⓓ経営の透明性の確保を図るとともに、経営を監視する仕組みである（　D　）の強化が不可欠となっている。ⓔ株主が経営者である取締役の責任を追及する制度も規定されている。また、経営者は、株主以外にも、消費者、債権者、地域住民などの幅広い利害関係を有する（　ア　）にも責任を負うべきという考え方が主張されるようになった。さらに、ⓕ欠陥商品から消費者を守る制度も整備されている。

近年は、インターネットの普及やデジタル化などにより、高度情報社会が形成されている。個人の日常生活にはコンピュータが組み込まれ、必要な情報にいつでもアクセスできる社会は、（　E　）社会と言われている。他方で、情報が氾濫するなか、正しい情報を選別し、活用する能力である（　F　）を育てる必要も指摘されている。

消費者問題が多様化するなか、（　イ　）の確立の必要性も主張されている。これは、消費者が自らの判断で商品やサービスを選択し、その結果、消費者が生産のあり方を決定するという考え方である。2004年に消費者保護基本法を改正する形で定められた（　ウ　）は、「消費者の権利の尊重及びその自立の支援」などを基本理念として規定している。

【設問1】文中の（　ア　）～（　ウ　）に入る最も適切な語句を、解答欄Ⅰ－甲のア～ウに記入せよ。ただし、アはカタカナで記入せよ。

【設問2】文中の（　A　）～（　F　）に入る最も適切な語句を、下の語群から1つ選び、その番号を、解答欄Ⅰ－乙のA～Fに記入せよ。

[語群]

1．統治二論	2．条例
3．eデモクラシー	4．情報の非対称性
5．メディア・リテラシー	6．需要と供給の法則
7．監査請求	8．私的自治
9．法律	10．ユビキタス
11．ポピュリズム	12．ファクトチェック
13．不公平税制	14．ワンセグ
15．企業統治	16．小さな政府
17．社会的責任	18．命令

【設問3】下線部ⓐに関連して、次の文章の（　エ　）と（　オ　）に入る最も適切な語句を、解答欄Ⅰ－甲のエとオに記入せよ。また、（　G　）に入る最も適切なものを、下の語群から1つ選び、その番号を、解答欄Ⅰ－乙のGに記入せよ。

金銭の貸し借りでも、当事者は、契約を締結する自由や、契約の方法・内容を決定する自由がある。しかし、借り手を保護する必要から貸付金利に制限が定められている。利息制限法は、元本の額が10万円未満の場合、年20%を上限とし、この上限を超えた場合、超過部分は無効になると定めている。ただし、貸金業者については、「出資の受入れ、預り金及び金利等の取締りに関する法律」(出資法）により、利息制限法の上限をうわまわる金利を請求することが許されていた。このような、利息制限法の上限金利と出資法の上限金利の間の金利は、（　エ　）とよばれた。しかし、貸金業者などから、借入れを行い、返済できずに、他の貸金業者から借入れを繰り返すことで債務額が膨らんでいく多重債務や、返済不能な借金をかかえた債務者が、裁判所に破産を申し立て破産宣告を受ける（　オ　）が社会問題となった。そのため、出資法の上限金利が引き下げられ、（　エ　）は消滅した。なお、借入れの総額を年収の（　G　）以下に制限する、総量規制も導入されている。

［語群］

1．2分の1　　2．3分の1　　3．4分の1　　4．5分の1

【設問4】下線部ⓑに関連して、次の文章の（　カ　）に入る最も適切な語句を、解答欄Ⅰ－甲のカにカタカナで記入せよ。

デューゼンベリーの著書『所得・貯蓄・消費者行為の理論』によれば、個人の消費行動が、周囲の消費水準や生活スタイルの影響を受けることを（　カ　）効果という。

【設問5】下線部ⓒに関連して、次のａ～ｃについて、**正しいものには数字の１**を、**正しくないものには数字の２**を、解答欄Ⅰ－乙のａ～ｃに記入せよ。

ａ．食品表示法は、国や地方公共団体に対して、食品の安全を確保する義務を課している。

b．特定商取引法では、訪問販売についての規制を定めている。

c．製造物責任法では、国が認めた消費者団体が被害者に代わって訴訟をおこす消費者団体訴訟制度を定めている。

【設問6】下線部ⓓに関連して、次の文章の（　H　）～（　J　）に入る最も適切な語句を、下の語群から1つ選び、その番号を、解答欄Ｉ－乙のH～Jに記入せよ。

株式会社は、企業の経営内容に関する情報を開示することが求められる。株式会社が決算期に作成しなければならないものとして、会社の資産、負債および純資産の状況を明らかにした（　H　）がある。また、株式会社が株式を上場する場合、経済活動の成果を正確に開示するための管理・点検体制である（　I　）システムを構築しなければならない。なお、2004年に制定された（　J　）は、組織内の不正を報告した従業員が、解雇などの不利益を被らないように保護している。

［語群］

1．労働者派遣法　　2．一般会計
3．自己資本比率　　4．公益通報者保護法
5．内部統制　　6．監察
7．労働安全衛生法　　8．貸借対照表
9．ＰＯＳ　　10．オンブズマン

【設問7】下線部ⓔに関連して、取締役が会社に与えた損害を、株主が当該取締役に対して賠償請求することを認める制度を何というか、解答欄Ｉ－甲に記入せよ。

【設問8】下線部ⓕに関連して、欠陥商品が見つかった場合に、生産者が購入者に通知して無償で回収・修理を行うことを何というか、解答欄Ｉ－甲に記入せよ。

〔Ⅱ〕　次の文章を読み、下の設問（設問1～設問16）に答えよ。　(50点)

2018年3月、アメリカは鉄鋼とアルミニウムについて関税を引き上げる措置を発動した。2018年7月には、ⓐ通商法に基づき、ⓑ中国からの輸入に追加関税を課した。これら追加関税の発動を受けて、中国をはじめとする相手国は報復措置を講じる動きを見せた。アメリカを起点とする世界の貿易のⓒ保護主義化の今後に注目が集まっている。

第二次世界大戦後、世界の自由貿易の推進者はアメリカであった。しかし、アメリカの貿易収支が97年ぶりに赤字を記録した1971年、ニクソン政権は10パーセントの（　A　）を課した。日本の対米貿易への影響は大きく、難航していたⓓ日米繊維交渉も、1972年に妥結に至った。

1980年代に入ると、日米貿易摩擦はよりいっそう激しくなった。自動車をめぐる貿易摩擦では、1981年5月、日本は、対米輸出を年間168万台に制限する「輸出（　ア　）」を実施した。その影響から、ⓔ日本企業の海外進出が進んだ。その後も、ⓕ個別品目ごとに輸入が規制されるのに加えて、日本市場の閉鎖性が問題視された。加えて、日本のⓖ内需不足の解消を実現するために財政活用が求められた。貿易摩擦は、「経済摩擦」に発展した。

そうした変化を象徴する出来事が、1989年9月に両国間で開始された（　イ　）である。この会合は、約1年をかけて継続的に話し合いの場が持たれ、1990年6月に最終報告がまとめられた。アメリカは、日本を不公正貿易国と見なして、貯蓄・投資バランスの調整を求めるとともに、内外価格差の是正、ⓗ閉鎖的な流通制度や商慣行の改善、土地政策の見直し等にも要求が及んだ。

1980年代後半、急激なⓘ円高が進んだことから、日本企業は生産費の削減のためにⓙ東南アジアや中国などに進出した。国内の生産活動が海外での生産活動によって代替されることで国内の生産基盤が縮小する、（　ウ　）とよばれる現象が懸念された。このような日本企業の海外進出によって、日本の（　B　）が拡大して経常収支黒字が減少するとともに、東アジアにおける国際分業が拡大した。現代では、企業が自社の業務の一部または全部を国外に移管・委託する（　C　）が進展し、東アジアを中心にⓚ国際分業のネットワークがグローバルに形成されている。日本の①国際収支は、こうした国際分業の変化を反映して変化してきた。実際、2019年における日本の経常収支黒字は20兆1150億円である。そして、20兆9845億円が、（　エ　）収支の黒字である。

【設問1】文中の（　ア　）～（　エ　）に入る最も適切な語句を、解答欄Ⅱ－甲のア～エに記入せよ。

【設問2】文中の（　A　）に入る最も適切な語句を、次の1～4のうちから1つ選び、その番号を、解答欄Ⅱ－乙のAに記入せよ。

1．輸入課徴金　　　　　　2．為替管理
3．相殺関税　　　　　　　4．輸出補助金

【設問3】文中の（　B　）に入る最も適切な語句を、次の1～4のうちから1つ選び、その番号を、解答欄Ⅱ－乙のBに記入せよ。

1．集中豪雨的輸出　　　　2．輸出ドライブ
3．逆輸入　　　　　　　　4．輸入割り当て

【設問4】文中の（　C　）に入る最も適切な語句を、次の1～4のうちから1つ選び、その番号を、解答欄Ⅱ－乙のCに記入せよ。

1．ワークシェアリング　　2．マネー・ロンダリング
3．ワークフェア　　　　　4．オフショアリング

【設問5】下線部ⓐに関連して、1988年に成立したアメリカの包括貿易法の中心条項で、それまでの不公正貿易国・行為の特定、制裁を定めたものをさらに一層強化した条項を何というか。解答欄Ⅱ－甲に記入せよ。

【設問6】下線部ⓑに関連して、次の1～4の記述のうちから最も適切なものを、1つ選び、その番号を、解答欄Ⅱ－乙に記入せよ。

1．中国のGDPおよび一人あたりGDPは、2010年に日本を抜き世界第2位となった。

2．2019年の日本の貿易相手国を見ると、中国は、輸出においては第1位であり、輸入においては、アメリカに次いで第2位である。

3．中国は、1993年、憲法を改正して、「社会主義市場経済」の原則を確認した。

4．中国では、1979年、外国の資本や技術を導入するために、経済特区の設置が決まり、1980年に北京、長安、武漢、重慶が経済特区に選ばれた。

【設問7】下線部ⓒに関連して、次のa～cの記述について、**正しいものには数字の1**を、**正しくないものには数字の2**を、解答欄Ⅱ－乙のa～cに記入せよ。

a．日本は、2001年、中国産のネギ・生シイタケ・イグサ（畳表）の輸入急増に対して、生産者保護を目的にアンチダンピング関税を課す措置をとった。

b．ダンピングとは、輸入した商品が輸出国の国内価格より低い価格で販売されることである。

c．日本が1991年からオレンジの輸入を自由化した主な背景は、天候による不作であった。

【設問8】下線部ⓓに関連して、日米繊維交渉の一方で、日本は沖縄返還交渉を進めた。沖縄返還協定に調印した内閣の首相を、次の1～4のうちから1つ選び、その番号を、解答欄Ⅱ－乙に記入せよ。

1．田中角栄　　2．池田勇人　　3．佐藤栄作　　4．岸信介

【設問９】下線部ⓔに関連して、次の１～４の記述のうちから最も適切なものを、１つ選び、その番号を、解答欄Ⅱ－乙に記入せよ。

１．貿易摩擦の影響から日系自動車メーカーはアメリカに進出し、両国の間で垂直的分業が活発に展開された。

２．日本企業を含めた企業多国籍化の世界的進展によって、近年では、企業内貿易が増大し、世界貿易の50パーセントを占めるようになっている。

３．企業が外国に営業所や工場を設立することは、一般に、証券投資に該当する。

４．日本の対外純資産残高は、1990年代初頭以降、世界第１位である。

【設問10】下線部ⓕに関連して、自動車をめぐる貿易摩擦の後で日米貿易摩擦の対象として問題化し、1986年に両国間で協定が締結された品目として最も適切なものを、次の１～４のうちから１つ選び、その番号を、解答欄Ⅱ－乙に記入せよ。

１．鉄鋼　　２．綿製品　　３．半導体　　４．テレビ

【設問11】下線部ⓖに関連して、1986年に内需拡大と市場開放などを盛り込んだ、「国際協調のための経済構造調整研究会」が出した報告書を何というか。解答欄Ⅱ－甲に記入せよ。

【設問12】下線部ⓗに関連して、大型の小売店がある地域に進出する際、その地域の中小小売業に悪影響を及ぼすことを防ぐ目的で、1973年に制定された法律を何というか。解答欄Ⅱ－甲に記入せよ。

【設問13】下線部ⓘに関連して、為替レートの上昇にもかかわらず貿易収支黒字が増加する現象として最も適切なものを、次の１～４のうちから１つ選び、その番号を、解答欄Ⅱ－乙に記入せよ。

1．乗数効果　　　　　　　　2．Jカーブ効果

3．ブーメラン効果　　　　　4．アナウンスメント効果

【設問14】下線部ⓙに関連して、1986年からドイモイとよばれる政策を進めている国を、次の1～4のうちから1つ選び、その番号を、解答欄Ⅱ－乙に記入せよ。

1．ベトナム　　　　　　　　2．マレーシア

3．フィリピン　　　　　　　4．インドネシア

【設問15】下線部ⓚに関連して、ある製品が、原料の段階から消費者にいたるまでの全過程のつながりを何というか。解答欄Ⅱ－甲に記入せよ。

【設問16】下線部ⓛに関連して、次の1～4の記述のうちから最も適切なものを、1つ選び、その番号を、解答欄Ⅱ－乙に記入せよ。

1．経常収支＋金融収支＋資本移転等収支＋誤差脱漏＝0である。

2．国際収支の作成ルール（国際収支マニュアル）を定めているのは、世界銀行である。

3．2000年代以降、日本のサービス収支は一般的に黒字である。

4．海外旅行先で宿泊先に代金を支払う取引は、サービス収支の赤字要因である。

〔Ⅲ〕　次の文章を読み、下の設問（設問１～設問８）に答えよ。　（50点）

1950年代後半から、農村から都市部への労働力の移動が急速にすすみ、農家の世帯数全体が減るとともに、販売農家の中でも主業農家と準主業農家が減少して（　A　）が増加した。政府は1961年に農業基本法を制定し、農業経営の規模拡大や近代化による自立経営農家の育成と、米作にくわえて畜産や果樹栽培などを行うようにする（　B　）をはかった。その一方で、米については政府が生産と流通をきびしく規制した（　C　）によって農家を保護する政策が継続され、政府が買い入れる（　ア　）が年々引き上げられたことで、畜産や果樹栽培などへの転換は阻害された。ところが、食生活の欧米化にしたがって米の供給が過剰となったため、1970年からは米の作付け制限が行われるようになった。1994年に（　C　）にかわって制定された食糧法のもとでは、米の価格と流通は原則的に自由化されることになった。そして、農業基本法にかわって1999年に制定された（　イ　）法には、農業経営の法人化や市場原理のいっそうの導入などが盛り込まれた。

ⓐ2000年代になると、農業従事者の高齢化と後継者不足は深刻な問題となり、（　D　）がますます進んで農村の過疎化に拍車がかかっている。過去１年以上作物を栽培しておらず、今後数年の間に再び耕作する予定のない土地である（　ウ　）の増加への対応もあり、全国の農地を整備して意欲のある生産者に貸し出す（　エ　）が各都道府県に設置されている。株式会社などの法人による農地借入も可能となり、季節や気候に左右されずに安定的かつ大量に栽培できる（　E　）も実用化されている。

一方で、海外から大量の農作物や畜産物が輸入されるようにもなっている。しかし、それらのなかには、農林水産省が1996年に安全性を認めて輸入許可したトウモロコシなど、除草剤耐性や害虫耐性などを改良した（　オ　）作物がふくまれる。また、ⓑポストハーベストによる残留農薬が検出される場合もある。ⓒＢＳＥ（牛海綿状脳症）の問題がおきた2000年代には、アメリカ産牛肉の輸入禁止措置が一時とられた。こうしたⓓ食の安全性に対する不安や、ⓔ輸出入で消費される莫大な輸送エネルギーへの疑問などから、国産の食料を求める消費者が増えてきている。また、たい肥などの自然的有機肥料を用いて生産を行う有機農業ⓕも注目されている。

さらに、近年の消費者と生産者をつなぐ試みとしては、農作物の産地直売センターを備える場合が多い（　F　）が、市町村等からの申請に基づいて国土交通省によって全国1000カ所以上登録されている。他にも、都市住民が農山村に出かけ、自然や文化に触れながら現地の人たちと交流する滞在型の余暇活動である（　G　）も行われるようになってきている。

【設問１】文中の（　ア　）～（　オ　）に入る最も適切な語句を、解答欄Ⅲ－甲のア～オに記入せよ。

【設問２】文中の（　A　）～（　G　）に入る最も適切な語句を、次の語群から１つ選び、その番号を、解答欄Ⅲ－乙のA～Gに記入せよ。

［語群］

1．グリーン・ツーリズム　　2．資本の自由化
3．選択的拡大　　4．生産緑地
5．クラインガルテン　　6．自給的農家
7．拡大再生産　　8．保護貿易
9．アモルファス化　　10．農業協同組合
11．副業的農家　　12．専業農家
13．エコ・ツーリズム　　14．配給制
15．離農化　　16．野菜工場
17．ジャスト・イン・タイム方式
18．食糧管理制度　　19．道の駅
20．築地市場　　21．農作物の輸入自由化

【設問３】下線部ⓐに関連して、次の１～４の記述のうちから最も適切なものを、１つ選び、その番号を、解答欄Ⅲ－乙に記入せよ。

1．日本のＧＤＰに占める農業の割合は、およそ３パーセントである。

2．全就業者数に占める農業就業者数の割合は、およそ３パーセントである。

3．農業就業人口のうち、家事や育児を主とするものを含まない基幹的農業従事者における65歳以上の比率は、およそ40パーセントである。

4．1960年から2000年の間に、農業就業人口はおよそ半分になった。

【設問４】下線部ⓑに関連して、次の１～４の記述のうちから最も適切なものを、１つ選び、その番号を、解答欄Ⅲ－乙に記入せよ。

1．ポストハーベストとは、収穫した後の農作物に農薬を使うことである。

2．ポストハーベストとは、農作物を郵送することである。

3．ポストハーベストは、日本でもアメリカでも許可されている。

4．ポストハーベストは、日本でもアメリカでも禁止されている。

【設問５】下線部ⓒに関連して、次の文章の（　カ　）と（　キ　）に入る最も適切な語句を、解答欄Ⅲ－甲のカとキに記入せよ。

ＢＳＥの発生を契機にして、日本では2003年に「牛の個体識別のための情報の管理及び伝達に関する特別措置法」が制定された。牛肉以外についても、（　カ　）や（　カ　）の加工品の産地情報を消費者に伝えることを義務づける法律が2009年に制定されている。食の安全を確保するために、こうした法律に基づいて食品などがいつ、どのような経路で生産・流通・消費されたかの全履歴を明らかにする制度のことを（　キ　）という。

【設問６】下線部ⓓに関連して、次の文章の（　Ｈ　）と（　Ｉ　）に入る最も適切な語句を、下の語群から１つ選び、その番号を、解答欄Ⅲ－乙のＨとＩに記入せよ。

過去に日本で食の安全性が脅かされた有名な例としては、1955年に乳児１万1778人が中毒にかかり、133人が死亡した（　Ｈ　）事件が挙げられる。

2003年には、消費者の保護を基本とした包括的な食の安全の確保を定めた法律として、食品安全基本法が制定された。この法律に基づいて（　I　）に設置された食品安全委員会は食品に関するリスク評価を行い、その結果に基づいて内閣総理大臣を通じて農林水産省や厚生労働省などに勧告を行うことができる。

［語群］

1．消費生活センター　　2．国民生活センター　　3．サリドマイド薬害
4．内閣府　　5．森永ヒ素ミルク　　6．カネミ油症

【設問7】下線部ⓔに関連して、次の文章の（　ク　）に入る最も適切な語句を、解答欄Ⅲ－甲のクにカタカナで記入せよ。

農作物を外国から輸入する場合、化石燃料を大量に使用する飛行機やトラックを長距離で使うことになり、多くの二酸化炭素が排出されることになる。これを数値で示したものが（　ク　）である。これは輸送した食料の量に輸送距離をかけたもので、その値をもとに排出された二酸化炭素の量を計算することができる。

【設問8】下線部ⓕに関連して、次のａとｂの記述について、**正しいものには数字の1を**、**正しくないものには数字の2を**、解答欄Ⅲ－乙のａとｂに記入せよ。

ａ．有機ＪＡＳマークとは、審査を受け、ＪＡＳ法（農林物資の規格化及び品質表示の適正化に関する法律）の一定の基準に適合した場合につけることができるマークであり、第三者機関の審査と認証がなくても品名に「有機」「オーガニック」と表示することができる。

ｂ．1999年に制定された持続農業法（持続性の高い農業生産方式の導入の促進に関する法律）で創設された認定制度に基づいて、農薬や化学肥料の使用を減らした農業に取り組む農業者のことをエコファーマーとよぶ。

数学

（75分）

〔Ⅰ〕次の［　　］に適する数または式を，解答用紙の同じ記号の付いた［　　］の中に記入せよ。

(1) 80以下であり2の倍数または5の倍数となる自然数の個数は［ア］個である。したがって，80以下の自然数で，80と互いに素である自然数の個数は［イ］個である。

(2) 点Pは，数直線上の原点Oから出発し，サイコロを1回投げるごとに，出た目に応じて数直線上を移動する。出た目が4以下の場合は正の方向に3だけ移動し，5以上の場合は負の方向に2だけ移動する。サイコロをn回投げたときのPの座標をx_nとする。このとき，$x_{10}=0$となる確率は［ウ］であり，$x_{10} \leqq 21$となる確率は［エ］である。また，$|x_1| \leqq 2, |x_2| \leqq 2, |x_3| \leqq 2, \cdots, |x_{10}| \leqq 2$の条件を全て満たす確率は［オ］である。

(3) Oを原点とする座標空間内において，A$(2,0,0)$，B$(0,1,0)$，C$(0,0,2)$を頂点とする△ABCの面積は［カ］である。△ABCの外接円の半径は［キ］である。Oから3点A，B，Cの定める平面ABCに垂線OHを下ろすと，線分OHの長さは［ク］である。四面体OABCに外接する球の中心の座標は［ケ］であり，この球の半径は［コ］である。

〔 II 〕 数列 $\{a_n\}$ を条件

$$a_1 = 10, \quad a_{n+1} = \frac{(a_n)^2}{100} \quad (n = 1, 2, 3, \cdots)$$

を満たすように定める。また，数列 $\{b_n\}$ を $b_n = \log_{10}(a_n)$ $(n = 1, 2, 3, \cdots)$ で定める。さらに，数列 $\{c_n\}$ を条件

$$c_1 = a_1, \quad c_{n+1} = a_{n+1}c_n \quad (n = 1, 2, 3, \cdots)$$

を満たすように定める。このとき，次の問いに答えよ。

(1) $\{b_n\}$ の一般項を求めよ。また，$\{a_n\}$ の一般項を求めよ。

(2) $\{c_n\}$ の一般項を求めよ。また，条件 $c_n \leqq 10^{-1000}$ を満たす最小の自然数 n を求めよ。

〔 III 〕 $\sin^3\theta + \cos^3\theta = \dfrac{11}{16}$ のとき，$\sin\theta$，$\cos\theta$ の値を求めよ。

4　我々が今、せっかく修理大夫殿に楽を聞いていただいているのに、あなたは演奏に勝手な口出しをするのですか
5　我々が今、神前で楽を奏する機会をねらって、あなたは許しも得ずに催馬楽の節回しを練習してよいものでしょうか

㈣　傍線═══「り」と文法的意味・用法が同じものを、次のうちから一つ選び、その番号を記せ。
1　おもひやれしばしとおもふ旅だにもなほふるさとはこひしきものを
2　よせてはかへるたびごとに
3　大将軍李少卿、胡王のためにいけどらる
4　藻くづどものゆられよりけるなかに
5　公私の恥をのがれ給へる時忠卿こそゆゆしけれ

㈤　本文の内容に合致するものを、次のうちから二つ選び、その番号を記せ。
1　鎌倉から京に上る前に、孝道父子三名は若宮の社に参詣して演奏を披露した。
2　修理大夫殿から帰京の許しが得られるか否かは、孝道らの演奏の出来映え次第であった。
3　鎌倉への孝道らの下向が実現したのは、円慶による一世一代の説得によるものであった。
4　孝道らが鎌倉に下る際、円慶は京からずっと付き添い、身のまわりの世話をした。
5　若宮の社前で演奏された孝道らの催馬楽は、素晴らしい出来映えであった。
6　孝道は孝時・孝行の方を振り返ってにらんだが、気づかれることはなかった。

㈥　傍線━━「つらつらこのことを思ふに」について、「このこと」とはどういうことか、説明せよ（句読点とも三十字以内）。

（以上・六十点）

(二) 傍線------「わざとこれゆゑ六か度、上洛を遂げけり」の説明として適当なものを、次のうちから一つ選び、その番号を記せ。

1　雅楽を真剣に伝授するために、円慶に何度も京へ上ることを許した孝道の度量の広さを表す。
2　孝道に孝時や孝行を紹介してもらうために、あえて何度も京に上った円慶のしたたかさを表す。
3　孝道に武家方の仲間として信頼してもらおうと、何度も京に上った円慶の誠実さを表す。
4　孝道から雅楽を伝授してもらうために、はるばる鎌倉から何度も京に上った円慶の熱心さを表す。
5　武家方の仲間として信頼できるか確かめようと、わざわざ円慶を何度も京に上らせた孝道の慎重さを表す。

(三) 傍線〰〰ア・イの解釈として適当なものを、次のうちからそれぞれ一つ選び、その番号を記せ。

ア　「今夜の社頭の宴遊は、すなはちこれ円慶があふにあふ時よ」と思ひけるままに
1　「今夜の社前での宴遊は、ただちに駆けつけて演奏に参加せよと命じられた舞台だ」と円慶が思っていたところ
2　「今夜の社前での宴遊は、とりもなおさず私にとってはまたとない好機だ」と円慶が思っていたところ
3　「今夜の社前の宴遊では、そういうわけで私に約束通りの恩恵が与えられたのだ」と円慶が思っていたところ
4　「今夜の社前での宴遊は、なるほど円慶にふさわしく好都合な機会だろう」と周りの者が思っていたところ
5　「今夜の社前での宴遊は、たちまち円慶が実力を発揮する機会となるに違いない」と周りの者が思っていたところ

イ　孝道らがただ今、つかうまつればとてかやうには候ふか
1　我々が今、神前で楽を奏しているのに乗じて、あなたは若宮の神の許しも得ぬまま、口まねをしてよいものでしょうか
2　我々が今、修理大夫殿にお仕えしていて何も言えないのをよいことに、あなたはともに楽を奏しているのですか
3　我々が今、神前で楽を奏しているということで、あなたは身の程をわきまえず、ともに口ずさんでいるのですか

もありけり。おほかたはかやうのこと、よくよく思慮あるべきにや。今夜の勝事、このことにて侍りけり。

（隆円『文机談』）

注　若宮の社　鎌倉にある鶴岡八幡宮若宮。社前の宴遊では、たびたび奉納の楽が奏された。
修理大夫殿　北条時房。鎌倉幕府の連署を務めた。
在国経廻　孝道父子の鎌倉滞在。
双調　雅楽の音律「十二律」の音名の一つ。
「あな、たふと」　催馬楽の有名曲「安名尊」冒頭の歌詞。
房　僧をさして呼ぶ語。
源藤二つの流れ　催馬楽や朗詠を担った楽道の二大流派。

設問

㈠　傍線―――a・bの意味として適当なものを、次のうちからそれぞれ一つ選び、その番号を記せ。

a　数奇
1　秀逸
2　偏屈
3　風流
4　稀代
5　好色

b　たぐひて
1　ともなって
2　たなびいて
3　あらがって
4　もまれて
5　おくれて

二　次の文章を読んで、後の設問に答えよ。

雅楽の名手であった藤原孝道は、子息の孝時・孝行とともに、京から鎌倉に下っていた。

いとま申さんとて、若宮の社に詣でける時、父子三人、孝道・孝時・孝行、やうやうの芸能どもをつくしけるに、をかしあさましきこと侍りけり。

修理大夫殿の御辺に、加賀法橋円慶とて、としごろ数奇たる僧侍りき。承久の兵乱いまだしづまらざりし時、大夫殿より御消息を帯して孝道が仁和寺の蓬屋に来たれりければ、随分に武家の方人ともや思ひけん、興に入りて道を授く。仁また無双の好士にて、わざとこれゆゑ六か度、上洛を遂げけり。

「いまこの三伶、下向せられぬることは、円慶が一期の幸ひなり」と思ひければ、在国経廻のほども随分の功をいたす。「今夜の社頭の宴遊は、すなはちこれ円慶があふにあふ時よ」と思ひけるままに、後座に着してものを聴聞しけるほどに、やうやう双調の調子果つるほどに、拍子をはたと打ちて、「あな、たふと」とうちいだす。ふしぶしきびしく折り入れてうたひすゑたるほど、拍子、松の嵐にたぐひて山の尾上に響く。あはれそこよく澄みわたりければ、円慶、興に入りてしばらくはかしらを振る。後にはたへかねて、後より微音にこれをつく。孝道、一二度、見返りてにらみけれども、あまりによりすぢりてこれを見ず。その時、孝道、大音声をあげて申しけるは、「や、房や、何と存じ、誰が許しにて催馬楽などをば自由につかうまつるぞ。公家の重くし給ふ曲なれば、源藤二つの流れを離れて常にあなづりうたふ人なし。いはんや地下の房たちが口入すべき曲にあらず。孝道らがただ今、つかうまつればとてかやうには候ふか。かへすがへす狼藉なり。確かにまかりたて、まかりたて」と追ひければ、面目をうしなひ、舌を巻きて這ひ入りぬ。

つらつらこのことを思ふに、いつたんは孝道が非愛に似たれども、また「道を守るならひはもつともかかるべし」といふ人々

3　人類は、会話を録音し言葉を記録できるテープレコーダーやＩＣレコーダーを発明した。
4　明治二〇年ごろの日本は、ほぼ全ての国民が読み書きできた社会として世界に知られている。
5　筆者は、現在の私たちは、大学を卒業するまで無数の書物を読んで各種のレポートを提出しなければならないと主張している。
6　筆者は、活版印刷機の発明者が誰なのかについての論争が、この文章の主題と深く関わっていると述べている。
7　筆者は、メソポタミア文明において生まれた世界最古の新聞が、楔形文字で書かれていたと考えている。
8　筆者は、流行のファッションや美味しいスイーツの情報を伝えている現代のマスメディアは無意味であると批判している。

(六)　筆者は活版印刷の普及についてどのように考えているか。ジャーナリズムとの関わりから説明せよ（句読点とも四十字以内）。

（以上・九十点）

よって記された知識や情報を解読することができなかった。

5　かつては莫大な労力を投入して制作される書物が貴重なものであり、それを入手できる一部のエリート層の人々が文字によって記された高度な知識や情報を独占していた。

㈣　傍線———Cについて、「活版印刷技術の登場が人類社会に与えた影響」の説明として適当なものを、次のうちから一つ選び、その番号を記せ。

1　様々な知識や情報の公開がおよそ一世紀近くかけて欧州の社会を根底から変えていき、一五世紀の欧州におけるルネサンス、宗教改革、科学革命を引き起こした。

2　短時間に大量の印刷物が製作されるようになり、社会に出回る書物の量が激増することによって、そこに記録されている事実や情報が確かなものになっていった。

3　様々な知識や情報が社会に広く公開されるとともに、複数の事実の比較や事後の検証が容易になり、事実の上に新たな科学的知見が積み上げられやすくなった。

4　文字を通して入手される様々な知識や情報が、既に判明している事実の上に新たな科学的知見を積み上げることを促進し、人々を和ませて欧州の社会を明るくした。

5　それまで口承で伝えられていた知識や情報と、大量の印刷物による記録の複製や、複数の言語への翻訳とが関わり合うことによって、少数の権力者によって作られた人類の歴史に変化がもたらされた。

㈤　本文の内容に合致するものを、次のうちから二つ選び、その番号を記せ。

1　メディアという語には、元々霊媒者という意味がある。

2　近所のスーパーマーケットにおける半額セールの情報を誰かに教える個人の言葉も、メディアの一つだと言える。

に情報を記録できるようになり、四大文明が同時に興った。

2 音声による言葉は、しばしば元の意味をとどめないほど変化してしまうことがあったが、情報を正確に記録する文字の発明は、生産力を高めるために庶民を管理することを可能にした。

3 音声による言葉の交換は、情報内容を正確に記憶することに課題があったが、文字の発明は、情報内容を正確に記録し、同時代と後世の他者に伝えることを可能にした。

4 音声による言葉は、膨大なニュースを交換することのできる情報革命をもたらしたが、文字の発明は、世界各地の記録をニュースとして即座に流通させる情報革命をもたらした。

5 音声による言葉の交換は、情報を記憶し続けなければならない点に課題があったが、情報を記録できる文字の発明によって、記憶する必要のない人類が誕生した。

(三) 傍線――――Bについて、「この世に文字が存在するだけで、今日のように多くの人が知識や情報を広く共有する社会が到来したわけではなかった」の説明として適当なものを、次のうちから一つ選び、その番号を記せ。

1 かつては庶民の教育機関で莫大な労力によって書物が書き写されており、それらの書物を手に取ることができるエリートたちが支配層や特権層になっていくことが多かった。

2 かつては技術的制約によって書物を大量に制作することができなかったため、庶民が感動した手書きによる書物も、一部のエリート層の人々によって独占的に収集された。

3 かつては一部のエリートたちが手書きで書き写すことで書物の内容を素晴らしいものにしており、それらの内容を理解できる人は特権・支配階級に限られていた。

4 かつては一部のエリート層の人々が書物を手書きで一冊ずつ書き写していたため、多くの人は読みにくい手書きの文字にす社会の在り方を巡って議論を交わし、自治を求めて時に権力者を批判し、怒った権力者はしばしば人々を弾圧してきた。

このように「ジャーナリズム」は、活字メディアの登場を契機として、自由と民主主義を求めて戦う人々の営みとして姿を現し、発展してきた。だからジャーナリズムは、少しでも多く金を稼ぐための「ビジネス」ではなく、科学的思考によって知を究めていく「アカデミズム」とも異なり、役所・国会・裁判所・警察といった「国家」の一部でもない。

また、現代のマスメディアは日々、流行のファッションや美味しいスイーツを売っている店に関する情報も伝えているが、そうした情報を報道することも、本来の意味でのジャーナリズムではない。素晴らしいファッションや美味しいスイーツに関するニュースは人々の気持ちを和ませ、社会を明るくするという点では、大切な情報である。しかし、ジャーナリズムとは、単に右から左へ情報を伝える活動ではなく、特定の商品を「広告」することや「宣伝」するための活動でもない。

ジャーナリズムが自由と民主主義を求める市民の戦いとともに姿を現したという歴史を踏まえれば、ジャーナリズムの第一の使命は、権力者の意向を国民にアナウンスすることではないし、政府の活動を「広報」することでもない。ジャーナリズムとは、市民社会の自由を守り、市民の自治に必要な情報を提供する活動のことをいうのである。

（白戸圭一『はじめてのニュース・リテラシー』）

設　問

㈠　空欄［　　］a・bに入る語句として適当なものを、次のうちからそれぞれ一つ選び、その番号を記せ。

1　もし　2　すると　3　なぜなら　4　では　5　したがって　6　だが

㈡　傍線―――A「文字の発明」の説明として適当なものを、次のうちから一つ選び、その番号を記せ。

1　音声による言葉の交換は、曖昧な人間の記憶力に頼らなくてはならない点に課題があったが、文字の発明によって、正確

場が人類社会に与えた影響を、アイゼンスティンはこのように総括した。

人類の歴史を振り返れば、そのほとんどが王や皇帝や将軍といった少数の権力者による支配の連続であり、人々が自分の住みたい社会を自力でデザインできた歴史など、ほとんど存在しなかったと言っても過言ではない。独裁者が支配している国家は日本のすぐ近くに今もあるし、表向きは民主主義国家を装いながら大統領を中心とした強権支配が行われている国は、二一世紀の今日でもいくらでも存在する。

［a］、ギリシャの哲学者アリストテレスが「すべての人間は、生まれつき、知ることを欲する」と書き残したように、人間は自らの直接的な体験を超えたできごとを知りたいという本能的な要求を持っている。［b］、人間はニュースを得ることで、自らを守り、損得を計算し、友人と敵を区別し、危機に備え、何らかの判断を下し、次の行動を決める生き物だからである。人間は自由な環境の下で、自らを統治するために必要な情報を獲得し、その情報を基に自分の運命を決めたい。どういう人生を送るか、どういう社会に住みたいかについて、親や長老やボスや王の言いなりになるのではなく、可能な限り自分で決めたいという本能的な欲求を誰もが持っている。

多くの人が大量の情報を共有できる活版印刷の登場は、こうした人間の「自治」を求める本能的要求を開花させる巨大な転機になった。印刷物に記された大量の情報を庶民が共有すれば、その情報に基づいて自分たちが住みたい社会の姿を自分たちで考え、皆で力を合わせて支配者に対抗できるかもしれないからだ。

活版印刷の普及が進んだ一七世紀初頭の一六〇五年、神聖ローマ帝国の都市ストラスブール（現フランス）で「Relation」という名の世界最古の新聞が発行され、やがてドイツの各都市や英国で次々に新聞が誕生する時代が始まった。その過程で、情報を集めて人々に届ける専門家――ジャーナリスト――が生まれ、情報を集めて人々にニュースを提供するシステムは「ジャーナリズム」と呼ばれるようになった。人々はジャーナリストが取材した情報を新聞によって知り、その情報を基に自分たちの暮らくの人は高校や大学を卒業するまで、無数の書物を通じて大量の知識と情報を効率的に吸収し、成人後も生涯にわたって新聞や雑誌や単行本や各種レポートなどから様々な知識や情報を獲得し続ける。現代社会において、文字による情報入手が特権層や支配層だけのものでないことは言うまでもない。

今日、私たちのこうした営みを可能にしているのは、活字メディアの存在である。多くの人が文字を通して情報を入手できる現在の状態は、新聞や書籍を短時間に大量生産できる活版印刷技術の存在によって、初めて可能になっているのである。

活版印刷技術は、今からおよそ五五〇年前の一五世紀の中頃、欧州で発明されたと言われている。活版印刷機の最初の発明者が誰なのかについては専門家の間で論争があり、正確には分かっていないが、現在のドイツに当たる神聖ローマ帝国の都市マインツ出身の金細工職人であるヨハネス・グーテンベルク（一四〇〇？～一四六八）が一四五〇年前後に活版印刷機を製作し、聖書などキリスト教関連書籍の印刷を始めたとの説が有力である。

活版印刷機の最初の発明者が誰であったのかは、本書の主題から外れるので深入りしない。重要なのは、一五世紀の活版印刷機の発明が人類社会に与えた影響の大きさである。活版印刷技術の登場が人類に与えた影響を分析した米国の歴史学者エリザベス・アイゼンステイン（一九二三～二〇一六）は、一五世紀の欧州におけるルネサンス、宗教改革、科学革命など他の諸要素と活版印刷技術が相互作用し、およそ一世紀近くかけて欧州の社会を根底から変えていったと説明している。

アイゼンステインによれば、活版印刷機によって短時間に大量の印刷物が製作されるようになったことで、社会に出回る書物の量が激増し、文書の正確な複製が可能となった。その結果、それまでもっぱら口承によって伝えられていた様々な知識や情報が、大量の印刷物によって社会に広く公開されるようになった。しかも、記憶に頼る口伝えの情報伝達の時とは異なり、文字による記録は、複数の事実の比較や、事後の検証を容易にした。情報の真偽を確かめることが容易になり、既に判明している事実の上に新たな科学的知見を積み上げることも促進され、情報を別の言語へ翻訳することも容易になった――。C活版印刷技術の登

B　だが、この世に文字が存在するだけで、今日のように多くの人が知識や情報を広く共有する社会が到来したわけではなかった。例えば、江戸時代に庶民の教育機関としての寺子屋が存在していた日本は、近代化前の時点で既に多くの庶民が読み書きできた社会として知られているが、そんな日本でさえも、およそ一三〇年前の明治二〇年ごろに自分の名前を読み書きできた人の割合は、全国平均で男性が推定五〇～六〇％、女性が推定三〇％前後だったという調査結果がある。日本のような先進民主主義国においてすら、ほぼ全ての国民が読み書きをできるようになったのは、長い人類の歴史から見ればごく最近のことだ。世界には今も発展途上国の貧困層を中心に読み書きのできない人が多数存在する。国連の統計では、読み書きのできない人は世界人口のおよそ六人に一人に当たる一五億人に達し、アフリカのニジェールのように、一五～二四歳の女性のおよそ八割が読み書きできないと推定されている国もある。

日本の場合、奈良時代以降に国内に普及した書物は主に漢字で書かれた仏教の経典であり、これを自在に読みこなせたのは高僧や貴族などの特権・支配階級であった。室町時代後期になると、経典だけでなく論語などの漢籍や医学書なども普及したが、これを読みこなしたのもやはり僧侶や貴族でそれに武士階級が加わっただけである。欧州においても、文字を操ることができたのは、長年にわたって少数の高位聖職者、王室、貴族、学者といった支配層や特権層であったと考えられる。

文字が庶民になかなか普及しなかった理由の一つは、技術的制約であった。例えば、敬虔なキリスト教徒が聖書を読み、その素晴らしさに感動してその教えを広く普及したいと思っても、人間が手書きで一冊ずつ書き写していく方法では、制作できる書物の数には限りがある。莫大な労力を投入して制作された数少ない書物は貴重なものであり、入手できるのは必然的に一部のエリート層の人々、ということになる。言い方を変えれば、エリートたちは文字によって記された高度な知識や情報を独占することで、知識や情報にアクセスできない庶民たちを知的に支配していたと言えるだろう。

しかし現在、私たちは幼児期から絵本に触れながら文字を学び、小学校入学後は教科書を通して漢字を学んでいる。そして多しかし、音声によって言葉を交換することには弱点がある。会話を録音しない限り、言葉は記録に残らない。テープレコーダーやＩＣレコーダーが発明されたのは、長い人類の歴史からみれば最近のことに過ぎない。ニュースが音声によって運ばれている限り、人間はニュースの内容を「記録」ではなく「記憶」し続けなければならない。

ところが、人間の記憶力は曖昧であり、音声によって交換されたニュースは、人から人へと伝わっていく間に、しばしば元の意味をとどめないほど変化してしまうことがある。音声によるニュースの交換には、情報内容の正確さという点で大きな課題が残るのである。

この情報の正確さの問題の解決に大きく寄与したのが、A「文字の発明」であった。今から五〇〇〇年以上昔の紀元前三五〇〇年ごろ、現在のトルコ領内を水源とするティグリス川とユーフラテス川という二つの河川の流域に都市国家が成立し、メソポタミア文明が興った。この文明を支えたのは小麦生産を主力とする高い農業生産力であり、メソポタミア文明を支えたシュメール人たちは、小麦の収穫量などを可能な限り正確に管理するために「楔形文字」と呼ばれる文字を発明した。

やがて文字は、アフリカ北東部を流れるナイル川流域に起こったエジプト文明、中国の黄河流域に興った黄河文明、インドのインダス川流域に興ったインダス文明などでも使われるようになった。音声に加えて文字がメディアの仲間入りを果たしたことにより、人類は記憶に頼ることなく、情報内容を正確に記録し、同時代と後世の他者に伝えることが可能になったのである。これもまた、人類史における「情報革命」であったことは疑いない。

時間の経過とともに、文字は世界各地に広がり始め、先述した四大文明以外の地域でも、様々な情報が文字によって記録され、流通するようになった。私たちの先祖である日本語話者たちが初めて漢字に出会ったのは、一世紀ごろだと推定されている。その後、五世紀までの間に日本に漢字が流入し、日本人はそれを基に万葉仮名と呼ばれる独自の文字を編み出し、それまで音声で発話していた日本語を文字で表記するようになった。さらに九世紀ごろには、ひらがなが使われ始めた。

国語

（七五分）

一　次の文章を読んで、後の設問に答えよ。

私たちはニュースを運んでくる媒体を「メディア（media）」と呼んでいる。Media はラテン語の Medium の複数形で、元々は媒介者や霊媒者という意味がある。メディアは人間の声、紙やパソコンの画面に書かれた文字、絵画や写真、テレビや映画の映像など他者に情報を伝達する媒体のことを広く指す言葉であり、例えば、あなたがAさんから「近所のスーパーマーケットで牛乳の半額セールをやっている」と教えてもらい、友人のBさんにその情報を教えてあげた場合、あなたという個人が発する言葉がメディアである。メディアという言葉を聞くと、テレビ、ラジオ、新聞といったマスメディアのことを想像する人が多いと思うが、テレビ、ラジオ、新聞といったマスメディアは、不特定多数の大衆（マス）に情報を伝達するためのメディアを指す言葉である。

人類にとっての最古のメディアの一つは、他者に向かって発する言葉である。言葉以外でも「身振り手振り」である程度の意思疎通は可能だが、人間が他の動物と異なるのは、言葉を操ることによって複雑な意思疎通を図ることができることである。私たちは日常生活で他者に向けて言葉を発し、他者が発した言葉の意味を理解することで、膨大なニュースを交換している。言葉の発明は、人類を人類たらしめている偉大な発明であり、太古の昔の我々の祖先が言葉を操ることができるようになったことを、人類史における最初の「情報革命」とする見方もある。

解答編

英語

I 解答

I－A．(X)－1　(Y)－3　(Z)－3

I－B．(a)－1　(b)－3　(c)－3　(d)－1　(e)－2　(f)－1　(g)－3　(h)－4　(i)－3　(j)－2

I－C．(ア)－3　(イ)－3　(ウ)－4　(エ)－4　(オ)－3

I－D．(い)－5　(え)－1

I－E．1・4・7

◆全　訳◆

≪レターロッキングのヴァーチャル開封≫

1587年，処刑される数時間前に，スコットランドの女王だったメアリーは義弟であるフランス王のアンリ三世へと手紙を送った。しかし彼女はただ署名して送っただけではなかった。彼女は紙を何重にも折り重ね，ページの一部を切ってぶら下がった状態にしておいた。彼女はその紙の一部を使って鍵をかける（ロックする）ために縫い合わせ，手紙をしっかりと綴じたのである。

封をした封筒が使用される前の時代において，現在レターロッキングと呼ばれているこの技術は，のぞき見を防ぐため，今日のｅメールの受信箱にとっての暗号化と同じくらい重要なものであった。この技術は，1830年代に大量生産された封筒の出現とともに徐々に廃れていったが，最近，学者たちから新たな注目を集めている。しかし彼らはある問題に直面している。非常に貴重な歴史の一部を恒久的に損なうことなく，そういった鍵のかかった手紙の内容を見るには，どうすればよいのだろうか。

火曜日，マサチューセッツ工科大学およびその他の機関において，科学者と学者からなる11人のチームが，歴史的な記録の内容を裂くことなく，この細心の注意を要する任務を遂行できるようなヴァーチャル・リアリティ技術の進展を公開した。

『ネイチャー・コミュニケーションズ』誌において，この研究チームは1680年から1706年の間に書かれた4通の未配達の手紙をヴァーチャル技術によって開封することを伝えた。その発送された手紙は最終的にハーグの木製の郵便トランクの中に入っていた。ブリエンヌ・コレクションとして知られているその箱には，決して鍵が外されることのなかった577通の手紙を含む，3,148個のアイテムが収められている。

その新しい技術によって通信におけるセキュリティの長い歴史を知る機会の窓が開かれた。そして私的な親交を解き明かすことにより，研究者たちが，世界中の記録保管庫で発見されたもろい紙片に隠された物語を研究する手助けとなるのである。

鍵のかけられた手紙を「ヴァーチャル技術によって開けていこう」とキングス・カレッジ・ロンドンのチームの一員であるダニエル＝S.スミスは言った。「そしてどんな秘密を明らかにしてくれるかを見てみよう」

あるインタビューにおいて，この研究の主執筆者であり，MITの図書館の修復技術者であるジャナ＝ダンブロジオは，貴重な発見物の存在を知ったことが，より科学技術的な傾向のある同僚たちがこの鍵のかかった手紙をデジタル技術で開封する方法を見つけられるかどうかを確かめるきっかけになったと語っている。2014年当時には，学者たちはそのような手紙を切り開くことによってのみ，読んだり研究したりすることができたが，それによってしばしば文書は損傷し，それらがどのように保護されていたのかについての手がかりがわかりにくくなったり，消えたりしてしまっていた。

「私たちは本当に原本を保存しておく必要があります」とダンブロジオは語った。「それらから私たちは学び続けることができます。とりわけ鍵のかかった包みを閉じたままにしておくならばね」

古い手紙は，便箋が注意深く折りたたまれ，それ自身が封入物となることで，詮索好きな視線から守られていたのである。

デジタル開封の最初のステップは対象である手紙を高性能のX線機器でスキャンすることである。その結果として得られた3D画像は，医療のスキャンによく似ているものであるが，手紙の内部の構造を明らかにしてくれる。それからコンピュータが折り目を開くように画像を分析し，そしてほとんど魔法のように，折り重なっている層を1枚の平たいシートへと変え，読解可能な手書きの文章を明らかにするのである。

チームはデジタル上で開封されたブリエンヌ・コレクションの手紙の1通を翻訳した。日付は1697年の7月31日，フランスのリールからハーグのフランス人商人へと宛てたものであった。それは死亡通知の認証謄本を求めたものであることがわかった。手紙はまた「あなたの健康状態についての情報」を求めてもいた。

ブリエンヌ・コレクションをさらに分析することにより，近世ヨーロッパにおける郵便網だけでなく，その地域の政治，宗教，音楽，演劇，そして移住パターンについての研究までも充実するかもしれないとその論文は記している。

このチームが手紙を損なわずに開封する技術を発表することに加え，25万通の歴史的な手紙を研究した結果，「レターロッキング技術について最初に体系化されたもの」が得られた。科学者と学者たちは鍵をかけられた手紙に12種類の型があることを発見した。最も複雑なものは12の縁により全体的な形が決まっていた。また，ひだや切れ目，折り目といった細工の組み合わせには64のカテゴリーがあることもわかった。チームはそれぞれの鍵がかけられた手紙にセキュリティの点数をつけた。

キングス・カレッジ・ロンドンで近世英文学の講義を行っているスミス博士は，この技術は非常に多様であり，ある人の鍵はほぼ署名のような役割を果たしうると語っている。1通の手紙が「あなたのための大使になり，あなたの一部を具体化することになったのです」と彼は述べている。

デジタル技術で手紙を開封する能力がなければ，スコットランド女王であるメアリーが独特の螺旋状の縫い目を付けて義弟への手紙を保護したということを学者たちが結論づけるには10年かかった。ヴァーチャル開封はその道のりを「ほんの数日で」実証したのです，とチームは述べている。

そしてMITの研究者の一人であるアマンダ＝ギャサエイは，研究チームがヴァーチャル開封にかかる時間を数日から数時間へと短縮させるコードのアップグレードを完了するところであると述べた。

南カリフォルニア大学の科学史家であるデボラ＝ハークネスはこの調査には加わっていないが，このX線の技術について，調査者の遺物修復への影響を最小限にしようとする「ほぼ考古学的なアプローチ」であると表現している。

この新しい技術は「重要なイノヴェーション」を示しているとオックスフォード大学の近世思想史の教授であり，同様にこの調査に参加していないハワード＝ホットソンは述べている。500 年もの間，比較的単純な技術であるレターロッキングによって，書簡は封を解かない限り，誰もその内容を調べることができなかったのだと彼は付け加えた。

「それには非常に洗練されたデジタル技術を要したのです」と彼は述べた。「この洗練されたセキュリティ装置を破るためにはね」

◀解　説▶

I－A．(X)as *A* as *B*「*B* と同様に *A*」という原級を用いた比較表現である。for deterring snoops を取り除くとわかりやすいだろう。

(Y)turn out to be ～ で「～だということがわかる」という意味を表す表現である。

(Z)prevent *A* from *doing* で「*A* が～することを妨げる」という意味になる。無生物主語の形でよく用いられる表現であり，「(主語) のために *A* は～できない」などと訳すと自然な日本語になる。

I－B．(a)sew は「縫う，縫い合わせる」という意味の動詞である。ここでは手紙の内容を読み取れないようにするために用いられているので「結び付ける」といった意味をもつ bind が言い換えとしてふさわしい。

(b)advent は「出現」といった意味をもつ。よって「導入」の意味をもつ introduction が言い換えとして適切である。

(c)日本語でも「アーカイブ」という言葉が一般的になりつつあるが，archive は「文書 (記録) の保管所」といった意味。よって「ファイル，記録」の file が言い換えとして適切である。

(d)fragile は「壊れやすい，もろい」という意味の形容詞である。ここでは「繊細な」という意味の delicate で言い換えることができる。

(e)ここでの undo は「外す，ほどく」といった意味で用いられている。手紙の内容を読み取るために，「開く」という意味の open up が言い換えとして適切である。

(f)ここでの paper は「論文」といった意味である。「記事，論文」といった意味をもつ article が正解となる。

(g)manipulation は「巧妙な小細工」といった意味である。直後に「切れ目」や「折り目」が例に挙げられていることから「技巧，手法」といった意味のtechniqueが正解となる。

(h)diverseは「様々な，多様な」という意味。variedがほぼ同じ意味を表す。

(i)minimizeは「最小化する，最小限度にする」といった意味。よって「最も小さな度合いまで減らす」という意味になるreduce to the smallest degreeが言い換えとしてふさわしい。

(j)frustrateは「イライラさせる」という意味をイメージする受験生も多いと思うが，「挫折させる，負かす，妨げる」といった意味もある。ここでは「洗練されたセキュリティ装置を外す」といった文脈で用いられているので「装置を破る」という意味になるdefeatが言い換えとして適切である。

Ⅰ－C．(ア)波線部を直訳すると「(通信におけるセキュリティの長い歴史)に向けて窓を開く」といった意味である。この文章の主語のThe new techniqueは第3段（On Tuesday, …）で述べられている「古い手紙を破らずにヴァーチャル技術によって開封する技術」であり，第11段第1文（The team translated …）では，この技術によって手紙の内容が解読されたことが述べられている。よって，3の「詳細を明らかにする」が正解となる。

(イ)波線部を直訳すると「より科学技術的な傾向のある同僚たち」といった意味になる。この後に「鍵のかかった手紙をデジタル技術で開封する方法を見つけられないか」と続いているので，3の「科学技術を進んで活用する」が適切である。

(ウ)波線部は直訳すると「あなたのための大使となった」といった意味。つまり，レターロッキングの手法はバリエーションに富んでいるため，手紙を見ればその送り主の見当がつくのである。よって，4の「あなたの代理としての役割を果たす」が正解である。

(エ)波線部は「完了しようとしている」といった意味である。be動詞＋about to *do*「まさに～しようとしている」を，助動詞wouldを用いて「間もなく完了するだろう」と言い換えた4が正解となる。

(オ)波線部は「何の役割も果たしていない」という意味であり，ここでは研究チームに加わっていないということを示している。よって，3の「参加していない」が正解となる。

Ⅰ－D．(あ)後に続く by cutting them を修飾することができる副詞を選ぶ必要がある。only を入れ，「切り開くことによってのみ」という意味にする。

(い)cut *A* open で「*A* を切って開く」という意味になる。

(う)obscured が等位接続詞 or で結ばれていることから過去形が入ることが予測できる。clues をどのようにするのか，意味から判断して 2 の eliminated を選んで「手がかりを消した」とする。

(え)名詞 clues と後に続く部分を結ぶ必要がある。as を選び，as to ～「～について」とする。

(お)直前に had been とあることから過去分詞形が入ることが予想される。「手紙をどのように保護していたのか」という意味になる 6 の secured を選ぶ。

Ⅰ－E．1．「レターロッキングの技法は封筒が 19 世紀に幅広く使用されるようになると時代遅れとなった」は第 2 段第 2 文（Although this art form faded …）と一致する。

2．「プライバシーを尊重しなければならないため，古い手紙の中の秘密は明らかにされるべきではないと考える人もいる」は本文に記述なし。全体を通してヴァーチャル・リアリティ技術を利用した開封の利点が述べられている。

3．「鍵がかけられた手紙を読み取るヴァーチャル・リアリティ技術を発達させたチームにはジャナ＝ダンブロジオとデボラ＝ハークネスも含まれる」 第 7 段第 1 文（In an interview, …）より，ジャナ＝ダンブロジオは，当研究の主執筆者ではあるが，技術を発達させたチームのメンバーではないことがわかる。また，第 17 段（Deborah Harkness, a historian of science …）では，デボラは当研究には参加していないことが述べられている。よって本文の内容に合致しない。

4．「X 線の機器とコンピュータがなければ，損傷することなくロックされた手紙を読むことはできなかっただろう」は第 7 段第 2 文（At the time, …）や第 18 段最終文（For 500 years, …）などと一致する。

5．「調査チームは 577 通の手紙の調査を参考に，典型的なレターロッキングの特徴を分類した」は第 13 段第 1 文（In addition to …）と矛盾。25 万通の手紙を研究したとある。577 という数字はブリエンヌ・コレクションに含まれる手紙の数である。

6．「レターロッキングの技術は均一なものであるため，手紙を開くことなく差出人の身元を特定することができない」は第14段第1文（Dr. Smith of King's College London, …）と矛盾。レターロッキングの技法は非常にバラエティに富んでいるので，その手紙が差出人の大使になるとまで述べられている。

7．「スコットランド女王であるメアリーは，義弟に手紙を送った際，独特のレターロッキングの技術を用いた」は第15段第1文（Without the ability …）の後半部分と一致する。義弟に対して独特の（distinctive）縫い方を用いたとある。

8．「考古学的な手法とは異なり，デジタルの技術はしばしば古い資料の状態を変えてしまう」第13段第1文（In addition to …）や第17段（Deborah Harkness, a historian of science …）には，「損傷することなく開封する」「調査者の遺物修復への影響を最小限にしようとする」といった記述があるため，本文の内容と矛盾している。

Ⅱ　解答

Ⅱ－A．(X)－4　(Y)－2　(Z)－4

Ⅱ－B．(a)－4　(b)－1　(c)－2　(d)－3　(e)－4　(f)－3

Ⅱ－C．(ア)－1　(イ)－1　(ウ)－4　(エ)－2　(オ)－3

Ⅱ－D．(あ)－4　(え)－1　(お)－3

Ⅱ－E．3・6・8

Ⅱ－F．全訳下線部参照。

◆全　訳◆

≪科学の進歩のきっかけはミルクとお茶に関する言い争い≫

同僚にお茶を出す際，ロナルド＝フィッシャーはただ礼儀正しくしていただけだった。彼には論争を引き起こすつもりなどなく，ましてや現代科学を作り変えるつもりもなかった。

その当時，1920年代の初め，フィッシャーはロンドン北部の農業試験場で働いていた。彼は丸眼鏡をかけた背の低い華奢な体つきの数学者で，そこにいる科学者たちが実験を行うにあたり，よりよい実験計画を行う手助けをするために雇われていたのであるが，あまり順調ではなかった。試験場での 4 時のお茶休憩はよい気晴らしであった。

ある午後，フィッシャーはミュリエル＝ブリストルという名前の藻類を専門とする生物学者にお茶を入れた。彼は彼女がお茶にミルクを入れることを知っていたので，彼はミルクをいくらかカップに注ぎ，それにお茶を加えた。それが問題の始まりだった。ブリストルはカップを拒否し，「そんなものは飲みません」と宣言した。フィッシャーはあっけにとられて「なぜですか？」と尋ねた。「あなたは最初にミルクをカップに注いだからです」と彼女は言った。彼女はミルクを後に入れなければ決してお茶は飲まないことを説明した。

1600 年代中期にお茶が伝来して以来，ミルクが先か，お茶が先かという論争は英国では争いの種となっている。（中略）双方に熱烈な支持者がおり，彼らは「間違った」やり方でお茶を入れられようものならカンカンに怒る。ロンドンのある新聞は，つい先ごろ，「もしも英国において何かがさらなる内戦を引き起こすとすれば，それはおそらくこの問題であろう」と断言した。

科学者として，フィッシャーはこの論争を馬鹿げていると考えていた。熱力学的には，A と B を混ぜるということは，B と A を混ぜるということと同じである。なぜなら最終的な温度と相対的な比率が同一なのだから。「間違いなく」とフィッシャーはブリストルに言い聞かせた。「順序は問題にはならないですよ」 彼女は「問題になります」と言い張った。彼女はそれぞれの方法で入れられたお茶の味の違いがわかると主張しさえした。「ありえない」とフィッシャーは一蹴した。

この論争は，もしも第三者である化学者のウィリアム＝ローチが声をあげなければ，しばらくは続いたかもしれない。ローチは実際のところブリストルに想いを寄せており（彼は最終的に彼女と結婚した），フィッシャーから彼女を擁護したいと思っていたことに疑いはなかった。しかし，自身も科学者であるので，ローチはただ彼女が正しいとは言い切ることはできなかった。彼には根拠が必要だった。そこで彼は一計を案じた。「実験をしてみよう」と彼は言った。「私たちがそれぞれのやり方でいくらかお茶を入れ，彼女がどちらがどちらなのか味わい分けることができるか見てみようじゃないか」

ブリストルはその案に乗ると宣言した。フィッシャーもまたやる気満々であった。しかし実験を計画するという彼の経歴を鑑み，彼は試験が正確であることを望んだ。彼はお茶を8杯用意し，4杯はミルクを先に，4杯はお茶を先にすることを提案した。それらを無作為にブリストルに提供し，彼女がそれを推測する。ブリストルはこれに同意し，ローチとフィッシャーはお茶を用意するためにその場を離れた。数分のちに彼らが戻ると，その時点で結果を見届けようと数人が集まっていた。

それぞれのカップが渡された順序は歴史の中で失われてしまっているが，実験の結果を忘れる者はいないだろう。ブリストルは最初のカップをすすり，舌鼓を打った。それから彼女は判断を下した。おそらく彼女は「お茶が先」のように言ったのだろう。彼らは2杯目を彼女に渡した。彼女はまた少しすすり，「ミルクが先」と答えた。これがさらに6度続いた。お茶が先，ミルクが先，再びミルクが先と。8杯目までには，眼鏡の後ろでフィッシャーは目を見開いていた。ブリストルはすべてを正しく言い当てたのだ。結果として，化学的な理由から，お茶をミルクに加えるということはミルクをお茶に加えることと同じではないということがわかったのである。当時は誰も知らなかったのだが，ミルクと水を混ぜると，ミルクの中の脂肪とプロテインが――これらは水に溶けにくく，水を嫌うのだが――丸くなり，小さな小球を形作る。とりわけ，ミルクを沸騰している熱いお茶に注ぐと，最初に着水したミルクの数滴は分離され，孤立させられる。

熱い液体に囲まれると，これらの分離された小球は沸点近くまで熱された状態になり，それらの中にあるホエイプロテインは――これは華氏160度前後で熱変性するのだが――形を変え，焼きカラメルのような風味を出す。（中略）対照的に，お茶をミルクに注ぐことは小球が分離することを防ぎ，それによって急激な加熱と異臭の発生を最小限にするのである。ミルクが先のほうがよいかお茶が先のほうがよりよい味がするのかに関してはその人の（味覚の）好みによる。しかしブリストルの知覚は正しかった。ホエイの化学的性質がそれぞれの味を異なったものにするのである。

ブリストルの大勝利は少しばかりフィッシャーには屈辱的なものであった。彼はこの上なく人目にさらされるやり方で自分が間違っているということを明らかにされたのだから。しかし実験の重要な部分はその次に起こったことである。おそらくフィッシャーは少しばかり不機嫌になり，ブリストルにただツキがあり，8度すべてを正しく推測したのかどうかを考えた。彼はこの可能性を計算し，その確率は 1 対 70 であることを認識した。よって彼女はおそらく，味わい分けることができたのだろう。

しかし，それでも彼はこの実験について考えることをやめることができなかった。彼女がいずれかの地点で間違いを犯していたとしたら？　彼女が 2 つのカップを入れ替え，お茶が先のカップをミルクが先のカップだと間違って識別したり，あるいはその逆を識別していたとしたら？　彼は計算をやり直し，その場合に彼女が正しく推測する確率は 1 対 70 からおよそ 1 対 4 にまで下降することを発見した。言い換えれば，8 杯のうち 6 杯を正確に識別するならば彼女がおそらくは違いを味わい分けることができうるということを意味するが，彼は彼女の能力に対してはあまり確信をもっておらず，どのくらい確信をもっていないかを定量化することができた。

さらに，その確信のなさがフィッシャーにあることを教えた。サンプル数が少なすぎるということである。そこで彼はさらに計算をし始め，6 杯ずつそれぞれの方法で入れられた 12 杯のお茶であれば，よりよい実験となったであろうことに気づいた。1 杯の影響力がより少なくなれば，1 つのデータ要素が結果をそれほど歪めることがなくなるからである。彼は他にも実験のバリエーションを思いついた（例えば，お茶が先，ミルクが先の数をランダムにしたものを用いるなど），彼はこれらの可能性をその後数カ月で調査した。

現在ではこのことはすべて時間の無駄のように思える。結局のところ，フィッシャーの上司は喫茶室でぶらぶら過ごすために彼に給料を払っていたわけではなかったのだ。しかし，フィッシャーがこのことについて考えれば考えるほど，このお茶の試験は関係があるものだと思えた。1920 年代の初めには，科学的な実験をする標準的な方法はなかった。実験が統制されることはめったになく，ほとんどの科学者はデータを大雑把に分析していた。フィッシャーはよりよい実験計画を立案するために雇われており，彼はお茶の試験がその方向性を示していると気がついた。たとえどんなにくだらないものに思えようとも，その単純さが彼の思考を明確にし，そのおかげで彼はすぐれた実験計画とすぐれた統計分析の鍵となる点を探し出すことができたのである。それから彼は自分がこの単純なケースで学んだことをやっかいな現実の例に，例えば農作物の生産における肥料の影響を探り出すことといったことに当てはめることができたのである。

◀解　説▶

Ⅱ－A．(X)agree to～で「(意見など）に同意する」となる。～が人の場合は with を用いる。
(Y)in particular で「とりわけ」という意味を表す。
(Z)直前の段落でフィッシャーは確率を計算した上で，最終文（So she probably *could* …）において「ブリストルが味わい分けることができる」ことを認めている。しかし空欄を挟んで「実験について考えることをやめられない」と続いている。よって even then「その場合でも，それでもなお」が正解として適切である。
Ⅱ－B．(a)ここでの distraction は「気晴らし」といった意味で使われている。nice「素敵な」を welcome「歓迎される」で言い換え，同じような意味をもつ relief を用いた 4 が正解となる。
(b)taken aback は「驚く，困惑する」といった意味である。同じく「驚く」という意味の 1 の astonished が正解となる。用意したお茶を拒絶されたことに対する驚きである。
(c)bone of contention で「争いの種」といった意味になる。この表現を知らなくても第 4 段最終文（One newspaper in London declared …）に「新たな内戦を始めさせるものがあるとすれば」とあることから意味を判断すればよい。「論争」といった意味の 2 の controversy が正解となる。
(d)reason は動詞として「説得する，～を納得させる」といった意味。ここでは「～を提案する，～を示唆する」といった意味の 3 の suggest が言い換えとして適切である。
(e)pipe up は「声を張り上げる，突然話す」といった意味がある。「もしローチが pipe up しなければ，論争がしばらく続いただろう」という文章なので 4 の spoken up「声に出して言う」が適切である。
(f)pertinent は「関係がある」といった意味の形容詞である。同じような意味の relevant が正解となる。
Ⅱ－C．(ア)波線部は「『間違った』方法でお茶を入れる」といった意味である。第 4 段第 1 文（The milk-first/tea-first debate …）にある通り，「ミルクを先に入れるか，お茶を先に入れるか」はそれぞれの支持者にとって大きな問題である。よって，1「ミルクとお茶を『奇妙な』やり方で混ぜる」が正解となる。

(イ)主語＋be game は「ぜひやりたい」といった意味である。よって，1の「喜んで実験を受けると宣言する」が言い換えとして適切である。

(ウ)波線部を直訳すると「お茶のカップが提供された順序は歴史の中で失われた」といった意味になる。4の「カップが提供された順序は記録されていない」と言い換えることができる。

(エ)off-flavor は「食べ物，飲み物の異臭」といった意味なので，波線部は「異臭の発生，異臭を造り出すこと」といった意味になる。この意味に最も近いのは2「予想していなかった味を生み出すこと」である。

(オ)波線部は「(分析のための) サンプル数が少なすぎる」といった意味である。このため波線部の直後では実際の実験で使われた8杯から12杯にサンプル数を増やして計算をし直している。よって，3「実験で使われたお茶の杯数が少なすぎる」が正解となる。なお，この場合のサンプル数とは紅茶のカップ数であり，実験参加者のことではないため，4は不適である。

Ⅱ－D．全文は It turns (out) adding tea (to) milk is not (the) same (as) adding milk to tea, (for) chemical reasons. となる。turn out ～「～ということがわかる」 the same *A* as *B* で「*A* と *B* が同じ」 for chemical reasons で「化学的な理由のために」という意味。

Ⅱ－E．1．「ブリストルは，彼女が好む方法で用意されたにもかかわらず，フィッシャーが差し出した最初のお茶を拒絶した」は第3段最終2文("Because you poured … in second.) と矛盾。ブリストルはミルクを後に入れる方法を好むが，フィッシャーはミルクを先に入れているので，最初のお茶は彼女の望む方法で用意されていないことがわかる。

2．「あるロンドンの新聞がお茶に関する論争をめぐって2回目の内戦が起こったことを報じた」 第4段最終文 (One newspaper in London declared …) に，ミルクが先か，お茶が先かについての論争の激しさを伝えるため，内戦が勃発するほどだとする新聞記事があったとは述べられているが，実際に内戦が起こったという記述はない。

3．「最初，フィッシャーはミルクがお茶に入れられる順序が味に影響するということを信じようとはしなかった」は第5段第1～3文 (As a man of science … doesn't matter.") と一致する。

4．「AとBを混ぜることはBとAを混ぜることと違いはない。そしてこの規則はミルクと熱いお茶にもあてはまる」は第8段最終2文（No one knew … and isolated.）および第9段（Surrounded by hot liquid, … tastes distinct.）に矛盾している。ミルクを先に入れるか後に入れるかの違いが，科学的に説明されている。

5．「フィッシャーはその後ブリストルと結婚したが，彼女の主張が正しいのかどうか実験をしようと申し出たとき，彼女を擁護したかった」は第6段第2文（Roach was actually …）と矛盾。ブリストルと結婚したのはローチである。

6．「フィッシャーとローチの実験は，ブリストルが4杯のミルクが先のカップと4杯のお茶が先のカップを味わい分けることができるかどうかを決定するために考案された」は第6段最終文（“We'll make …）と一致する。

7．「試験場にいた研究者たちはこのお茶の試験を無視し，ともかくも聴衆なしで行われた」第7段最終文（A few minutes later …）には，実験を見ようと数人の聴衆が集まっていたとあるため矛盾している。

8．「ブリストルは8杯のお茶を正確に識別したが，実験はフィッシャーを完全に満足させるのには十分ではなかった」は第11段（But even then, … much less confident.）の内容と一致する。フィッシャーは実験について考えるのをやめることができず，ブリストルが間違えた可能性なども考慮し，再計算を行うなどしている。

Ⅱ－F．simplicity は「単純さ」，clarify は「～を明らかにする」といった意味であり，「その単純さが彼の思考を明確にした」と直訳してもよい。次に続く allow O to *do*「Oが～することを許可する」とあわせ，無生物主語構文を訳す場合のように「その単純さのおかげで彼の思考は明確になり，そのおかげで彼は探し出すことができた」のようにすると自然な日本語になる。design は「案，考案」という意味だが，実験について言う場合は「（実験）計画」とよく訳される。また，statistical は「統計の」という意味。isolate は「～を分離する」という意味だが，ここでは「～を見つける，探し出す」と訳したほうが自然になるだろう。

Ⅲ **解答**　Ⅲ－A．(a)－9　(b)－7　(c)－1　(d)－3　(e)－2
(f)－4　(g)－8　(h)－5

Ⅲ－B．〈解答例〉If you carefully look at the photo we are talking about now, you can find two words on the lower part of the window.

◆全　訳◆

≪ライターの写真展≫

（エド＝ウエストンがドロシー＝ラングに京都駅の外で偶然出会う）

ドロシー：あら，エド！

エド　　：ドロシー？　君なのかい？　ずいぶん久しぶりだね。電車に乗るの？　それともどこか旅行に行くのかい？

ドロシー：いいえ。駅の裏のモールで買い物をしなくちゃならないの。

エド　　：買い物を終えたら，駅を通って展示会をやってるところに行きなよ。あの高級デパートだよ。まさに今素晴らしい展示をしているよ。

ドロシー：詳しく教えて。

エド　　：君は写真好きだよね。だからめちゃくちゃ感動するよ。ソール＝ライターの大掛かりな新しい写真展だよ。

ドロシー：ソール＝ライター？

エド　　：ほら，以前はニューヨークでファッション関係の撮影をしていたアメリカ人だよ。

ドロシー：聞いたことがあるわ。でも彼の作品を知っているかはわからない。ファッション関係の写真？　あまり興味がないから。

エド　　：ライターはただのファッション写真家じゃないよ。それに彼のファッション誌の写真はただのグッチやヴィトンやイヴサンローランやシャネルとかの広告ってわけじゃない…ちょっと待って。僕がファッションについて何を知っているっていうんだ？僕を見てみなよ。

ドロシー：ジーンズと古いTシャツ。独創的とは言えないわね。

エド　　：君の言う通りだよ。でもライターはニューヨークの街頭風景を50年にわたって撮影しているんだ。彼は主にお金を稼ぐためにファッション誌で仕事をしていたんだよ。彼の真の業績は硬派な写真撮影の中に色を持ち込んだことなんだよ。

ドロシー：本当？　説明してよ。

エド　　：うん。今の僕にはわかるんだ。でもこの展示会を観る前は，僕は偉大な写真家たちはモノクロだけで撮影すると思っていた。

ドロシー：カラー写真は派手な雑誌や広告のためのものだったってこと？

エド　　：その通り。白黒，そう，それが「芸術」だった。画家は色を使う。でも写真家はそうじゃない。

ドロシー：白と黒しか使わない画家を想像してごらんなさいよ。そんなことはめったにない。見かけることもあるけれど，しょっちゅうってことはない。

エド　　：だから，写真家が芸術家として真剣に受け取られたい場合，画家たちがしないことをしたんだ。写真家たちはモノクロで撮影した。ソール＝ライターが現れる前まではね。君はニューヨークに行ったことはある？

ドロシー：もちろん。父はニューヨーク生まれよ。まだそこで暮らしているわ。

エド　　：そうか。一度ライターの写真でニューヨークを見てしまったら，もう同じようには見られないよ。彼はあらゆる面白い角度から，あるいはすべてがぼやけて見えるように雨で濡れた窓越しに写真を撮ったりするんだ。そして写真の最も興味深いところは隅に隠されている。

ドロシー：１つ例を挙げてみて。

エド　　：僕のお気に入りの１枚は「チーズの店」っていう題の写真なんだけどね。ライターは雨でずぶ濡れの窓を通じて店の内側から写真を撮っているんだ。君が最初に気づくのは通りを走っている街のバスなんだよ。赤と青の縞模様のね。

ドロシー：どうして彼がチーズ店の中から撮影しているとわかるの？　ただタイトルがそうだから？　それはずるいわ。作品の主題を知る手がかりがタイトルしかないなんて。それならあなたの靴の写真を撮って，「富士山」と呼ぶこともできるわ。

エド　　：違う，違う。今話題にしている写真を気をつけて見たら，窓の下のほうに２つの単語が見えるんだ。そこには「フランス産チーズ」とあるんだよ。ただ文字は逆さまに見える。なぜなら，当然ながら看板は通りに向いているからね。それがライターの手法なんだ。

ドロシー：ぼやけた赤と青のバスの写真を見ていると思っていたら，ニューヨークのチーズ店の中に立っていて外を見ているようだということに気づくのね。

エド　　：その通り。ライターは君をまさにその場所に置くんだ。君は家に帰る途中，夕食後に食べる洗練されたチーズを買っているのかもしれない。いずれにせよ，いったんライターが撮影した写真をギャラリーに持ち込んだら，すべてを変えてしまうんだ。

ドロシー：色はもう画家たちのためだけにあるのではないのね。

エド　　：あるいはファッション雑誌だけのものでもね。そして彼は僕たちにニューヨークを「見る」大胆で新しい方法を与えてくれたんだ。

ドロシー：買い物ならいつでもできるわ。代わりにソール＝ライターがどんな風にニューヨークを見たのかを見に行くことにするわ。そのどこかに父が見つかるかもしれない。お父さんは美味しいフランス産チーズが大好きなの。

◀解　説▶

Ⅲ－A．(a)直前に「電車に乗るの？」と尋ねており，この発言を受けてドロシーが「いいえ」と否定した上で「買い物をする」と答えていることから判断する。9の「あるいはどこかへ旅行へ行くのか？」が適切である。

(b)エドは直前の発言で「僕がファッションについて何を知っているっていうんだ？」と述べた上で「僕を見てみなよ」と話している。このことからジーンズと古いＴシャツを着ているエドを見た上で，独創的ではないと感想を述べていると考えられる。よって7が正解として適切である。

(c)エドはこの発言の後に「画家は色を使う。でも写真家はそうじゃない」と述べ，さらにその次の発言で「写真家が芸術家として真剣に受け取られたい場合，画家たちがしないことをしたんだ。写真家たちはモノクロで撮影した」と述べている。よって，1の「白黒，そう，それが『芸術』だった」が答えとして適切である。

(d)直後のドロシーの発言に注目する。父親がそこで生まれ，今でもそこに住んでいる，と答えていることから，3の「ニューヨークに行ったことがある？」が正解となる。「もちろん（行ったことがある）」というドロシーの返答を受け，ライターの写真を見たらニューヨークの見方が変わる，とエドが述べているのである。

(e)エドは直前の発言で「そして写真の最も興味深いところは隅に隠されている」と述べており，ドロシーの返答を挟んで「チーズの店」というお気に入りの写真を具体例として説明をしている。よって，2の「例を挙げてみて」が正解となる。

(f)この発言において，ドロシーは「どうして彼がチーズ店の中から撮影しているとわかるの？」と疑問を呈し，写真のタイトルだけでそう判断させるのであれば不公平だと述べている。そこでタイトルだけで写真の内容を決められることが不公平な例として「あなたの靴の写真を撮って，『富士山』と呼ぶこともできる」と述べているのである。4が正解。

(g)直前のドロシーの発言「ニューヨークのチーズ店の中に立っていて外を見ているようだということに気づく」を受けて，8の「君をまさにその場所に置く」と答え，「君は家に帰る途中で夕食後に食べるチーズを選んでいるのかもしれない」とその場所にいる理由の具体的な例を挙げていると考えると自然。よって8が正解。

(h)「買い物ならいつでもできる」「(写真の) どこかに父が見つかるかもしれない」とあることから，写真展を観に行くつもりになっていることがわかる。よって5が正解となる。最後の instead は「(買い物の) 代わりに写真展に行く」ことを表している。

Ⅲ―B.「話題にしている」は「私（たち）が話している」とすればよい。「気をつけて見たら」の部分の「見る」は「注目する」というニュアンスのある look at,「単語が見える」の「見える」は「見つける」という意味の find か,「目に入る」というニュアンスの see を用いればよい。「窓の下のほうに」は lower part of ～「～の下部」といった表現を用いるとよいだろう。under the window「窓の下に」とすると意味が違ってくるので注意すること。

❖講　評

2022年度も例年通り，出題形式は長文読解問題2題，会話文・英作文問題が1題となっていた。出題内容も読解問題，会話文・英作文問題ともにほぼ毎年出題されている出題パターンとなっている。読解問題におけるテーマは毎年，理系，文系的な内容を問わず，日常的な内容から専門的な分野まで多岐にわたって取り上げられている。2022年度はⅠが「レターロッキングのヴァーチャル開封」，Ⅱが「科学の進歩のきっかけはミルクとお茶に関する言い争い」となっていた。難易度は例年並みとなっている。難易度がやや高めの文章が見られる箇所もあるが，前後関係をきちんと把握できていれば設問に対する答えを導き出すことはできる。

設問は，ほぼ毎年出題されている空所補充，同意表現，内容説明，語句整序，内容真偽，英文和訳となっており，2021年度に出題された段落に対する表題，欠文挿入箇所は2022年度は問われなかった。空所補充はイディオムや前置詞の知識などを問いつつ，2022年度Ⅱにおける空欄(Z)など前後関係をきちんと理解しているかどうかを問う出題が続いている。空所補充や同意表現において語句の知識を，語句整序や英文和訳などで文法の知識を，内容説明や内容真偽などで文章の大意を把握できているかどうかが試されている。また同意表現におけるⅡの(c)など，下線部の意味は非常に難易度が高い表現であるが，前後関係から意味を推測した上で選択肢から同じような意味をもつものを選ぶといった内容把握力が求められる出題も見られる。前述のように段落に対する表題，欠文挿入箇所といった問題は2022年度は出題されなかったものの，文章全体の内容の理解が重要であるという傾向に変わりはないと言えるだろう。Ⅲの会話文も，空所補充，英文和訳ともに難易度は例年とほぼ同じである。会話文の空所補充は会話表現の知識が問われることはほとんどなく，読解と同じく会話の内容をきちんと把握できているかどうかを問う出題である。会話の流れをつかめば比較的解きやすいものが多いので，しっかり得点できるようにしておきたい。英作文も標準的な構文を用いて作ることができる出題が多いので，きちんと対策しておけば合格レベルに到達することができるだろう。

全体としては語彙力を充実させつつ，読解，会話文ともに逐語訳的に意味を取っていくのではなく，流れを意識しながら内容を把握していく力を高めていく努力が求められていると言える。

日本史

I **解答**　【設問A】ア．除目　イ．御斎会　ウ．北山抄
エ．寝殿造　オ．蒔絵　カ．巨勢金岡　キ．具注暦
ク．物忌　ケ．方違

【設問B】a－23　b－26　c－7　d－9　e－17　f－15　g－3
h－10　i－16

◀解　説▶

≪平安時代の貴族の生活文化≫

【設問A】ア．「大臣以外の官を任じる儀式」は除目という。「除」は旧官を除去して新官に就くの意味で，「目」は目録に記すことを意味する。

イ．難問。「正月8日から14日まで，宮中の大極殿にて，『金光明最勝王経』を講じて国家安寧・五穀豊穣を祈る」年中行事は，御斎会《ごさいえ》である。8世紀後半から行われ，桓武朝以降に宮中での仏事として恒例化した。

ウ．やや難。「儀式書のうち，藤原公任の著作」は，『北山抄』である。公任が晩年に隠棲した山荘が京の北山にあったことにちなんだ書名で，11世紀前半の成立とみられる。西宮左大臣と呼ばれた源高明が著した儀式書『西宮記』（10世紀後半の成立）との区別にも注意したい。

カ．「大和絵の成立に影響を与えたと考えられ」る「9世紀後半を代表する絵師」は巨勢金岡である。細かい知識であり記述問題としてはやや難。

キ．難問。「陰陽寮が発行する，漢字のみで書かれたこよみで，その日の吉凶・禍福などが詳しく記されている」のは，具注暦である。2013年にユネスコの世界記憶遺産に登録された藤原道長自筆の『御堂関白記』が，具注暦の余白に書き込まれたものであったことなどを想起したい。

【設問B】a・b．平安時代の貴族は，男性は衣服・頭髪を改め，初めて冠をつける23の元服，女性は初めて裳を着ける26の裳着という成年式をあげた。

c．難問。7が正解。選択肢中，貴族の邸宅らしいものは，4の鳥羽殿，5の白河殿，7の土御門殿，12の聚楽第，27の東三条殿の5つある。そのうちの鳥羽殿は1179年に平清盛が後白河法皇を幽閉した院御所として

知られ，白河殿は白河上皇の院御所であろうと見当はつく。また聚楽第は関白豊臣秀吉が後陽成天皇を招いたことでも知られる邸宅であり，除外できる。しかし土御門殿も東三条殿も藤原道長に関連した邸宅であるから，厳密に「妻倫子の父である源雅信からゆずられ」「道長の本邸となった」点までの知識がないと土御門殿に限定できない。なお東三条殿には，源高明の娘明子が暮らしており道長はこちらにも通っていた。

ｄ・ｅ・ｆ．平安時代の男性貴族の通常服は9の直衣や狩衣で，正装時は17の束帯や，そこから石帯や下襲《したがさね》などを省いて簡略化し冠と袍《ほう》（＝表《うえの》衣《きぬ》）の構成にした15の衣冠をつけた。直衣・衣冠ともに正装である束帯を簡略化したという点は同じものであり，紛らわしい選択肢も多く，ｄ・ｆはやや難。なお，庶民の男性が着けたのは上衣と1の小袴や6の水干。下級武士は29の直垂という上衣に袴を用いた。

ｇ・ｈ．女性貴族の通常服は3の小袿《こうちぎ》に袴を着けたが，正装は10の唐衣《からぎぬ》や裳を上に着けた女房装束であった。どちらも細かい知識であり，やや難。なお，平安貴族の女性が下着とした8の小袖《こそで》は，庶民の女性が活動に適した表着《うわぎ》として着用し，短い22の腰衣をまいた。

II　解答

【設問1】ア．松永久秀　イ．堀越　ウ．扇谷
エ．氏康　オ．謙信〔上杉謙信〕　カ．毛利元就
キ．大友　ク．貫高　ケ．甲州法度之次第

【設問2】ａ－1　ｂ－3　ｃ－1　ｄ－4　ｅ－1　ｆ－4　ｇ－2
ｈ－1　ｉ－2

◀解　説▶

≪戦国時代の争乱と戦国大名≫

【設問1】ア．室町幕府の管領細川氏に代わって実権を握った三好長慶が死ぬと，家臣であった松永久秀に実権が移った。松永久秀は上洛した織田信長に一時臣属したものの，その後背いて大和国信貴山城で名器の茶釜とともに敗死した。

イ．鎌倉公方の足利成氏が下総古河にのがれ古河公方と呼ばれるようになったのに対し，足利政知は伊豆の堀越（現・静岡県伊豆の国市）に留まり，堀越公方と呼ばれた。

エ．北条早雲の息子氏綱の子で，「両上杉氏と古河公方を破り」「関東の大

半を支配する」までになったのは，氏康である。この後も，豊臣秀吉の小田原攻めで北条氏が降伏するまでに氏政・氏直と，区別がしづらい名前が続き，やや難。

【設問2】a・b．室町幕府の管領細川政元が1493年に廃した将軍は10代の足利義稙（当時の名は義材）であり，この事件は起こった年の元号にちなんで明応の政変という。義稙は用語集などを用いた精緻な学習を要し，彼に代えて擁立された2の11代将軍足利義澄も選択肢中にあり判断に迷う難問。3の足利義量は5代将軍，4の足利満兼は3代鎌倉公方で，応永の乱では大内義弘に呼応して足利義満と戦おうとしたが中止した人物である。

c．1が正解。鎌倉公方足利成氏が1454年に関東管領上杉憲忠を謀殺してから，1482年まで続いた戦乱を享徳の乱と呼ぶ。なお，2の天文は1536年に比叡山延暦寺の僧兵らが洛中の日蓮宗寺院を焼き払い，法華宗徒が京都から追放された天文法華の乱が起こった元号。4の永享は6代将軍足利義教が関東管領上杉憲実に協力して鎌倉公方足利持氏を倒した永享の乱（1438～39年）が起こった元号である。

f．4が正解。尼子氏は出雲国守護代から成長した戦国大名で，月山富田城を拠点に山陰地方を領有した。詳細な知識であり，やや難。

i．2が正解。戦国大名今川氏の城下町は駿河国の府中（現・静岡県静岡市）である。なお，1の一乗谷は朝倉氏の城下町で越前国（現・福井県福井市），3の春日山は上杉謙信の築いた城下町で越後国（現・新潟県上越市）にある。4の吉崎は，浄土真宗本願寺派の蓮如が築いた道場を中心に形成された寺内町で，越前国（現・福井県あわら市）にある。

III 解答

【設問ア】平民　【設問イ】1　【設問ウ】国粋
【設問エ】2　【設問オ】3　【設問カ】国民
【設問キ】教育　【設問ク】1　【設問ケ】奉読　【設問コ】内村鑑三
【設問サ】2　【設問シ】2　【設問ス】民俗学　【設問セ】民間伝承
【設問ソ】常民　【設問タ】4　【設問チ】3　【設問ツ】4
【設問テ】日本浪曼派　【設問ト】1　【設問ナ】2　【設問ニ】太宰治
【設問ヌ】1　【設問ネ】鹿鳴館

◀解　説▶

≪明治～昭和戦前期の思想・教育・学問・文学≫

【設問ア】明治政府主導の極端な欧化政策に反発した，民友社が主張した思想は，平民主義（平民的欧化主義）である。民友社を組織した徳富蘇峰は同志社英学校を中退した後も，新島襄との師弟関係が続き，同志社大学設立運動にも大いに尽力した人物である。

【設問イ・ウ】1の三宅雪嶺は思想団体・政教社を設立し，雑誌『日本人』を発行して国粋保存主義（近代的民族主義）を唱え，日本の伝統文化や美意識の保存を主張した。なお，2の河上清や4の西川光二郎は，日本初の社会主義政党である社会民主党の創立メンバーとなったキリスト教社会主義者。3の高山樗牛は雑誌『太陽』の主幹となり，日本主義を唱えた。

【設問エ】2が正解。雑誌『日本人』の主筆だから政教社の同人である志賀重昂を選ぶ。志賀重昂は地理学者でもあり，「日本の風土に理学的な解明を与えつつ」『日本風景論』も刊行した。なお，1の久米邦武は岩倉使節団に随行し『米欧回覧実記』を刊行，後に帝大（東大）教授として発表した「神道は祭天の古俗」で筆禍事件を起こした。3の木下尚江はキリスト教社会主義者で社会民主党の結党に参加，その後小説『火の柱』では非戦論を主張した。4の新渡戸稲造は東京帝国大学教授や東京女子大初代学長などを歴任した教育者であり，国際連盟事務局次長としても活躍した。

【設問オ・カ】新聞『日本』の主筆である3の陸羯南は，政府の欧化主義などを批判して，国民の統一と国家の独立を主張する国民主義を唱えた。なお，1の福地源一郎は『東京日日新聞』の主筆，立憲帝政党創設や劇作家としても活躍した。2の田口卯吉は『日本開化小史』の著者で知られる史学・経済学者。4の徳富蘇峰は【設問ア】の解説を参照。

【設問ク】1が正解。1890 年に発布された「教育に関する勅語（教育勅語）」は，小学校の修身科の教科書に掲載された。修身科は，教育勅語の発布によって天皇への忠誠心を育てる臣民教育を軸にした道徳教育を授けた学科である。

【設問ケ】やや難。奉読とは，学校儀式で教育勅語を「つつしんで読む」ことである。

【設問サ】2が正解。空欄コの内村鑑三が第一高等中学校辞職に追い込まれた事件は，内村鑑三不敬事件である。旧刑法における天皇など皇族に対する罪は１の「大逆」罪と２の「不敬」罪の２つに絞られる。そのうち，１の大逆罪が天皇など皇族に危害を加え，または加えようとする罪で，それにはあたらない。内村の場合は「天皇の署名のある勅語に拝礼しなかった」のが不敬の対象とされた。

【設問シ】内村鑑三はキリスト教的良心から教育勅語に拝礼しなかったため，非難を浴び辞職に追い込まれた。これを哲学者の井上哲治郎がとりあげて忠君愛国の国家教育にキリスト教はあわないなどとして攻撃した(『教育ト宗教ノ衝突』)。

【設問セ】難問。柳田国男が研究対象とした「民話・伝説・風習・儀礼・芸能など」の総称は，民間伝承である。

【設問ソ】難問。柳田国男の造語で，「農山漁村の民話・伝説・風習・儀礼・芸能など」を担う無名の民衆を，常民といった。

【設問チ】３が正解。南方熊楠が「柳田と同じく神社合祀に反対した」ことは知らなくとも，他の人物は「生物学・博物学者」ではないとして消去できる。１の安部磯雄，２の片山潜，４の幸徳秋水はともに社会民主党の結党などにかかわった社会運動家である。

【設問ツ】やや難。４が正解。柳田国男の代表作『遠野物語』の遠野は，岩手県の地名である。

【設問テ】「反近代的な哲学の観点から西洋型の近代を批判し，詩的精神や日本古典の復興を唱え」「1935年に創刊された雑誌」は『日本浪曼派』である。雑誌名が想起できても「曼」を「漫」と間違いがちなので難問といえる。

【設問ト】１が正解。保田与重郎は「日本民族の持つ伝統美やアジア主義に注目」，「日本の近代化の諸現象を否定的に評価し」，1935年に雑誌『日本浪曼派』を創刊した。消去法での正答も可能である。つまり1935年頃の「時勢に影響を与えた」人物であるから，戦時下に政府の弾圧や統制で壊滅したプロレタリア文学の作家ではないとして２の徳永直と４の小林多喜二（小林多喜二は1933年に特別高等警察により拷問死）は消去できる。また，３の津田左右吉も『神代史の研究』などが1940年に発禁処分となった歴史学者であるから消去できる。

【設問ナ】２が正解。「大正期に口語による自由詩の運動を展開した」「『月に吠える』『青猫』などの作品で知られる詩人」は，萩原朔太郎である。

他はみな小説家であるから消去できる。１の中野重治は転向文学の『村の家』を著した小説家。３の谷崎潤一郎は『刺青』『痴人の愛』『細雪』などを著した耽美派の作家。４の横光利一は『日輪』『旅愁』などで知られる新感覚派の作家。

【設問ニ】代表作『走れメロス』『斜陽』から太宰治を導くのは易しいが，「太」を「大」,「治」を「修」とするなど漢字ミスに注意したい。

【設問ヌ】１が正解。「岡倉天心に師事していた」から，岡倉が東京美術学校で指導した日本画家の横山大観に絞り込める。２の西田幾多郎は『善の研究』などで知られる哲学者。３の長谷川如是閑は『大阪朝日新聞』記者，のち雑誌『我等』を創刊するなどしたジャーナリスト。４の湯川秀樹は日本人として初めてノーベル賞を受賞した理論物理学者である。

【設問ネ】「1883 年に東京の日比谷に開館し，欧化主義の象徴となった」漢字３字の建築物といえば，イギリス人コンドルが設計した鹿鳴館である。

❖講　評

Ⅰ　平安貴族の生活文化について出題された。イの御斎会，キの具注暦の記述問題と，東三条殿との区別を要する選択問題ｃの土御門殿は，精緻な学習を要する難問。ウの北山抄・カの巨勢金岡と，貴族の衣服に関する選択問題ｄ・ｆ・ｇ・ｈはやや難問である。それら以外は教科書学習で対応できる標準レベルだが，学習の盲点となりがちな生活文化というテーマ史でもあり，全体的に難度が高い。

Ⅱ　戦国時代の争乱と戦国大名に関するテーマ史で，政治史中心に出題された。ａの足利義稙は用語集を用いた学習を要する難問。エの（北条）氏康，ｆの尼子氏の拠点・出雲国はやや難問である。ほかは標準レベル中心の問題構成だが，意表をつく歴史地理的な設問も若干数あり，得点差が開いたであろう。大問全体としては標準レベルで，３題の大問中最も得点しやすかった。極力ケアレスミスのないようにしたい。

Ⅲ　⑴明治中期の思想，⑵教育勅語と内村鑑三不敬事件，⑶柳田国男の功績，⑷日本浪曼派を中心とした文学の４テーマに関連する近代文化史が幅広く出題された。【設問セ】の民間伝承，【設問ソ】の常民，【設問テ】の日本浪曼派は教科書掲載頻度が低い用語の記述問題であり難問。また，【設問ケ】の奉読，遠野が岩手県だと選択させる【設問ツ】は，やや難。それら以外は，【設問チ・ト・ナ】が教科書掲載頻度の低い南方熊楠・保田与重郎・萩原朔太郎の選択問題で一見難しそうだが消去法で容易に正解できるなど，標準レベルである。全体的には，細かい学習が困難な近代文化史を扱うだけに，やや難である。

総括すれば，分野別では 2021 年度に皆無であった文化史分野の問題が，2022 年度では全体の 6 割強を占めるまでに急増した。一方，出題形式では 2021 年度に大問 2 題で出題された史料問題が 2022 年度では姿を消した。しかし，2021 年度が「やや易化」した内容だっただけに，2022 年度は難・やや難ともに急増し，「難化」が顕著になった。

難問の多くは，平安時代の生活文化や，民俗学・戦時文学など過去に法，グローバル・コミュニケーション学部で出題頻度の低かった内容に関する詳細な知識を問うものである。こうしたことから，2022 年度は教科書精読による幅広い知識の習得ができていたかどうかが重要であったと考えられる。

世界史

I　解答

設問1．a－18　b－19　c－29　d－14　e－8
f－16　g－23　h－11　i－10　j－4
設問2．①－4　②－3　③－3　④－1　⑤－2
設問3．(1)四帝分治制〔四分統治〕 (2)レオ3世　(3)ローマ法大全
(4)ラテン帝国　(5)タタールのくびき〔モンゴル人のくびき〕

◀解　説▶

≪ローマ帝国とビザンツ帝国≫

設問1．d．コンスタンティノープルは，黒海と地中海を結ぶボスフォラス海峡を臨む位置にあり，古くから交通の要衝であった。

g．セルビア人などの勢力によって脅かされたビザンツ帝国の領土は，バルカン半島である。これ以前にもトルコ系ブルガール人が建国したブルガリア帝国が，ビザンツ帝国のバルカン半島領に度々侵入した。

h．スラヴ人へのキリスト教布教のために考案された文字は，キリル文字である。9世紀に生まれたグラゴール文字を発展させたもので，現在ロシアなどで使用されている文字の母体となった。

j．キプチャク＝ハン国の支配から15世紀（1480年）に自立したモスクワ大公はイヴァン3世である。モスクワ大公国の最盛期を現出し，「雷帝」と呼ばれる孫のイヴァン4世と混同しないよう注意したい。

設問2．①(i)誤文。ローマ帝国の版図が最大になった時，ゲルマニア全域は帝国領に入っていない。今のドイツやポーランドを中心とする地域をゲルマニアと呼び，そこにはゲルマン人諸族が居住していた。

(ii)誤文。カラカラ帝は，212年にローマ帝国の全自由人にローマ市民権を与えたアントニヌス勅令を出した皇帝である。五賢帝最後の皇帝は，マルクス＝アウレリウス＝アントニヌス。

②(i)誤文。ニケーア公会議で正統教義とみなされたのはアタナシウス派である。アリウス派はこの時異端とされた。また，キリスト教がローマ帝国の国教となるのは392年のことである。

(ii)正文。エフェソス公会議で異端とされたキリストの神性と人性を分ける

考えは，ネストリウス派と呼ばれる。
③(i)誤文。ヘラクレイオス帝（1世）が導入した，「辺境地域の司令官に地方の軍事的・行政的管理を一任する」制度は，テマ制（軍管区制）である。プロノイア制は11世紀から始まった，貴族に軍役奉仕を条件として国有地の管理権を一代限りで与える制度。(ii)正文。
④(i)(ii)ともに正文。ビザンツ皇帝レオン3世が聖像崇拝禁止令を発布すると，聖像を用いてゲルマン人に布教していたローマ教会はこれに反発，ビザンツ皇帝に代わる保護者として，トゥール・ポワティエ間の戦いでイスラーム軍を撃退したフランク王国に着目，接近した。
⑤(i)正文。(ii)誤文。クロアティア人は南スラヴ人であり，カトリックに改宗した。非スラヴ系民族でギリシア正教に改宗し，後にビザンツ帝国の支配下に入るのはトルコ系のブルガール人である。
設問3．(3)『ローマ法大全』は，ユスティニアヌス帝がトリボニアヌスら法学者に編纂させた。
(4)第4次十字軍が，ヴェネツィア商人らの要請を受けてコンスタンティノープルを占領し，1204年にラテン帝国を建国した。
(5)ロシアがキプチャク＝ハン国建国以来，約240年間にわたってモンゴル人の支配を受けたことを，ロシアでは「タタール（モンゴル人）のくびき」と呼ぶ。くびきとは車を引く牛馬の首につなげる横木のことで，モンゴル人による支配の過酷さを表現する比喩である。

Ⅱ　解答

設問1．a－28　b－11　c－19　d－10　e－5　f－9　g－29　h－30
設問2．バーブル，1　設問3．アブー＝バクル　設問4．マンスール
設問5．4　設問6．カイロ　設問7．ダウ船　設問8．3
設問9．ヒジュラ　設問10．3

◀解　説▶

≪ムスリムの諸政権≫

設問1．a．やや難。Aはティムール朝の説明文である。建国者のティムールはトルコ系軍人であるが，ティムール朝では公用語としてペルシア語が用いられ，文学もペルシア語文学，トルコ語文学が発達した。
b．ティムール朝の第4代君主ウルグ＝ベクは，天文台を建設し，この天

文台の観測をもとに「ウルグ＝ベク天文表」が作成されている。
d．ウラマーは，イスラーム法学に精通し，教師や裁判官として活躍した。
設問2．1．やや難。誤文。鄭和の艦隊が南海遠征を行い，インドを訪れたのは15世紀前半。ムガル帝国の建国は1526年なので鄭和の艦隊はムガル帝国を訪れていない。
設問3．ムハンマドの死後，最初のカリフ（後継者）となった人物はアブー＝バクル。彼からアリーまでの4人のカリフの時代を正統カリフ時代と呼び，この間にイスラーム勢力はジハードを展開し，領土を拡大した。
設問4．やや難。Bはアッバース朝の説明文である。新都バグダードはアッバース朝第2代カリフのマンスールによってティグリス川中流に建設された。
設問5．Bのアッバース朝から自立した政権として正しいのは4のサーマーン朝。875年に中央アジアで独立したイラン系ムスリム王朝で，この下でトルコ人の集団改宗が進んだ。
設問6．チュニジアに興ったファーティマ朝がエジプトに進出した際，新都として建設したのがカイロである。地中海と紅海を結ぶ交易の要衝として発展し，やがてバグダードに代わる交易・文化の中心として栄えた。
設問7．ムスリム商人がインド洋交易で用いた三角帆の帆船をダウ船という。中国商人が南シナ海交易で用い，蛇腹式の帆を特徴とする大型帆船であるジャンク船と区別しておきたい。
設問8．(i)誤文。ワッハーブ派を創始したのは，イブン＝アブドゥル＝ワッハーブである。アフガーニーは19世紀にイスラームの大同団結と反帝国主義を主張し，パン＝イスラーム主義を提唱した人物である。(ii)正文。
設問10．Aはティムール朝，Bはアッバース朝，Cはワッハーブ王国を指している。アッバース朝を滅ぼしたのがモンゴルのイル＝ハン国。そのイル＝ハン国衰退後に台頭し，旧イル＝ハン国領を支配するのがティムール朝であるから，AはBの後である。ティムール朝はオスマン帝国を破ったものの，創始者ティムールの死後は急速に衰退する。かわって西アジアで勢力を伸ばしたのがオスマン帝国で，その末期にアラビア半島で自立するのがワッハーブ王国であるから，CはAの後である。よって，B→A→Cとなり，正解は3となる。

III **解答** 設問 1．a―36　b―29　c―5　d―25　e―21
f―31　g―12　h―35　i―11　j―13

設問 2．あ．カトー＝カンブレジ　い．ジブラルタル　う．コシュート
え．諸国民の春

設問 3．(A)―2　(B)―4　(C)―1　(D)―2

設問 4．(ア)―3　(イ)―4

◀解　説▶

≪近世・近代ヨーロッパの歴史≫

設問 1．d．1700 年にスペインのハプスブルク朝が断絶すると隣国のフランス（ブルボン家）のルイ 14 世が，自分の孫をスペイン国王に即位させたことからスペイン継承戦争が起こった。1713 年のユトレヒト条約でルイ 14 世の孫であるフェリペ 5 世のスペイン王位が認められたが，フランスとスペインの合邦は禁止された。

e．1699 年のカルロヴィッツ条約でオーストリアはオスマン帝国よりハンガリーやトランシルヴァニアなどを獲得した。オスマン帝国はこの条約で中央ヨーロッパにおける勢力を失うこととなった。

f．オーストリアが，スペイン継承戦争後のラシュタット条約でスペインから獲得したアルプス以北の地とは，南ネーデルラント（スペイン領ネーデルラント）である。ユトレヒト条約でイギリスなどの国々とフランス・スペイン連合が講和した後も，オーストリアは戦争を継続した。その終結を目的に結ばれたのがフランスとのラシュタット条約であり，オーストリアは南ネーデルラントの他，ミラノ・ナポリ・サルデーニャをスペインから獲得した。

i．1815 年，ウィーン体制維持のために結ばれた軍事同盟とは四国同盟である。のちにフランスも加わって五国同盟となる。空欄の後ろに「1818 年にはフランスも加わった」とある。問題文を注意深く読み，五国同盟を選ばないようにしたい。

設問 2．あ．イタリア戦争終結のために 1559 年に結ばれた条約は，カトー＝カンブレジ条約。フランス国王アンリ 2 世，イギリス女王エリザベス 1 世，スペイン国王フェリペ 2 世を中心に結ばれた。

い．ユトレヒト条約でイギリスがスペインから獲得したイベリア半島南端のジブラルタルは，現在もイギリス領である。

う．1848年，ハンガリーでは，オーストリアに対する民族運動をコシュートが指揮した。ポーランド分割に対して抵抗運動を起こしたコシューシコと混同しないよう注意したい。

設問３．(A)(i)正文。(ii)誤文。「規律正しい禁欲的な生活と職業に励むことを主張した」のは，ルターではなくカルヴァンである。

(B)(i)誤文。トマス＝モアが批判した第１次囲い込みは，地主であるジェントリによって非合法，暴力的に展開された。議会主導で合法的に行われたのは，18世紀前半から食糧増産を目的として行われた第２次囲い込みである。

(ii)誤文。ジャワ島のバタヴィアを拠点に香辛料貿易を行ったのはオランダ東インド会社である。

(D)(i)正文。(ii)誤文。プロイセン＝オーストリア戦争によってドイツ連邦が解体され，新たにオーストリアを除きプロイセンを中心とした北ドイツ連邦が発足した。

設問４．(ア)１．誤文。バッハはバロック音楽の作曲家。モーツァルトは古典派音楽の代表的作曲家である。

２．誤文。コルネイユはフランス古典主義を代表する悲劇作家。古典主義ではコルネイユの他，同じく悲劇作家のラシーヌ，喜劇作家のモリエールも有名である。

４．誤文。歪んだ真珠を意味する豪壮華麗なバロック様式への反動として，繊細優美なロココ様式が誕生した。

(イ)１．誤文。ウィーン会議には全ヨーロッパの君主や代表が参加したが，オスマン帝国の代表は参加していない。

２．誤文。ウィーン会議では，特定の一国による国際関係の支配が起きぬよう，勢力均衡の原則による国際秩序の維持が希求された。

３．誤文。セイロン（スリランカ）の領有権は，ウィーン会議でオランダからイギリスに移った。なお，セイロンは1948年にイギリスの自治領として独立した。

❖講　評

Ⅰ　ローマ帝国の全盛期から分裂後のビザンツ（東ローマ）帝国をテーマとし，関連するスラヴ史も問う。すべて教科書レベルの設問ではあるものの，東ヨーロッパ史・スラヴ史といった受験生の学習が手薄になりがちな分野からの出題が多かった。設問2の2つの文章の正誤判定問題には正確な知識が要求されるため注意が必要。

Ⅱ　ムスリムの諸政権のうちティムール朝・アッバース朝・ワッハーブ王国の3つの説明文をリード文とし，イスラーム史を幅広く問う大問である。設問1の空欄補充のaや設問2の誤文選択，設問4はやや詳細な事項が問われており，得点差がつきやすい大問であったといえる。

Ⅲ　16～19 世紀にかけての近世・近代ヨーロッパの歴史をリード文にヨーロッパ関連問題が問われている。設問3の(C)や設問4の(ア)で文化史が問われており，文化史への対策が十分であったかどうかで得点差が生じたと思われる。政治史に関しては教科書レベルの基本事項をおさえていれば得点できる。

全体としては教科書を丁寧に学習していれば得点できるレベルであり，2021 年度に見られたような難問は出題されなかった。正誤問題と文化史でしっかり得点できたかどうかがポイントとなったであろう。

政治・経済

I 解答

【設問１】ア．ステークホルダー　イ．消費者主権
ウ．消費者基本法
【設問２】A－9　B－8　C－4　D－15　E－10　F－5
【設問３】エ．グレーゾーン金利　オ．自己破産　G－2
【設問４】デモンストレーション
【設問５】a－2　b－1　c－2
【設問６】H－8　I－5　J－4
【設問７】株主代表訴訟　【設問８】リコール

◀解　説▶

≪消費者問題・企業の社会的責任≫

【設問１】ア．ステークホルダーが適切。「カタカナで記入」することに注意が必要である。日本語では利害関係者と訳される。株主はシェアホルダーといい，ステークホルダーとは区別される。

ウ．消費者基本法が適切。消費者保護基本法は消費者を保護の対象にしていたが，基本理念が「消費者の権利の尊重及びその自立の支援」に変わったことにより，法律名から「保護」が消えた。

【設問２】D．15の企業統治が適切。近年ではコーポレート・ガバナンスという表現が用いられることも多い。

F．5が適切。リテラシーとは，もともとは文章を読解し記述する能力のこと。

【設問４】デモンストレーションが適切。デモンストレーションとは，誇示という意味で，個人の消費行動が，他の消費者の消費行動に誇示されて，その影響を受けるという意味である。

【設問５】a．誤り。食品表示法ではなく，食品安全基本法の記述である。

c．誤り。消費者団体訴訟制度は製造物責任法ではなく，消費者契約法を根拠として実施されている。

【設問６】I．5が適切。会社法では内部統制システムについて，「取締役の業務執行が法令や定款に適合することを確保するための体制，および当

該企業やその子会社からなる企業集団の業務の適正を確保するために必要なものとして法務省令で定める体制の整備」（第 362 条）と定められている。

【設問 7】株主代表訴訟が適切。法令上の正式な用語ではなく，会社法では「責任追及等の訴え」（第 847 条）という。

【設問 8】リコールが適切。政治分野での解職請求を意味するリコールとは異なり，経済分野では欠陥が発覚した商品について事業者が回収・交換等を行うことをいう。

Ⅱ　解答

【設問 1】ア．自主規制　イ．日米構造協議
ウ．産業の空洞化　エ．第一次所得

【設問 2】 1　【設問 3】 3　【設問 4】 4

【設問 5】スーパー 301 条　【設問 6】 3

【設問 7】 a－2　b－1　c－2　【設問 8】 3　【設問 9】 4

【設問 10】 3　【設問 11】前川レポート〔前川リポート〕

【設問 12】大規模小売店舗法　【設問 13】 2　【設問 14】 1

【設問 15】サプライチェーン　【設問 16】 4

◀解　説▶

≪国際経済・日本の産業≫

【設問 1】イ．日米構造協議が適切。1993 年から日米包括経済協議となった。

エ．第一次所得（収支）が適切。経常収支は貿易・サービス収支，第一次所得収支，第二次所得収支の合計で求められる。

【設問 2】 1 が適切。1971 年，アメリカ大統領ニクソンが，金とドルの交換停止，輸入課徴金の徴収などについて発表し，世界経済は大きな混乱に巻き込まれた。この一連の動きをニクソン・ショック（ドル・ショック）という。

【設問 3】 3 が適切。たとえば日本のメーカーが発売している家庭用ゲーム機は，2022 年現在で中国やベトナムなどの工場で製造されたものが日本に入ってきている。このような形を逆輸入という。

【設問 4】 4 が適切。業務委託についてはアウトソーシングが用いられることが多いが，特に海外に業務を委託することをオフショアリング（オフ

ショア）という。

【設問6】 3が適切。

1．誤り。一人あたりGDPを比較した場合，日本のほうが中国よりも多い。

2．誤り。2019年の日本の貿易相手国は，輸出においてはアメリカが全体の19.8%で第1位，中国が19.1%で第2位であり，輸入においては中国が23.5%で第1位，アメリカが11.0%で第2位となっている。

4．誤り。経済特区にはシェンチェン（深圳）やアモイ（厦門）などが選ばれた。

【設問7】 a．誤り。中国産のネギ等に対してはアンチダンピングではなくセーフガード（緊急輸入制限）措置が取られた。

c．誤り。貿易摩擦の解消のために，オレンジの輸入自由化が決定された。

【設問9】 4が適切。

1．誤り。垂直的分業は発展途上国と先進国との間で行われる国際分業である。

2．誤り。世界貿易のうち約3分の1が企業内貿易であるとの指摘が，UNCTADや専門家等からなされているという事実はあるが，50%を占めるには至っていないと考えられる。

3．誤り。外国での工場等の設立は直接投資に該当する。

【設問11】 前川レポート（前川リポート）が適切。正式名称は「国際協調のための経済構造調整研究会報告書」であるが，座長を務めた前川春雄元日銀総裁の名に由来する「前川レポート」の名称がよく知られている。

【設問13】 2が適切。為替レートが急激に上昇する（日本の場合円高になる）と，長期的には貿易黒字が減少すると考えられる。しかし，短期的には輸出品が高値で取引されることになるため，貿易黒字は一度増加したのち，減少に転じる。このような貿易額の変化のことをJカーブ効果という。

【設問15】 サプライチェーンが適切。なお，ロジスティクスという用語が，特に物流を指して使われる。

【設問16】 4が適切。

1．誤り。現在の形式においては経常収支－金融収支＋資本移転等収支＋誤差脱漏＝0が成り立つ。

2．誤り。国際収支マニュアルはIMF（国際通貨基金）によって定められている。

3．誤り。日本のサービス収支は一般的に赤字となることが多い。

III 解答

【設問1】ア．生産者米価　イ．食料・農業・農村基本　ウ．耕作放棄地　エ．農地バンク〔農地中間管理機構〕　オ．遺伝子組み換え

【設問2】A―11　B―3　C―18　D―15　E―16　F―19　G―1

【設問3】2　【設問4】1

【設問5】カ．コメ　キ．トレーサビリティ

【設問6】H―5　I―4　【設問7】フードマイレージ

【設問8】a―2　b―1

◀解　説▶

≪農業問題≫

【設問1】ア．生産者米価が適切。「年々引き上げられた」とあるため，価格を意味する言葉が入ると考えられる。生産者米価に対して，消費者に売り渡す価格を消費者米価といった。

ウ．耕作放棄地が適切。なかなか耳慣れない言葉であるが，「耕作する予定のない土地」などから判断したい。

エ．農地バンク（農地中間管理機構）が適切。2013年成立の「農地中間管理事業の推進に関する法律」に基づき各都道府県に設置されている。

【設問2】B．3が適切。稲作に代わり酪農や養豚・養鶏のほか，野菜や果物などの生産を増やすことが求められた。

C．18が適切。食糧管理制度においては，生産者米価のほうが消費者米価より高かった。つまり，通常の商取引とは異なり，高く買って安く売る「逆ざや」となっていた。

E．16が適切。植物工場ともいわれる。省力化ができる一方で，コストの問題などが指摘されている。

G．1が適切。農林水産省はグリーン・ツーリズムを「農山漁村において自然，文化，人々との交流を楽しむ滞在型の余暇活動」と定義しており，「農山村に出かけ」「現地の人たちと交流」などの部分から判断できる。なお，似た言葉にエコ・ツーリズムがあるが，こちらは自然環境の保護やその活用を目的とするもので，文脈に合わないことに注意が必要である。

【設問3】 2が適切。

1．誤り。内閣府「2019年度国民経済計算」によれば，農業総生産の対GDP比は0.8％である。

3．誤り。農林水産省の資料によると，2020年における農業就業人口の基幹的農業従事者の65歳以上の比率はおよそ70％である。

4．誤り。農林水産省の資料によると，1960年の農業就業人口は約1454万人，2000年は約389万人となっており，3分の1以下である。

【設問4】 1が適切。

2．誤り。ポストハーベスト（post-harvest）とは収穫後の農作物に使う防カビ剤などのことである。

3．誤り。日本では，食品衛生法に規定されているもの以外のポストハーベストは使用禁止となっている。

4．誤り。規制は各国によって異なるので，アメリカから輸入される農作物にはポストハーベストが使用されていることがある。

【設問5】キ．トレーサビリティが適切。日本では設問文にあるように，2003年に牛肉トレーサビリティ法，2009年に米トレーサビリティ法（米穀等の取引等に係る情報の記録及び産地情報の伝達に関する法律）が制定されている。

【設問8】 a．誤り。「有機」「オーガニック」の表示には登録認証機関の審査・認証が必要となる。

b．正しい。持続農業法で認定されたエコファーマーになると，農業改良資金の特例措置が受けられる。

❖講 評

Ⅰ 消費者問題および企業の社会的責任について出題された。基本的には標準的なレベルの問題で構成されているが，グレーゾーン金利について問う【設問3】や内部統制システムについて問う【設問6】などは教科書等でなじみがなく，解答に苦労した受験生も多かったと考えられる。

Ⅱ 国際経済を中心として，日本の産業の問題点などについても出題された。【設問1】・【設問16】などでは国際収支について詳細に問われており，対策が十分でなかった受験生には難しく感じられたであろう。

【設問 15】のサプライチェーンは教科書等ではあまり扱われることがないものの，新聞等でよく目にするようになっている用語である。

Ⅲ　農業問題について出題された。【設問 7】のフードマイレージなど，2020 年度でも問われた内容が繰り返し出題されている。農地バンク（農地中間管理機構）について問う【設問 1】や，グリーン・ツーリズムとエコ・ツーリズムの違いを理解しておくことが求められる【設問 2】，有機 JAS 法について問う【設問 8】など，やや難度の高い問題も出題された。

数学

I **解答** (1)ア．48　イ．32

(2)ウ．$\dfrac{1120}{19683}$　エ．$\dfrac{17635}{19683}$　オ．$\dfrac{16}{59049}$

(3)カ．$\sqrt{6}$　キ．$\dfrac{5\sqrt{3}}{6}$　ク．$\dfrac{\sqrt{6}}{3}$　ケ．$\left(1,\ \dfrac{1}{2},\ 1\right)$　コ．$\dfrac{3}{2}$

◀解　説▶

≪倍数と約数，反復試行の確率，空間図形の計量≫

(1)　80 以下の自然数のうち 2 の倍数の集合を A，5 の倍数の集合を B とする。

$$80=2\times40=5\times16=10\times8$$

よって　　$n(A)=40,\ n(B)=16,\ n(A\cap B)=8$

以上より，80 以下であり，2 の倍数または 5 の倍数となる自然数の個数は

$$n(A\cup B)=40+16-8=48$$

ゆえに　　48 個　→ア

80 以下の自然数のうち $80=2^4\cdot5$ と互いに素であるとは，2 の倍数でも 5 の倍数でもないということである。

よって，その個数は　　$80-48=32$

ゆえに　　32 個　→イ

(2)　点 P は数直線上を確率 $\dfrac{4}{6}=\dfrac{2}{3}$ で $+3$ 移動し，確率 $\dfrac{2}{6}=\dfrac{1}{3}$ で -2 移動する。

点 P が n 回移動するとき，$+3$ だけ移動する回数を p 回とおくと，$n-p$ 回は -2 移動することになり，n 回後の点 P の座標は $x_n=+3p-2(n-p)=5p-2n$ となる。

$x_{10}=5p-20$ より，$x_{10}=0$ となるのは $5p-20=0$，つまり $p=4$ のときである。

よって，その確率は

$$ {}_{10}\mathrm{C}_4\left(\frac{2}{3}\right)^4\left(\frac{1}{3}\right)^6=\frac{10\cdot 9\cdot 8\cdot 7\cdot 2^4}{4\cdot 3\cdot 2\cdot 1\cdot 3^{10}}=\frac{10\cdot 7\cdot 2^4}{3^9}$$

$$=\frac{1120}{19683}\quad\to ウ$$

$x_{10}\leqq 21$ となるのは $5p-20\leqq 21$，つまり $p\leqq 8$ のときである。余事象である $p\geqq 9$ のときを考える。よって，求める確率は

$$1-\left\{{}_{10}\mathrm{C}_9\left(\frac{2}{3}\right)^9\frac{1}{3}+\left(\frac{2}{3}\right)^{10}\right\}=1-\left(\frac{10\cdot 2^9}{3^{10}}+\frac{2^{10}}{3^{10}}\right)=1-\frac{(5+1)2^{10}}{3^{10}}$$

$$=1-\frac{2^{11}}{3^9}=1-\frac{2048}{19683}=\frac{17635}{19683}\quad\to エ$$

$|x_n|\leqq 2$ つまり $-2\leqq x_n\leqq 2$ の範囲に点Pがいるためには

$x_n=-2$，-1 のときは $+3$ の移動で　　$x_{n+1}=1$，2

$x_n=0$，1，2 のときは -2 の移動で　　$x_{n+1}=-2$，-1，0

となる。

以上より，$|x_1|\leqq 2$，$|x_2|\leqq 2$，$|x_3|\leqq 2$，…，$|x_{10}|\leqq 2$ の条件をすべて満たす点Pの座標は順に

$$x_1=0-2=-2,\ x_2=-2+3=1,\ x_3=1-2=-1,$$
$$x_4=-1+3=2,\ x_5=2-2=0$$

となり，周期5で原点に戻る。その確率は

$$\frac{1}{3}\times\frac{2}{3}\times\frac{1}{3}\times\frac{2}{3}\times\frac{1}{3}=\frac{2^2}{3^5}$$

これを $x_6=x_1$，$x_7=x_2$，$x_8=x_3$，$x_9=x_4$，$x_{10}=x_5$ と繰り返すので

$$\left(\frac{2^2}{3^5}\right)^2=\frac{2^4}{3^{10}}=\frac{16}{59049}\quad\to オ$$

(3)　△ABCはBA$=\sqrt{5}$，BC$=\sqrt{5}$，AC$=2\sqrt{2}$ の二等辺三角形。

ACを底辺としたときの高さは　　$\sqrt{(\sqrt{5}\,)^2-(\sqrt{2}\,)^2}=\sqrt{3}$

よって，面積は　　$\frac{1}{2}\times 2\sqrt{2}\times\sqrt{3}=\sqrt{6}\quad\to カ$

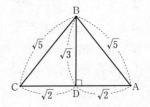

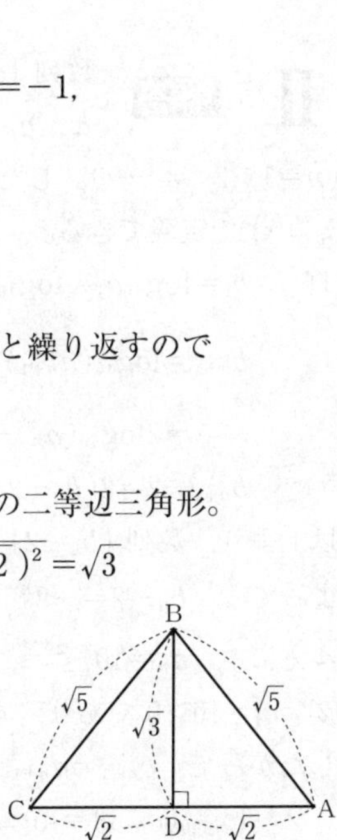

右図より　　$\sin A=\frac{\sqrt{3}}{\sqrt{5}}$

正弦定理より△ABCの外接円の半径 R は

$$R=\frac{\sqrt{5}}{2\cdot\frac{\sqrt{3}}{\sqrt{5}}}=\frac{5}{2\sqrt{3}}=\frac{5\sqrt{3}}{6}\quad\to キ$$

四面体OABCを三角錐として，その体積を2通りに表す。

$$\frac{1}{3}\times\frac{1}{2}\times2\times2\times1=\frac{1}{3}\times\sqrt{6}\times\mathrm{OH}$$

$$\mathrm{OH}=\frac{2}{\sqrt{6}}=\frac{\sqrt{6}}{3}\quad\rightarrow ク$$

四面体OABCの外接球の中心をP$(a,\ b,\ c)$とすると，PA=PB=PC=POより

$$(2-a)^2+b^2+c^2=a^2+b^2+c^2\qquad a=1$$

$$a^2+(b-1)^2+c^2=a^2+b^2+c^2\qquad b=\frac{1}{2}$$

$$a^2+b^2+(c-2)^2=a^2+b^2+c^2\qquad c=1$$

よって，中心の座標は　$\left(1,\ \frac{1}{2},\ 1\right)$　→ケ

半径は　$\sqrt{1^2+\left(\frac{1}{2}\right)^2+1^2}=\sqrt{\frac{9}{4}}=\frac{3}{2}$　→コ

II

解答　数列$\{a_n\}$に対して，$a_1=10>0$であり，$a_n>0$とすると，$a_{n+1}>0$となり，すべてのnについて$a_n>0$となる$(n=1,\ 2,\ 3,\ \cdots)$。したがって，数列$\{b_n\}$が$b_n=\log_{10}(a_n)$ $(n=1,\ 2,\ 3,\ \cdots)$で定義できる。

(1)　$b_1=\log_{10}a_1=\log_{10}10=1$

$$b_{n+1}=\log_{10}(a_{n+1})=\log_{10}\frac{(a_n)^2}{100}=2\log_{10}(a_n)-\log_{10}100$$

$$=2\log_{10}(a_n)-2=2b_n-2$$

$$b_{n+1}-2=2(b_n-2)$$

以上より，数列$\{b_n-2\}$は初項が$1-2=-1$，公比が2の等比数列となる。

よって　$b_n-2=-2^{n-1}$　　$b_n=2-2^{n-1}$　$(n=1,\ 2,\ 3,\ \cdots)$　……(答)

ゆえに　$a_n=10^{2-2^{n-1}}$　$(n=1,\ 2,\ 3,\ \cdots)$　……(答)

(2)　$c_1=10>0$であり，すべてのnにおいて$a_n>0$より$c_n>0$となる。

したがって，$c_{n+1}=a_{n+1}c_n$の両辺の常用対数をとると

$$\log_{10}(c_{n+1})=\log_{10}(a_{n+1})+\log_{10}(c_n)$$

$$\log_{10}(a_{n+1})=b_{n+1}=2-2^n$$

よって　$\log_{10}(c_{n+1})-\log_{10}(c_n)=2-2^n$

$\log_{10}(c_1)=1$ より，$n\geqq 2$ のとき

$$\log_{10}(c_n)=1+\sum_{k=1}^{n-1}(2-2^k)=1+2(n-1)-\frac{2-2^n}{1-2}=1+2n-2+2-2^n$$
$$=1+2n-2^n$$

これは $n=1$ のとき，$1+2-2=1$ で成り立つ。

よって　$c_n=10^{1+2n-2^n}$　$(n=1,\ 2,\ 3,\ \cdots)$　……(答)

$c_n\leqq 10^{-1000}$　より　$\log_{10}(c_n)\leqq -1000$

$1+2n-2^n\leqq -1000$

$n\geqq 2$ のとき $b_n\leqq 0$ であるから，$\log_{10}c_n$ は増加しない。

$n=9$ のとき　$1+2n-2^n=1+2\cdot 9-2^9=1+18-512=-493$

$n=10$ のとき　$1+2n-2^n=1+2\cdot 10-2^{10}=1+20-1024=-1003$

$-1003<-1000<-493$

以上より，$c_n\leqq 10^{-1000}$ を満たす最小の自然数 n は 10 である。……(答)

◀解　説▶

≪数列の漸化式と常用対数≫

漸化式で与えられた数列を誘導に従って常用対数をとることで，一般項を求めることができるようになっている。途中で等比数列型の 2 項間漸化式と階差数列が出てきている。漸化式から一般項を求める手順は定石通りではあるが，計算間違いをしないようにしたい。

III

解答　$\sin\theta+\cos\theta=t$ とおく。

$\sin\theta+\cos\theta=\sqrt{2}\sin\left(\theta+\dfrac{\pi}{4}\right)$ より　$-\sqrt{2}\leqq t\leqq\sqrt{2}$

$\sin^2\theta+\cos^2\theta=1$ であるから，$2\sin\theta\cos\theta=(\sin\theta+\cos\theta)^2-1$ より

$$\sin\theta\cos\theta=\frac{t^2-1}{2}$$

$\sin^3\theta+\cos^3\theta=\dfrac{11}{16}$ に $\sin\theta+\cos\theta=t$ を代入すると

$$\sin^3\theta+\cos^3\theta=(\sin\theta+\cos\theta)^3-3\sin\theta\cos\theta(\sin\theta+\cos\theta)$$

$$t^3-3\times\frac{t^2-1}{2}\times t=\frac{11}{16}$$

$$-\frac{1}{2}t^3+\frac{3}{2}t=\frac{11}{16}$$

$$t^3-3t+\frac{11}{8}=0$$

$$\left(t-\frac{1}{2}\right)\left(t^2+\frac{1}{2}t-\frac{11}{4}\right)=0$$

よって　　$t=\frac{1}{2},\ \frac{-1\pm3\sqrt{5}}{4}$

$-\sqrt{2}\leqq t\leqq\sqrt{2}$ より　　$t=\frac{1}{2}$

ゆえに　　$\sin\theta+\cos\theta=\frac{1}{2},\ \sin\theta\cos\theta=\frac{t^2-1}{2}=-\frac{3}{8}$

したがって，$\sin\theta$ と $\cos\theta$ を解にもつ2次方程式は解と係数の関係より

$$x^2-\frac{1}{2}x-\frac{3}{8}=0$$

これを解いて　　$x=\frac{1\pm\sqrt{7}}{4}$

以上より　　$(\sin\theta,\ \cos\theta)=\left(\frac{1+\sqrt{7}}{4},\ \frac{1-\sqrt{7}}{4}\right),\ \left(\frac{1-\sqrt{7}}{4},\ \frac{1+\sqrt{7}}{4}\right)$

……(答)

◀解　説▶

≪三角関数の方程式≫

基本対称式，解と係数の関係を利用して与えられた方程式から三角関数の値を求める問題。計算ミスをしないようにしたい。

❖講　評

大問3題の出題。Ⅰは空所補充形式。Ⅱ・Ⅲは記述式。Ⅰは「数学A」から整数問題と確率と図形と計量の小問3問。Ⅱは「数学B」の数列の漸化式と常用対数，Ⅲは「数学Ⅰ」の三角関数の方程式からの出題である。

Ⅰ(1)の倍数の個数を求める問題は基本問題。確実におさえたい。(2)の反復試行の確率は後半は一見難しそうに見えるが，実際に点を動かして

みるとやさしい問題である。(3)は中学校の幾何の知識も利用し，確実に点を取りたい。

Ⅱは数列の漸化式の問題。常用対数との融合問題。誘導に従って定石通りに解いていきたい。

Ⅲは三角関数の方程式。全く誘導はないが教科書にも類題のある問題である。結果がきれいな値にならないので正しいかどうか不安になるかもしれない。丁寧に計算していきたい。

標準的な問題ではあるが，計算量が多く75分という時間ですべてに取り組むのは大変であろうから，できるところを確実におさえるようにしたい。

ある。

一の現代文は例年どおりの長文の評論。二〇二二年度は〈メディアの変遷とジャーナリズム〉について書かれた文章で、ちくまプリマー新書という若い読者を対象とした新書のシリーズの一冊ということもあって読みやすい内容であった。設問は例年どおりの構成だが、空所補充問題の数が一問減り、その分全体の問いの数も七問から六問に減った。㈠の空所補充は基本的。㈡〜㈣の内容説明の選択問題は、傍線部前後に注意すればそれほど難しくはない。㈤は選択肢の前半に正解が集まっているため、受験生は不安になったかもしれないが、正解をバランスよく配置しなければならないというルールはないので、惑わされずに自分の出した答えに自信を持つことが大切である。最後にある記述式問題の㈥は、設問の条件に注意すれば答えの内容はすぐにわかるが、四十字以内という指定字数が厳しい。言葉を吟味して解答をまとめあげるために、ここに十分な時間をかけられるよう、ほかの設問を手際よく解いていくようにしたい。

二の古文は、本文にも登場する藤原孝時の弟子である隆円が書いた雅楽書からの出題である。この作品は、孝道・孝時を中心とする琵琶の歴史とそのエピソードを、老人と尼が語り合うという『大鏡』を模した歴史物語形式で描いたもので、文章そのものの難度は決して高くはないが、あまりなじみのない人が多いであろう雅楽に関する内容なので、少しとまどったかもしれない。設問は例年どおりの構成。㈠の語意は基本的、㈡と㈢は内容説明と口語訳。㈢アの「あふにあふ」は一般の辞書に載っていない表現で、前後関係や選択肢の検討で導いていくことはできるが、やや厳しい設問であった。㈣の文法は「り」に関係する語の識別で基本的、㈤の内容真偽も本文の流れが読めていればそれほど迷わない。記述式の㈥は、指示語の設問に見えるが本文全体の趣旨と関わることがらをまとめる設問であり、標準的な内容ながら三十字にまとめるのが難しい。現代文同様、最後の設問に時間をかけられるように時間を配分することが重要である。

3、第二段落に「大夫殿より……仁和寺の蓬屋《ほうおく》に来たれりければ」と〈円慶が修理大夫の手紙を持って京都の仁和寺にある孝道の家を訪ね〉、「仁また無双の好士にて……上洛を遂げけり」と〈その後も六回上京したこと〉は書かれているが、孝道らの下向との関わりについては書かれていない。

4、第三段落の一文目に「『いまこの三伶……』と思ひければ、在国経廻のほども随分の功をいたす」と、孝道父子が鎌倉にいるときにいろいろと世話をしたことが書かれているだけである。

5、第三段落の「やうやう双調の調子果つるほどに……。ふしぶし……尾上に響く。あはれそこよく澄みわたりければ」という部分から読み取れる内容である。

6、その後の非難の言葉と合わせて考えると、孝道がにらんだのは「円慶」であって「孝時・孝行」ではない。この二人の失策については何も書かれていない。

以上より1と5が本文の内容に合致している。

(六)　傍線部を含む一文は〝よくよくこのことを考えてみると、ひとまずは孝道が無慈悲であるように見えるが、また「道を守るための決まりごとはまったくこうあるべきだ」という人もいた〟と、この話を総括する内容になっている。「このこと」の指しているのは、そこまでに書かれている孝道と円慶をめぐる一連のできごとであるが、「非愛」に見えることがらは具体的には〈孝道たちの演奏の後を勝手について歌った円慶を叱責して退場させた孝道の行動〉であり、「道を守る」ことにつながるのは〈「源藤二つの流れ」に属さない地下の円慶が催馬楽を歌った〉のを許さないということである。この二点を、要点のみに限定して、言葉をよく選んで字数内にまとめていく。

❖講　評

例年どおり、現代文一題、古文一題の二題。現代文の本文の長さ、現代文、古文の最後に置かれた記述問題の指定字数の厳しさなども例年と変わっておらず、七五分という試験時間は短いくらいである。標準〜やや難のレベルの出題でいってこのようでありますのか〟となり、自分たちが神前で演奏をささげているときに、自分の後について歌う円慶の行為を非難した言葉となっている。3が適当である。1と5は文末の「よいものでしょうか」が「候ふか」に合わない。2と4にある「修理大夫」はこの場面では無関係である。

(四)　直後に過去の助動詞「けり」の已然形がある。「けり」は連用形接続の助動詞なので、傍線の「り」は連用形で「り」の形をとる〈完了の助動詞「り」〉。傍線部直前の「来たれ」はラ行四段活用の動詞「来たる」の命令形（已然形）である。

選択肢はすべて『平家物語』からの引用である。

1は〝（私の心を）思いやってくれ、ほんのしばらくと思う旅でさえもやはりふるさとは恋しいものなのに〟という意味で、「れ」はラ行四段活用の動詞「おもひやる」の命令形の活用語尾。

2は〝（波が）寄せては返る、そのたびごとに〟という意味で、「る」はラ行四段活用の動詞「かへる」の連体形の活用語尾。

3は〝大将軍李少卿は、胡国の王に生け捕られる〟という意味で、「る」は受身の助動詞「る」の終止形。

4は〝たくさんの藻屑が（波に）揺られ寄ってきたなかに〟という意味で、「れ」は受身の助動詞「る」の連用形。

5は〝公私の恥を逃れなさった時忠卿は立派である〟という意味で、延暦寺とのいざこざを鎮めた平時忠をたたえている。ハ行四段活用の尊敬の補助動詞「たまふ」の命令形（已然形）に接続しており、後には体言が続いているので「る」は連体形。連体形で「る」になるのは完了の助動詞「り」である。

よって5が正解となる。

(五)　1、第一段落の「いとま申さんとて……つくしけるに」と一致している。

2、1でみたように、帰京するにあたって若宮の社で演奏するのである。〈修理大夫殿が許すかどうか〉という内容は本文には書かれていない。

の音とともに向こうの山の頂にまで響いている様子を述べている。1が適当である。

(二) 傍線を含む文のはじめにある「仁」という語は〝人・人物〟という意味で、ここは「数奇たる僧」である「円慶」のことを指している。文全体は〝(円慶の) 人物はまた並ぶもののない風流好きの人で、わざわざこのために六回、上京をなしとげたのであった〟という意味で、〈円慶が、教えを請うために六回、鎌倉から京に上ったこと〉をいっている。この内容をまとめているのは4である。1と5は孝道のことをいっているのでまちがい。2「孝時や孝行を紹介してもらう」ということは出ていない。「武家の方人ともや思ひけん」と、孝道は初めから円慶のことを〈武家方にいる自分の仲間と思っていたようだ〉と書かれている。よって3「武家方の仲間として信頼してもらおうと」もあてはまらない。

(三) ア、「周りの者」は「社頭の宴遊」の場面には登場しないので、傍線の部分だけ「周りの者」の反応とみるのは不自然である。よって答えは〈円慶の思いを述べている〉としている1・2・3に限定できる。この後の〈円慶が興に入って頭を振り、ついには我慢できなくなって小声で歌い出す〉という流れから判断して、1のように「演奏に参加せよと命じられた」とは考えられない。また3の「約束通りの恩恵」という部分も、「約束」という内容が本文に出ていないので適当とはいえない。「すなはちこれ」を「とりもなおさず」、「あふにあふ」を「またとない好機」といいかえた2が適当である。「あふにあふ」を「またとない好機」としているということは、〈〝うまく時期にめぐりあう〟という意味の「あふ」を重ねることで強めている〉と解釈しているということだろう。しかし動詞を重ねて強調する際に使われる格助詞「に」は、連用形に接続し、この場合なら「あひにあふ」という形をとるのが普通である。やや特殊な用法といえる。

イ、傍線部は孝道の言葉で、「つかうまつ」るは〈す〉〈なす〉〈仕ふ〉〈詠む〉〈舞ふ〉〈書く〉などさまざまな動詞の代わりに用いられる謙譲語。ここでは、神前で奉納の楽を奏していることを指す。「候ふ」は「あり」の丁寧語で、「かやうに」につながる補助動詞の用法。逐語訳すると〝我々孝道たちが今、奉納の楽を奏し申し上げているからとく間、拍子は、松に吹く強風（の音）をともなって山の頂にまで響く。（雅楽の一種である催馬楽《さいばら》の有名曲「安名尊《あなとうと》」の囃子詞《はやしことば》）「あはれそこよしや」のとおり素晴らしくよく澄みわたったので、円慶は、興に入ってしばらくの間は（拍子に合わせて）頭を振っている。のちにはがまんできなくなって、後ろから小声で（孝道の歌に）ついて歌い出す。孝道は、一、二度、振り返ってにらんだけれども、（円慶は）あまりにも（歌に夢中になって）体をくねらせていてこれに気づかない。そのとき、孝道が、大きな声をあげて申したことには、「おい、坊主め、何と考え、だれの許しをもらって催馬楽などを勝手に歌っているのか。朝廷が大切になさっている曲なので、源家と藤家の二つの流派以外で日常に軽々しく歌う者はいない。ましてや地下《じげ》（＝殿上人としての資格を持っていない者・一般人）の坊主たちが口をはさんでいいような曲ではない。孝道ら（＝我々）が今、奉納の楽を奏し申し上げているからということでこのようにするのですか。なんとまあ無礼なふるまいだ。さっさと退出せよ、退出せよ」と追いたてたので、（円慶は）面目を失い、恐れ入って（逃げ）隠れてしまった。

よくよくこのことを考えてみると、ひとまずは孝道が無慈悲であるように見えるが、また「道を守るための決まりごとはまったくこうあるべきだ」という人々もいた。一般的にはこのようなことは、念には念を入れて注意深く考えるべきことでしょう。この夜の騒動は、このことでした。

▲解　説▼

㈠　a、本文が雅楽の話であるということに注意する。「数奇」は現代語では「すうき」と読んで〝不運・不幸〟という意味を表す場合もあるが、ここは「すき」と読んで〝風流の道に心を寄せること・和歌や芸の道に精進すること〟という意味の方が適当である。よって3が正解。「数奇《すき》」には〝色を好むこと〟という意味もあるが、雅楽の話なので5はあてはまらない。

b、「たぐひて」は四段活用動詞「たぐふ」の連用形に、接続助詞の「て」のついた形。「たぐふ」には〝並ぶ・いっしょにいる・連れ立つ〟や〝似合う・匹敵する〟などの意味があるが、ここは前者の意味で、孝道の打つ拍子が松風

一

出典　隆円『文机談』〈巻第五　社参事　円慶恥辱事〉

解答

(一)　a―3　b―1

(二)　4

(三)　ア―2　イ―3

(四)　5

(五)　1・5

(六)　地下の円慶が催馬楽を歌ったのを孝道が非難し追い出したこと。（三十字以内）

◆全　訳◆

お別れを申し上げようとして、（鶴岡八幡宮の）若宮の社に参詣したとき、父子三人、孝道・孝時・孝行は、さまざまな芸能を最大限に技量を発揮して演奏し（て奉納し）たが、おかしく興ざめなことがございました。

修理大夫殿のお近くに、加賀法橋円慶といって、長年風流を好んでいる僧がいました。承久の兵乱がまだ収まっていなかったとき、（修理）大夫殿からのお手紙を持って（円慶が）孝道のいる仁和寺の粗末な家にやってきたので、それなりに武家方の仲間だとも思ったのだろうか、おもしろがって（雅楽の）道を（孝道が円慶に）教える。（円慶の）人物はまた並ぶもののない風流好きの人で、わざわざこの（＝教えを請う）ために六回、上京をなしとげたのであった。

「今この三人の楽人（＝孝道・孝時・孝行）が、都から地方（＝鎌倉）へ下られたということは、円慶（＝私）にとって一生に一度しかない幸運だ」と（円慶は）思ったので、（孝道父子が）鎌倉に滞在していたときにもできるかぎりの働き（＝接待）を尽くす。「今夜の（若宮）社頭での宴遊は、とりもなおさず円慶（＝私）にとってのまたとない好機だよ」と思ったので、（三人の）後ろの席にすわって演奏を聴いているうちに、やがて双調《そうじょう》の調子（の曲）が終わるころに、（孝道が）拍子をぴしりと打って、「あな、とうと」と歌い出す。節ごとにきっちりと（拍子を）打ち入れて歌いこんでいない。「世界最古の新聞」は第十九段落に「一六〇五年、神聖ローマ帝国の都市ストラスブール」で発行されたと書かれている。

8、第二十一段落に「流行のファッションや美味しいスイーツを……本来の意味でのジャーナリズムではない」が、「人々の気持ちを和ませ……大切な情報である」と評価している。「無意味」というわけではない。

以上より、1・2・3が「本文の内容に合致」しているものとなる。

(六)「活版印刷の普及」については「今日、」で始まる第十二段落以降に書かれているが、「ジャーナリズムとの関わりから説明せよ」とあるので、「ジャーナリズム」について書かれている最後の四つの段落を中心に考えていく。

活版印刷の普及

↓

ジャーナリスト・ジャーナリズムの誕生（第十九段落）

＝

- 情報を集めて人々にニュースを提供するシステム（第十九段落）
- 自由と民主主義を求めて戦う人々の営み（第二十段落）
- 市民社会の自由を守り、市民の自治に必要な情報を提供する活動（第二十二段落）

とまとめられるので、〈「活版印刷の普及」→「ジャーナリズム」→「自由と民主主義」〉という流れで答えを作っていくことができる。ただ、漫然と書いていくと四十字という字数はあっという間に埋まってしまうので、要点を落とさないように気をつけながら、言葉を削っていかなければならない。

しいものにしており」、4「読みにくい手書きの文字……解読することができなかった」とは書かれていない。2については、第十段落に「敬虔なキリスト教徒」が「その（＝聖書の）素晴らしさに感動して」とあり、感動の主体が「庶民」だと限定されていない。「独占的に収集された」ということも本文には書かれていない。

(四)　傍線Cに「アイゼンスティンはこのように総括した」とある。「このように」の指しているのは、傍線Cを含む第十五段落の内容である。「社会に出回る書物の量が激増」「文書の正確な複製が可能となった」「様々な知識や情報が……社会に広く公開」「複数の事実の比較や、事後の検証を容易にした」「情報の真偽を確かめることが容易になり……情報を別の言語へ翻訳することも容易になった」という内容をまとめた3が適当である。1「ルネサンス……引き起こした」、2「書物の量が激増することによって……確かなものになっていった」、4「人々を和ませて欧州の社会を明るくした」、5「少数の権力者によって……変化がもたらされた」などは、本文には書かれていない内容である。

(五)　1、第一段落に「元々は媒介者や霊媒者という意味がある」とある。

2、第一段落に「例えば、あなたが……あなたという個人が発する言葉がメディアである」とある。

3、第三段落に「音声によって……弱点がある。会話を録音しない限り、言葉は記録に残らない。テープレコーダーやICレコーダーが発明されたのは……」とある。「レコーダー」は〝記録や録音のための機械〟という意味である。

4、第八段落に「明治二〇年ごろに自分の名前を読み書きできた人の割合は、全国平均で男性が推定五〇～六〇%、女性が推定三〇%前後」とある。「ほぼ全ての国民」ではない。

5、第十一段落に「多くの人は高校や大学を卒業するまで……雑誌や単行本や各種レポートなどから様々な知識や情報を獲得し続ける」とはあるが、「各種のレポートを提出しなければならない」とはいっていない。

6、第十四段落に「活版印刷機の最初の発明者が誰であったのかは、本書の主題から外れる」とある。

7、「メソポタミア文明」で生まれたものは、第五段落にあるように「楔形文字」であって「世界最古の新聞」では

▲解　説▼

(一)　a、[a]の直前の第十六段落に〈「人類の歴史」において「人々が自分の住みたい社会を自力でデザインできた歴史」が「ほとんど存在しなかった」〉とある。これを受けて[a]を含む第十七段落は「どういう社会に住みたいかについて……可能な限り自分で決めたいという本能的な欲求を誰もが持っている」と述べている。この二つの段落は対照的な内容になっている。逆接の接続詞である6「だが」が適当である。

b、[b]を含む文が「だからである」で終わっていることに注目する。「だから」と呼応する3「なぜなら」が適当である。

(二)　傍線A「文字の発明」が「情報の正確さの問題の解決に大きく寄与した」と直前にある。ここに書かれている「情報の正確さの問題」は、第三・四段落にある〈「音声によって言葉を交換すること」の「記録に残らない」ことから生まれる「弱点」〉を指している。また「解決」された結果については第六段落に「音声に加えて文字がメディアの仲間入りを果たしたことにより、人類は……情報内容を正確に記録し、同時代と後世の他者に伝えることが可能になった」とある。この内容をまとめた3が適当である。1、本文には〈「四大文明が同時に興った」理由が文字の発明にある〉とは書かれていない。2「庶民を管理することを可能にした」、4「世界各地の記録を……即座に流通させる情報革命」、5「記憶する必要のない人類が誕生した」なども書かれていない。

(三)　(二)で考察した「文字」の効用にもかかわらず、それが「広く共有」されなかったことの説明は傍線Bの後にある。そこには日本を例に挙げて「これ（＝仏教の経典などの書物）を自在に読みこなせたのは……特権・支配階級であった。室町時代後期になると……武士階級が加わっただけである」（第九段落）とある。〈「欧州においても」同じであったこと〉も続けて指摘されている。また第十段落では「手書きで一冊ずつ書き写していく方法」で「莫大な労力を投入して制作」するしかなかったという「技術的制約」にも触れている。以上の二点について、本文に即してまとめているのは5だけである。1「庶民の教育機関で……書き写されて」、3「手書きで書き写すことで書物の内容を素晴ら

解答

一

出典　白戸圭一『はじめてのニュース・リテラシー』〈第二章　ジャーナリズムとは何か　「メディア」とは何か　革命的技術「活版印刷」の登場　ジャーナリズムの誕生〉（ちくまプリマー新書）

(一)　a―6　b―3

(二)　3

(三)　5

(四)　3

(五)　1・2・3

(六)　活版印刷がジャーナリズムを生み、その情報は自由と民主主義を促進する契機となった。（四十字以内）

◆要　旨◆

メディアとは他者に情報を伝達する媒体のことである。最古のメディアの一つである音声としての言葉は、記録に残らず情報内容の正確さに欠ける。この問題を解決したのが文字の発明であるが、手書きで書物を書写していた間は、多くの人が知識や情報を共有することまではできなかった。それを可能にしたのが活版印刷技術であり、社会に出回る書物の量が激増し、文書の正確な複製が可能となった。これによって多くの人が大量の情報を共有できるようになり、人間の「自治」を求める本能的欲求が開花した。そして自由と民主主義を求めて戦う人々の営みとして、情報を集めて人々にニュースを提供するシステムであるジャーナリズムが生まれた。ジャーナリズムの使命は、市民社会の自由を守り、市民の自治に必要な情報を提供することである。

//////////////////// · memo · ////////////////////

////////////////////// · **memo** · //////////////////////

//////////////////// · memo · ///////////////////

/////////////////// · memo · ///////////////////

/////////////////// ・memo・ ///////////////////

教学社 刊行一覧

2025年版 大学赤本シリーズ

374大学556点
全都道府県を網羅

国公立大学(都道府県順)

全国の書店で取り扱っています。店頭にない場合は，お取り寄せができます。

1 北海道大学(文系−前期日程)
2 北海道大学(理系−前期日程) 医
3 北海道大学(後期日程)
4 旭川医科大学(医学部〈医学科〉) 医
5 小樽商科大学
6 帯広畜産大学
7 北海道教育大学
8 室蘭工業大学／北見工業大学
9 釧路公立大学
10 公立千歳科学技術大学
11 公立はこだて未来大学 総推
12 札幌医科大学(医学部) 医
13 弘前大学 医
14 岩手大学
15 岩手県立大学·盛岡短期大学部·宮古短期大学部
16 東北大学(文系−前期日程)
17 東北大学(理系−前期日程) 医
18 東北大学(後期日程)
19 宮城教育大学
20 宮城大学
21 秋田大学 医
22 秋田県立大学
23 国際教養大学 総推
24 山形大学 医
25 福島大学
26 会津大学
27 福島県立医科大学(医·保健科学部) 医
28 茨城大学(文系)
29 茨城大学(理系)
30 筑波大学(推薦入試) 医 総推
31 筑波大学(文系−前期日程)
32 筑波大学(理系−前期日程) 医
33 筑波大学(後期日程)
34 宇都宮大学
35 群馬大学 医
36 群馬県立女子大学
37 高崎経済大学
38 前橋工科大学
39 埼玉大学(文系)
40 埼玉大学(理系)
41 千葉大学(文系−前期日程)
42 千葉大学(理系−前期日程) 医
43 千葉大学(後期日程) 医
44 東京大学(文科) DL
45 東京大学(理科) DL 医
46 お茶の水女子大学
47 電気通信大学
48 東京外国語大学 DL
49 東京海洋大学
50 東京科学大学(旧 東京工業大学)
51 東京科学大学(旧 東京医科歯科大学) 医
52 東京学芸大学
53 東京藝術大学
54 東京農工大学
55 一橋大学(前期日程)
56 一橋大学(後期日程)
57 東京都立大学(文系)
58 東京都立大学(理系)
59 横浜国立大学(文系)
60 横浜国立大学(理系)
61 横浜市立大学(国際教養·国際商·理·データサイエンス·医〈看護〉学部)
62 横浜市立大学(医学部〈医学科〉) 医
63 新潟大学(人文·教育〈文系〉·法·経済科·医〈看護〉·創生学部)
64 新潟大学(教育〈理系〉·理·医〈看護を除く〉·歯·工·農学部) 医
65 新潟県立大学
66 富山大学(文系)
67 富山大学(理系) 医
68 富山県立大学
69 金沢大学(文系)
70 金沢大学(理系) 医
71 福井大学(教育·医〈看護〉·工·国際地域学部)
72 福井大学(医学部〈医学科〉) 医
73 福井県立大学
74 山梨大学(教育·医〈看護〉·工·生命環境学部)
75 山梨大学(医学部〈医学科〉) 医
76 都留文科大学
77 信州大学(文系−前期日程)
78 信州大学(理系−前期日程) 医
79 信州大学(後期日程)
80 公立諏訪東京理科大学 総推
81 岐阜大学(前期日程) 医
82 岐阜大学(後期日程)
83 岐阜薬科大学
84 静岡大学(前期日程)
85 静岡大学(後期日程)
86 浜松医科大学(医学部〈医学科〉) 医
87 静岡県立大学
88 静岡文化芸術大学
89 名古屋大学(文系)
90 名古屋大学(理系) 医
91 愛知教育大学
92 名古屋工業大学
93 愛知県立大学
94 名古屋市立大学(経済·人文社会·芸術工·看護·総合生命理·データサイエンス学部)
95 名古屋市立大学(医学部〈医学科〉) 医
96 名古屋市立大学(薬学部)
97 三重大学(人文·教育·医〈看護〉学部)
98 三重大学(医〈医〉·工·生物資源学部) 医
99 滋賀大学
100 滋賀医科大学(医学部〈医学科〉) 医
101 滋賀県立大学
102 京都大学(文系)
103 京都大学(理系) 医
104 京都教育大学
105 京都工芸繊維大学
106 京都府立大学
107 京都府立医科大学(医学部〈医学科〉) 医
108 大阪大学(文系) DL
109 大阪大学(理系) 医
110 大阪教育大学
111 大阪公立大学(現代システム科学域〈文系〉·文·法·経済·商·看護·生活科〈居住環境·人間福祉〉学部−前期日程)
112 大阪公立大学(現代システム科学域〈理系〉·理·工·農·獣医·医·生活科〈食栄養〉学部−前期日程) 医
113 大阪公立大学(中期日程)
114 大阪公立大学(後期日程)
115 神戸大学(文系−前期日程)
116 神戸大学(理系−前期日程) 医
117 神戸大学(後期日程)
118 神戸市外国語大学 DL
119 兵庫県立大学(国際商経·社会情報科·看護学部)
120 兵庫県立大学(工·理·環境人間学部)
121 奈良教育大学／奈良県立大学
122 奈良女子大学
123 奈良県立医科大学(医学部〈医学科〉) 医
124 和歌山大学
125 和歌山県立医科大学(医·薬学部) 医
126 鳥取大学 医
127 公立鳥取環境大学
128 島根大学 医
129 岡山大学(文系)
130 岡山大学(理系) 医
131 岡山県立大学
132 広島大学(文系−前期日程)
133 広島大学(理系−前期日程) 医
134 広島大学(後期日程)
135 尾道市立大学 総推
136 県立広島大学
137 広島市立大学
138 福山市立大学 総推
139 山口大学(人文·教育〈文系〉·経済·医〈看護〉·国際総合科学部)
140 山口大学(教育〈理系〉·理·医〈看護を除く〉·工·農·共同獣医学部) 医
141 山陽小野田市立山口東京理科大学 総推
142 下関市立大学／山口県立大学
143 周南公立大学 新 総推
144 徳島大学 医
145 香川大学 医
146 愛媛大学 医
147 高知大学 医
148 高知工科大学
149 九州大学(文系−前期日程)
150 九州大学(理系−前期日程) 医
151 九州大学(後期日程)
152 九州工業大学
153 福岡教育大学
154 北九州市立大学
155 九州歯科大学
156 福岡県立大学／福岡女子大学
157 佐賀大学 医
158 長崎大学(多文化社会·教育〈文系〉·経済·医〈保健〉·環境科〈文系〉学部)
159 長崎大学(教育〈理系〉·医〈医〉·歯·薬·情報データ科·工·環境科〈理系〉·水産学部) 医
160 長崎県立大学 総推
161 熊本大学(文·教育·法·医〈看護〉学部·情報融合学環〈文系型〉)
162 熊本大学(理·医〈看護を除く〉·薬·工学部·情報融合学環〈理系型〉) 医
163 熊本県立大学
164 大分大学(教育·経済·医〈看護〉·理工·福祉健康科学部)
165 大分大学(医学部〈医·先進医療科学科〉) 医
166 宮崎大学(教育·医〈看護〉·工·農·地域資源創成学部)
167 宮崎大学(医学部〈医学科〉) 医
168 鹿児島大学(文系)
169 鹿児島大学(理系) 医
170 琉球大学 医

2025年版　大学赤本シリーズ

国公立大学 その他

- 171 〔国公立大〕医学部医学科 総合型選抜・学校推薦型選抜※ 医 総推
- 172 看護・医療系大学〈国公立 東日本〉※
- 173 看護・医療系大学〈国公立 中日本〉※
- 174 看護・医療系大学〈国公立 西日本〉※
- 175 海上保安大学校／気象大学校
- 176 航空保安大学校
- 177 国立看護大学校
- 178 防衛大学校 総推
- 179 防衛医科大学校(医学科) 医
- 180 防衛医科大学校(看護学科)

※No.171～174の収載大学は赤本ウェブサイト（http://akahon.net/）でご確認ください。

私立大学①

北海道の大学（50音順）

- 201 札幌大学
- 202 札幌学院大学
- 203 北星学園大学
- 204 北海学園大学
- 205 北海道医療大学
- 206 北海道科学大学
- 207 北海道武蔵女子大学・短期大学
- 208 酪農学園大学(獣医学群〈獣医学類〉)

東北の大学（50音順）

- 209 岩手医科大学(医・歯・薬学部) 医
- 210 仙台大学 総推
- 211 東北医科薬科大学(医・薬学部) 医
- 212 東北学院大学
- 213 東北工業大学
- 214 東北福祉大学
- 215 宮城学院女子大学 総推

関東の大学（50音順）

あ行（関東の大学）

- 216 青山学院大学(法・国際政治経済学部ー個別学部日程)
- 217 青山学院大学(経済学部ー個別学部日程)
- 218 青山学院大学(経営学部ー個別学部日程)
- 219 青山学院大学(文・教育人間科学部ー個別学部日程)
- 220 青山学院大学(総合文化政策・社会情報・地球社会共生・コミュニティ人間科学部ー個別学部日程)
- 221 青山学院大学(理工学部ー個別学部日程)
- 222 青山学院大学(全学部日程)
- 223 麻布大学(獣医、生命・環境科学部)
- 224 亜細亜大学
- 226 桜美林大学
- 227 大妻女子大学・短期大学部

か行（関東の大学）

- 228 学習院大学(法学部ーコア試験)
- 229 学習院大学(経済学部ーコア試験)
- 230 学習院大学(文学部ーコア試験)
- 231 学習院大学(国際社会科学部ーコア試験)
- 232 学習院大学(理学部ーコア試験)
- 233 学習院女子大学
- 234 神奈川大学(給費生試験)
- 235 神奈川大学(一般入試)
- 236 神奈川工科大学
- 237 鎌倉女子大学・短期大学部
- 238 川村学園女子大学
- 239 神田外語大学
- 240 関東学院大学
- 241 北里大学(理学部)
- 242 北里大学(医学部) 医
- 243 北里大学(薬学部)
- 244 北里大学(看護・医療衛生学部)
- 245 北里大学(未来工・獣医・海洋生命科学部)
- 246 共立女子大学・短期大学
- 247 杏林大学(医学部) 医
- 248 杏林大学(保健学部)
- 249 群馬医療福祉大学・短期大学部
- 250 群馬パース大学 総推
- 251 慶應義塾大学(法学部)
- 252 慶應義塾大学(経済学部)
- 253 慶應義塾大学(商学部)
- 254 慶應義塾大学(文学部) 総推
- 255 慶應義塾大学(総合政策学部)
- 256 慶應義塾大学(環境情報学部)
- 257 慶應義塾大学(理工学部)
- 258 慶應義塾大学(医学部) 医
- 259 慶應義塾大学(薬学部)
- 260 慶應義塾大学(看護医療学部)
- 261 工学院大学
- 262 國學院大學
- 263 国際医療福祉大学 医
- 264 国際基督教大学
- 265 国士舘大学
- 266 駒澤大学(一般選抜T方式・S方式)
- 267 駒澤大学(全学部統一日程選抜)

さ行（関東の大学）

- 268 埼玉医科大学(医学部) 医
- 269 相模女子大学・短期大学部
- 270 産業能率大学
- 271 自治医科大学(医学部) 医
- 272 自治医科大学(看護学部)／東京慈恵会医科大学(医学部〈看護学科〉)
- 273 実践女子大学 総推
- 274 芝浦工業大学(前期日程)
- 275 芝浦工業大学(全学統一日程・後期日程)
- 276 十文字学園女子大学
- 277 淑徳大学
- 278 順天堂大学(医学部) 医
- 279 順天堂大学(スポーツ健康科・医療看護・保健看護・国際教養・保健医療・医療科・健康データサイエンス・薬学部) 総推
- 280 上智大学(神・文・総合人間科学部)
- 281 上智大学(法・経済学部)
- 282 上智大学(外国語・総合グローバル学部)
- 283 上智大学(理工学部)
- 284 上智大学(TEAPスコア利用方式)
- 285 湘南工科大学
- 286 昭和大学(医学部) 医
- 287 昭和大学(歯・薬・保健医療学部)
- 288 昭和女子大学
- 289 昭和薬科大学
- 290 女子栄養大学・短期大学部 総推
- 291 白百合女子大学
- 292 成蹊大学(法学部ーA方式)
- 293 成蹊大学(経済・経営学部ーA方式)
- 294 成蹊大学(文学部ーA方式)
- 295 成蹊大学(理工学部ーA方式)
- 296 成蹊大学(E方式・G方式・P方式)
- 297 成城大学(経済・社会イノベーション学部ーA方式)
- 298 成城大学(文芸・法学部ーA方式)
- 299 成城大学(S方式〈全学部統一選抜〉)
- 300 聖心女子大学
- 301 清泉女子大学
- 303 聖マリアンナ医科大学 医
- 304 聖路加国際大学(看護学部)
- 305 専修大学(スカラシップ・全国入試)
- 306 専修大学(前期入試〈学部個別入試〉)
- 307 専修大学(前期入試〈全学部入試・スカラシップ入試〉)

た行（関東の大学）

- 308 大正大学
- 309 大東文化大学
- 310 高崎健康福祉大学
- 311 拓殖大学
- 312 玉川大学
- 313 多摩美術大学
- 314 千葉工業大学
- 315 中央大学(法学部ー学部別選抜)
- 316 中央大学(経済学部ー学部別選抜)
- 317 中央大学(商学部ー学部別選抜)
- 318 中央大学(文学部ー学部別選抜)
- 319 中央大学(総合政策学部ー学部別選抜)
- 320 中央大学(国際経営・国際情報学部ー学部別選抜)
- 321 中央大学(理工学部ー学部別選抜)
- 322 中央大学(5学部共通選抜)
- 323 中央学院大学
- 324 津田塾大学
- 325 帝京大学(薬・経済・法・文・外国語・教育・理工・医療技術・福岡医療技術学部)
- 326 帝京大学(医学部) 医
- 327 帝京科学大学 総推
- 328 帝京平成大学 総推
- 329 東海大学(医〈医〉学部を除くー一般選抜)
- 330 東海大学(文系・理系学部統一選抜)
- 331 東海大学(医学部〈医学科〉) 医
- 332 東京医科大学(医学部〈医学科〉) 医
- 333 東京家政大学・短期大学部 総推
- 334 東京経済大学
- 335 東京工科大学
- 336 東京工芸大学
- 337 東京国際大学
- 338 東京歯科大学
- 339 東京慈恵会医科大学(医学部〈医学科〉) 医
- 340 東京情報大学
- 341 東京女子大学
- 342 東京女子医科大学(医学部) 医
- 343 東京電機大学
- 344 東京都市大学
- 345 東京農業大学
- 346 東京薬科大学(薬学部) 総推
- 347 東京薬科大学(生命科学部) 総推
- 348 東京理科大学(理学部〈第一部〉ーB方式)
- 349 東京理科大学(創域理工学部ーB方式・S方式)
- 350 東京理科大学(工学部ーB方式)
- 351 東京理科大学(先進工学部ーB方式)
- 352 東京理科大学(薬学部ーB方式)
- 353 東京理科大学(経営学部ーB方式)
- 354 東京理科大学(C方式、グローバル方式、理学部〈第二部〉ーB方式)
- 355 東邦大学(医学部) 医
- 356 東邦大学(薬学部)

2025年版　大学赤本シリーズ

私立大学②

357 東邦大学（理・看護・健康科学部）
358 東洋大学（文・経済・経営・法・社会・国際・国際観光学部）
359 東洋大学（情報連携・福祉社会デザイン・健康スポーツ科・理工・総合情報・生命科・食環境科学部）
360 東洋大学（英語〈3日程×3カ年〉）
361 東洋大学（国語〈3日程×3カ年〉）
362 東洋大学（日本史・世界史〈2日程×3カ年〉）
363 東洋英和女学院大学
364 常磐大学・短期大学 総推
365 獨協大学
366 獨協医科大学（医学部） 医

な行（関東の大学）

367 二松学舎大学
368 日本大学（法学部）
369 日本大学（経済学部）
370 日本大学（商学部）
371 日本大学（文理学部〈文系〉）
372 日本大学（文理学部〈理系〉）
373 日本大学（芸術学部〈専門試験併用型〉）
374 日本大学（国際関係学部）
375 日本大学（危機管理・スポーツ科学部）
376 日本大学（理工学部）
377 日本大学（生産工・工学部）
378 日本大学（生物資源科学部）
379 日本大学（医学部） 医
380 日本大学（歯・松戸歯学部）
381 日本大学（薬学部）
382 日本大学（N全学統一方式－医・芸術〈専門試験併用型〉学部を除く）
383 日本医科大学 医
384 日本工業大学
385 日本歯科大学
386 日本社会事業大学 総推
387 日本獣医生命科学大学
388 日本女子大学
389 日本体育大学

は行（関東の大学）

390 白鷗大学（学業特待選抜・一般選抜）
391 フェリス女学院大学
392 文教大学
393 法政大学（法〈Ⅰ日程〉・文〈Ⅱ日程〉・経営〈Ⅱ日程〉学部－A方式）
394 法政大学（法〈Ⅱ日程〉・国際文化・キャリアデザイン学部－A方式）
395 法政大学（文〈Ⅰ日程〉・経営〈Ⅰ日程〉・人間環境・グローバル教養学部－A方式）
396 法政大学（経済〈Ⅰ日程〉・社会〈Ⅰ日程〉・現代福祉学部－A方式）
397 法政大学（経済〈Ⅱ日程〉・社会〈Ⅱ日程〉・スポーツ健康学部－A方式）
398 法政大学（情報科・デザイン工・理工・生命科学部－A方式）
399 法政大学（T日程〈統一日程〉・英語外部試験利用入試）
400 星薬科大学 総推

ま行（関東の大学）

401 武蔵大学
402 武蔵野大学
403 武蔵野美術大学
404 明海大学
405 明治大学（法学部－学部別入試）
406 明治大学（政治経済学部－学部別入試）
407 明治大学（商学部－学部別入試）
408 明治大学（経営学部－学部別入試）
409 明治大学（文学部－学部別入試）
410 明治大学（国際日本学部－学部別入試）
411 明治大学（情報コミュニケーション学部－学部別入試）
412 明治大学（理工学部－学部別入試）
413 明治大学（総合数理学部－学部別入試）
414 明治大学（農学部－学部別入試）
415 明治大学（全学部統一入試）
416 明治学院大学（A日程）
417 明治学院大学（全学部日程）
418 明治薬科大学 総推
419 明星大学
420 目白大学・短期大学部

ら・わ行（関東の大学）

421 立教大学（文系学部－一般入試〈大学独自の英語を課さない日程〉）
422 立教大学（国語〈3日程×3カ年〉）
423 立教大学（日本史・世界史〈2日程×3カ年〉）
424 立教大学（文学部－一般入試〈大学独自の英語を課す日程〉）
425 立教大学（理学部－一般入試）
426 立正大学
427 早稲田大学（法学部）
428 早稲田大学（政治経済学部）
429 早稲田大学（商学部）
430 早稲田大学（社会科学部）
431 早稲田大学（文学部）
432 早稲田大学（文化構想学部）
433 早稲田大学（教育学部〈文科系〉）
434 早稲田大学（教育学部〈理科系〉）
435 早稲田大学（人間科・スポーツ科学部）
436 早稲田大学（国際教養学部）
437 早稲田大学（基幹理工・創造理工・先進理工学部）
438 和洋女子大学 総推

中部の大学（50音順）

439 愛知大学
440 愛知医科大学（医学部） 医
441 愛知学院大学・短期大学部
442 愛知工業大学 総推
443 愛知淑徳大学
444 朝日大学 総推
445 金沢医科大学（医学部） 医
446 金沢工業大学
447 岐阜聖徳学園大学 総推
448 金城学院大学
449 至学館大学 総推
450 静岡理工科大学
451 椙山女学園大学
452 大同大学
453 中京大学
454 中部大学
455 名古屋外国語大学 総推
456 名古屋学院大学 総推
457 名古屋学芸大学 総推
458 名古屋女子大学 総推
459 南山大学（外国語〈英米〉・法・総合政策・国際教養学部）
460 南山大学（人文・外国語〈英米を除く〉・経済・経営・理工学部）
461 新潟国際情報大学
462 日本福祉大学
463 福井工業大学
464 藤田医科大学（医学部） 医
465 藤田医科大学（医療科・保健衛生学部）
466 名城大学（法・経営・経済・外国語・人間・都市情報学部）
467 名城大学（情報工・理工・農・薬学部）
468 山梨学院大学

近畿の大学（50音順）

469 追手門学院大学 総推
470 大阪医科薬科大学（医学部） 医
471 大阪医科薬科大学（薬学部） 総推
472 大阪学院大学 総推
473 大阪経済大学 総推
474 大阪経済法科大学 総推
475 大阪工業大学 総推
476 大阪国際大学・短期大学部 総推
477 大阪産業大学 総推
478 大阪歯科大学（歯学部）
479 大阪商業大学 総推
480 大阪成蹊大学・短期大学 総推
481 大谷大学 総推
482 大手前大学・短期大学 総推
483 関西大学（文系）
484 関西大学（理系）
485 関西大学（英語〈3日程×3カ年〉）
486 関西大学（国語〈3日程×3カ年〉）
487 関西大学（日本史・世界史・文系数学〈3日程×3カ年〉）
488 関西医科大学（医学部） 医
489 関西医療大学 総推
490 関西外国語大学・短期大学部 総推
491 関西学院大学（文・法・商・人間福祉・総合政策学部－学部個別日程）
492 関西学院大学（神・社会・経済・国際・教育学部－学部個別日程）
493 関西学院大学（全学部日程〈文系型〉）
494 関西学院大学（全学部日程〈理系型〉）
495 関西学院大学（共通テスト併用日程〈数学〉・英数日程）
496 関西学院大学（英語〈3日程×3カ年〉） 新
497 関西学院大学（国語〈3日程×3カ年〉） 新
498 関西学院大学（日本史・世界史・文系数学〈3日程×3カ年〉） 新
499 畿央大学 総推
500 京都外国語大学・短期大学 総推
502 京都産業大学（公募推薦入試） 総推
503 京都産業大学（一般選抜入試〈前期日程〉）
504 京都女子大学 総推
505 京都先端科学大学 総推
506 京都橘大学 総推
507 京都ノートルダム女子大学 総推
508 京都薬科大学 総推
509 近畿大学・短期大学部（医学部を除く－推薦入試） 総推
510 近畿大学・短期大学部（医学部を除く－一般入試前期）
511 近畿大学（英語〈医学部を除く3日程×3カ年〉）
512 近畿大学（理系数学〈医学部を除く3日程×3カ年〉）
513 近畿大学（国語〈医学部を除く3日程×3カ年〉）
514 近畿大学（医学部－推薦入試・一般入試前期） 医 総推
515 近畿大学・短期大学部（一般入試後期） 医
516 皇學館大学 総推
517 甲南大学 総推
518 甲南女子大学（学校推薦型選抜） 新 総推
519 神戸学院大学 総推
520 神戸国際大学 総推
521 神戸女学院大学 総推
522 神戸女子大学・短期大学 総推
523 神戸薬科大学 総推
524 四天王寺大学・短期大学部 総推
525 摂南大学（公募制推薦入試） 総推
526 摂南大学（一般選抜前期日程）
527 帝塚山学院大学 総推
528 同志社大学（法、グローバル・コミュニケーション学部－学部個別日程）

共通テスト対策関連書籍

共通テスト対策 も 赤本で

① 過去問演習

2025年版

共通テスト 赤本シリーズ

全12点

A5判／定価1,320円
（本体1,200円）

- 英国数には新課程対応オリジナル実戦模試 掲載！
- 公表された新課程試作問題はすべて掲載！
- くわしい対策講座で得点力UP
- 英語はリスニングを10回分掲載！赤本の音声サイトで本番さながらの対策！

- 英語 リーディング／リスニング DL
- 数学I, A／II, B, C
- 国語
- 歴史総合, 日本史探究
- 歴史総合, 世界史探究
- 地理総合, 地理探究
- 公共, 倫理
- 公共, 政治・経済
- 物理
- 化学
- 生物
- 物理基礎／化学基礎／生物基礎／地学基礎

DL 音声無料配信

② 自己分析

赤本ノートシリーズ 過去問演習の効果を最大化

▶共通テスト対策には

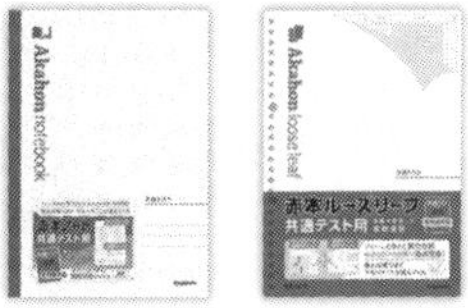

赤本ノート（共通テスト用）　赤本ルーズリーフ（共通テスト用）

共通テスト赤本シリーズ

新課程攻略問題集

全26点に対応!!

▶二次・私大対策には

大学赤本シリーズ

全556点に対応!!

赤本ノート（二次・私大用）

③ 重点対策

共通テスト赤本プラス

新課程攻略問題集

基礎固め&苦手克服のための分野別対策問題集!!
厳選された問題でかしこく対策

- 英語リーディング
- 英語リスニング DL
- 数学I, A
- 数学II, B, C
- 国語（現代文）
- 国語（古文, 漢文）
- 歴史総合, 日本史探究
- 歴史総合, 世界史探究
- 地理総合, 地理探究
- 公共, 政治・経済
- 物理
- 化学
- 生物
- 情報I

DL 音声無料配信

全14点 好評発売中！

A5判／定価1,320円（本体1,200円）

手軽なサイズの実戦的参考書

目からウロコのコツが満載！

直前期にも！

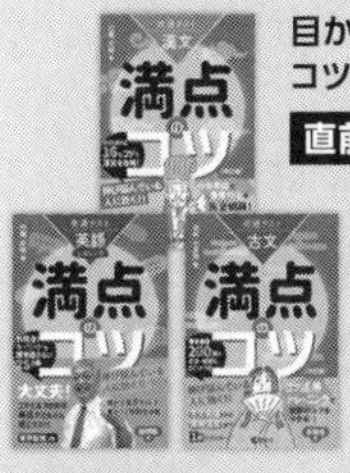

満点のコツシリーズ　赤本ポケット

いつも受験生のそばに — 赤本

大学入試シリーズ＋α
入試対策も共通テスト対策も赤本で

入試対策

赤本プラス

赤本プラスとは，**過去問演習の効果を最大にする**ためのシリーズです。「赤本」であぶり出された弱点を，赤本プラスで克服しましょう。

- 大学入試 すぐわかる英文法 DL
- 大学入試 ひと目でわかる英文読解
- 大学入試 絶対できる英語リスニング DL
- 大学入試 すぐ書ける自由英作文
- 大学入試 ぐんぐん読める 英語長文〔BASIC〕 DL
- 大学入試 ぐんぐん読める 英語長文〔STANDARD〕 DL
- 大学入試 ぐんぐん読める 英語長文〔ADVANCED〕 DL
- 大学入試 正しく書ける英作文
- 大学入試 最短でマスターする 数学Ⅰ・Ⅱ・Ⅲ・A・B・C
- 大学入試 突破力を鍛える最難関の数学
- 大学入試 知らなきゃ解けない 古文常識・和歌
- 大学入試 ちゃんと身につく物理
- 大学入試 もっと身につく 物理問題集（①力学・波動）
- 大学入試 もっと身につく 物理問題集（②熱力学・電磁気・原子）

入試対策

英検® 赤本シリーズ

英検®（実用英語技能検定）の対策書。
過去問集と参考書で万全の対策ができます。

▶**過去問集（2024年度版）**

- 英検®準1級過去問集 DL
- 英検®2級過去問集 DL
- 英検®準2級過去問集 DL
- 英検®3級過去問集 DL

▶**参考書**

- 竹岡の英検®準1級マスター DL
- 竹岡の英検®2級マスター CD DL
- 竹岡の英検®準2級マスター CD DL
- 竹岡の英検®3級マスター CD DL

入試対策

赤本プレミアム

赤本の教学社だからこそ作れた、
過去問ベストセレクション

- 東大数学プレミアム
- 東大現代文プレミアム
- 京大数学プレミアム〔改訂版〕
- 京大古典プレミアム

入試対策

赤本メディカルシリーズ

過去問を徹底的に研究し，独自の出題傾向をもつメディカル系の入試に役立つ内容を精選した実戦的なシリーズ。

- 〔国公立大〕医学部の英語〔3訂版〕
- 私立医大の英語〔長文読解編〕〔3訂版〕
- 私立医大の英語〔文法・語法編〕〔改訂版〕
- 医学部の実戦小論文〔3訂版〕
- 医歯薬系の英単語〔4訂版〕
- 医系小論文 最頻出論点20〔4訂版〕
- 医学部の面接〔4訂版〕

入試対策

体系シリーズ

国公立大二次・難関私大突破へ，自学自習に適したハイレベル問題集。

- 体系英語長文
- 体系英作文
- 体系現代文
- 体系世界史
- 体系物理〔第7版〕

入試対策

単行本

▶**英語**

- Q&A即決英語勉強法
- TEAP攻略問題集 CD
- 東大の英単語〔新装版〕
- 早慶上智の英単語〔改訂版〕

▶**国語・小論文**

- 著者に注目! 現代文問題集
- ブレない小論文の書き方 樋口式ワークノート

▶**レシピ集**

- 奥薗壽子の赤本合格レシピ

入試対策　共通テスト対策

赤本手帳

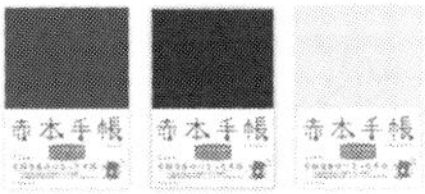

- 赤本手帳（2025年度受験用）プラムレッド
- 赤本手帳（2025年度受験用）インディゴブルー
- 赤本手帳（2025年度受験用）ナチュラルホワイト

入試対策

風呂で覚えるシリーズ

水をはじく特殊な紙を使用。いつでもどこでも読めるから，ちょっとした時間を有効に使える！

- 風呂で覚える英単語〔4訂新装版〕
- 風呂で覚える英熟語〔改訂新装版〕
- 風呂で覚える古文単語〔改訂新装版〕
- 風呂で覚える古文文法〔改訂新装版〕
- 風呂で覚える漢文〔改訂新装版〕
- 風呂で覚える日本史〔年代〕〔改訂新装版〕
- 風呂で覚える世界史〔年代〕〔改訂新装版〕
- 風呂で覚える倫理〔改訂版〕
- 風呂で覚える百人一首〔改訂版〕

共通テスト対策

満点のコツシリーズ

共通テストで満点を狙うための実戦的参考書。
重要度の増したリスニング対策は
「カリスマ講師」竹岡広信が一回読みにも
対応できるコツを伝授！

- 共通テスト英語〔リスニング〕 満点のコツ〔改訂版〕 新 DL
- 共通テスト古文 満点のコツ〔改訂版〕 新
- 共通テスト漢文 満点のコツ〔改訂版〕 新

入試対策　共通テスト対策

赤本ポケットシリーズ

▶**共通テスト対策**

- 共通テスト日本史〔文化史〕

▶**系統別進路ガイド**

- デザイン系学科をめざすあなたへ

CD リスニングCDつき　DL 音声無料配信
新 2024年新刊・改訂

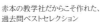

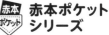

2025 年版　大学赤本シリーズ　No. 528

同志社大学

（法学部、グローバル・コミュニケーション学部－学部個別日程）

2024 年 6 月 10 日　第 1 刷発行

ISBN978-4-325-26586-3

定価は裏表紙に表示しています

編　集　教学社編集部

発行者　上原 寿明

発行所　教学社

〒606-0031

京都市左京区岩倉南桑原町56

電話　075-721-6500

振替　01020-1-15695

印　刷　中央精版印刷